E-Book inside.

Mit folgendem persönlichen Code können Sie die
E-Book-Ausgabe dieses Buches downloaden:

20189-ky6p5-6r61v-u01ds

Registrieren Sie sich unter

www.hanser-fachbuch.de/ebookinside

und nutzen Sie das E-Book auf Ihrem Rechner*, Tablet-PC und E-Book-Reader.

Der Download dieses Buches als E-Book unterliegt gesetzlichen Bestimmungen bzw. steuerrechtlichen Regelungen, die Sie unter **www.hanser-fachbuch.de/ebookinside** nachlesen können.

* Systemvoraussetzungen: Internet-Verbindung und Adobe® Reader®

Toth

Vorgehensmuster für Softwarearchitektur

Bleiben Sie auf dem Laufenden!

Unser **Computerbuch-Newsletter** informiert Sie monatlich über neue Bücher und Termine. Profitieren Sie auch von Gewinnspielen und exklusiven Leseproben. Gleich anmelden unter:

www.hanser-fachbuch.de/newsletter

Stefan Toth

Vorgehensmuster für Softwarearchitektur

Kombinierbare Praktiken
in Zeiten von Agile und Lean

3., aktualisierte und erweiterte Auflage

HANSER

Der Autor:
Stefan Toth, Hamburg

Alle in diesem Buch enthaltenen Informationen, Verfahren und Darstellungen wurden nach bestem Wissen zusammengestellt und mit Sorgfalt getestet. Dennoch sind Fehler nicht ganz auszuschließen. Aus diesem Grund sind die im vorliegenden Buch enthaltenen Informationen mit keiner Verpflichtung oder Garantie irgendeiner Art verbunden. Autor und Verlag übernehmen infolgedessen keine juristische Verantwortung und werden keine daraus folgende oder sonstige Haftung übernehmen, die auf irgendeine Art aus der Benutzung dieser Informationen – oder Teilen davon – entsteht.

Ebenso übernehmen Autor und Verlag keine Gewähr dafür, dass beschriebene Verfahren usw. frei von Schutzrechten Dritter sind. Die Wiedergabe von Gebrauchsnamen, Handelsnamen, Warenbezeichnungen usw. in diesem Buch berechtigt deshalb auch ohne besondere Kennzeichnung nicht zu der Annahme, dass solche Namen im Sinne der Warenzeichen- und Markenschutz-Gesetzgebung als frei zu betrachten wären und daher von jedermann benutzt werden dürften.

Bibliografische Information der Deutschen Nationalbibliothek:
Die Deutsche Nationalbibliothek verzeichnet diese Publikation in der Deutschen Nationalbibliografie; detaillierte bibliografische Daten sind im Internet über http://dnb.d-nb.de abrufbar.

Dieses Werk ist urheberrechtlich geschützt.
Alle Rechte, auch die der Übersetzung, des Nachdruckes und der Vervielfältigung des Buches, oder Teilen daraus, vorbehalten. Kein Teil des Werkes darf ohne schriftliche Genehmigung des Verlages in irgendeiner Form (Fotokopie, Mikrofilm oder ein anderes Verfahren) – auch nicht für Zwecke der Unterrichtsgestaltung – reproduziert oder unter Verwendung elektronischer Systeme verarbeitet, vervielfältigt oder verbreitet werden.

© 2019 Carl Hanser Verlag München, www.hanser-fachbuch.de
Lektorat: Brigitte Bauer-Schiewek
Copy editing: Petra Kienle, Fürstenfeldbruck
Layout: Manuela Treindl, Fürth
Umschlagdesign: Marc Müller-Bremer, www.rebranding.de, München
Umschlagrealisation: Max Kostopoulos
Druck und Bindung: Kösel, Krugzell
Ausstattung patentrechtlich geschützt. Kösel FD 351, Patent-Nr. 0748702
Printed in Germany

Print-ISBN: 978-3-446-46004-1
E-Book-ISBN: 978-3-446-46009-6
E-Pub-ISBN: 978-3-446-46282-3

Inhalt

Geleitwort IX

1 Einleitung 1
1.1 Kurze Motivation 1
1.2 Vorgehensmuster als Mittel der Wahl 2
1.3 Gegenstand: Softwarearchitektur 3
1.4 Agilität, Scrum und Lean 4
1.5 Mission Statement 6
    1.5.1 Abgrenzung zu anderen Büchern 6
    1.5.2 Für wen ich dieses Buch geschrieben habe 8
1.6 Dieses Buch richtig verwenden 9
    1.6.1 Ein grober Überblick 10
    1.6.2 Patterns lesen 11
    1.6.3 Patterns anwenden 12
1.7 Webseite 12
1.8 Danksagung 12

2 Zeitgemäße Softwarearchitektur 13
2.1 Die inhaltliche Vision 14
    2.1.1 Durch Anforderungen getrieben 14
    2.1.2 Vom Aufwand her dem Problem angemessen 15
    2.1.3 Von aktuellen Erkenntnissen zu Zusammenarbeit und Vorgehen beeinflusst 16
    2.1.4 Gut mit der Implementierung verzahnt (Feedback) 17
    2.1.5 Einfach in aktuelle Vorgehensmodelle integrierbar 19
    2.1.6 Warum Design alleine nicht hilft 20
    2.1.7 Warum agiles Vorgehen alleine nicht hilft 21
2.2 Vorgehensmuster zur Hilfe 23
    2.2.1 Kapitel 3 – die Basis für Architekturarbeit 23
    2.2.2 Kapitel 4 – richtig entscheiden 23
    2.2.3 Kapitel 5 – Zusammenarbeit und Interaktion 26
    2.2.4 Kapitel 6 – Abgleich mit der Realität 26
    2.2.5 Muster kategorisiert 29
2.3 Kurze Einführung ins Fallbeispiel 30

3	Die Basis für Architekturarbeit	31
3.1	Initialer Anforderungs-Workshop	34
3.2	Anforderungspflege-Workshops	39
3.3	Szenarien als Architekturanforderungen	43
3.4	Szenarien kategorisieren	48
3.5	Technische Schulden als Architekturanforderungen	52
3.6	Architekturarbeit im Backlog	61
3.7	Architekturarbeit auf Kanban	64

4	Richtig entscheiden	71
4.1	Architekturarbeit vom Rest trennen	73
4.2	Der letzte vernünftige Moment	78
4.3	Gerade genug Architektur vorweg	87
4.4	Architekturentscheidungen treffen	94
4.5	Release-Planung mit Architekturfragen	102
4.6	Risiken aktiv behandeln	108
4.7	Im Prinzip entscheiden	115
4.8	Ad-hoc-Architekturtreffen	120

5	Zusammenarbeit und Interaktion	125
5.1	Informativer Arbeitsplatz	127
5.2	Gemeinsam entscheiden	132
5.3	Analog modellieren	138
5.4	Stakeholder involvieren	144
5.5	Wiederkehrende Reflexion	152
5.6	Architecture Owner	159
5.7	Architekturcommunities	166
5.8	Architektur-Kata	172

6	Abgleich mit der Realität	183
6.1	Frühes Zeigen	185
6.2	Realitätscheck für Architekturziele	190
6.3	Qualitative Eigenschaften testen	195
6.4	Qualitätsindikatoren nutzen	204
6.5	Code und Architektur verbinden	215
6.6	Kontinuierlich integrieren und ausliefern	223
6.7	Problemen auf den Grund gehen	229

7	Vorgehensmuster anwenden	235
7.1	Muster richtig einsetzen	235
7.2	Muster im Vorgehen einsortiert	238
7.3	Muster und die Architektenfrage	242
	7.3.1 Die theoretisch beste Rollenverteilung	243
	7.3.2 Die praktisch beste Rollenverteilung	246

7.4	Muster und Scrum		250
	7.4.1	Scrum in der Nussschale	250
	7.4.2	Vorgehensmuster einsortiert	251

8 Agile Skalierung und Architektur ... 255
8.1	Agile Skalierungsframeworks		256
	8.1.1	Verbreitung und Philosophie	256
	8.1.2	Architekturarbeit in agilen Skalierungsframeworks	258
8.2	Über Kräfte und Kompromisse		262
8.3	Das ADES-Framework		263
	8.3.1	Lernsektoren und Kernkonzepte	265
	8.3.2	AD-E – Empirical Process Control	268
	8.3.3	AD-F – Feedback & Transparency	269
	8.3.4	AD-R – Responsibility	271
	8.3.5	ES-V – Verticality	272
	8.3.6	ES-A – Anti-Viscosity	274
	8.3.7	ES-T – Technical Excellence	277
8.4	Evolutionäre Architektur		279
	8.4.1	Evolutionsfaktoren	279
	8.4.2	Variation in technischen Lösungen	280
	8.4.3	Selektionsmechanismen für technische Lösungen	283
	8.4.4	Zentrale Aspekte für den Erfolg	284

Literaturverzeichnis ... **287**

Stichwortverzeichnis ... **293**

Geleitwort

Das Märchen vom agilen Architekten

> *„Heißt du etwa Rumpelstilzchen?" –*
> *„Das hat dir der Teufel gesagt, das hat dir der Teufel gesagt!"*
>
> (Kinder- und Hausmärchen der Brüder Grimm, 7. Auflage 1857)

Die schöne Müllerstochter, die aus Stroh Gold spinnen sollte, hat den Namen von Rumpelstilzchen nicht etwa geraten. Dazu hätte sie mehr als die drei bei den Gebrüdern Grimm beschriebenen Iterationen gebraucht. Sie hatte Wissen (nicht vom Teufel). Und als Ali Baba „Sesam, öffne Dich" sprach, um in die Höhle mit unermesslichen Schätzen zu gelangen, hat er sich das auch nicht selbst ausgedacht. Er hat es sich abgeguckt von 40 Leuten, die schon mal drin waren in der Höhle. Er konnte auf deren Erfahrung zurückgreifen.

Der Schatz, um den es in diesem Buch von Stefan Toth geht, lässt sich verkürzt als Antwort auf folgende Frage beschreiben: Wie passt Softwarearchitekturmethodik zu einem zeitgemäßen Vorgehen? Oder besser noch: Wie können sie gemeinsam größeren Nutzen bringen?

Dass diese Frage viele bewegt, erlebe ich selbst regelmäßig in Workshops zu meinem Lieblingsthema Architekturdokumentation. Dort geht es darum, wie man Softwarearchitektur nachvollziehbar festhält und kommuniziert; in den Veranstaltungen drehen sich Fragen und Diskussionen regelmäßig darum, ob und wenn ja wie die gezeigten Zutaten zu einem agilen Vorgehen wie beispielsweise Scrum passen. Ganz allgemein können Sie das Interesse aber auch an den zahlreichen Blog- und Konferenzbeiträgen der letzten Jahre ablesen. Diese verknüpfen die Begriffe „agil" (als griffigstes Wort für zeitgemäßes Vorgehen) und „Architektur" mal mehr mal weniger pfiffig im Titel, etwa: „Jenseits des Elfenbeinturms – der agile Architekt" oder „Architektur und agiles Vorgehen – ein Widerspruch?". Und mehr noch ist es abzulesen an den vollen Sälen, wenn solche Vorträge stattfinden. Die Frage weckt Interesse. Gibt es gute Antworten?

Konferenzbeiträge – zumindest die, die ich gesehen habe – folgten in ihrem Ablauf häufig einem Schema: Zunächst werden die Begriffe „Agilität" und „Architektur" ausführlich definiert oder zumindest geklärt. Bei Agilität ist es dabei Folklore, das agile Manifest mit seinen berühmten vier Wertpaaren („Individuen und Interaktionen vor Prozessen und Werkzeugen" etc.) auf eine Folie zu bannen. Dann wird der angebliche Widerspruch herausgearbeitet, der umso dramatischer ausfällt, je schwergewichtiger und klassischer das Verständnis von Softwarearchitektur, der zugrunde liegende Entwicklungsprozess und die damit verbundenen Artefakte in Notationen der 1990er-Jahre geschildert werden. Schließlich wird der Widerspruch durch sogenannte Best Practices aufgelöst („funktioniert doch super zusammen").

Wolkige Tipps wie zum Beispiel: kein „Big Upfront Design", auf die SOLID-Prinzipien achten, die Architektur iterativ und inkrementell entwickeln wie „den Rest" auch ...

Die Zuhörer verlassen den Saal etwas enttäuscht. Alles richtig, gut und schön, aber wie genau machen wir das jetzt in unserem Projekt? Wo fangen wir an? Wenn schon kein Big Upfront Design, wie klein ist dann das richtige Small? Es liegt wohl auch, aber nicht nur am Format des Frontalvortrags und der oft kurzen Vortragsdauer (beliebt: 45 Minuten), dass die wirklich spannenden Fragen auf Konferenzen oft unbeantwortet bleiben. Mitunter fehlt es auch schlicht an ausreichenden praktischen Projekterfahrungen. Märchenstunde?

Für mich steht außer Zweifel, dass Stefan Toth die nötige Erfahrung besitzt. Er hat sehr unterschiedliche Projekte über einen längeren Zeitraum begleitet und zahlreiche einschlägige Workshops durchgeführt. Bei den Kunden wurde mal klassisch, mal agil, mal irgendwie dazwischen vorgegangen und auch die Branchen könnten unterschiedlicher kaum sein. Vom Finanzsektor bis zur Gaming-Plattform war alles dabei. Das Themenspektrum umfasste die methodische Softwarearchitektur vom Entwurf bis zur Bewertung von konkreten Architekturentscheidungen. So hat Stefan beispielsweise ein agiles Team begleitet und befähigt, regelmäßige Architekturbewertungen in ihren Entwicklungsprozess zu integrieren und eigenverantwortlich durchzuführen. Während viele bei Architekturbewertung sofort an schwergewichtige Methoden wie ATAM denken, wirkt hier nun ein schlankes, aber wirkungsvolles Set an Elementen, bei großer Akzeptanz im Team.

Das ist vielleicht auch schon die Grundidee des Buchs: Es gibt nicht den einen Weg für alle Projekte. Aber es gibt bewährte und schlanke Praktiken in Form von Puzzleteilen, die Nutzen stiften.

In einigen Projekten und Workshop-Situationen, eigentlich in zu wenigen, hatte ich als Kollege das Vergnügen, mit Stefan Toth zusammenzuarbeiten, und konnte wie die Mitarbeiter der Kunden an seinem Wissen und seinen Erfahrungen teilhaben. Und so freut es mich, dass Sie nun als Leser dieses Buchs ebenfalls davon profitieren können.

Denn Stefan Toth hat ein passendes Format zur Vermittlung seines Wissens und Könnens gewählt. Anders als es in einem knappen Vortrag möglich wäre, stellt er hier im Buch seine Ideen ausführlich dar und illustriert sie mit Beispielen. Gleichzeitig ist das Buch lebendig und kein langweiliger Schmöker. Stefan hat viel von seinem Witz in die Zitate und Antipatterns einfließen lassen, ohne dabei albern oder unsachlich zu werden. Die Idee, die einzelnen Zutaten als kombinierbare Muster darzustellen, macht die Inhalte nicht nur leichter erlernbar, sondern vor allem auch einzeln anwendbar. Das erleichtert den Start in Ihrem Projekt ungemein. Die einzelnen Zutaten sind trotzdem kein loses Schüttgut, sondern gut aufeinander abgestimmt und in ihrer Gesamtheit schlüssig. Ausdrucksstarke Visualisierungen – eine besondere Spezialität von Stefan – vermitteln komplizierte Inhalte gut erinnerbar und verknüpfen die einzelnen Muster.

Aus eigener Erfahrung kann ich sagen, dass die Erarbeitung und Aufbereitung von Inhalten in Form eines Buchs große Vorteile bietet (die hier auch ausgeschöpft wurden), aber auch einen nicht zu unterschätzenden Nachteil, zumindest verglichen mit Vorträgen oder einem Workshop. Es besteht die Gefahr, dass man als Autor weniger Feedback bekommt. Ich möchte Sie daher ermutigen, Erfahrungen, die Sie mit den dargestellten Praktiken machen konnten, zu teilen. Tauschen Sie sich aus, mit dem Autor und auch mit anderen Lesern.

Um zum Schluss noch mal auf Rumpelstilzchen zurückzukommen: In diesem Buch lernen Sie nicht, wie Sie aus Stroh Gold spinnen. Dafür viele andere Dinge, die Sie jetzt vermutlich auch noch nicht können. Und es ist kein Märchen. Alles ist wahr. Wenn Sie mögen, schließen Sie das Buch nun kurz, sprechen mir nach: „Sesam, öffne Dich", und schlagen es wieder auf. Und es tut sich tatsächlich ein reicher Schatz an Erfahrungswissen auf, der nur darauf wartet, Stück für Stück heraus in Ihr Projekt getragen zu werden. Mir bleibt nur noch, Ihnen viel Freude damit zu wünschen.

Stefan Zörner

1 Einleitung

Lesen Sie dieses Buch nicht. Legen Sie es weg. Jetzt.

Falls Sie dieser Empfehlung nicht gefolgt sind, haben Sie eine wichtige Voraussetzung für die erfolgreiche Lektüre bereits erfüllt: Sie glauben mir nicht alles, sondern denken selbst. Die anderen Voraussetzungen schaffe ich in diesem Kapitel. Ich bringe Ihnen zunächst die Form und das Thema des Buchs näher, erläutere grob den Aufbau und gebe einige (ernst gemeinte) Hinweise zum Umgang mit den Inhalten und Konzepten. Dazwischen erfahren Sie, ob dieses Buch etwas für Sie ist – das „Mission Statement" grenzt die Inhalte zu anderen Büchern ab und definiert die Zielgruppe.

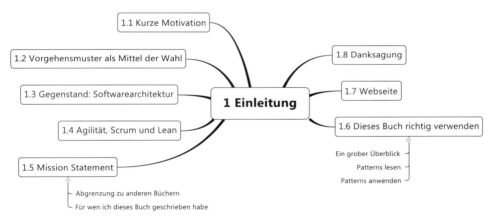

1.1 Kurze Motivation

Ich habe dieses Buch erarbeitet, indem ich meine eigene Vorgehensweise angewandt habe. Dazu gehört, dass unwichtige Teile später bearbeitet werden und, wie es mit einer Timebox nun mal ist, eventuell hinten runterfallen.

So ist es mit der „kurzen Motivation" passiert, die Sie gerade lesen. Sie war ständig niedrig priorisiert und hat es am Schluss nicht geschafft. Sorry! Ich musste mich auf das Wesentliche konzentrieren: das, was Sie mitnehmen können, das, was Ihre Architekturarbeit bereichert, das, was Sie zum besseren Entwickler und Architekten macht. Da ist kein Platz für Motivation. Sie können es positiv sehen: Sie waren motiviert genug, dieses Buch zu kaufen oder zumindest es aufzuschlagen. Das ist doch was!

Das Einzige, was ich Ihnen hier inhaltlich mitgeben kann, ist ein Zitat von Taiichi Ohno[1], das ich schon recht früh in diesen Unterabschnitt geworfen habe, weil es eine zentrale Idee des Buchs gut verkörpert: *"Es gibt so etwas wie Standardarbeit, aber Standards sollten permanent angepasst werden. Wenn Sie vom Standard als das Beste denken, was Sie leisten können, ist alles vorbei."* Er fährt fort, indem er sagt, wenn wir etwas als den *"bestmöglichen Weg"* etablieren, *"wird die Motivation für Kaizen [kontinuierliche iterative Verbesserung] verschwunden sein."* [Pop06][2].

Versuchen Sie in diesem Sinne, die Inhalte dieses Buchs als alleinstehende, aber kombinierbare Verbesserungsideen Ihrer Praxis zu verstehen. Sie kommen aus einem eher klassischen Projektkontext? Lassen Sie sich von leichtgewichtigeren Ideen inspirieren und verzahnen Sie die Architekturdisziplin effektiv mit der Entwicklung. Sie arbeiten in einem agilen Projekt? Experimenten Sie mit den vorgestellten Praktiken, um Architekturaufgaben effektiver im Team zu erledigen oder ein besseres Gefühl für die Architekturdisziplin zu bekommen. Versuchen Sie, Ihren Standardweg zur Architekturentwicklung zu hinterfragen, Schwächen zu erkennen und Stärken auszubauen. Egal, ob Sie nun eher klassisch oder eher agil unterwegs sind: Werden Sie mit Hilfe dieses Buchs ein bisschen besser. Ständig.

■ 1.2 Vorgehensmuster als Mittel der Wahl

Um eine stückchenweise Verbesserung an Ihrer Architekturarbeit gut zu unterstützen, habe ich mich dafür entschieden, Patterns bzw. Muster zu beschreiben. Diese Form der Beschreibung auf Methodik- und Vorgehensebene einzusetzen, ist unüblich[3], ermöglicht es mir aber, gezielt auf Probleme in Softwareprojekten und bei der Produktentwicklung einzugehen. Mit der Zerlegung in zeitgemäße, problemorientierte Architekturpraktiken ist Architekturvorgehen weniger starr und weniger fordernd. Die Praktiken sind leichter erlernbar, einfacher auszuprobieren und generieren weniger Widerstand in der (Projekt-)Organisation. Statt eines aufwendigen „Tailorings" nehmen Sie sich einfach, was Sie brauchen.

Muster sorgen auch dafür, dass Lösungen wiederkehrender Probleme Namen bekommen. Selbst wenn Sie von der beschriebenen Musterlösung abweichen, müssen Sie Ihren Ansatz nicht von Grund auf neu erklären, sondern können den Unterschied zum bekannten Muster erläutern.

Trotz der Stückelung sind die beschriebenen Praktiken nicht voneinander isoliert. Die Muster verweisen aufeinander und können im Verbund eingesetzt werden – sie helfen so auch architektonisch risikoreichen Vorhaben (siehe Abschnitt 2.1.2). Insgesamt entsteht eine Architekturdisziplin, die schnelle Resultate liefert und Stück für Stück einführbar ist.

---

[1] Erfinder des Toyota Production Systems und Urvater von Lean

[2] Originalzitat auf Englisch: Taiichi Ohno: *"there is something called standard work, but standards should be changed constantly. Instead, if you think of the standard as the best you can do, it's all over."* Ohno goes on to say that if we establish something as the *"best possible way, the motivation for kaizen [continuous incremental improvement] will be gone."*

[3] Als ich mit diesem Buchprojekt begonnen habe, war mir kein einziges methodisch orientiertes Pattern-Buch bekannt, zwei ernstzunehmende Vertreter dieses Genres konnte ich jedoch mittlerweile in Erfahrung bringen: [Lef10][Els08]).

1.3 Gegenstand: Softwarearchitektur

Die Vorgehensmuster dieses Buchs sind nicht nur gut kombinierbar, sie prägen insgesamt auch eine zeitgemäße Vision von Softwarearchitektur aus. Bevor ich in Kapitel 2.1 inhaltlich in diese Vision einsteige, sei ein kurzer Blick auf die Disziplin an sich gestattet: „Was ist Softwarearchitektur?"

Wenn Sie diese Frage zehn Softwareentwicklern stellen, werden Sie neun bis zehn unterschiedliche Antworten erhalten. Und das liegt nicht unbedingt an Unwissenheit: Das Software Engineering Institute der Carnegie Mellon Universität sammelt Definitionen für Softwarearchitektur und hält derzeit bei knapp unter 200 [SEI13]. Eine recht einfache und meist konsensfähige Definition kommt von Martin Fowler:

> „To me the term architecture conveys a notion of the core elements of the system, the pieces that are difficult to change. A foundation on which the rest must be built." [Fow04][4]

Obige Aussage ist deshalb sehr reizvoll, weil sie kein Set von zu erstellenden Artefakten vorgibt und keine Entscheidungsarten definiert, die immer architekturrelevant sind. Stattdessen wird eine klare Botschaft formuliert: Wenn es schwer änderbar ist, ist es Softwarearchitektur. Daraus lassen sich zwei wichtige Feststellungen ableiten:

1. **Softwarearchitektur ist wichtig**:
   „Schwere" Änderbarkeit definiert sich darüber, dass Änderungen teuer, aufwendig oder qualitätsgefährdend sind. Entsprechende Entscheidungen gefährden zentrale Rahmenbedingungen (Budget, Zeitplan oder Produktqualität). Eine Definition von Eoin Woods stellt diesen Aspekt zentral heraus: *„Software architecture is the set of design decisions which, if made incorrectly, may cause your project to be canceled"* [Roz11][5]

2. **Unwichtige Fragestellungen verdienen keine Architekturaufwände**:
   Es gibt auch Entscheidungen, die leicht zurückzunehmen oder anzupassen sind. Die meisten Fragestellungen in der Praxis fallen in diese Kategorie und sind damit *nicht* architekturrelevant. Architekturaufwände lohnen sich bei diesen Fragestellungen weniger und bremsen Ihre Entwicklung unnötig. George Fairbanks betont: *„You should pay as much attention to software architecture as it contributes risk to the overall project, since if there is little architecture risk, then optimizing it only helps little."* [Fai10][6]

---

[4] Deutsch etwa: Für mich drückt Softwarearchitektur die Idee von Kernelementen des Systems aus, jene Teile, die schwer änderbar sind. Ein Fundament, auf dem der Rest aufbauen muss.

[5] Deutsch etwa: Softwarearchitektur ist die Menge der Entwurfsentscheidungen, welche, wenn falsch getroffen, Ihr Projekt scheitern lassen können.

[6] Deutsch etwa: Die Aufmerksamkeit, die Sie Softwarearchitektur entgegenbringen, sollte vom Risiko bestimmt werden, das von Architekturfragen ausgeht. Wenn wenig Architekturrisiko für das Gesamtprojekt besteht, hilft Architekturoptimierung auch wenig.

> **Softwarearchitektur vs. XY-Architektur**
>
> Es gibt viele Architekturdisziplinen und noch mehr, teilweise unternehmensspezifische, Namen dafür. In Anlehnung an [Woo08], möchte ich pragmatisch drei Ebenen definieren:
>
> - **Unternehmensarchitektur** (Geschäftsarchitektur, strategische Architektur, Domänenarchitektur etc.)
> - **Softwarearchitektur** (Applikationsarchitektur, Systemarchitektur, Lösungsarchitektur etc.)
> - **Betriebsarchitektur** (technische Architektur, Technologiearchitektur, Integrationsarchitektur etc.)
>
> Der Fokus dieses Buchs liegt auf *Softwarearchitektur*. Ich verwende im gesamten Buch die Begriffe „Softwarearchitektur" und „Architektur" synonym. Die beschriebenen Vorgehensmuster sind für die Erarbeitung *einer* Softwarelösung gedacht – sei es im Rahmen der Produktentwicklung oder als einzelnes Projekt.
>
> Nicht systemübergreifende Aspekte der Betriebsarchitektur lassen sich ebenfalls damit bearbeiten (und sind in der Praxis oft mit Softwarearchitekturaufgaben vermischt). Arbeiten Sie übergeordnet auf strategischer Ebene, können Sie von einzelnen Ideen profitieren, müssen die Muster aber an ihren Kontext anpassen.

1.4 Agilität, Scrum und Lean

Ich werde in diesem Buch öfter von agilem Vorgehen, Scrum oder auch Lean schreiben. Ich entlehne diesen Themen einige Ideen und Denkkonzepte und sehe eine der größten Herausforderungen in der Modernisierung von Softwarearchitektur, um in diesen Umfeldern gut zu funktionieren. Der Einsatz agiler Vorgehensweisen ist jedoch keine Voraussetzung für den Einsatz der in diesem Buch enthaltenen Praktiken. Wenn Sie aus einem eher klassischen Kontext kommen, können Ihnen die beschriebenen Vorgehensmuster zu erfolgreicheren Projekten oder effektiverer Produktentwicklung verhelfen – und das relativ „Buzzword-frei".

Wünschen Sie sich trotzdem etwas Überblick zu agilen Themen, gibt es hervorragende Quellen, die einen guten und knappen Einstieg gewährleisten. Hier eine kleine Empfehlungsliste für Pragmatiker:

- Agile Prinzipien (*http://agilemanifesto.org/iso/de/principles.html*): Auf der Webseite des agilen Manifests findet sich nicht nur der berühmte und vielzitierte Wertvergleich, der vor 14 Jahren klassische Projekte aufrütteln sollte, sondern auch das (meiner Meinung nach interessantere) Verzeichnis der zwölf agilen Prinzipien. Sie machen die grundsätzliche Denkweise von agilem Vorgehen greifbar (siehe Kasten „die agilen Prinzipien").
- Lean Primer (*http://www.leanprimer.com*): eine fantastische Einführung in die Konzepte von Lean. Auf 40 Seiten motivieren Craig Larman und Bas Vodde, warum Lean für die Softwareentwicklung spannend ist, und vermitteln die zentralen Ideen sehr anschaulich.

- Scrum Guide (*http://www.scrum.org/Scrum-Guides*): der Klassiker für Scrum-Einsteiger. Zum Verständnis agiler Denkweisen vielleicht etwas weniger wertvoll als der Lean Primer, werden hier die wichtigsten Elemente von Scrum und deren Zusammenspiel beschrieben. Von den Scrum-Vätern Jeff Sutherland und Ken Schwaber.

Die agilen Prinzipien (zitiert von [agi01])

1. Unsere höchste Priorität ist es, den Kunden durch frühe und kontinuierliche Auslieferung wertvoller Software zufriedenzustellen.
2. Heiße Anforderungsänderungen selbst spät in der Entwicklung willkommen. Agile Prozesse nutzen Veränderungen zum Wettbewerbsvorteil des Kunden.
3. Liefere funktionierende Software regelmäßig innerhalb weniger Wochen oder Monate und bevorzuge dabei die kürzere Zeitspanne.
4. Fachexperten und Entwickler müssen während des Projekts täglich zusammenarbeiten.
5. Errichte Projekte rund um motivierte Individuen. Gib ihnen das Umfeld und die Unterstützung, die sie benötigen, und vertraue darauf, dass sie die Aufgabe erledigen.
6. Die effizienteste und effektivste Methode, Informationen an und innerhalb eines Entwicklungsteams zu übermitteln, ist im Gespräch von Angesicht zu Angesicht.
7. Funktionierende Software ist das wichtigste Fortschrittsmaß.
8. Agile Prozesse fördern nachhaltige Entwicklung. Die Auftraggeber, Entwickler und Benutzer sollten ein gleichmäßiges Tempo auf unbegrenzte Zeit halten können.
9. Ständiges Augenmerk auf technische Exzellenz und gutes Design fördert Agilität.
10. Einfachheit – die Kunst, die Menge nicht getaner Arbeit zu maximieren – ist essenziell.
11. Die besten Architekturen, Anforderungen und Entwürfe entstehen durch selbst organisierte Teams.
12. In regelmäßigen Abständen reflektiert das Team, wie es effektiver werden kann, und passt sein Verhalten entsprechend an.

■ 1.5 Mission Statement

Dieses Buch stellt praxiserprobte Praktiken vor, die Ihnen helfen, Herausforderungen der Softwarearchitektur zu meistern. Die Praktiken sind in Musterform beschrieben, um sie möglichst klar darzulegen, einfach verständlich zu machen und vor allem: sie häppchenweise erlern- und anwendbar zu machen. So ermöglicht dieses Buch auch eine skalierbare Methodik. Kleine und einfache Projekte können sich die nötigen Rosinen aus dem Sack von Mustern picken, größere komplexere Entwicklungsvorhaben können mehr Praktiken übernehmen.

Inhaltlich setzt sich dieses Buch folgende Ziele:

- Neue Ideen und gut funktionierende Praktiken aus modernen Vorgehensmodellen, in den Architekturwerkzeugkasten übertragen. Durch den Einsatz der enthaltenen Muster entsteht eine effektivere, zeitgemäße Architekturdisziplin.
- Architektur in Projekte und Produktentwicklungsvorhaben integrierbar machen, die ein leichtgewichtiges Vorgehensmodell haben. Durch den Einsatz der enthaltenen Muster entsteht eine in das Vorgehen integrierte Architekturdisziplin, die so schlank wie möglich und so fundiert wie nötig arbeitet.
- Architekturarbeit dynamischer gestalten. Durch den Einsatz der enthaltenen Muster werden Projekte bis zu mehreren Teams in die Lage versetzt, dezentral und schnell zu tragfähigen Entscheidungen zu kommen. Der Weg zu Entscheidungen bremst so wenig wie möglich bei der produktiven Erstellung des lauffähigen Systems.
- Agile Vorhaben dabei unterstützen, zentrale Architekturfehler zu vermeiden. Durch den Einsatz der enthaltenen Muster entsteht ein stetiger Fluss von ausgelieferten Features ohne große Rückschläge.

Dieses Buch wird explizit *nicht* erklären, wie Sie agile Ansätze doch wieder mit klassischer Architekturarbeit ausstatten. Ich werde *keine* Argumente liefern, die Architekturarbeit in jedem Fall einklagbar machen. Gleichzeitig verschreibt sich dieses Buch *keinen* agil puristischen Dogmen. Dieses Buch soll den pragmatischen Umgang mit Softwarearchitektur in der heutigen Projektlandschaft fördern – möglichst unabhängig von modischen Trends.

1.5.1 Abgrenzung zu anderen Büchern

Um den Inhalt dieses Buchs abzugrenzen, möchte ich auf die Fähigkeiten eingehen, die Mitglieder eines Entwicklungsvorhabens in jedem Fall brauchen, um erfolgreich an Softwarearchitekturen zu arbeiten. Bild 1.1 zeigt diese Fähigkeiten in eine Pyramide einsortiert, um den aufbauenden Charakter und das unterschiedlich breite Anwendungsspektrum zu illustrieren.

Basis zur Erarbeitung von Softwarearchitektur ist die Soft-Skills-Ebene, die ich in Bild 1.1 mit „**Kommunikation**" bezeichnet habe. Hochleistungsteams verfügen über ein Repertoire an Innovations- und Moderationstechniken, gehen produktiv miteinander um und binden Personen außerhalb des Teams gewinnbringend ein. Das Verhalten folgt gemeinsamen Prinzipien und ist auf ein bekanntes Ziel ausgerichtet.

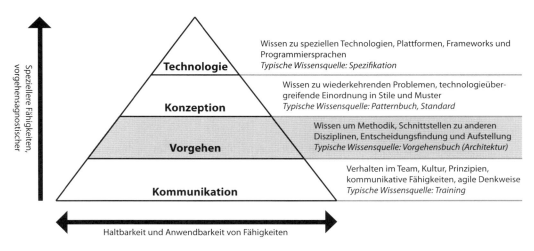

Bild 1.1 Bausteine erfolgreicher Architekturarbeit

Eine Ebene höher liegt die **Vorgehensebene**. Hier sind Praktiken zu finden, die es Teams ermöglichen, effizient zu arbeiten, die richtigen Fragestellungen zum richtigen Zeitpunkt zu behandeln und den Austausch mit anderen Entwicklern, Teams oder Stakeholdern zielorientiert auszurichten. Hier ist das *Wie* der Architekturdisziplin beheimatet.

Die **Konzeptionsebene** beinhaltet Know-how für die Strukturierung von Softwarelösungen und übergreifendes, konzeptionelles Wissen zu Technologien und Frameworks. Hier sind Stile und Muster wie z. B. „Schichten", „Microservices", „REST"[7] oder „Adapter" zu Hause.

Die oberste Ebene beinhaltet **technisches Wissen**. Dazu gehört das Verständnis der eingesetzten Technologien und Frameworks, ihrer Besonderheiten und Möglichkeiten. Hier ist technologische Expertise zu Hause, wie z. B. Wissen zu Spring, ASP.NET, Docker oder Nginx. Dieses Wissen veraltet am schnellsten und ist wichtige Rahmenbedingung für Entscheidungen auf Vorgehensebene.

In der Praxis sollten Sie keine dieser Ebenen vernachlässigen. Ist Ihre Entwicklung beispielsweise auf Kommunikationsebene schwach aufgestellt, werden viele Praktiken von modernen Vorgehensmodellen nicht gut funktionieren. Ist das konzeptionelle Wissen schwach, wird immer mit der einen gut bekannten Technologie gearbeitet – unabhängig vom eigentlichen Problem. Die Architektur und das gesamte Vorhaben leiden unter solchen Lücken. Achten Sie immer auf alle vier Ebenen.

Dieses Buch fokussiert auf die zweite Ebene von unten – das Vorgehen. Es geht um prozessorientierte Entwurfstipps. Wissen zu Architekturkonzepten und Technologien sowie weiche Fähigkeiten rund um Kommunikation sind nicht zentraler Bestandteil (auch wenn Berührungspunkte erläutert werden). Wollen Sie weiter in diese ausgeklammerten Ebenen einsteigen, habe ich folgende Empfehlungen für Sie:

---

[7] REST steht für „Representational State Transfer" und ist ein Stil für Webanwendungen, in dem sogenannte Repräsentationen von Ressourcen über HTTP ausgetauscht werden und über URLs eindeutig identifizierbar sind.

- **Kommunikation**:
  Kommunikative Fähigkeiten und förderliche Sichtweisen für Projekt- und Unternehmensgestaltung kann man sich nicht einfach anlesen. Trotzdem sind Bücher ein guter Startpunkt, um Ideen für die eigene Praxis zu sammeln. Persönlich sehr anregend finde ich die Soft-Skill-Reihe meines Kollegen Uwe Vigenschow [Vig10, Vig11]. Für eine Erweiterung der eigenen Denkweise Richtung Lean und Agil sind z. B. [Pop03], [Pop06] und [App10] spannend.
- **Konzeption**:
  Zur Konzeption von Architektur und technischen Mustern für Technologien und Plattformen gibt es eine Fülle an guten Büchern. Beispiele wären die Klassiker [Fow02], [Bus96] und [Gam94] oder Bücher mit etwas speziellerem Fokus, wie das Messaging-Werk von Gregor Hohpe [Hoh03]. Empfehlungen für Bücher mit Konzeptionsfokus wären [Roz11], [Sta17] und [Zör15].
- **Technologie**:
  Diese Ebene ist zu speziell für allgemeine Lesetipps. Für jede Technologie gibt es mehr oder weniger brauchbare Spezifikationen, Blogs oder aktive Foren, die helfen, Expertise aufzubauen. Das Wichtigste auf dieser Ebene ist aber die Erfahrung mit hochgekrempelten Ärmeln. Probieren Sie Technologien selbst aus – im Kontext Ihres Systems und nebenbei.

1.5.2 Für wen ich dieses Buch geschrieben habe

Bild 1.2 zeigt *Shu-Ha-Ri* in japanischen Schriftzeichen (kanji) – ein Konzept aus der japanischen Kampfkunst, das drei Phasen von Lernen und Können beschreibt:

- **Shu**:
  In Shu wird *ein* Weg angewandt. Sie sehen nicht links und rechts, sondern befolgen die Ansagen eines Meisters genau (1:1-Umsetzung des Scrum Guide, Befolgung *einer* Methodik).
- **Ha**:
  Ha erweitert die Praxis um Verbesserungen und sinnvolle Alternativen. Sie lernen aus unterschiedlichen Quellen und mixen Ihre eigene Praxis daraus.
- **Ri**:
  Im Ri lernen Sie nicht mehr von anderen, sondern ziehen Erkenntnisse aus der eigenen Praxis. Sie haben die Disziplin durchdrungen und gemeistert.

Bild 1.2 Shu-Ha-Ri in kanji [Wikipedia]

Dieses Buch ist am ehesten für die *Ha*-Ebene gedacht. Sie kennen die agilen Ideen zumindest grob und Ihnen sind die Grundlagen von Architekturarbeit geläufig. Sie wollen sich das Beste aus verschiedenen Quellen suchen, um Ihr Projekt oder Unternehmen vorwärtszubringen. Durch den Einsatz der vorgestellten Muster und das Experimentieren mit den im Buch enthaltenen Ideen rücken Sie ein Stück näher an das *Ri*. Falls Sie bereits anwendender Meister sind, lade ich Sie ein, dieses Buch querzulesen, um vielleicht noch interessante Anregungen zu erhalten.

Typische Rollen typischer Leser:

- **Entwickler**:
Sie arbeiten als Softwareentwickler an der Umsetzung eines Produkts oder Projekts und interessieren sich für Architekturarbeit. Sie gestalten die Architektur entweder mit oder haben Einfluss auf die Erarbeitung von architektonischen Konzepten und wollen vor allem effektiv mit anderen Entwicklern zusammenarbeiten, Transparenz herstellen und gute Software abliefern.
- **Architekten**:
Sie sind als Softwarearchitekt auf Produkt- oder Projektebene tätig und wollen dynamischer arbeiten, vielleicht Ihren Platz in einem agilen Entwicklungsprozess finden. Alternativ sind Sie als klassischer (Chef-)Architekt an zeitgemäßen Praktiken für Softwarearchitektur interessiert.
- **Manager**:
Als Manager auf Projektebene oder darüber interessieren Sie sich für neue Strömungen und Vorgehensideen. Sie wollen sich etwas Kontext verschaffen, um die Disziplin der Softwarearchitektur besser zu verstehen, den Wert für dynamisch oder agil arbeitende Teams abzuschätzen und eventuell Impulse für effektivere Architekturarbeit zu setzen.[8]

■ 1.6 Dieses Buch richtig verwenden

Beim Schreiben dieses Buchs hatte ich als wichtigste Metapher einen Reiseführer im Kopf. Wieso? Weil das die wahrscheinlich am besten getesteten Bücher der Welt sind und weil diese Bücher einfach richtig verwendet werden. Hunderte Reisende verschaffen sich erst mal einen Überblick und schlagen später Details nach. Stimmt etwas nicht, gibt es Rückmeldungen oder Verbesserungsideen. Jeder Leser gestaltet auf Basis der gelieferten Informationen und Einschätzungen seine eigene Reise. Trotzdem bildet sich jeder vor Ort seine eigene Meinung.

Ich möchte nicht, dass Sie dieses Buch nur lesen, ich möchte, dass Sie dieses Buch verwenden. Lassen Sie Ideen auf sich wirken, probieren Sie spannende Dinge aus und gehen Sie kritisch damit um. Sie sind verantwortlich für Ihre Reise! Modifizieren Sie die Muster dieses Buchs, um sie auf Ihren Kontext anzupassen. Falls Sie Schwierigkeiten haben, falls bestimmte Dinge sehr gut funktionieren, falls Sie Erkenntnisse oder Erweiterungen haben: Geben Sie mir Feedback[9]. Lassen Sie dieses Buch leben.

---

[8] Sie lesen dieses Buch *nicht*, um Praktiken auf Entwicklungs- und Architekturebene vorzugeben ...
[9] E-Mail: Stefan.Toth@embarc.de, Buchwebseite: *www.swamuster.de*

1.6.1 Ein grober Überblick

Bild 1.3 zeigt die grobe Kapitelstruktur und den logischen Aufbau des Buchs.

Bild 1.3
Kapitelstruktur

Kapitel 2 vermittelt die inhaltliche Vision dieses Buchs und schafft wichtige Grundlagen für die weitere Lektüre. Es dient als Einstieg und Wegweiser für die 30 folgenden Vorgehensmuster.

Die Reihenfolge der Patternkapitel ist nicht zufällig gewählt. Ausgehend von Anforderungen und Problemstellungen (Kapitel 3), bespreche ich Vorgehensaspekte beim Treffen von Architekturentscheidungen (Kapitel 4) und unterstützende Praktiken für dynamische Zusammenarbeit (Kapitel 5). Schließlich verbinde ich Architekturideen und -anforderungen mit den tatsächlich beobachtbaren Eigenschaften des Systems (Kapitel 6). Sie können die Kapitel und die enthaltenen Muster gut von vorne nach hinten lesen, selbstverständlich ist aber auch eine nichtlineare Arbeit mit dem Buch möglich. Die Muster verweisen aufeinander und ermöglichen Ihnen Sprünge zu interessanten Ansatzpunkten.

Der zweite große Teil des Buchs zeigt, wie Sie Muster in unterschiedlichen Kontexten anwenden können bzw. welche Anknüpfungspunkte es zu Vorgehensmodellen, etablierten Rollenmodellen und agilen Frameworks gibt. In Kapitel 7 fokussiere ich auf die allgemeine Etablierung von Vorgehensmustern in Projekten oder Unternehmen. Wie experimentieren Sie richtig mit den Ideen dieses Buchs? An welchen Stellen passen die Muster in agile Prozesse wie Scrum? Und welche Auswirkungen hat die Musteranwendung auf die Rolle Architekt? Kapitel 8 ist schließlich der agilen Skalierung gewidmet: Wie spielen die Ideen dieses Buchs mit agilen Skalierungsframeworks zusammen? Wie können große Entwicklergruppen agil an Architektur arbeiten? Und wie fügen sich evolutionäre Architekturansätze in die Welt der beschriebenen Vorgehensmuster?

1.6.2 Patterns lesen

Für die Beschreibung der Muster in diesem Buch habe ich den „Alexandrischen Stil" gewählt. Diese von Christopher Alexander[10] verwendete Form der Musterbeschreibung zeichnet sich vor allem durch ihre gute Lesbarkeit aus. Die einzelnen Teile des Musters sind nicht durch Überschriften getrennt, sondern lediglich optisch abgesetzt – durch die Verwendung von Bildern, Balken oder Kästen. Um den Lesefluss und die Lebendigkeit der Beschreibung weiter zu erhöhen, habe ich den Musterteil der „Forces" oder „Einflüsse" in die Musterbeschreibung integriert und kann so die Lösung direkt im Text motivieren. Bild 1.4 zeigt die Teile eines Musters im Überblick.

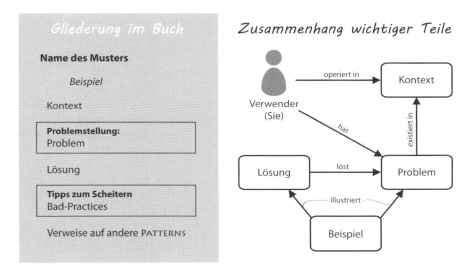

Bild 1.4 Aufbau der Muster in diesem Buch

Generell sollten die beschriebenen Muster gut von oben nach unten lesbar sein. Das Beispiel illustriert einen wichtigen Ausschnitt des Patterns und gibt Ihnen eine grobe Idee. Danach setzt der Kontext die Bühne für das als Frage formulierte Problem. Der Hauptteil des Musters kümmert sich dann um die Lösung dieses Problems. In einem abschließenden Kasten finden Sie schlechte Anwendungsbeispiele des Musters – Anti-Patterns. Die Verweise zu anderen Mustern sind vor allem spannend, wenn Sie das Muster bei sich anwenden wollen. Sie können die Verweise auf verwandte Muster auch nutzen, um das Buch netzwerkartig von interessanten Mustern ausgehend zu lesen, anstatt streng linear vorzugehen.

---

[10] Christopher Alexander wird von vielen als der Urvater der Beschreibung von Mustern gesehen. Sein einflussreichstes Werk ist „A Pattern Language: Towns, Buildings, Construction" [Ale78].

1.6.3 Patterns anwenden

Die stumpfe Übernahme von in Mustern beschriebenen Praktiken wird Ihnen und Ihrem System nur bedingt helfen. Finden Sie interessante Ansätze und Ideen, können Sie gerne so schnell wie möglich loslegen. Um die Musteranwendung jedoch erfolgreich und zielführend zu gestalten, lesen Sie die Hinweise, die ich in Kapitel 7 („Vorgehensmuster anwenden") gesammelt habe, insbesondere Abschnitt 7.1 („Muster richtig einsetzen").

■ 1.7 Webseite

Auf der Webseite

www.swamuster.de

finden Sie einen schlanken Musterüberblick, einige Inhalte, die aus Platzgründen nicht mehr in das Buch gepasst haben, sowie Links und weiterführende Informationen zum Thema und zu einzelnen Vorgehensmustern. Ich gebe dort auch aktuelle Vortrags- und Veranstaltungshinweise.

■ 1.8 Danksagung

Neben der Academy möchte ich mich bei allen Helfern, Unterstützern und Kunden bedanken, die dieses Buchprojekt möglich gemacht haben. Ganz besonderer Dank gebührt Stefan Zörner, der nicht nur große Teile des Buchs gereviewed hat und viele wertvolle Anregungen beisteuerte: Er ist auch verantwortlich dafür, dass ich mich überhaupt monatelang von allen sozialen Bindungen gelöst habe, um mich dem geschriebenen Wort zu widmen. Danke für den Impuls!

Danke an Markus Wittwer für den wichtigen Input im Bereich der gemeinsamen Entscheidungsfindung und das beigesteuerte Vorgehensmuster aus Abschnitt 5.2.

Danke an meine Diskussionspartner, Reviewer und Unterstützer, die mir mit Hinweisen, Kommentaren und Ideen geholfen haben, dieses Buch zu realisieren: Jan Gentsch, Claudia Schröder, Uwe Vigenschow, Tadeusz Malek, Mischa Soujon, Kai Münch, Jan Dittberner, Wolfgang Werner, Gernot Starke, Axel Müller, Robert Uhl, Stephan Roth, Roland Mast, Niko Köbler, Harm Gnoyke, Simon Brown, Matthias Bohlen, Peter Götz, René Weiß.

Weil ich mir das Beste immer für den Schluss aufhebe, kommt nun der Dank an jene Frau, die mich während der Arbeit an diesem Buch unterstützt, angefeuert und bei Laune gehalten hat: Marion. Danke für die gemeinsame Zeit, die mich zu dem gemacht hat, was ich heute bin. Ich versuche, deine positive und liebevolle Art weiterleben zu lassen. Irgendwann werden wir uns wiedersehen und dann habe ich viel zu erzählen.

2 Zeitgemäße Softwarearchitektur

Auf den nächsten Seiten tauchen Sie in die inhaltliche Vision des Buchs ein. Die übergreifende Idee hinter den 30 Vorgehensmustern für Softwarearchitektur ist in Abschnitt 2.1 detailliert dargestellt und mit den Konzepten der übrigen Kapitel verbunden.

Nach diesem vielleicht wichtigsten Abschnitt des gesamten Buchs zeige ich, welche Vorgehensmuster die beschriebene zeitgemäße Architekturarbeit ermöglichen. Abschnitt 2.2 gibt einen kompakten Überblick aller Muster des Buchs, inklusive Problem und Kurzbeschreibung. Außerdem werden die Kapitel, in welche die Muster eingegliedert sind, kurz vorgestellt.

Zum Abschluss stelle ich kurz das Fallbeispiel vor, das Sie durch alle Vorgehensmuster begleiten wird (Abschnitt 2.3).

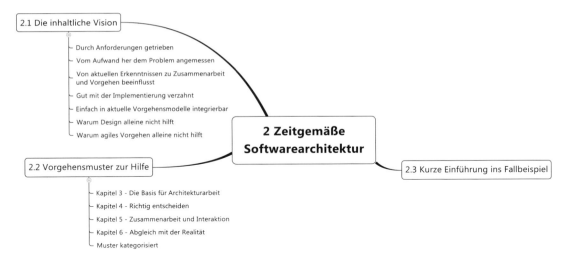

2.1 Die inhaltliche Vision

Hinter den Vorgehensmustern dieses Buchs steht eine konsistente Vision zeitgemäßer Softwarearchitekturarbeit. Bereits die in Abschnitt 1.3 genannten Definitionen von Softwarearchitektur scheren nicht alle Softwareentwicklungsvorhaben über einen Kamm. Menge und Ausprägung von grundlegenden, risikoreichen Fragestellungen sind von System zu System unterschiedlich. Zeitgemäße Softwarearchitektur erkennt diese Individualität auf vielen Ebenen an und greift aktuelle Strömungen der Softwareentwicklung auf. Zeitgemäße Softwarearchitektur ist:

1. **Durch Anforderungen getrieben**
2. **Vom Aufwand her dem Problem angemessen**
   - In dynamischen Umfeldern nicht behindernd
   - In architektonisch risikoreichen Kontexten ausreichend fundiert
3. **Von aktuellen Erkenntnissen zu Zusammenarbeit und Vorgehen beeinflusst**
4. **Gut mit der Entwicklung verzahnt (Feedback!)**
5. **Einfach in aktuelle Vorgehensmodelle integrierbar**
   - Iterativ leistbar
   - In aktuellen Konzepten des Vorgehens verankert
   - Frei von behindernden oder umständlichen Ergänzungen

Ich greife diese Punkte im Folgenden auf, beschreibe sie etwas detaillierter und referenziere auf wichtige Vorgehensmuster.

2.1.1 Durch Anforderungen getrieben

Wenn Sie eine fachliche Methode ausimplementieren oder ein neues Feld im UI vorsehen, orientieren Sie sich an Wünschen und Anforderungen des Kunden. Dasselbe sollten Sie tun, wenn Sie Technologien auswählen oder Fremdsysteme anbinden. Was auch immer die grundlegenden Fragestellungen in Ihrem Fall sind: Lassen Sie sich von Anforderungen leiten.

Qualitätsanforderungen kommt dabei eine besondere Bedeutung zu. Sie beschreiben die nichtfunktionalen Aspekte der zu erstellenden Lösung, also *wie* eine Funktionalität bereitgestellt werden soll.[1] Soll die Funktionalität ohne Unterbrechung zur Verfügung stehen, sind Zuverlässigkeit und Verfügbarkeit wichtig. Wollen wir in Zukunft mehr Benutzer mit unserer Funktionalität beglücken, ist Skalierbarkeit spannend. Wollen wir verhindern, dass Unbefugte heikle Funktionalität nutzen, ist Sicherheit ein Thema. Diese Qualitätsmerkmale beziehen sich oft auf weite Systemteile oder sogar das Gesamtsystem. Zuverlässigkeit lässt sich nicht durch eine neue Klasse oder Komponente sicherstellen, die gesamte Anwendung und deren Basis müssen entsprechenden Prinzipien gehorchen.

---

[1] Der Begriff „Nichtfunktionale Anforderung" erfährt immer größere Ablehnung in der Fachwelt. Ich werde in diesem Buch deshalb von „Qualitätsanforderungen" oder „Qualitäten" sprechen.

Qualität ist somit meist *querschnittlich* und betrifft viele bis alle Entwickler. Wir erreichen Qualitätsmerkmale durch den Einsatz der richtigen Technologien, Plattformen, Frameworks, Muster oder die breite Adaptierung von Arbeitsweisen. Das ist grundlegende Arbeit am Fundament. Entsprechende Entscheidungen sind weitreichend und oft aufwendig in der Umsetzung. Wir sind damit mitten in der Architekturdomäne und es ist wenig überraschend, dass Qualitätsanforderungen als *die* Architekturanforderungen gesehen werden.

Wie dieses Buch hilft

Jedes Entwicklungsvorhaben, egal wie leichtgewichtig oder agil, muss seine qualitativen Anforderungen kennen. In diesem Buch stelle ich einen leichtgewichtigen Ansatz zur Verankerung und gemeinsamen Bearbeitung dieser Anforderungen vor. Den Start macht **Kapitel 3** – „Die Grundlage von Architekturarbeit".

Die wichtigsten Muster für diesen Teil der Vision:

- 3.1 – INITIALER ANFORDERUNGS-WORKSHOP
- 3.3 – SZENARIEN ALS ARCHITEKTURANFORDERUNGEN
- 3.6 – ARCHITEKTURARBEIT IM BACKLOG
- 4.4 – ARCHITEKTURENTSCHEIDUNGEN TREFFEN

2.1.2 Vom Aufwand her dem Problem angemessen

Stellen Sie sich ein neu zu entwickelndes Produkt vor, das auf einem bekannten Technologiestack aufsetzt. Es gibt ein passendes, unternehmensspezifisches Applikationsframework, das einzige Umsetzungsteam hat bereits ähnliche Produkte gebaut und kennt die Domäne. Die zeitliche Planung ist realistisch und der Aufwand ist überschaubar. Dieses Vorhaben kommt wohl mit weniger Architekturaufwänden aus als ein Großprojekt, das sich um die Umsetzung einer neuartigen Flugsicherungssoftware kümmern soll. Im ersten Kontext ergeben sich wahrscheinlich weniger risikoreiche Fragestellungen. Das Umfeld ist weniger komplex, das zu lösende Problem und der Lösungsweg sind recht gut verstanden. Im Großprojekt hingegen sind einige Komplexitätstreiber zu finden – Architekturarbeit wird spannender. Bild 2.1 zeigt, wie sich Architekturaufwände und Komplexitätstreiber die Waage halten sollten.

Arbeit an der Softwarearchitektur hat das Ziel, gute Entscheidungen zum richtigen Zeitpunkt zu treffen und das Risiko teurer Irrwege zu minimieren. Zu hohe Aufwände für Architekturarbeit machen die Entwicklung schwerfällig, langsam und aufwendiger als nötig. Erstellen Sie etwa einen Prototypen für eine einfach umzusetzende Anforderung, verzögern Sie die Umsetzung und die damit verbundene Rückmeldung. Ihr Aufwand hat zudem wenig bis keinen Nutzen. Eine solche „Verschwendung" behindert vor allem in weniger komplexen, dynamischen Projekten und macht Sie starrer als nötig.

Auf der anderen Seite führt zu wenig Arbeit an der Softwarearchitektur zu zufälliger Architektur und potenziell zur Verfehlung wichtiger Ziele. In architektonisch risikoreichen Umfeldern muss folglich ausreichend fundierte Architekturarbeit geleistet werden.

Wichtig ist die richtige Balance, die sich für jedes Vorhaben anders gestaltet.

2 Zeitgemäße Softwarearchitektur

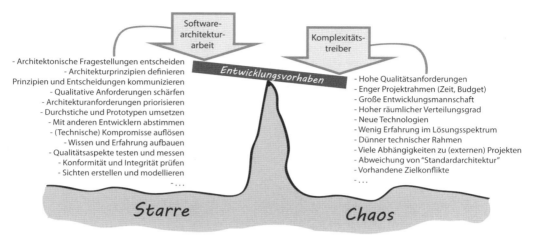

Bild 2.1 Das richtige Maß für Softwarearchitekturarbeit

Wie dieses Buch hilft

Das richtige Maß an Softwarearchitekturarbeit ist in jeder Entwicklungsphase interessant. In diesem Buch bespreche ich einerseits die Menge an vorab zu leistender Architekturarbeit, andererseits zeige ich, wie Sie bei konkreten Fragestellungen entscheiden, ob Architekturarbeit notwendig ist und wann diese Arbeit erfolgen sollte.

Die wichtigsten Muster für diesen Teil der Vision:

- 4.1 – Architekturarbeit vom Rest trennen
- 4.2 – Der letzte vernünftige Moment
- 4.3 – Gerade genug Architektur vorweg

2.1.3 Von aktuellen Erkenntnissen zu Zusammenarbeit und Vorgehen beeinflusst

Auch wenn die Wurzeln der Disziplin noch weiter zurückreichen, Softwarearchitektur ist ein Kind der 1990er-Jahre. Im universitären Umfeld und mit großer finanzieller Unterstützung des amerikanischen Verteidigungsministeriums wurden Muster, Sprachen und Methoden erarbeitet[2]. Weil Rollen- und Prozessmodelle ihre Blütezeit erlebten, konnte man die Disziplin relativ leicht einem „Architekten" zuschlagen.

Die Softwareentwicklung hat seit den 1990er-Jahren viel gelernt. Agile Softwareentwicklung, Lean Development oder auch die Organisationstheorie beinhalten viele Erkenntnisse zu Zusammenarbeit, Komplexität und Dynamik. Auch Softwarearchitektur kann als Disziplin von diesen Erkenntnissen profitieren.

---

[2] Eine zentrale Rolle spielte die Carnegie Mellon Universität mit ihren Veröffentlichungen – etwa [Sha96].

Wie wäre es mit Praktiken, die es ermöglichen, Architekturaufgaben effektiv auf mehrere Schultern zu verteilen? Praktiken, die dynamisches Vorgehen nicht bremsen? Was halten Sie von zeitgemäßen Methoden zur Minimierung von Unsicherheiten und Risiken? Und was wäre, wenn Softwarearchitektur so transparent wird, dass Sie stetig und gewinnbringend mit großen Entwicklungsgruppen oder Stakeholdern zusammenarbeiten können?

Wie dieses Buch hilft

Die herausragendsten Errungenschaften moderner Vorgehensmodelle betreffen gesteigerte Dynamik und Flexibilität. In diesem Buch zeige ich, wie Sie Architekturarbeit daran teilhaben lassen. Zentral ist dabei **Kapitel 5** – „Zusammenarbeit und Interaktion". Praktiken der anderen Musterkapitel unterstützen Sie bei der Anwendung dieser Konzepte.

Die wichtigsten Muster für diesen Teil der Vision:

- 4.6 – RISIKEN AKTIV BEHANDELN
- 5.1 – INFORMATIVER ARBEITSPLATZ
- 5.2 – GEMEINSAM ENTSCHEIDEN
- 5.5 – WIEDERKEHRENDE REFLEXION

2.1.4 Gut mit der Implementierung verzahnt (Feedback)

Bild 2.2 zeigt ein vereinfachtes Bild des generischen Entwicklungsprozesses, den ich in Abschnitt 7.2 genauer beschreiben werde. Er zeigt, wie Anforderungen die iterative Entwicklung speisen (Mitte) und der Umsetzungszyklus auslieferbare Software erstellt (rechts). Fundamentale Fragestellungen wandern vor der Implementierung durch den Architekturzyklus (links) bzw. liefern Erkenntnisse und Probleme aus der Umsetzung (rechts) die Grundlage

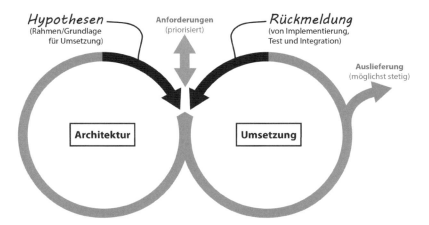

Bild 2.2 Iterative Architekturarbeit mit Umsetzung verzahnt

für gezieltere architektonische Betrachtungen (links). Ich durchwandere das Bild mit Hilfe eines vereinfachten Beispiels, um die Verzahnung von Architektur und Implementierung zu illustrieren.

Sie haben immer wieder wichtige Entscheidungen in der Entwicklung zu treffen. Nehmen wir zum Beispiel an, ein Teil Ihrer Applikation nimmt komplizierte Berechnungen vor. Sie haben den Applikationsteil bereits in Bausteine zerlegt und sehen sich nun mit Anforderungen konfrontiert, die hohe Flexibilität im Berechnungsablauf fordern. Da die Fragestellung nicht isoliert betrachtet werden kann und viele Bausteine betrifft, wandern Sie in den Architekturzyklus aus Bild 2.2.

Um möglichst lose Kopplung zu erreichen, entwerfen Sie einen einfachen Eventmechanismus. Sie sehen vor, dass Komponenten einen eigenen Berechnungszustand halten und bei Änderungen an diesem Zustand entsprechende Events feuern. Andere Bausteine können auf diese Events reagieren. Sie erstellen eine kleine Implementierung, die die Möglichkeiten Ihrer Plattform nutzt, um diese Idee umzusetzen. Es funktioniert.

An dieser Stelle definieren Sie die Idee als brauchbare Möglichkeit und entscheiden sich für eine breitere Umsetzung. Sie schaffen damit die Grundlage für Implementierungstätigkeiten, Sie stellen eine kommunizierbare Hypothese auf (siehe Bild 2.2, oben links). Es handelt sich um den ersten wichtigen Berührungspunkt zwischen Architektur- und Umsetzungsarbeit.

In der Umsetzung wenden Sie das Konzept auf Ihre Bausteine an (vielleicht nicht sofort auf alle). Sie versuchen, Zustandsübergänge zu definieren, eine produktivtaugliche Implementierung für den Zustand selbst zu kreieren und entwerfen fachliche Events. Erst hier haben Sie das Problem annähernd vollständig vor Augen: Sie erkennen, wie kompliziert sich Zustände teilweise zusammensetzen, welche Daten mit den Events übertragen werden müssen und wie diese Lösung mit anderen Konzepten Ihrer Bausteine zusammenwirkt. Haben Sie wichtige Teile umgesetzt, können Sie mit Tests eine Idee vom Laufzeitverhalten bekommen.

Hier ist der zweite wichtige Berührungspunkt zwischen Architektur und Implementierung: die Rückmeldung aus der Implementierung, samt den Erkenntnissen aus Integration und Test (siehe Bild 2.2, oben rechts). Sie sollten diese Rückmeldung *häufig* und *zeitnah* suchen. So prüfen Sie architektonische Hypothesen und minimieren den Raum für Annahmen und Spekulationen[3]. Technische oder konzeptionelle Probleme, die auf Implementierungsebene auftreten, stellen einen sekundären Architekturtreiber dar (neben den weiter oben besprochenen Anforderungen). Insgesamt entsteht eine gelebte Softwarearchitektur, die durch die Implementierung nicht verwässert, sondern bereichert wird. Hypothesen erhärten sich über das Feedback aus der Umsetzung und werden nach und nach zu breit akzeptierten Entscheidungen.

Zeitgemäße Softwarearchitektur zeichnet sich durch häufige und schlanke Durchläufe des Architekturzyklus aus. Die Übergänge an beiden Berührungspunkten zur Umsetzung sind gut verstanden und mit geringen Aufwänden verbunden.

---

[3] Es wird oft versucht, viel Architekturaufwand VOR der Entwicklung zu treiben, um bessere Vorhersagen zu erreichen. Die Erreichung von Qualitätsmerkmalen ist allerdings schwer vorhersagbar. Versuchen Sie es, verzögern Sie wahrscheinlich nur den Weg zur Wahrheit: der laufenden Applikation.

Wie dieses Buch hilft

Der schlanke, häufige Durchlauf des Architekturzyklus wird durch die Anforderungskonzepte aus Kapitel 3 ermöglicht. In Kapitel 4 – „Richtig entscheiden" finden Sie Hinweise zur Erarbeitung von „Hypothesen" und „Kandidaten-Architekturen". Passende Rückmeldungen aus der Umsetzung, die möglichst häufig Architekturideen prüfen, sind das Thema von **Kapitel 6** – „Abgleich mit der Realität". Dort beschreibe ich den Kern der Verzahnung von Implementierung und Architektur.

Die wichtigsten Muster für diesen Teil der Vision:

- 3.5 TECHNISCHE SCHULDEN ALS ARCHITEKTURANFORDERUNGEN
- 6.3 QUALITATIVE EIGENSCHAFTEN TESTEN
- 6.5 CODE UND ARCHITEKTUR VERBINDEN
- 6.6 KONTINUIERLICH INTEGRIEREN UND AUSLIEFERN

2.1.5 Einfach in aktuelle Vorgehensmodelle integrierbar

Immer mehr Projekte adoptieren ein Vorgehen, das mit so wenig Verzögerung wie möglich Richtung Auslieferung von Software drängt. Das Stichwort „agil" ist so omnipräsent, dass sich viele bereits genervt abwenden, wenn das Thema zur Sprache kommt. Ich verweigere mich jedem religiösen Fanatismus an dieser Stelle und möchte hier auch nicht dogmatisch werden. Nüchtern betrachtet setzen immer mehr Unternehmen auf agile Praktiken – und es funktioniert. Viele Studien und Umfragen zeigen Erfolge von agilen Projekten [Ric07], [Bar06], [Vig09], [Wol08]. Eine jährlich durchgeführte Umfrage von VersionOne [Ver18] befragte über 5.000 IT-Mitarbeiter aus Europa und den USA zum „State of Agile Development". 97 % der Organisationen setzen demnach agile Methoden ein, nur 4 % der Unternehmen geben an, keine agilen Initiativen durchzuführen oder zu planen. Scrum ist, wenig überraschend, am weitesten verbreitet und kommt auf 72 % Marktanteil unter den agilen Methoden (Varianten mit eingerechnet).

Was bedeutet das für die Disziplin der Softwarearchitektur? Zeitgemäße Softwarearchitektur muss *auch* in agile Entwicklungsvorhaben passen und sollte die Konzepte, Praktiken und Rollen dieser Ansätze nutzen und annehmen. Sie muss zumindest iterativ leistbar sein und sollte eher erklären, wie Architekturpraktiken in moderne Vorgehensmodelle passen, als diese Vorgehensmodelle mit behindernden oder umständlichen Ergänzungen zu versehen. Wenn 80 % der Projekte Iterationsplanungstreffen abhalten, 53 % kontinuierlich integrieren und 61 % Kanban nutzen (nach [Ver18]), sollte Softwarearchitektur zumindest ihren Platz in diesen Praktiken kennen.

Wie dieses Buch hilft

Auf dem Weg von Anforderungen über die Umsetzung bis zur Auslieferung darf Architektur nicht im Weg sein. Die Muster dieses Buchs nutzen deshalb agile Konzepte oder erweitern sie, ohne den Zweck zu verwässern. Andockpunkte für Scrum und Kanban finden sich über den gesamten beschriebenen Entwicklungszyklus. Trotzdem sind die Muster auch in klassischeren Umfeldern brauchbar (iterative Entwicklung vorausgesetzt).

Die wichtigsten Muster für diesen Teil der Vision:

- 3.6 – ARCHITEKTURARBEIT IM BACKLOG
- 3.7 – ARCHITEKTURARBEIT AUF KANBAN
- 4.5 – RELEASE-PLANUNG MIT ARCHITEKTURFRAGEN
- 5.4 – STAKEHOLDER INVOLVIEREN

2.1.6 Warum Design alleine nicht hilft

Es gibt wichtige Fähigkeiten, die ein guter Entwickler haben sollte. Dazu zählen zweifellos Praktiken und Prinzipien rund um den Entwurf und das Design von Software. Bild 2.3 gibt einen Überblick zu einem Teil der entsprechenden Fähigkeiten und Denkweisen. Sie gehen über das stumpfe „Runterprogrammieren" von Anforderungen hinaus.

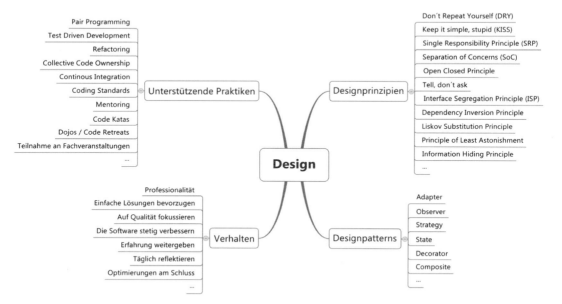

Bild 2.3 Praktiken, Prinzipien und Haltung für das Design von Software

Es ist durchaus sinnvoll, die Ideen aus Bild 2.3 als eigene Disziplin zu betrachten und entsprechendes Wissen breit zu streuen. Ich nenne diese Disziplin wenig überraschend „Design". Auch wenn es Überschneidungen mit Softwarearchitektur gibt, sind Design und Architektur nicht deckungsgleich. Betrachten wir die enthaltenen Praktiken und Prinzipien genauer, sind zwei Dinge spannend:

- Mit dem Fokus auf einfache, bewegliche, gut verständliche Lösungen unterstützt Design vor allem ein Qualitätsmerkmal: Wartbarkeit. Architektur hat einen breiteren Fokus auf alle Qualitätsmerkmale und gleichzeitig das Ziel, eventuelle Kompromisse aufzulösen. Der Einsatz von Designpraktiken ist damit selbst eine Architekturentscheidung. Architektur bildet den Rahmen für die Designdisziplin.
- Der Einsatz von Designpraktiken beeinflusst die Struktur der Softwarelösung und hält sie flexibel. Entscheidungen rund um die Funktionalität, die Klassenstruktur und den Interfaceschnitt werden leichter änderbar – und damit weniger architekturrelevant. Gutes Design reduziert die nötige Architekturarbeit. Die Struktur kann potenziell durch Implementierungs- und Refactoring-Zyklen entstehen und wächst über die Zeit, statt zu Beginn vollständig geplant zu werden (modisches Stichwort: „emergentes Design").

Ich werde den Blick in weiterer Folge auf Architektur fokussieren. Nicht weil Design, wie ich es in diesem Abschnitt abgegrenzt habe, nicht wichtig ist! Design ist essenziell und macht Architekturarbeit sicher einfacher. Gleichzeitig ist die Designdisziplin aber gut verstanden und aktuell viel besprochen. Die Verzahnung mit der Implementierung ist relativ geradlinig und in aktuellen Bewegungen wie „Software Craftsmenship" ausreichend behandelt.

2.1.7 Warum agiles Vorgehen alleine nicht hilft

Es ist risikoreich, architekturelle Fragestellungen leichtfertig zu entscheiden oder sie zu ignorieren. Kümmern Sie sich in Ihrer Entwicklung nicht explizit um Softwarearchitektur, entsteht eine „zufällige Architektur" (engl. accidental architecture [Boo06]), die nur eventuell die qualitativen Anforderungen und Vorstellungen Ihrer Stakeholder erfüllt. Mit dieser Art von Architekturarbeit kommen Sie nur bei Standardproblemen oder „einfachen" Vorhaben davon. Sobald das Umfeld komplexer wird, haben Sie ein Problem oder brauchen viel Glück.

Scrum ist das am weitesten verbreitete Vorgehensmodell für agile Projekte [Ver18]. Es wurde allerdings nicht für große oder komplexe Projekte erdacht und liefert wenig Hilfestellung für architekturelle Probleme (vgl. [Lef10]). Ein Symptom, das immer wieder zu beobachten ist, ist das Stocken des Entwicklungsflusses in puristischen Scrum-Kontexten. Nach Phasen, in denen Features mit stetiger Geschwindigkeit ausgeliefert werden, gibt es Rückschläge und die Produktivität sinkt drastisch. Durch die Integration leichtgewichtiger Architekturpraktiken können Unterbrechungen des Entwicklungsflusses effektiv bekämpft werden [Bel13].

Agiler Fokus auf Design

In der agilen Diskussion um Softwarearchitektur nehmen Designpraktiken einen hohen Stellenwert ein. Testgetriebene Entwicklung, Clean Code, Refactoring, Pair Programming oder die Befolgung von Designprinzipien werden breit gepredigt und gelebt. Wie in Abschnitt 2.1.6 besprochen, kann die Struktur von Software damit flexibler gehalten werden, Architekturarbeit wird aber nur teilweise ersetzt. Qualitätsanforderungen wie Sicherheit oder Zuverlässigkeit werden durch Designarbeit nicht adressiert und Entscheidungen zu Plattformen, Frameworks, Programmierstilen oder Protokollen sind meist grundlegender Natur. Lösungen zu diesen Themen wachsen nicht aus gutem Design, sondern aus Architekturarbeit.

Fehlende Qualitätsanforderungen

Wartbarkeit und Erweiterbarkeit sind häufig die prominentesten Qualitätsmerkmale in agilen Entwicklungsmannschaften. Selbst diese Qualitätsmerkmale werden aber meist nicht in Anforderungen gegossen. Backlogs von Scrum-Teams sind oft *nur mit funktionalen Stories* gefüllt – mit Qualitätsanforderungen fehlt die wichtigste Grundlage für Architekturarbeit. Das hat mehrere Konsequenzen:

- **Kompromisse** zwischen konkurrierenden Qualitäten werden **erst spät erkannt** und müssen mühevoll aufgelöst werden, wenn bereits viel Programmcode entwickelt wurde. Entsprechende Anpassungen können projektgefährdend sein.
- **Architekturanforderungen** sind **nicht sichtbar**. Entwickler können folglich schwerer einschätzen, hinter welchen Backlog-Einträgen sich Architekturaufgaben verbergen. Die Aufwandsschätzung wird schwieriger und es ist manchmal nur zu raten, ob man das nötige Know-how hat, um sich bestimmte Aufgaben zu nehmen und zu bearbeiten.
- Die **Kommunikation** ist **unfokussierter**. Qualitätsanforderungen sind querschnittlich, Architekturentscheidungen betreffen viele Projektmitglieder. Sie müssen getroffene Entscheidungen breit kommunizieren und Feedback am Weg zur Entscheidung wäre nicht verkehrt. Wenn Sie diese Fragestellungen nicht erkennen, können Sie nicht gezielt zusammenarbeiten, die Kommunikation enthält viel Rauschen. Größere Projekte oder Produktentwicklungen zerbrechen dann unter zu hohem Kommunikationsdruck oder treffen verteilte, integritätsbedrohende Entscheidungen, die schwer zurückzunehmen sind.

Die Reaktion auf diese Phänomene ist häufig alles andere als agil. Ich habe gesehen, wie „agile" Projekte Architektur großspurig wiedereinführen, eigene Architekturabteilungen wiederbeleben und dazu übergehen, wieder früh zu planen bzw. harte Governance auf Architekturvorgaben zu setzen. Die Muster in diesem Buch zeigen, wie es anders geht.

2.2 Vorgehensmuster zur Hilfe

Die im letzten Abschnitt skizzierte Vision einer zeitgemäßen Architekturdisziplin ist nicht einfach umsetzbar und schon gar nicht mit einem Big-Bang-Ansatz über eine Organisation oder ein Projekt zu stülpen. Die Muster dieses Buchs stückeln die wichtigsten Ideen deshalb in handhabbare Größe und machen eine iterative Verbesserung in Ihrer täglichen Architektur- und Entwicklungsarbeit möglich. In diesem Unterabschnitt fasse ich die vier Musterkapitel (3 bis 6) zusammen und zeige alle enthaltenen Muster mit Problemstellung und Kurzbeschreibung. Anschließend teile ich die Muster in drei Kategorien ein: zentrale Muster für häufig auftretende und grundlegende Probleme, unterstützende Muster, die bei der Musteranwendung oder dem Verständnis helfen, und weiterführende Muster mit ergänzenden Praktiken.

2.2.1 Kapitel 3 – die Basis für Architekturarbeit

Architekturarbeit ist dort sinnvoll, wo Entscheidungen risikoreich sind. Idealerweise erkennen Sie dieses Risiko, *bevor* die Entscheidung getroffen und die Lösung dafür umgesetzt wurde – also auf Anforderungsebene. In diesem Kapitel werden Muster besprochen, die Ihnen dabei helfen, die richtigen Anforderungen abzuholen, sie zu strukturieren, zu priorisieren und laufend zu verfeinern. Auch die iterative Abarbeitung von Architekturanforderungen in Backlogs oder die Verarbeitung mit Kanban sind Themen. Die Muster schaffen damit die Grundlage für Architekturentscheidungen (Kapitel 4) und die Überprüfung von Architektur im Code (Kapitel 6). Tabelle 2.1 zeigt die Muster von Kapitel 3 inklusive Problem und Kurzbeschreibung.

2.2.2 Kapitel 4 – richtig entscheiden

Die Architekturdisziplin beinhaltet viele Praktiken, Techniken und Mittel, die bei genauerer Betrachtung alle um ein Thema kreisen: Entscheidungen. Ganze Bibliotheken sind mit Büchern gefüllt, die Ihnen die konzeptionelle und technische Basis für Entscheidungen vermitteln wollen. Irgendwann müssen Sie aber auch zum Herzstück selbst vordringen, müssen entscheiden. In diesem Kapitel werden Muster besprochen, die Ihnen dabei helfen, Architekturentscheidungen von unwichtigeren Entscheidungen zu trennen, sie zu planen und bei Bedarf über mehrere Iterationen hinweg zu bearbeiten, sie zum richtigen Zeitpunkt in der richtigen Granularität zu treffen und dabei auftauchende Risiken aktiv zu behandeln. Tabelle 2.2 zeigt die Muster von Kapitel 4 inklusive Problem und Kurzbeschreibung.

Tabelle 2.1 Muster zu Architekturanforderungen

Mustername	Problem	Kurzbeschreibung
INITIALER ANFORDERUNGS-WORKSHOP (→ Abschnitt 3.1)	Wie können Architekturanforderungen effektiv erhoben und kommuniziert werden?	Erheben Sie Architekturanforderungen in einem gemeinsamen Workshop während der Kick-off-Phase.
ANFORDERUNGS-PFLEGE-WORKSHOPS (→ Abschnitt 3.2)	Wie kann auf Basis einer Anforderungsliste mit architekturrelevanten Inhalten ein stetiger Fluss iterativ verarbeitbarer Aufgaben gewährleistet werden?	Aktualisieren Sie Ihre Sicht auf die Anforderungen in jeder Iteration, indem Sie die wichtigsten Einträge der Anforderungsliste detaillieren.
SZENARIEN ALS ARCHITEKTUR-ANFORDERUNGEN (→ Abschnitt 3.3)	Wie drückt man Qualitätsanforderungen aus, um (1) Architekturarbeit sinnvoll zu leiten und (2) Stakeholder-gerecht zu kommunizieren?	Erheben und beschreiben Sie qualitative Anforderungen in Form konkreter Beispiele.
SZENARIEN KATEGORISIEREN (→ Abschnitt 3.4)	Wie können Szenarien in iterativen und/oder agilen Prozessen abgearbeitet werden, ohne zu verzögern oder zu behindern?	Gliedern Sie Szenarien nach ihrer Abhängigkeit von einzelnen funktionalen Anforderungen.
TECHNISCHE SCHULDEN ALS ARCHITEKTUR-ANFORDERUNGEN (→ Abschnitt 3.5)	Wie werden architektonische Probleme und Versäumnisse effizient, transparent und in die restliche Architekturentwicklung integriert behandelt?	Suchen Sie aktiv nach Architekturschwächen und sorgen Sie für deren fachliche Bewertbarkeit.
ARCHITEKTURARBEIT IM BACKLOG (→ Abschnitt 3.6)	Wie kann Architekturarbeit (1) iterativ, (2) stetig priorisiert und (3) mit funktionalen Aufgaben verwoben erledigt werden?	Ordnen Sie Szenarien entweder einzelnen funktionalen Anforderungen zu oder erzeugen Sie eigene Backlog-Einträge.
ARCHITEKTURARBEIT AUF KANBAN (→ Abschnitt 3.7)	Wie kann die Architekturarbeit von der Idee bis zur Auslieferung optimiert werden, so dass ein mit Umsetzungsaufgaben verwobener, stetiger und sichtbarer Fluss von Aufgaben entsteht?	Lassen Sie wichtige Szenarien gemeinsam mit funktionalen Anforderungen über ein Kanban fließen und kommunizieren Sie die Ergebnisse der Architekturbemühungen.

Tabelle 2.2 Muster zu Architekturentscheidungen

Mustername	Problem	Kurzbeschreibung
ARCHITEKTURARBEIT VOM REST TRENNEN (→ Abschnitt 4.1)	Wie lassen sich jene Aufgaben identifizieren, die (1) Umsicht bei der Entscheidung, (2) evtl. tiefes Architektur- oder Technologieverständnis und (3) breite Kommunikation und Transparenz benötigen?	Anhand einiger leitender Fragen lassen sich schwer änderbare, teure oder anderweitig risikoreiche Anforderungen identifizieren.
DER LETZTE VERNÜNFTIGE MOMENT (→ Abschnitt 4.2)	Wann sollte eine architekturelle Fragestellung idealerweise entschieden werden, um (1) unter größtmöglicher Sicherheit zu entscheiden und (2) das Risiko einer Fehlentscheidung zu minimieren	Entscheidungen sollten so spät wie sinnvoll möglich fallen, um unter dem bestmöglichen Wissen zu entscheiden. Lernfenster sollten aktiv genutzt werden.
GERADE GENUG ARCHITEKTUR VORWEG (→ Abschnitt 4.3)	Wie viel Architekturarbeit muss vor dem Einstieg in die Realisierung geleistet sein?	Frühe Architekturarbeit sollte mindestens die Systemziele und Rahmenbedingungen architekturell aufbereiten und die Voraussetzungen für eine gemeinsame Entwicklungsarbeit schaffen.
ARCHITEKTURENTSCHEIDUNGEN TREFFEN (→ Abschnitt 4.4)	Welche Tätigkeiten sind nötig, um Architekturentscheidungen effektiv zu treffen, und wie werden sie zeitlich eingeordnet und wahrgenommen?	Architekturentscheidungen beinhalten die Analyse der Fragestellung, die Generierung von Entscheidungsalternativen, Feedback und die informierte Entscheidung selbst.
RELEASE-PLANUNG MIT ARCHITEKTURFRAGEN (→ Abschnitt 4.5)	Wie werden Abhängigkeiten, Risiken und die Dringlichkeit von architekturellen Fragestellungen geplant berücksichtigt, ohne den Prozess der „normalen" Umsetzung von Funktionalität unnötig aufzublähen?	Architekturfragen werden durch Szenarien und technische Schulden repräsentiert und unter Berücksichtigung von Abhängigkeiten und Dringlichkeiten in Releases geplant.
RISIKEN AKTIV BEHANDELN (→ Abschnitt 4.6)	Wie sollten Unsicherheiten, die architekturrelevante Auswirkungen haben, gefunden und behandelt werden?	Risiken werden mit unterschiedlichen Techniken aktiv gesucht und, je nach Risikokategorie und Risikobewertung, mitigiert oder beobachtet.
IM PRINZIP ENTSCHEIDEN (→ Abschnitt 4.7)	Wie können mehrere Entwickler oder Architekten (Architektur-)entscheidungen bearbeiten, ohne die Konsistenz und Integrität der Software entscheidend zu verringern?	Statt Einzelentscheidungen für spezielle Probleme zu treffen, werden Richtlinien definiert, die bei einer Reihe von Entwurfs- und Architekturproblemen helfen.
AD-HOC ARCHITEKTURTREFFEN (→ Abschnitt 4.8)	Wie können architektonische Herausforderungen oder Unsicherheiten, die während der Umsetzung auftauchen, schnell und trotzdem solide behandelt werden?	Kurzfristig einberufene Treffen zu Architekturproblemen nutzen große Visualisierungsflächen und direkte Kommunikation, um schnell zu Ergebnissen zu kommen.

2.2.3 Kapitel 5 – Zusammenarbeit und Interaktion

„Ich bin mehr und mehr davon überzeugt, dass es tatsächlich die alltägliche Kommunikation ist, die Softwareprojekte erfolgreich macht oder sie scheitern lässt. Programmierwerkzeuge, Praktiken und Methoden sind sicher wichtig, aber wenn die Kommunikation versagt, ist der Rest nur mehr bunte Bemalung für den Leichnam"[4].

Gojko Adzic [Adz09] hebt auf bestechende Art und Weise hervor, was in so vielen Realisierungsprojekten offensichtlich wird: Zusammenarbeit, Interaktion und Austausch sind zentral. Und für welche Disziplin der Softwareentwicklung sollte das mehr gelten als für Softwarearchitektur? Von Architekturarbeit sind schließlich viele bis alle Projektmitglieder betroffen. Die Muster dieses Kapitels zeigen, wie Sie effektiv mit Stakeholdern zusammenarbeiten können, wie Sie trotz der Arbeit mehrerer Entwickler oder Teams eine konsistente Architektur gewährleisten, wie Sie Wissensmonopole vermeiden und für Transparenz sorgen. Tabelle 2.3 zeigt die Muster von Kapitel 5 inklusive Problem und Kurzbeschreibung.

2.2.4 Kapitel 6 – Abgleich mit der Realität

Ihre Architektur ist nicht fertig, wenn Sie ein Konzept erstellt, ein Diagramm gezeichnet oder eine Idee formuliert haben. Architekturentscheidungen beeinflussen große Teile der Umsetzungsarbeit und erst durch die Rückmeldung aus der Umsetzung bzw. die Einhaltung der Architekturprinzipien in allen relevanten Systemteilen wird Architektur lebendig. Gute Architekturarbeit versucht, bearbeitete Fragestellungen möglichst schnell, mit möglichst objektivem Feedback zu versorgen. Die Muster dieses Kapitels verschreiben sich dieser Prüfung und zeigen, wie Sie frühe Rückmeldungen fördern können, wie Sie Architektureigenschaften im Code analysieren und prüfen können, wie Sie Architekturziele realistisch im Auge behalten und wie Sie mit gefundenen Problemen umgehen können. Tabelle 2.4 zeigt die Muster von Kapitel 6 inklusive Problem und Kurzbeschreibung.

Tabelle 2.3 Muster zu Zusammenarbeit und Interaktion

Mustername	Problem	Kurzbeschreibung
INFORMATIVER ARBEITSPLATZ (→ Abschnitt 5.1)	Wie können wichtige Informationen zur Architektur möglichst breit gestreut werden, um (1) Kontext für Entwurf und Entwicklung zu geben und (2) bei schwierigen Entscheidungen und Kompromissen für eine gemeinsame Basis zu sorgen?	Informationen zur Architektur werden aktuell und großflächig ausgestellt. Die „Architekturwand" zeigt Ziele, Kontext, Szenarien, Big-Picture, Entscheidungen, Prinzipien, aktuelle Skizzen usw.

---

[4] Englisches Original: *„I am getting more and more convinced every day that communication is, in fact, what makes or breaks software projects. Programming tools, practices and methods are definitely important, but if the communication fails then the rest is just painting the corpse."*

Tabelle 2.3 (*Fortsetzung*) Muster zu Zusammenarbeit und Interaktion

Mustername	Problem	Kurzbeschreibung
GEMEINSAM ENTSCHEIDEN (→ Abschnitt 5.2)	Wie kann eine Entscheidung effektiv und konkret in einer Gruppe getroffen werden, wenn (1) ein Entscheider (Architekt) delegiert oder (2) die Gruppe selbst für die Entscheidung verantwortlich ist.	Entscheidungsverfahren, die Konsens herstellen, räumen vorrangig Widerstände aus und sind auch in größeren Gruppen noch effektiv. Es wird eine angemessene Entscheidung getroffen, die jeder mittragen kann.
ANALOG MODELLIEREN (→ Abschnitt 5.3)	Wie kann die Zusammenarbeit auf konzeptioneller Ebene unterstützt werden, um Kreativität, Spontanität und eine zielgerichtete, kollektive Problemlösung zu fördern?	Statt früh in Modellierungstools zu arbeiten, werden große Flächen und einfache Werkzeuge benutzt, um Entwürfe und Ideen möglichst flexibel zu beschreiben und Interaktivität optimal zu fördern.
STAKEHOLDER INVOLVIEREN (→ Abschnitt 5.4)	Wie können Anforderungen und Erwartungen an die Softwarearchitektur effektiv abgeholt und eingeordnet werden, um stetig informierte Architekturarbeit zu leisten?	Die Architekturarbeit erfolgt unter möglichst direkter Einbindung von wichtigen Stakeholdern, von Beginn an und regelmäßig.
WIEDERKEHRENDE REFLEXION (→ Abschnitt 5.5)	Wie kann nach einer Serie von Entscheidungen mehrerer Entwickler (1) Konsistenz und Integrität sichergestellt werden, (2) das Big Picture im Auge behalten werden und (3) die Kommunikationslast dabei im Rahmen bleiben?	In regelmäßigen Abständen finden sich Entwickler und andere Stakeholder zusammen, um über erledigte Architekturarbeit und ihre Auswirkungen zu reflektieren.
ARCHITECTURE OWNER (→ Abschnitt 5.6)	Wie kann Architekturarbeit effektiv, koordiniert und gut erledigt werden, wenn Rahmenbedingungen keine völlig selbst organisierten Teams zulassen? Wie können dabei klassische Probleme eines alleinregierenden Architekten vermieden werden?	Die Rolle des „Architecture Owner" wird als Teilzeitaufgabe erfahrenen Entwicklern zugeschlagen. Sie beinhaltet vor allem Unterstützungs-, Organisations-, und Mentoringtätigkeiten, jedoch keine alleinige Entscheidungsbefugnis.
ARCHITEKTUR-COMMUNITIES (→ Abschnitt 5.7)	Wie können Mitarbeiter eines Vorhabens dabei unterstützt werden, (1) über Architekturthemen nachzudenken, (2) die eigenen Fähigkeiten dahingehend auszubauen und (3) ein gemeinsames Bild zu entwickeln, das konzeptionelle Integrität fördert?	In einer offenen Gruppe tauschen sich die Mitwirkenden zu Architekturarbeit und Architekturproblemen aus. Die Arbeit ist sichtbar, relevant und hat einen festen Rhythmus.
ARCHITEKTUR-KATA (→ Abschnitt 5.8)	Wie können Architekturfähigkeiten (1) wiederholt geübt und geschärft, (2) auf eine breitere Entwicklergemeinde übertragen und (3) stetig verbessert werden, ohne produktiv zu entwickelnde Systeme in Mitleidenschaft zu ziehen?	An der Architekturarbeit Beteiligte üben ihr Handwerk, indem sie wiederholt Beispiel-Systeme entwerfen und analysieren. Ohne Alltags-Druck verbessern sie methodische, fachliche und technische Kompetenzen.

Tabelle 2.4 Muster zum Abgleich mit der Realität

Mustername	Problem	Kurzbeschreibung
FRÜHES ZEIGEN (→ Abschnitt 6.1)	Wie kann früh und in möglichst direkter Zusammenarbeit mit dem Kunden überprüft werden, ob sich die Softwarearchitektur entsprechend der Ziele und Wünsche entwickelt?	Frühe Rückmeldung von Fachseite wird durch frühe Integration und Auslieferung, Imitation des fertigen Systems, offene Architekturaktivitäten und Aufbereitung von technischen Erkenntnissen gefördert.
REALITÄTSCHECK FÜR ARCHITEKTURZIELE (→ Abschnitt 6.2)	Wie können Probleme bei der Erreichung von Architekturzielen frühzeitig erkannt werden?	In einem kurzen, regelmäßigen Treffen werden Risiken, Befürchtungen und Probleme abgeholt.
QUALITATIVE EIGENSCHAFTEN TESTEN (→ Abschnitt 6.3)	Wie können Ziele, die die *äußere* Qualität des entwickelten Systems betreffen, objektiv geprüft werden und negative Seiteneffekte späterer Entwicklungstätigkeiten sichtbar gemacht werden?	Es werden automatisierte Tests für qualitative Aspekte des Systems bereitgestellt: Systemtests, Akzeptanztests und nichtfunktionale Tests (oder auch „Fitness Functions").
QUALITÄTSINDIKATOREN NUTZEN (→ Abschnitt 6.4)	Wie können Ziele, die die *innere* Qualität des entwickelten Systems betreffen, objektiv geprüft werden und negative Seiteneffekte späterer Entwicklungstätigkeiten aufgedeckt werden?	Qualitätsindikatoren (Metriken) werden ausgewählt, von Werkzeugen laufend gemessen und ausgewertet.
CODE UND ARCHITEKTUR VERBINDEN (→ Abschnitt 6.5)	Wie können Architektur und Code am Auseinanderdriften gehindert werden, so dass (1) keine Verwässerung der Facharchitektur auftritt, (2) Architekturschwächen in puncto Umsetzbarkeit erkannt werden und (3) die Gültigkeit von Architekturprüfungen im Code gewährleistet bleibt?	Architekturvorgaben zu Programmstruktur und Qualitätsindikatoren werden in Werkzeugen hinterlegt, die Programmcode parsen und automatisiert dagegen prüfen.
KONTINUIERLICH INTEGRIEREN UND AUSLIEFERN (→ Abschnitt 6.6)	Wie können Ergebnisse von Metriken, Umsetzungsprüfungen oder Tests verschiedener Arten möglichst schnell zurück zum Entwickler fließen, um (1) direktes Feedback zu ermöglichen und (2) die Qualität des Systems stetig hoch zu halten?	Entwicklungsaufgaben sollten häufig in eine Versionsverwaltung übertragen werden, von wo aus der Build, Tests, Qualitäts- und Umsetzungsprüfungen automatisiert loslaufen, um schnelle Rückmeldung zu gewährleisten.
PROBLEMEN AUF DEN GRUND GEHEN (→ Abschnitt 6.7)	Wie können für die Architektur erkannte Probleme oder Risiken analysiert werden, um Verschwendung und Ineffektivität bei deren Beseitigung zu vermeiden?	Die Fehler-Ursachen-Analyse versucht, Ursachen von Problemen aufzuspüren und zu beseitigen. Einfaches Mittel dazu sind Ursache-Wirkungs-Diagramme.

2.2.5 Muster kategorisiert

Bild 2.4 zeigt die 30 Vorgehensmuster für Softwarearchitektur in drei Kategorien eingeteilt:

- **Zentrale Muster**:
  Die in diesen Mustern enthaltenen Praktiken behandeln häufig anzutreffende und grundlegende Probleme der Architekturarbeit. Die Praktiken sind direkt anwendbar und in vielen Kontexten wertvoll.
- **Unterstützende Muster**:
  Diese Muster unterstützen einige zentrale Muster direkt oder vermitteln grundlegende Ideen, die Ihnen bei der erfolgreichen Anwendung von zentralen Mustern helfen.
- **Weiterführende Muster**:
  Diese Muster beschreiben zusätzliche Praktiken, die je nach Umfeld spannend sein können. Die Muster sind nicht weniger wichtig als zentrale Muster, beeinflussen das grundsätzliche Architekturvorgehen aber weniger stark.

Sollten Sie in Eile sein, können Sie mit zentralen Mustern aus Ihrem Interessensgebiet starten und vor der Anwendung die relevanten unterstützenden Muster nacharbeiten. Weiterführende Muster enthalten danach eventuell noch einige gute Ideen für das ein oder andere Problem. Die Reihenfolge, in der die Muster in den jeweiligen Kapiteln geordnet sind, ist trotzdem sinnvoll – ich möchte Ihnen nur nicht vorschreiben, immer das gesamte Kapitel durchzuarbeiten …

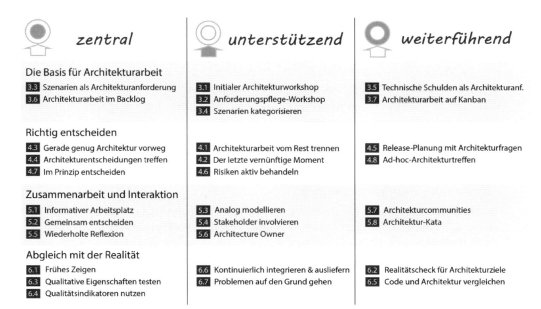

Bild 2.4 Zentrale, unterstützende und weiterführende Muster

2.3 Kurze Einführung ins Fallbeispiel

Durch die 30 Vorgehensmuster zieht sich ein Fallbeispiel. Jedes Muster wird durch ein Bruchstück dieses Fallbeispiels eingeleitet, in dem die Protagonisten das Muster entweder anwenden, es motivieren oder auf ein Problem stoßen, das mit dem Muster zu lösen wäre. Die Bruchstücke sind weitgehend unabhängig voneinander und sollten auch verständlich sein, wenn Sie nur ein einzelnes Muster betrachten. Trotzdem bauen einige Muster aufeinander auf oder ergänzen sich sehr gut. In diesen Fällen sind Verweise im Text zu finden. Ziel war, dass die einzelnen Bruchstücke in den Mustern selbsterklärend sind. Die Einführung hier ist möglichst knapp gehalten und soll einen leichten Einstieg ermöglichen.

Das Fallbeispiel ist größtenteils in Dialogform beschrieben. Entwickler, Projektleiter und Kunde tauschen sich über Softwarearchitektur und ihre Probleme in diesem Gebiet aus. Ich stelle hier nun kurz die Idee des Systems und die in den Projektbeispielen agierenden Mitarbeiter vor.

Das System – IT-Crunch

IT-Crunch ist ein Online-Magazin, in dem Redakteure und freie Autoren Artikel über wichtige Entwicklungen im IT-Sektor verfassen. Das Magazin soll als Plattform ausgebaut werden: Mitglieder können sich frei anmelden, in Foren diskutieren und eigene Artikel oder Videos einreichen. Redakteure prüfen diese Einreichungen, bevor sie im Community-Bereich live gehen. Besucher können Artikel und Forenbeiträge lesen.

Das Magazin existiert bereits online und hat eine große Leserschaft im deutschsprachigen Raum. Einige Inhalte sind kostenpflichtig (Premiuminhalte wie Gartner-Studien oder IEEE-Artikel) und können von Mitgliedern einzeln gekauft oder als Abonnement bezogen werden.

Das System gliedert sich in mehrere Systemteile. Nicht alle werden von dem im Beispiel agierenden Team umgesetzt (wie etwa das Archivsystem, das alte Artikel verwaltet und zum Kauf anbietet). Einige Systemteile werden zugekauft (Mailserver, Buchhaltungssystem, Ad-Server etc.).

Die Akteure des Fallbeispiels

- **Thorsten (Kunde):** Thorsten ist Vertreter von IT-Crunch und arbeitet mit dem Projekt zusammen, um Anforderungen zu erheben und zu detaillieren bzw. um Fragen zu Prioritäten zu beantworten und fachliche Probleme zu beheben. In Scrum wäre er der Product Owner.
- **Claudia (Projektleiter):** Claudia ist Projektleiterin und greift nicht aktiv in die Architekturentwicklung ein. Sie will das Projekt insgesamt zum Erfolg führen und setzt deshalb immer wieder Impulse.
- **Axel (Entwickler):** Axel ist ein erfahrener Entwickler und hat bereits mit Claudia zusammen Projekte realisiert. Er ist sehr gut mit vielen eingesetzten Technologien vertraut und hat in einigen agilen Projekten mitgewirkt.
- **Sarah, Tommy, Michael, Peter (alles Entwickler/innen):** Die vier Entwickler/innen haben unterschiedliche Stärken und Schwächen und helfen bei bestimmten Themen mit (oder stellen Fragen). Sarah ist die Erfahrenste unter ihnen, Peter hat eben erst sein Studium beendet.

3 Die Basis für Architekturarbeit

Anforderungen bilden die Basis für pragmatische und iterative Arbeit an der Softwarearchitektur. Doch nicht alle Anforderungen sind gleich. Einige formen die Architektur und beeinflussen Architekturentscheidungen stärker als andere. Hätten Sie diese architektonisch signifikanten Anforderungen nicht oder wären sie anders ausgeprägt, würde Ihre Architektur anders aussehen. Vernachlässigen Sie deren Behandlung, entstehen technische Schulden auf Architekturniveau. In diesem Kapitel werden Muster besprochen, die Ihnen dabei helfen, die richtigen Anforderungen abzuholen, sie zu strukturieren, zu priorisieren und laufend zu verfeinern. Auch die iterative Abarbeitung von Architekturanforderungen in Backlogs oder die Verarbeitung mit Kanban sind Thema. Bild 3.1 zeigt die Muster des Kapitels im Überblick.

Warum sollten Sie sich mit Architekturanforderungen auseinandersetzen? Nun, in Abschnitt 1.3 habe ich Architekturarbeit für sinnvoll erklärt, wo Entscheidungen risikoreich sind. Idealerweise erkennen Sie dieses Risiko, *bevor* die Entscheidung getroffen und die Lösung dafür umgesetzt wurde – also auf Anforderungsebene. Welche Anforderungen sind architekturrelevant? Welche Anforderungen führen zu Entscheidungen, die Ihr Vorhaben gefährden, wenn sie falsch getroffen werden? Sie werden in diesem Kapitel eine detaillierte Antwort darauf bekommen, wie Sie diese kritischen Anforderungen in Ihrem Kontext finden und bearbeiten. Zunächst folgt aber ein kurzer Blick darauf, wieso sie qualitative Anforderungen in jedem Fall in Ihre Suche einschließen sollten.

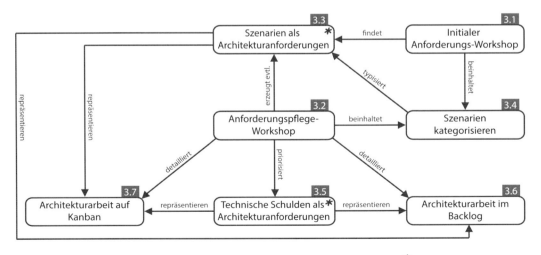

Bild 3.1 Zusammenhänge der Muster „Basis für Architekturarbeit"

✱ Muster die Typen von Architekturanforderungen beschreiben

Softwaresysteme werden funktional gegliedert. Die Struktur unserer Software orientiert sich an Domänenbegriffen, fasst ähnliche Funktionalität in Komponenten zusammen und isoliert fachlich unterschiedliche Konzepte voneinander. Die Prinzipien dafür sind teilweise mehr als vier Jahrzehnte alt und haben sich bewährt[1]. Das System wird durch ihren Einsatz wartbarer, reagiert also gutmütiger auf funktionale Änderungen. Was ist aber mit Änderungen an nichtfunktionalen Anforderungen, an der Qualität des Systems? Diese Aspekte betreffen viele oder alle Funktionalitäten des Systems. Verfügbarkeit bezieht sich meist auf das gesamte System oder weite Systemteile, Sicherheit ebenfalls. Anforderungen aus den Bereichen Effizienz und Wartbarkeit mögen etwas besser lokalisierbar sein, sind aber auch schwer isoliert in einer Komponente zu erreichen. Sie können diese Ziele folglich nur erreichen, wenn Sie in vielen bis allen Teilen des Systems darauf Rücksicht nehmen. Das erfordert die gemeinsame Arbeit vieler Entwickler und in manchen Fällen (etwa bei Zuverlässigkeit) sind auch die Kosten relevant genug, um die Entscheidung risikoreich zu machen.

 Qualitätsanforderungen sind oft risikoreich. Es ist aufwendig oder teuer, entsprechende Entscheidungen zurückzunehmen, sie sind öfter architekturrelevant.

Jedes Softwaresystem hat qualitative Anforderungen. Sicherheit oder Zeitverhalten sind fast omnipräsent, Servicelevel Agreements bilden nicht gerade eine Seltenheit. Bild 3.2 zeigt ein Qualitätsmodell, das diese Anforderungen kategorisiert.

Bild 3.2 Qualitätsmerkmale nach ISO/IEC 25010

---
[1] Vgl. „Geheimnisprinzip" von David Parnas 1972

Wenn Qualitätsanforderungen nun meist vorhanden sind und oft Architekturarbeit nach sich ziehen, ist es wichtig aktiv mit ihnen zu arbeiten. Sie müssen die geforderten Qualitätseigenschaften ihres Systems kennen und Sie sollten ihnen keinesfalls weniger Sorgfalt entgegenbringen, als den funktionalen Anforderungen an Ihr System. Definieren Sie Erwartungen an, oder Erkenntnisse zu Qualitätseigenschaften, priorisieren Sie sie nach Geschäftswert und überprüfen (testen) Sie ihre Erreichung. Arbeiten Sie auch Qualitätsanforderungen iterativ ab und verhindern Sie deren Übererfüllung auf Kosten anderer Anforderungen. Das gelingt am besten, indem Sie qualitative Anforderungen ähnlich spezifizieren, priorisieren und bearbeiten wie funktionale Anforderungen und aktiv nach Versäumnissen auf Architekturebene suchen. Die Muster dieses Kapitels legen den Grundstein dafür.

■ 3.1 Initialer Anforderungs-Workshop

„Die effizienteste und effektivste Methode, um Informationen zu und innerhalb eines Entwicklungsteams zu transportieren, ist direkte Kommunikation."[2]

– Melnik und Martin

In einem Kick-off sitzen Claudia (Projektleiterin), Thorsten (Kunde), Axel, Sarah, Michael und einige andere Entwickler im großen Besprechungsraum.

Claudia: „Wir sind heute hier, weil ich in meinen letzten Projekten gelernt habe, nicht mehr auf Anforderungsspezifikationen zu vertrauen. Es ist immer das Gleiche: Die Anforderungen kommen per Spezifikation an und sollen von den Entwicklungsteams verarbeitet werden. Ziemlich schnell tauchen Fragen auf, die nicht gleich geklärt werden können. Manche Fragen laufen zurück zum Schreiber des Dokuments – der rät aber auch zur Hälfte. Letztendlich machen sich Entwickler und Anforderer ihren eigenen Reim auf die Dinge und das Dokument wird Stück für Stück umgesetzt. Bei der ersten Auslieferung kommt dann der laute Aufschrei und es beginnen die Verhandlungen, was spezifiziert war."

Axel: „Beim letzten Projekt war es neben einfachen Missverständnissen auch so, dass Architekturaspekte sehr gut in den Anforderungen versteckt waren. Wir haben sie am Anfang nicht explizit abgeholt und auch bei der Umsetzung von Funktionalität nicht genauer betrachtet. Als wir dann Übertragbarkeitsanforderungen und Sicherheitsaspekte umzusetzen hatten, war es reichlich spät."

Claudia: „Mit teuren Folgen."

Claudia ist verantwortlich für das neue Produkt: das Online-Magazin IT-Crunch. Sie möchte in diesem Entwicklungsvorhaben vor allem auf Zusammenarbeit setzen. Erster Schritt ist für sie eine gemeinsame Vision und ein gemeinsames Vokabular. Statt detaillierter Dokumente möchte sie zum Start des Projekts auf eine mehr oder weniger grobe Liste setzen: „Es ändert sich sowieso noch viel und wenn der Kunde lernt, was er will, ist es besser, noch nicht alles analysiert zu haben."

Claudia: „Die wichtigen Dinge für den Start sind eine klare Produktvision, die zentralen Qualitätsmerkmale und die grob umrissene Funktionalität des Systems. Das reicht für grobe Architekturplanung und einen Start."

Der Kunde (Thorsten) ist zu Beginn des Meetings etwas skeptisch, mag aber die Idee des Produktkartons, der die Vision des Produkts gut veranschaulicht. Das Versprechen auf frühe und häufige Rückmeldung und die iterative, genauere Spezifikation am konkreten Beispiel klingen auch besser, als er es gewohnt ist.

Thorsten: „Ich lasse mich auf das hier ein, vor allem weil ich diese Dokumentschreiberei nicht mag. Aber wenn das schief geht, brauche ich irgendwen, den ich an die Wand nageln kann."

---

[2] Englisches Original: *„The most efficient and effective method for conveying information to and within a development team is face-to-face conversation"*

Claudia: „Die Vision wird stabil bleiben, wichtige Anforderungen wollen wir mit dem Vorgehen sogar früher abholen, als das bisher der Fall war."

Axel: „Der Produktkarton ist das beste Beispiel – da ist von einem modernen Erscheinungsbild die Rede, von einer sehr flüssigen Bedienung und von ‚der größten Community für IT-Wissen im deutschsprachigen Raum'. Das gibt uns bereits wichtige Ideen für Architektureigenschaften."

Claudia: „Es geht um Fokussierung und direkteren Austausch. Ich habe da Vertrauen und lasse mich zur Not auch an die Wand nageln."

Wie sich später herausstellen wird, fühlen sich alle Beteiligten sicherer und bei Releases gibt es weniger Überraschungen. Große Umbauarbeiten in späten Projektphasen bleiben aus.

Sie wollen in die iterative Erarbeitung Ihres Systems starten. Anforderer und/oder Kunden sind greifbar und haben eine grobe Vision von dem zu entwickelnden System. In einer eventuell schon vorhandenen Anforderungsliste sind wenige bis keine Qualitätsanforderungen zu finden. Die Kommunikation in die Umsetzungsteams steht noch aus oder muss unterstützt werden.

Problemstellung:
Wie können Architekturanforderungen effektiv erhoben und kommuniziert werden?

Anforderungen für die Architekturarbeit müssen zu Beginn des Vorhabens grob bekannt sein, um das zu entwickelnde System vom Aufwand her schätzbar zu machen. In dieser frühen Phase sind auch die dringendsten Architekturaufgaben zu identifizieren und für die Umsetzer transparent zu machen.

Der initiale Anforderungsworkshop hat zum Ziel, eine ausreichend befüllte Anforderungsliste zu erzeugen, um mit der Entwicklung starten zu können [Lar10]. Diese Liste ist danach nicht fertig, sondern stellt lediglich die zu dem Zeitpunkt bekannten und am besten verstandenen Anforderungen dar. Aus Architektursicht ist es wichtig, hier auch qualitative Aspekte des Systems zu betrachten.

Qualitative Aspekte sind, je nach Domäne und Aufgabe, unterschiedlich wichtig. Ein System zur Erkennung von Rissen in Flugzeugtragflächen wird zumindest prominente Zuverlässigkeits- und Sicherheitsanforderungen beinhalten. Bei einem einfachen System, in dem Professoren ihre Vortragsunterlagen organisieren und ablegen können, stehen Qualitätsaspekte etwas weiter im Hintergrund. Trotzdem gibt es sie. Im initialen Anforderungs-Workshop sollten Sie sicherstellen, zentrale Qualitäten in die Anforderungsliste zu übernehmen. Dafür gibt es einige Techniken:

- **Produktkarton**:
  Der Produktkarton erlaubt einen Blick auf das Gesamtprodukt, aus der Sicht eines potenziellen „Käufers". Was wären zentrale Funktionalitäten, die Sie bewerben würden? Welche zentralen Merkmale hätte das Produkt? Schon auf dieser hohen Ebene werden Qualitätsziele sichtbar. Auf Produktkartons ist oft von „besonders leicht bedienbar", „mit System

XY integrierbar", „zukunftssicher", „schnellste Verarbeitung" oder „kein Datenverlust selbst bei XY" die Rede. Diese Anforderungen scheinen zentral zu sein und werden in der Anforderungsliste festgehalten[3]. Für weitere Informationen zum Produktkarton siehe [Hoh06], [Zör15] und *http://innovationgames.com/product-box/*.

- **Launch-Announcement** (Pressemitteilung):
  Ähnlich wie der Produktkarton ist auch das Launch-Announcement eine Möglichkeit, sich vorab die wichtigsten Ziele zu einem System zu erarbeiten. Selbst wenn Ihr Projekt kein Produkt im eigentlichen Sinne erstellt oder nie eine öffentliche Markteinführung geplant ist, hilft dieses Instrument. Nehmen Sie zumindest die folgenden Informationen auf: (1) einen Titel inklusive einem Produkt- oder Projektnamen, (2) die Zielgruppe und eine Erklärung, wie deren Probleme gelöst werden, (3) Beispielfeatures und Vorteile der Lösung, (4) ein Zitat, das Alleinstellungsmerkmale Ihrer Lösung hervorhebt, und (5) eine Begründung, warum die eigene Firma das Produkt entwickelt (verknüpfte Geschäftsziele und Kompetenzbeweis).

- **Produkt-Canvas**:
  Von Roman Pichler als Alternative zum traditionellen Product Backlog in Scrum-Projekten erarbeitet, stellt der Produkt-Canvas die Zielgruppe und einen groben Überblick des Gesamtprodukts dar. Daneben haben auch Rahmenbedingungen, Skizzen und einige detaillierte Anforderungen Platz. Der Produkt-Canvas unterstützt die Beleuchtung von unterschiedlichen Projektaspekten in Anforderungs-Workshops und hilft beim Festhalten. Mehr Informationen dazu finden Sie hier: *http://www.romanpichler.com/blog/agile-product-innovation/the-product-canvas/*.

- **Brainwriting**:
  Die Workshop-Teilnehmer finden sich in kleinen Gruppen zusammen und sammeln mögliche Anforderungen und Rahmenbedingungen für das Entwicklungsvorhaben. Brainwriting-Ergebnisse werden anschließend in der Großgruppe konsolidiert und gruppiert. Für die weitere Architekturarbeit sind besonders Ideen zu qualitativen Aspekten des Systems spannend – starten Sie also Brainwritings, um Szenarien zu finden (siehe Abschnitt 3.3). Basis sind allgemeine Qualitätsmerkmale oder die Fragen zu Szenarioarten aus Tabelle 3.1.

Weitere Tätigkeiten in einem initialen Anforderungs-Workshop wären die Suche nach funktionalen Anforderungen, die ähnlich wie jene nach Szenarien funktioniert, und die Anfertigung von Domänenmodellentwürfen, um ein gemeinsames Vokabular zu entwickeln. Auch Story-Maps [Pat08] oder Beispieltests [Adz09] für Anforderungen können helfen.

Nach dem Anforderungs-Workshop sollten die wichtigsten architektonischen Fragestellungen bekannt und in der Anforderungsliste zu finden sein. Sie können diese reine Anforderungssicht später für Architekturarbeit aufbereiten, indem Sie eine Architekturvision entwickeln (siehe Gerade genug Architektur vorweg → Abschnitt 4.3).

---

[3] Vorsicht! Nicht alle Anforderungen sind direkt mit dem Produkt aus Käufersicht verbunden. Geschäftsziele betreffen oft Langlebigkeit, Übertragbarkeit oder die Außenwirkung eines Systems und führen damit ebenfalls zu Qualitätsanforderungen.

Workshops statt Dokumente

Durch die Zusammenarbeit in Workshops entstehen gemeinsames Wissen und Transparenz für Architekturfragen. Missverständnisse können schnell, effektiv und früh beseitigt werden. Anders als bei Dokumenten und asynchroner Arbeitsweise, halten sich Reibungsverluste in Grenzen. Nutzt man Anforderungs-Workshops auch um Akzeptanzkriterien, Szenarien (→ Abschnitt 3.3) und Testfälle (→ Abschnitt 6.3) zu identifizieren, wird die Überprüfung der gebauten Software realistischer. Man testet schließlich mit Beispielen des Kunden und hält nicht die Interpretation eines Entwicklers gegen die Interpretation eines Testers. Bild 3.3 illustriert den dokumentenzentrierten und den workshop-basierten Umgang mit Anforderungen.

Nicht nur bei der initialen Findung von Anforderungen sind Workshops das Mittel der Wahl. Auch die iterative Verfeinerung der jeweils wichtigsten Anforderungen (siehe ANFORDERUNGS-PFLEGE-WORKSHOP → Abschnitt 3.2) oder die Kommunikation von Architekturentscheidungen (siehe WIEDERKEHRENDE REFLEXION → Abschnitt 5.5) haben sich im Workshop-Format bewährt.

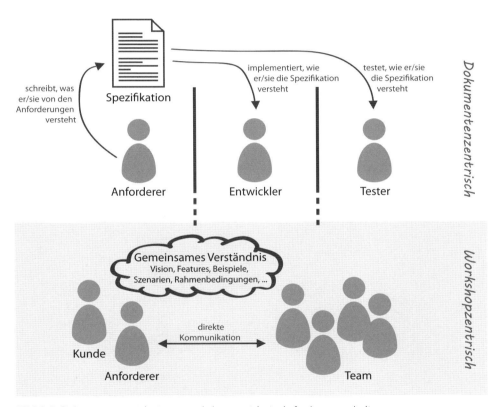

Bild 3.3 Dokumentenzentrierte vs. workshop-zentrierte Anforderungsarbeit

Tipps zum Scheitern

Möchten Sie mit diesem Muster scheitern und Ihrem Projekt schaden, folgen Sie diesen Empfehlungen:

- Versuchen Sie, im initialen Anforderungs-Workshop ein detailliertes Bild möglichst aller Anforderungen zu erarbeiten. So können Sie gleich mehrere Iterationen mit Anforderungen speisen – im Idealfall alle.
- Versuchen Sie nicht, Ihren Kunden oder Anforderer zu überreden, an dem Workshop teilzunehmen, wenn Sie bereits eine Anforderungsspezifikation haben. Lesen Sie die Spezifikation stattdessen vor und arbeiten Sie Feedback als Kommentare im Dokument ein.
- Laden Sie nicht alle Umsetzer (Entwickler, Tester etc.) zu dem Workshop ein. Nur jene, die keine wichtigen anderen Aufgaben erledigen, haben den Kopf für so etwas.
- Vertrauen Sie in Workshops hauptsächlich auf PowerPoint-Präsentationen und Bildschirmarbeit. Als Entwickler können Sie so passiv bleiben und die Anforderungen den echten Experten überlassen.

Die Anforderungs-Workshops, wie sie hier beschrieben sind, unterstützen das Finden von SZENARIEN ALS ARCHITEKTURANFORDERUNG (→ Abschnitt 3.3). In späteren ANFORDERUNGS-PFLEGE-WORKSHOPS (→ Abschnitt 3.2) erfolgt die schrittweise Detaillierung der erarbeiteten Ideen. ARCHITEKTURARBEIT IM BACKLOG (→ Abschnitt 3.6) und ARCHITEKTUR AUF KANBAN (→ Abschnitt 3.7) erhalten im initialen Anforderungs-Workshop ihre Grundbefüllung.

Neben diesen direkten Verbindungen zu anderen Mustern aus dem Anforderungsbereich, machen es Anforderungsworkshops einfacher STAKEHOLDER ZU INVOLVIEREN (→ Abschnitt 5.4) und GEMEINSAM ZU ENTSCHEIDEN (→ Abschnitt 5.2). Die gefundenen Architekturziele können an der Architekturwand eines INFORMATIVEN ARBEITSPLATZES (→ Abschnitt 5.1) ausgestellt werden.

3.2 Anforderungspflege-Workshops

„Die Politik zieht hauptsächlich Männer an, weil sie dort nicht putzen müssen."

– Pavel Kosorin

In einer Retrospektive ...

Sarah: Wir arbeiten nun ja mit dieser priorisierten Anforderungsliste, von der wir jede Iteration etwas verfeinern und abarbeiten. Leider ist die Granularität der Einträge sehr unterschiedlich und, nichts gegen Thorsten, aber Architekturaspekte werden von Fachseite ständig unterschätzt und zu niedrig priorisiert. Architekturell wertvolle Szenarien laufen so zu spät in Iterationen – da haben wir oft schon einiges am Programmcode anzupassen.

Axel: Ich weiß, was du meinst ...

Sarah: Ja, letztens zum Beispiel. Eine hochpriore Anforderung kommt zu mir: „Fehler im Produktivbetrieb sollen schnell gefunden werden"... Was ist schnell? Welche Fehler kann es geben? Ist das ein reines Infrastrukturthema oder ist hier auch auf Strukturebene unserer Software etwas zu tun? Wir sollten uns Zeit nehmen, über solche Dinge zu sprechen, bevor wir schätzen und loslegen.

Michael[4]: Können wir nicht bei der Iterationsplanung darauf eingehen? Die Granularität wird dort durch Schätzungen offensichtlich und dort können wir Thorsten auch ein wenig Kontext geben, was die Wichtigkeit von architektonischen Fragestellungen angeht.

Axel: Prinzipiell würde das gehen. Allerdings weiß ich aus anderen Projekten, dass diese Iterationsplanungstreffen *sehr* lang werden, wenn alle diese Fragen geklärt werden. Vom Planungstreffen bis zur folgenden Iteration ist auch nicht wirklich viel Zeit, um Probleme auszuräumen.

Sarah: Könnten wir uns nicht schon früher zusammensetzen und hochpriore Einträge der Anforderungsliste schätzen, sie eventuell auftrennen, architekturelle Fragestellungen ein wenig analysieren und Abhängigkeiten auflösen? Das würde doch die Iterationsplanungstreffen viel effektiver machen.

Axel: So etwas gibt es als Idee schon. Nennt sich im Scrum-Umfeld *Backlog-Grooming*, glaube ich. Dieses Grooming findet auf halbem Weg durch die Iteration statt und soll das Stocken des Entwicklungsprozesses verhindern. Da wäre auch Zeit, um nach versteckten Architekturaspekten zu suchen ...

Sie gehen iterativ vor. Eine Liste von unterschiedlich groben Anforderungen speist den Prozess und muss spätestens bei der Planung der jeweils folgenden Iteration detailliert genug sein, um ein Stocken des Entwicklungsprozesses zu verhindern. Anforderer, Kunde oder Product Owner sind greifbar und stehen zu definierten Zeiten für Klärungen zur Verfügung.

---

[4] In Scrum Sprint Planning

Problemstellung:
Wie kann auf Basis einer Anforderungsliste mit architekturrelevanten Inhalten ein stetiger Fluss iterativ verarbeitbarer Aufgaben gewährleistet werden?

In der iterativen Softwareentwicklung gilt es, Anforderungen nach und nach in lauffähige Software zu gießen. Damit das reibungslos gelingt, muss eine ausreichende Menge an detaillierten Anforderungen zur Verfügung stehen. Das ist die Aufgabe des Anforderungspflege-Workshops: Er sorgt für die iterative Aufbereitung der wichtigsten (Architektur-)Anforderungen. Mit genügend Vorlauf verhindert er ein Stocken des Prozesses und verschlankt die Planungsaktivitäten für die nachfolgende Iteration. Im Scrum-Umfeld wird ein ähnliches Treffen oft als „Backlog-Refinements" oder (etwas veraltet) „Grooming" bezeichnet, hier spreche ich allgemein von „Anforderungspflege". Bild 3.4 zeigt die zeitliche Einordnung von Anforderungspflege-Workshops und grenzt sie gegen den initialen Anforderungs-Workshop ab.

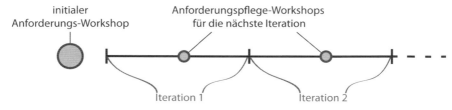

Bild 3.4 Anforderungspflege-Workshops und Iterationen

Typischerweise findet die Anforderungspflege auf halbem Weg durch die aktuelle Iteration statt. So bleibt noch ausreichend Zeit, erkannte Probleme zu beseitigen, bevor die nächste Iteration startet, und der Entwicklungsfluss wird nicht gebremst. Beteiligt sind mindestens ein Anforderungsvertreter und die Umsetzer. Gemeinsam werden bekannte Anforderungen analysiert, in kleinere Stückchen zerlegt, geschätzt und priorisiert. Der Fokus liegt auf Anforderungen, die für die kommende Iteration interessant (also hochprior oder dringend) sind.

Bild 3.5 zeigt den typischen Ablauf eines Anforderungspflege-Workshops. Von einer Anforderungsliste werden Einträge nach Priorität und Dringlichkeit ausgewählt. Dabei spielen auch Abhängigkeiten unter den Einträgen und architektonische Überlegungen eine Rolle (siehe auch ARCHITEKTURARBEIT VOM REST TRENNEN → Abschnitt 4.1). In kurzen Arbeitszyklen von etwa 30 Minuten werden die ausgewählten Einträge diskutiert, geteilt, analysiert und geschätzt. In größeren Vorhaben kann man diese Tätigkeiten auch parallel in mehreren Teams durchführen. Die Teams arbeiten dann entweder an verschiedenen Einträgen, um die Analysegeschwindigkeit zu steigern, oder sie analysieren sehr wichtige Einträge redundant, um unterschiedliche Sichtweisen zu fördern und Unsicherheiten zu beseitigen.

Der Architekturaspekt in der Anforderungspflege liegt einerseits darin, die Anforderungsliste nach wichtigen architektonischen Herausforderungen zu durchsuchen, und andererseits in der Detaillierung der Anforderungen mit Akzeptanzkriterien, die häufig qualitative Eigenschaften ausdrücken. Definieren Sie Akzeptanzkriterien in Form von Beispielen, die ausführbare Tests begünstigen.

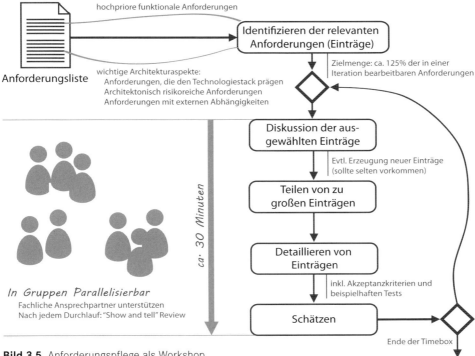

Bild 3.5 Anforderungspflege als Workshop

Regelmäßige Anforderungspflege reduziert Unsicherheiten und Unklarheiten deutlich. Planungstreffen für die nächste Iteration (*Sprint Planning* in Scrum) werden durch die Vorarbeit in Anforderungs-Workshops schlanker und leichter handhabbar. Große Unterbrechungen oder Rückschläge während der Umsetzung werden seltener und Abhängigkeiten (wie etwa die Schaffung von architektonischen Grundlagen vor der Entwicklung darauf basierender Features) werden leichter handhabbar. Die verwobene Behandlung von funktionalen und qualitativen Anforderungen fördert den gezielten Umgang mit der Architektur.

Tipps zum Scheitern

Möchten Sie mit diesem Muster scheitern und Ihrem Projekt schaden, folgen Sie diesen Empfehlungen:

- Selbst wenn Ihnen die Workshops ineffektiv und ziellos vorkommen: Verzichten Sie auf die Ernennung eines Moderators, der die Workshops anleitet. Schließlich ist Selbstorganisation gut.
- Planen Sie lange Anforderungspflege-Workshops. Um sich auf Probleme richtig einzustellen, braucht man schon mal einen Tag oder zwei.
- Entbinden Sie sich und andere Entwickler davon, neben Anforderungs-Workshops über Anforderungen nachzudenken. Aktualisierungen der Anforderungsliste und Erkenntnisse sollten ausschließlich in Workshops erfolgen.

Die Anforderungsliste, auf der Anforderungspflege arbeitet, kann ursprünglich aus einem INITIALEN ANFORDERUNGS-WORKSHOP (→ Abschnitt 3.1) stammen. Anforderungspflege-Workshops unterstützen dabei SZENARIEN ZU KATEGORISIEREN (→ Abschnitt 3.4). ARCHITEKTURARBEIT IM BACKLOG (→ Abschnitt 3.6) wird damit effektiver und bei ARCHITEKTURARBEIT AUF KANBAN (→ Abschnitt 3.7) wandern detaillierte Anforderungen von der „neu"- in die „analysiert"-Spalte.

Neben diesen direkten Verbindungen zu anderen Mustern aus dem Anforderungsbereich machen es Anforderungspflege-Workshops einfacher, STAKEHOLDER ZU INVOLVIEREN (→ Abschnitt 5.4) und GEMEINSAM ZU ENTSCHEIDEN (→ Abschnitt 5.2).

Die Detaillierung von Akzeptanzkriterien ist ein wertvoller Input, um QUALITATIVE EIGENSCHAFTEN ZU TESTEN (→ Abschnitt 6.3) und erlaubt die direkte Verbindung von Architekturanforderungen und Tests.

3.3 Szenarien als Architekturanforderungen

„Nichts macht einen zarteren und tieferen Eindruck auf den Geist des Menschen als das Beispiel."

– John Locke

In einem Anforderungs-Workshop sollen Architekturanforderungen abgeholt werden ...

Thorsten: Mir ist wichtig, dass neue Mitarbeiter des Magazins am besten ohne Einschulung dazu in der Lage sind, das System zu benutzen.

Michael: O.k., ich notiere Benutzbarkeit. Ist das wichtiger als Sicherheit?

Thorsten: Öh ... Weiß nicht so recht. Wieso? Klingt beides sehr wichtig.

Sarah: Moment mal. Mit Generalisierungen habe ich schon im letzten Projekt schlechte Erfahrungen gemacht. Damals haben wir wegen „Performanz" alles Mögliche optimiert, Schichten wegoptimiert, redundanten Code erzeugt, Klassen zusammengezogen, sogar Stored Procedures eingeführt. Am Ende haben wir rausgefunden, dass es dem Kunden eigentlich um Benutzungseffizienz und Latenzzeiten im Call-Center ging. Das hätten wir auch anders hinbekommen können und wir hätten uns nicht einen unwartbaren Klotz ans Bein gebunden ...

Michael: Und was schlägst du vor?

Sarah: Halten wir doch einfach die konkrete Aussage fest: „Mitarbeiter sollen sich schnell einarbeiten." In welchen Bereichen fangen neue Mitarbeiter denn normalerweise an?

Thorsten: Der Klassiker sind das Prüfen und Freischalten von Artikeln.

Sarah: O.k., das können wir doch so festhalten: „Ein neuer Mitarbeiter möchte Artikel prüfen und freischalten. Er ist dazu ohne Einarbeitungsphase in der Lage." Das hilft sicher auch dabei, Kompromisse konkret zu formulieren. Außerdem können wir solche Aussagen gezielt bearbeiten. „Benutzbarkeit" wäre hingegen schwierig in Tasks zu überführen oder zu schätzen ...

Thorsten: Das klingt für mich auch nachvollziehbarer.

Michael: Aber ob Benutzbarkeit wichtig ist, wäre trotzdem interessant ...

Sarah: Wir können diese konkreten Aussagen auch Qualitätsmerkmalen zuordnen und darauf achten, unter welchen Merkmalen viele wichtige Aussagen hängen. So bekommen wir auch einen generellen Eindruck. Ansonsten sollte uns alleine schon der Produktkarton vom initialen Anforderungs-Workshop helfen, die Top-Qualitätsmerkmale zu bestimmen. Benutzbarkeit gehört bei uns dazu.

Sie wollen gemeinsam mit Anforderern und/oder Kunden Qualitätsanforderungen festhalten, um sie anschließend als Basis für die Architekturarbeit zu verwenden. Ihr Anforderer und/oder Kunde kann Kompromisse oder Probleme nur auf Anforderungsniveau verstehen – technische Argumentationen sind für ihn nicht leicht nachvollziehbar.

Problemstellung:

Wie drückt man Qualitätsanforderungen aus, um (1) Architekturarbeit sinnvoll zu leiten und (2) stakeholdergerecht zu kommunizieren?

Qualitätsszenarien (oder kurz „Szenarien") sind konkrete Aussagen darüber, wie sich das System bei gewöhnlicher Benutzung oder in Ausnahmefällen verhalten soll. Dabei steht nicht Funktionalität, sondern Qualität im Fokus: Wie oft, wie schnell, wie schön oder wie gut abgesichert muss bestimmte Funktionalität verfügbar sein? Qualitätsmerkmale wie Zuverlässigkeit, Effizienz oder Sicherheit werden also beispielhaft genauer beschrieben. Sie finden formulierte Szenarien im Projektbeispiel zu diesem Muster, in den Bildern 3.6 und 3.7 sowie im nächsten Abschnitt (3.4).

Die Beschreibung von Anforderungen über Beispiele ist ein Trend, der im Dunstkreis der agilen Softwareentwicklung vor allem den Testbereich ergriffen hat. Behaviour Driven Development (BDD) und Acceptance Test-Driven Development (ATDD) zeigen, wie effektiv Beispiele sind, wenn es darum geht, Anforderungen zu formulieren, zu kommunizieren und schließlich (automatisiert) zu testen. Qualitätsszenarien sind als Idee etwas älter als diese Konzepte, negieren aber ebenfalls allgemeine Aussagen und erzielen so eine Reihe positiver Effekte:

- Szenarien bilden eine hervorragende Grundlage zur Bearbeitung von Architekturentscheidungen. Durch die konkrete Formulierung lassen sich die architekturrelevanten Aspekte eines Qualitätsmerkmals besser verstehen und gezielt bearbeiten.
- Szenarien machen die Vorstellungen zu Qualitätsaspekten des Systems transparent. So findet ein Abgleich zwischen Kunden, Benutzern, Entwicklern, Betrieb und anderen Stakeholdern statt, der sonst erst viel später möglich ist.
- Szenarien bilden die Basis, um Softwarearchitekturen sinnvoll bewerten zu können. In einem iterativen Prozess führt Architekturbewertung zu besseren Entscheidungen mit breiterer Akzeptanz.
- Szenarien unterstützen dabei, Kompromisse zu kommunizieren und aufzulösen. Beschreibt man die Auswirkungen von Architekturentscheidungen mit Szenarien, werden sie für fachliche Ansprechpartner greifbar. So sind sinnvolle Abwägungen möglich, wo vorher nur „Rauschen durch technische Aussagen" war.
- Szenarien können relativ einfach in Akzeptanztests verarbeitet werden (siehe QUALITATIVE EIGENSCHAFTEN TESTEN → Abschnitt 6.3) und sind ein wichtiger Schritt bei der Übersetzung zentraler Qualitätsanforderungen in automatisierte Tests.

Qualitätsszenarien formulieren

Gute Szenarien sind für fachliche Stakeholder verständlich und für Umsetzer richtungsgebend. Bei der Formulierung von Qualitätsszenarien können Sie sich an einem typischen Aufbau orientieren. [Bas12] definiert mögliche Teile eines Szenarios, die in Bild 3.6 dargestellt und mit einem Beispiel illustriert werden.

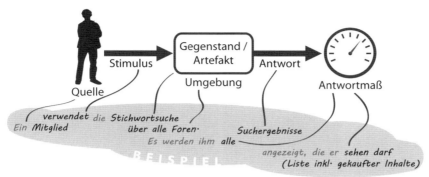

Bild 3.6 Teile eines Szenarios inkl. Beispiel

Die Szenarioteile sollen bei der Formulierung qualitativer Anforderungen unterstützen, fühlen Sie sich jedoch keinesfalls verpflichtet, immer alle Szenarioteile zu befüllen. Insbesondere bei der Erhebung von Szenarien ist es üblich, Teile offen zu lassen und zunächst die Idee eher formlos festzuhalten. Fachlich wichtige oder technisch herausfordernde Szenarien können Sie später mit dem Schema schärfen. Achten Sie generell darauf:

- Szenarien **kurz** zu halten.
  Als Daumenregel für die Länge eines Szenarios gelten ein bis drei Sätze. Lange Szenarien deuten darauf hin, dass Qualitätsaspekte vermischt sind.
- Szenarien **aktiv** zu formulieren.
  Vermeiden Sie Wörter wie „sollte", „müsste" und „könnte", indem Sie mit dem Szenario den Zustand nach Systemfertigstellung beschreiben. Durch die aktive Formulierung werden Sie konkreter und die übrigen Teile des Szenarios sind leichter zu formulieren.
- Szenarien **fachlich relevant** zu halten.
  Driften Sie nicht zu stark in Richtung technischer Formulierung ab. Auslöser und Antwort müssen von Stakeholdern auf Kundenseite verstanden werden. Anderenfalls verlieren Szenarien ihren Kommunikationszweck und Sie werden tendenziell zu viele Szenarien finden, um sie noch sinnvoll handhaben zu können.

Qualitätsszenarien erheben

Abschnitt 3.1 beschreibt Anforderungs-Workshops, die auch zur Erhebung von Szenarien verwendet werden können. Außerdem lassen sich Szenarien aus grob definierten nichtfunktionalen Anforderungen ableiten oder über die Betrachtung der bisher getroffenen Architekturentscheidungen finden. Dabei sind vor allem jene Entscheidungen spannend, die vom Standard abweichen oder die Lösung komplizierter machen. Die Abweichung von der einfachsten Lösung sollte einen Grund haben. Meistens ist er in qualitativen Anforderungen oder einschränkenden Rahmenbedingungen zu finden.

Als Hilfestellung für Brainstormings eignen sich die Szenarioarten aus Tabelle 3.1. Die Fragen aus Spalte zwei leiten die Szenariogenerierung für Use-Case-, Wachstums- und Stressszenarien, hinter denen sich meist unterschiedliche Qualitätsmerkmale verbergen (siehe Spalte 3). In der Praxis funktioniert das deutlich besser als die direkte Abfrage von Szenarien für ein Qualitätsmerkmal oder die völlig freie Erhebung. Durch die Beachtung aller drei Szenarioarten decken Sie die Qualitätsmerkmale aus der ISO-Norm (siehe Bild 3.2) gut ab.

Tabelle 3.1 Szenarioarten und abgedeckte Qualitäten

Szenarioart	Fragestellung	Typische Qualitätsmerkmale
Use-Case-Szenario	Was passiert bei normaler Nutzung des Systems?	Benutzbarkeit, Effizienz
Wachstumsszenario	Wo und wie entwickelt sich das System weiter?	Skalierbarkeit, Erweiterbarkeit, Übertragbarkeit
Stressszenario	Wie reagiert das System auf unvorhergesehene Ereignisse?	Zuverlässigkeit, Sicherheit, Lastverhalten

Nicht nur in Anforderungs-Workshops, sondern auch während der Architekturarbeit und besonders in der Umsetzung werden Fragen und Probleme offensichtlich, die qualitative Aspekte betreffen. Wichtig ist dabei, dass Sie diese Fragen und Probleme mit dem Kunden abstimmen und auf Anforderungen zurückführen. Stellen Sie beispielsweise fest, dass die vorgesehene Datenbank mit der erwarteten Datenmenge nicht zurechtkommt, gehen Sie in Abstimmung mit dem Kunden, um die Erwartungen bezüglich Latenz, Durchsatz, Skalierbarkeit, Sicherheit und Verfügbarkeit zu verstehen. Sie definieren auf dieser Basis entsprechende Szenarien, priorisieren sie und treffen schließlich transparente und nachvollziehbare Entscheidungen.

Um erhobene Szenarien abzulegen, bietet sich ein *Qualitätsbaum* an. Er ordnet Qualitätsszenarien dem jeweils bestimmenden Qualitätsmerkmal zu (siehe Bild 3.7). Die Kontextinformation macht Szenarien besser lesbar, die Fokussierung auf einzelne Qualitätsaspekte wird leichter und es wird auf einen Blick deutlich, welche Qualitätsmerkmale für Ihr System wichtig sind bzw. welche Sie (noch) nicht betrachtet haben. In iterativen Vorhaben stellt der Qualitätsbaum eine Art Speicher für qualitative Anforderungen dar, aus dem sich Backlogs und Kanban-Spalten bedienen können (siehe Abschnitte 3.6 und 3.7).

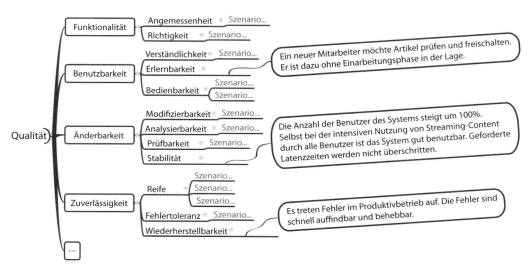

Bild 3.7 Ausschnitt eines Qualitätsbaums mit Beispielszenarien

3.3 Szenarien als Architekturanforderungen

Tipps zum Scheitern

Möchten Sie mit diesem Muster scheitern und Ihrem Projekt schaden, folgen Sie diesen Empfehlungen:

- Verstehen Sie Szenarien als eine Möglichkeit, rein technische Tätigkeiten zu verpacken. Holen Sie sich Szenarien nicht vom Kunden, sondern definieren Sie im Stile von „Als ein Entwickler möchte XY".
- Versuchen Sie möglichst alle qualitativen Anforderungen an Ihr System in Szenarien zu gießen. Verstehen Sie Szenarien als Anforderungen mit Vollständigkeitsanspruch, nicht als Beispiel.
- Erheben Sie Szenarien immer vollständig. Es darf nie ein Szenarioteil fehlen. Fachliche Wichtigkeit und technisches Risiko sind dabei völlig unerheblich.
- Definieren Sie das Antwortmaß für Szenarien möglichst genau und unterscheiden Sie nicht zu offiziellen Akzeptanzkriterien. Größenordnungen reichen für die meisten Architekturentscheidungen nicht aus.
- Zeigen Sie Szenarien keinesfalls Ihrem Kunden. Er könnte auf dumme Ideen kommen.

Szenarien bilden die Grundlage für iterative Arbeit an der Architektur. Sie werden in INITIALEN ANFORDERUNGS-WORKSHOPS (→ Abschnitt 3.1) bei ANFORDERUNGSPFLEGE-WORKSHOPS (→ Abschnitt 3.2) oder durch Erkenntnisse in der Umsetzung gefunden (siehe Kapitel 6 – Abgleich mit der Realität). Verarbeitet werden Szenarien, z. B. als ARCHITEKTURARBEIT IM BACKLOG (→ Abschnitt 3.6) oder ARCHITEKTURARBEIT AUF KANBAN (→ Abschnitt 3.7). SZENARIEN KATEGORISIEREN (→ Abschnitt 3.4) hilft bei der Übersetzung in diese Konzepte.

Durch die Sichtbarkeit, die Szenarien der qualitativen Anforderungsseite geben, ist es einfacher, ARCHITEKTURARBEIT VOM REST ZU TRENNEN (→ Abschnitt 4.1), und GEMEINSAM ZU ENTSCHEIDEN (→ Abschnitt 5.2) wird einfacher. WIEDERKEHRENDE REFLEXION (→ Abschnitt 5.5) ist meist szenariogetrieben und erhöht den Kommunikationsfaktor im Team weiter. Aber selbst über die Grenzen der Umsetzungsteams hinweg sind Szenarien wichtige Kommunikationstreiber. Sie sind Teil der Architekturwand eines INFORMATIVEN ARBEITSPLATZES (→ Abschnitt 5.1) und spielen auch ein Rolle, wenn Sie STAKEHOLDER INVOLVIEREN (→ Abschnitt 5.4).

Qualitätsszenarien sind konkrete Beispiele für qualitative Anforderungen und damit eine gute Basis, um QUALITATIVE EIGENSCHAFTEN ZU TESTEN (→ Abschnitt 6.3) oder QUALITÄTSINDIKATOREN ZU NUTZEN (→ Abschnitt 6.4).

3.4 Szenarien kategorisieren

„Es gibt drei Arten von Pianisten: jüdische Pianisten, homosexuelle Pianisten – und schlechte Pianisten."

– Vladimir Horowitz

Michael und Tommy finden Szenarien nicht so toll ...

Tommy: Also diese Szenarien sind ja ganz nett, aber irgendwie ist die Bearbeitung schwierig. Unsere funktionalen Anforderungen sind priorisiert, was machen wir aber mit den Szenarien? Ein getrennter Backlog für Szenarien passt nicht, weil wir nicht wirklich wüssten, ob das oberste Szenario im Szenario-Backlog oder die oberste Story im normalen Backlog wichtiger ist.

Michael: Eine andere Idee war, fixe Zeiten für Architekturarbeit vorzusehen. Das ist aber sehr starr. Es kann ja von Iteration zu Iteration unterschiedlich sein, wie viele Szenarien bearbeitet werden müssen. Mit fixen Architekturzeiten würden wir immer zu wenig oder zu viel machen.

Tommy: Noch dazu sind die Storys im Backlog mit Akzeptanzkriterien versehen. Diese Kriterien sind teilweise auch nichtfunktional und unter Umständen auch als Szenario im Szenario-Backlog vertreten. Das ist ein Horror.

Axel: Und was ist, wenn wir die Szenarien einfach zu den Stories in den normalen Backlog werfen?

Tommy: Das haben wir ganz am Anfang auch versucht, aber das ging irgendwie auch schwer. Szenarien sind oft nicht unabhängig von Stories priorisierbar.

Axel: Hast du ein Beispiel dafür?

Tommy: Michael, du hattest doch da Beispiele ...

Michael: Ja, ich suche gerade schon ... Ah, hier zum Beispiel: „Der Algorithmus zur Berechnung der Artikelbeliebtheit soll leicht anpassbar und austauschbar sein." Hier macht es wenig Sinn, das Szenario losgelöst von der funktionalen Anforderung der Artikelbeliebtheit zu betrachten. Auch bei diesem Szenario ist das so: „Das Editieren, Korrigieren und Freigeben eines Artikels ist über eine einzelne Bildschirmmaske möglich."

Tommy: Mit anderen Szenarien kommen noch größere Probleme. Ein Beispiel: „Für Wartung und Erweiterung des Systems findet man am „freien Markt" leicht Unterstützung." Hier haben wir noch einmal mit dem Kunden gesprochen, was genau das Ziel ist. Die Lösung beinhaltet wohl den generellen Verzicht auf exotische Frameworks und die Vermeidung von eigenen, individuellen Anpassungen an Standardbibliotheken. Wir sollten auch Lösungen mit großer Community bevorzugen und komplexere Teile des Systems gut dokumentieren. Das alles ist nur sinnvoll, wenn sich alle Entwickler daran halten. Es betrifft alle Entscheidungen und alle Stories im Backlog. Das ist überhaupt nicht unabhängig priorisierbar.

Axel: Wenn ich das richtig sehe, ist Szenario nicht gleich Szenario. Bei manchen Szenarien hat das mit der Unabhängigkeit im Backlog auch gut geklappt oder?

Tommy: Schon.

Axel: Ich denke, wir sollten Szenarien kategorisieren. Solche, die ohne Weiteres eigenständig in den Backlog passen, und solche, die direkt zu einer Story passen. Die zweite Kategorie klingt sowieso eher nach Akzeptanzkriterium. Vielleicht können wir die Spezialfälle, die nur Prinzipien zur Folge haben, auch noch irgendwie kennzeichnen. Mal sehen. Einen separaten Backlog können wir aber in jedem Fall vermeiden …

Sie haben Szenarien erhoben oder definiert (z. B. in einem Anforderungs-Workshop). In Ihrem Vorgehen werden hauptsächlich funktionale Anforderungen abgearbeitet – entweder iterativ oder in einem stetigen Fluss wie in Kanban. Sie wollen Architekturaufgaben gegen fachliche Aufgaben priorisieren und Architekturarbeit nicht einfach zu Beginn erledigen.

Problemstellung:
Wie können Szenarien in iterativen und/oder agilen Prozessen abgearbeitet werden, ohne zu verzögern oder zu behindern?

Nicht alle Qualitätsszenarien erfordern das gleiche Maß an Architekturarbeit. Manche Szenarien können recht billig bearbeitet werden, müssen dann aber breit kommuniziert werden. Andere Szenarien können nicht losgelöst von Funktionalität betrachtet werden. Durch die Kategorisierung von Szenarien sind Abhängigkeiten zwischen Qualität und Funktionalität handhabbar und der Bearbeitungsaufwand sinkt. Die Verarbeitung in Backlogs oder auf Kanban-Boards wird so leichter.

Bild 3.8 zeigt die drei Kategorien für Qualitätsszenarien: Akzeptanzkriterien, Qualitätsgeschichten und Prinzipienlücken. Während sich Akzeptanzkriterien direkt auf einzelne funktionale Anforderungen oder Stories beziehen, sind Szenarien der anderen beiden Kategorien unabhängig handhabbar. Qualitätsgeschichten können relativ losgelöst von funktionalen Anforderungen bearbeitet werden, Prinzipienlücken sind nur über die Definition, Kommunikation und Einhaltung von Regeln oder Prinzipien erreichbar.

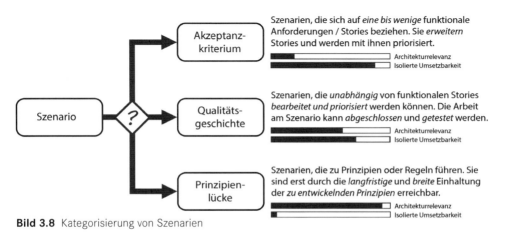

Bild 3.8 Kategorisierung von Szenarien

Lassen Sie uns die grob beschriebenen Kategorien etwas genauer fassen:

- **Akzeptanzkriterien** sind Szenarien, die als direkte Erweiterungen von funktionalen Anforderungen verarbeitet werden können. Sie werden üblicherweise auf der Rückseite einer Story-Karte notiert (siehe Abschnitt 3.6) und eignen sich vor allem für Qualitäten, die der Benutzer bei der Ausführung genau dieser Funktionalität auch spürt: Benutzbarkeit, Performanz etc. Akzeptanzkriterien können auch ad-hoc gefunden werden, wenn funktionale Anforderungen analysiert oder verfeinert werden (siehe ANFORDERUNGSPFLEGE-WORKSHOPS → Abschnitt 3.2). Sie führen meist nicht zu grundlegenden Architekturfragen.

- **Qualitätsgeschichten** sind Szenarien, die weitgehend unabhängig von einzelnen funktionalen Anforderungen sind und eigenständig bearbeitet werden können. Qualitätsaspekte im Skalierungs-, Portierungs- und Zuverlässigkeitsbereich fallen öfter in diese Kategorie. Definiert ein Szenario etwa hohe Verfügbarkeitswerte für eine Webseite, sind die Erkennung von Serverausfällen, Redundanz von Systemteilen und Diensten, Replizierungs- und Rollbackmechanismen oder Monitoringlösungen zu schaffen. Diese Lösungsaspekte können separat von der entwickelten Funktionalität betrachtet und entworfen werden. Es ist auch möglich, den Erfolg des Szenarios zu testen. Im Verfügbarkeitsbeispiel können etwa Serverausfälle simuliert werden, um den Erfolg der eingeführten Mechanismen zu prüfen.

- **Prinzipienlücken** sind Szenarien, die nicht durch einzelne technische Lösungen oder Konzepte erreichbar sind. Stattdessen müssen Prinzipien oder Regeln definiert werden, die über den weiteren Verlauf der Entwicklung eingehalten werden müssen. Wartbarkeit oder Sicherheit sind typische Qualitätsbereiche, in denen Szenarien vorkommen, die als Prinzipienlücke kategorisiert werden. Anders als bei Qualitätsgeschichten ist die eigentliche Bearbeitung oft recht einfach. Sie können z. B. recht schnell ein Verbot für die Verwendung einer bestimmten Bibliothek aussprechen, wenn Sie Sicherheitsbedenken haben. Die Definition der Regel löst das eigentliche Problem allerdings noch nicht. Prinzipienlücken können folglich schwer in ihrem Erfolg getestet werden, zumindest nicht unmittelbar.

Die Vorteile der Kategorisierung liegen in der besseren Verarbeitbarkeit und der Transparenz, die geschaffen wird. Prinzipienlücken erfordern die Etablierung einer Regel und sind somit sehr kommunikationsintensiv. Qualitätsgeschichten erfordern oft tiefes technisches Know-how. Bearbeitenden Entwicklern ist dadurch klar, wie viel Architekturarbeit bei den Aufgaben zu erwarten ist, sie verstehen die Tragweite von resultierenden Entscheidungen und können Kommunikation und Abstimmungsaufwände entsprechend wählen.

Tipps zum Scheitern

Möchten Sie mit diesem Muster scheitern und Ihrem Projekt schaden, folgen Sie diesen Empfehlungen:

- Nehmen Sie die Kategorisierung als Basis, um Architekturaufgaben zu identifizieren, die Sie in einer von der Entwicklung getrennten Architekturgruppe entscheiden.
- Verstehen Sie die Kategorisierung von Szenarien als Selbstzweck. Sie können ruhig viel Zeit dafür aufwenden. Die beschriebene qualitative Anforderung ist dann nebensächlich.
- Verwechseln Sie Prinzipienlücken mit fertig definierten Prinzipien. Statt einem Szenario, das einen Zweck beschreibt, können Sie fertige Prinzipienideen in den Backlog legen und dort für immer behalten ... Verteidigen Sie das vor Scrum-Puristen.
- Glauben Sie fest daran, dass mit der Szenarioerhebung und der Kategorisierung qualitative Aspekte abschließend behandelt sind. Entbinden Sie Entwickler davon, mit Kunden zu sprechen oder weitere Überlegungen anzustellen.

Die Ergebnisse aus SZENARIEN ALS ARCHITEKTURANFORDERUNGEN (→ Abschnitt 3.3) werden in diesem Muster aufbereitet, um ARCHITEKTURARBEIT IM BACKLOG (→ Abschnitt 3.6) oder ARCHITEKTURARBEIT AUF KANBAN (→ Abschnitt 3.7) effektiv zu speisen.

Neben der Übersetzung für die iterative Bearbeitung hilft die Kategorisierung dabei, Architekturaufgaben transparent zu machen. GEMEINSAMES ENTSCHEIDEN (→ Abschnitt 5.2) ist einfacher zu leben, wenn die Beteiligten wissen, wie weittragend und risikoreich die Bearbeitung einzelner Anforderungen ist.

Schließlich hilft die Kategorie der Prinzipienlücke noch bei der Identifizierung besonders dringender Szenarien und ist wichtiger Input, wenn Sie IM PRINZIP ENTSCHEIDEN (→ Abschnitt 4.7).

3.5 Technische Schulden als Architekturanforderungen

> „Nicht die vor dir liegenden Berge, auf die Du klettern willst, machen dich fertig; es ist der Kieselstein in deinem Schuh."[5]
>
> – Muhammad Ali

Sarah: Das mit den Szenarien klappt ganz gut, aber wir haben immer noch Architekturarbeiten, die wir nicht priorisieren und planen können. Schlicht weil sie nicht gefordert sind, sondern einfach notwendig. Ich finde das nicht so schlimm, aber Axel sagt, auch diese Arbeiten gehören offen gelegt.

Michael: Was heißt nicht gefordert, aber notwendig?

Sarah: Na, wir haben zum Beispiel dieses alte System zur Verwaltung der Werbeverträge. In Zukunft sollen dort auch geschaltete Anzeigen mit aufgenommen werden, aber alles, was wir mit dem System machen, ist ein Graus. Jede Änderung an Rabattmodellen kostet Aufwand und neue Geschichten wie Online-Anzeigen sind aufwendiger zu implementieren – weil wir teilweise mit Workarounds arbeiten müssen und der Altcode nicht mit Tests abgedeckt ist. Wir haben uns nun entschlossen, die Schnittstellen anzupassen, und wollten sie auch auf REST umstellen. Diese Arbeiten tauchen allerdings nirgendwo als Anforderung auf. Es handelt sich einfach um Altlasten, die wir mal anpacken müssen.

Tommy: So etwas Ähnliches passiert aber auch bei Dingen, die wir gerade erst entwickeln. Ich habe letztens, kurz vor dem Release-Termin, den Abrechnungsprozess umgesetzt. Weil zu wenig Zeit war, das ordentlich zu machen, habe ich einfach einen festen Ablauf vorgegeben. Das wird in Zukunft so nicht funktionieren. Eigentlich sollte da eine Eventing-Lösung mit einer Liste an austauschbaren Kalkulationsbefehlen entstehen. Die müssen wir irgendwann noch bauen. Wann machen wir das? Je länger wir warten, desto schwieriger werden Anpassungen an dem fixen Ablauf. Ich glaube auch, ein paar Kollegen verlassen sich bereits darauf, dass das deterministisch bleibt ...

Michael: O.k., das sind schon unterschiedliche Dinge. Das eine ist einfach ein Problem, das andere ist irgendwie geplant gewesen.

Sarah: So oder so müssen wir uns darum kümmern. Axel meinte, diese Dinge sollten auch in den Backlog. Nur die Priorisierung ist schwierig – schließlich hat es für das Endprodukt ja keinen Wert.

Michael: Hol doch mal Axel dazu, wenn er so gute Ideen hat.

Fünf Minuten später. Axel ist dazugekommen und kurz auf den aktuellen Stand der Diskussion gebracht worden. Seine Stellungnahme zu den Aufräumarbeiten oder Problembeseitigungen im Backlog ...

---

[5] Englisches Original: „It isn't the mountains ahead to climb that wear you out; it's the pebble in your shoe."

Axel: Ja, sollten wir machen. Letztlich ist schon wichtig, dass auch sichtbar ist, woran wir arbeiten. Ob wir das Werbesystem ersetzen oder auf REST umbauen, ist wohl auch eine größere Entscheidung. Da müssten wir auch überlegen, wie die neue Lösung aussehen würde, was das kosten würde und ob sich das insgesamt lohnt. Das ist genauso zu priorisieren wie andere Architekturarbeiten, die durch Szenarien gefordert werden.

Sarah: Es ist doch aber sehr technisch und hat keinen echten Geschäftswert.

Axel: Ich würde das wie technische Schulden betrachten.

Sarah: Aber das ist doch ein Implementierungskonzept ...

Axel: Ich habe das letztens auch auf Architekturebene als Metapher gesehen. Im Prinzip ist es das Gleiche: Wir leben mit nicht perfekten Lösungen und unsere Arbeit wird dadurch teurer oder schwerer. Die Frage ist, ob diese laufenden Mehrkosten jene einer Schuldenbeseitigung übersteigen. Also machen wir eine grobe Schätzung, was uns die Anpassung des Werbesystems kosten würde, und vergleichen das mit den Kosten, die durch Mehraufwand und Workarounds entstehen. Die Differenz ist der „Wert" des Backlog-Eintrags. Das geht bei dem Abrechnungsprozess und der flexiblen Ausgestaltung genauso, Tommy. Da wird die flexible Lösung über die Zeit halt immer teurer – auch eine Art von Schuldenlast.

Sarah: Aber der Wert ist dann als nackte Zahl ausgedrückt. Wie soll das unser Kunde gegen wichtige Anforderungen priorisieren?

Tommy: Wir könnten ja Szenarien definieren, die beschreiben, wie sich Verbesserungen anfühlen würden. So etwas wie „Eine Veränderung im Rabattmodell ist in 10 Minuten erledigt". Diese Szenarien kann Thorsten durchaus priorisieren.

Ihre Software ist bereits seit einiger Zeit in Entwicklung und Architekturarbeit wird zunehmend schwieriger. Mit Ihrem jetzigen Problemverständnis erkennen Sie Versäumnisse auf Architekturebene, merken, dass einige getroffene Annahmen sich als falsch herausstellen oder dass sich Inkonsistenzen eingeschlichen haben. Einige „schnelle Hacks" sind schon recht lange unverändert im Programmcode und Ihnen fehlen Ansatzpunkte, um entsprechende Aufräumaktivitäten gegen neue fachliche Anforderungen zu priorisieren.

Problemstellung:
Wie werden architektonische Probleme und Versäumnisse effizient, transparent und in die restliche Architekturentwicklung integriert behandelt?

Die Metapher der technischen Schulden wurde erstmals 1992 von Ward Cunningham verwendet, um die Auswirkungen von gedankenloser, schneller Codierung zu illustrieren [Cun92]. Ohne Entwurfsüberlegungen und Tests werden Erweiterungen und Anpassungen schwieriger, die Software wird starr und unbeweglich. Die „schnelle Lösung" wird also durch späteren Mehraufwand insgesamt vielleicht teurer. Mittlerweile ist die Diskussion um technische Schulden breiter, umfasst auch bewusste Trivialisierungen und sinnvolle ökonomische Überlegungen. Das Konzept ist nicht nur auf Design- und Entwicklungsebene interessant[6],

---

[6] Dort sind die Stakeholder für innere Qualität anzutreffen: Entwickler. Es gibt eine Reihe von Entwurfs- und Codierpraktiken, um technische Schulden auf dieser Ebene zu bekämpfen – Clean Code [Mar08] sammelt viele von ihnen.

sondern auch gut auf Architekturschwächen übertragbar. So sind sich technische Schulden und Architekturanforderungen nicht unähnlich. Wie Architekturanforderungen, können technische Schulden einen Bedarf an Architekturarbeit aufdecken. Das passiert allerdings zu einem Zeitpunkt, an dem bereits Umsetzungsarbeit geleistet wurde und die nötigen (Architektur-)entscheidungen, bewusst oder unbewusst, verpasst wurden.

Technische Schulden
Entwurfs- und Konstruktionsansätze, die kurzfristig brauchbar sind, aber einen technischen Kontext schaffen, in dem die gleiche Arbeit später teurer ist als jetzt. – [McC11]

Technische Schulden sind ein bisschen wie das letzte Bier des Abends, das Ihnen für den Moment Spaß macht, die Arbeitsleistung am nächsten Tag jedoch relevant schmälert. Sie können diesen Kompromiss bewusst eingehen (etwa wenn in der Arbeit nichts Wichtiges ansteht), in manchen Fällen fällt die Entscheidung aber auch ungeplant. Etwa wenn Sie sich rücksichtslos an der Bar bedient haben und Ihnen der nächste Tag erst in den Sinn kommt, wenn der Wecker läutet und Ihr Kopf seltsam drückt. Tatsächlich hat Martin Fowler einen Quadranten für technische Schulden definiert, der diese Elemente aufgreift und auf die Softwareentwicklung überträgt [Fow09] (Bild 3.9 zeigt seine Quadrantenidee leicht adaptiert).

Die untere Zeile des Quadranten zeigt, dass technische Schulden „unbewusst" eingegangen werden können. In der „rücksichtslosen" Variante davon fehlt grundlegendes Architektur- und Designverständnis, das man bei jedem Entwickler voraussetzen können müsste. Sammelt ein Vorhaben rücksichtslos und unbewusst Schulden, gibt es in den betreffenden Architekturthemen ausschließlich Blinde und keine Einäugigen. Die zweite Art unbewusster Schulden tritt trotz vernünftigem Vorgehen und guter Know-how-Verteilung auf. Die Erfahrung, die wir durch Entwicklung und Auslieferung des Systems gewinnen, lässt uns mit anderen Augen auf „alte" Lösungen schauen. Dieser Lerneffekt ist in agilen Vorhaben sogar gewünscht. Haben Sie keine Schulden, die Sie der unteren rechten Zelle zuordnen würden, ist Ihr System langweilig einfach oder Sie erhalten zu wenig Feedback von Betriebs- und Verwendungsseite. Hinterher ist man immer schlauer und ein gutes Vorgehen kann nicht alles abfangen.[7]

	rücksichtslose Herangehensweise	**vernünftige** Herangehensweise
bewusste Schulden	"Wir haben keine Zeit für Architektur."	"Wir müssen jetzt ausliefern und mit den Konsequenzen leben"
unbewusste Schulden	"Was sind Schichten?"	"Jetzt wissen wir, wie wir es hätten machen sollen"

Bild 3.9
Quadrant für technische Schulden nach [Fow09]

---

[7] Das ist auch der Grund dafür, dass der letzte vernünftige Moment (siehe Abschnitt 4.2) eine gute Idee ist und Sie die (partielle) Umsetzung als Lernchance verstehen sollten.

In der „bewussten" Zeile grenzt der rücksichtslose Umgang mit technischen Schulden an Fahrlässigkeit. Hier ist Wissen oder Erfahrung da, ein (Architektur-)thema ordentlich zu bearbeiten. Allerdings wird die Notwendigkeit davon irrational negiert. Entweder fehlt es an Motivation oder es sind menschliche Differenzen und politische Streitereien im Gange.[8] Die letzte Zelle (oben rechts) beschreibt die bewusste und vernünftige Aufnahme von Schulden: Sie können unter bestimmten Umständen willentlich Schulden aufnehmen und damit Ihrem Vorhaben helfen. Etwa wenn Sie knapp vor Releases stehen, um schneller zu einer testbaren Version zu kommen, oder bei Unsicherheiten bezüglich der architektonisch „richtigen" Lösung. Auch der (temporäre) Verzicht auf eine saubere Architektur gehört manchmal zu guter Architekturarbeit.

Das Problem mit dem Namen „technische Schuld"
Martin Fowlers Quadrant zu technischen Schulden ist interessant, weil er zeigt, dass die Gründe für technische Schulden mannigfaltig sind. Es sind nicht (nur) persönliche Verfehlungen oder falsche Planung, die uns in technisch suboptimale Entscheidungen treiben. Architektonische Trivialisierungen können auch rational betrachtet sinnvoll sein und gute Entwicklungsvorhaben lernen ohnehin ständig dazu, räumen also auch ständig und kleinteilig auf. Technische Schulden sollten nicht als „Fehler" oder „Problem" betrachtet werden, es sollten auch keine „Schuldigen" gesucht werden. Warum das in der Praxis trotzdem passiert, liegt unter Umständen auch am Namen des Themas. „*Schuld*" hat im deutschen nicht nur eine finanzielle Bedeutung, sondern beschreibt auch die Verursachung von Unangenehmem und zeugt von begangenem Unrecht. Im Englischen ist die Unterscheidung zwischen „debt" (finanzielle Schuld) und „guilt" (persönliche Schuld) deutlicher. Das Konzept heißt „technical debt" und soll aufzeigen, dass technische und konzeptionelle Schwächen ständig (Zins-)Kosten verursachen.

Falls die deutsche Übersetzung in „technische Schuld" in Ihrer Organisation Missverständnisse verursacht, sollten Sie entweder aufzeigen, dass es auch gewollte Gründe für technische Schulden gibt, oder das Thema umbenennen. Eine Möglichkeit dafür zeigt [Mul13] mit dem Namen „*Qualitätsinvestition*". Auch wenn ich diese Benennung anwendbar finde, bleibe ich in diesem Buch bei dem breiter etablierten Begriff der technischen Schuld. Eine „Entkriminalisierung" des Begriffs ist mir jedoch sehr wichtig.

Arten von technischen Schulden
Nun, da technische Schulden als etwas etabliert sind, was jedes System hat, ist ein Blick auf die Arten und die Behandlung von Schulden angebracht. Technische Schulden können auf mehreren Ebenen eingegangen werden (angelehnt an [McC07]):

- **Code**:
  Verstöße gegen Codierrichtlinien, Code-Smells
- **Architektur**:
  die (falsche) Wahl von Komponenten, Frameworks, Technologien etc.

---

[8] Auch wenn diese Zelle damit einen praktischen Grund für technische Schulden liefert, ist sie für eine Besprechung innerhalb dieses Buchs weniger geeignet. Methodische Architekturarbeit ist in bewusst rücksichtslosen Umfeldern schwierig.

- **Test:**
  fehlende, behindernde oder unfokussierte Tests (auf System- und Unit-Ebene)

Auf Codeebene sind technische Schulden eine feste Größe und relativ gut verstanden. Code-Smells sorgen für eine verringerte Geschwindigkeit bei der Entwicklung und damit für eine stetige Schuldenlast bis der Geruch behoben ist. Meist versucht man, Codeschulden bereits während der initialen Entwicklung zu verhindern, indem man testet, refactored und Standardprinzipien (z. B. aus Clean Code [Mar08]) gehorcht.

Auf Architekturebene ist der Begriff der technischen Schulden weniger stark etabliert, aber keineswegs weniger wertvoll[9]. Nicht optimal getroffene Architekturentscheidungen, nicht eingehaltene oder verwässerte Architekturkonzepte, fehlende Prinzipien oder größere technische Versäumnisse führen zu einer Schuldenlast. Diese Schuldenlast tragen Sie teilweise, genau wie Codeschulden, stetig (verwässerte Architektur und Inkonsistenzen), teilweise zeigen sich Architekturschulden, indem die Herstellung einer letztendlich brauchbaren Lösung immer teurer wird. Arbeiten Sie momentan etwa auf einer Systemkonfiguration, die unpassend für den Produktionsbetrieb ist, können Sie weiterhin Funktionalität entwickeln oder auch nicht funktionale Tests durchführen – je später Sie aber die tatsächlich nötige Umgebung wechseln, desto teurer wird der Umstieg (alleine weil die Menge an zu übertragenden Artefakten höher ist). Die Schulden steigen also „im Stillen". Ähnlich verhält es sich mit halbherzig getroffenen Entscheidungen wie die Idee, Portierbarkeitsanforderungen alleine durch den Einsatz von Java vollständig gelöst zu haben. Allgemein können die folgenden Probleme technische Schulden auf Architekturebene anzeigen:

- Inkonsistenzen
- Redundanzen
- unrealistische Lösungen (unpassend zu aktuellen Qualitätsmerkmalen oder Rahmenbedingungen)
- Trivialaufwände (Stellen, die viel triviale Arbeit erfordern)
- Sonderlösungen
- fehlende Richtlinien (leitende Prinzipien oder rahmengebende Entscheidungen)
- fehlender Überbau (allgemeine Lösungen, Frameworks, Kommunikationsinfrastruktur etc.)

Umgang mit technischen (Architektur-)Schulden

Technische Schulden haben negative Auswirkungen auf die Produktivität in der Softwareentwicklung. Schulden auf Architekturebene wären etwa Inkonsistenzen, ein fehlender Architekturrahmen oder unnötig komplizierte Konzepte und Ideen. Schlechte Verständlichkeit, redundante Entwurfsarbeit und „nicht gelebte" Architektur sind die Folge. Architektonische Schulden entstehen auch bei Entscheidungen, die wichtige Qualitätsmerkmale oder Rahmenbedingungen unberücksichtigt lassen (vielleicht auch, weil diese Anforderungen noch nicht bekannt sind). Hier kommt es teilweise zu massiven Rückschlägen in späteren Entwicklungsphasen. Die verringerte Produktivität sorgt meist für noch mehr Zeitdruck, was zu neuen technischen Schulden führt – eine Spirale, die Sie nur durch den vernünftigen Umgang mit

---

[9] In der Praxis verschwimmen die Grenzen zwischen Architektur- und Codeebene technischer Schulden. Größere Versäumnisse auf Codeebene erfordern oft größere Umstrukturierungen mit beträchtlichem Aufwand – eine architektonische Betrachtung inklusive Risikobewertung, Risikominderung und Kosten-Nutzen-Rechnung ist in diesen Fällen angebracht.

Schulden aufhalten können (siehe rechte Spalte des Quadranten in Bild 3.9). Suchen Sie deshalb aktiv nach ungewollten Schulden und gehen Sie architektonische Schulden nur bewusst ein, wenn es sich rechnet, etwa zur Risikominderung, für kurzfristig höhere Stabilität und bei vertretbarer Schuldenlast.

Bild 3.10 zeigt den Umgang mit technischen Schulden im Überblick. Der Fluss der Bearbeitung ist von links nach rechts zu sehen. Stellen Sie sich das Bild in drei Spalten gegliedert vor, finden Sie links die Sammlung von Schulden, in der Mitte die Entscheidung zum Umgang damit und rechts die Kommunikation Richtung Product Owner bzw. Management.

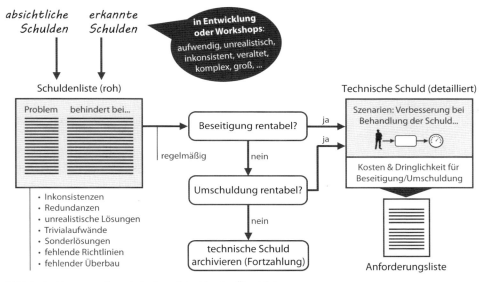

Bild 3.10 Umgang mit technischen Schulden im Überblick

Wie links auf Bild 3.10 zu sehen, sollte die Suche nach technischen Schulden stetig und durch alle Entwickler erfolgen. Zusätzlich helfen Workshops, um etwas Abstand zu gewinnen und die Lösung aus unterschiedlichen Perspektiven zu durchleuchten:

- Die **stetige Suche** nach technischen Schulden erfordert entsprechendes Wissen und Bewusstsein bei allen Entwicklern. Achten Sie darauf, (1) wo Sie aufwendiger als nötig arbeiten müssen, (2) wo Lösungen unrealistisch für den finalen Ausbau des Systems sind, (3) wo Inkonsistenzen zu beobachten sind oder (4) wo Ihnen Leitlinien für Entscheidung, Entwurf oder Codierung fehlen. Halten Sie Ausschau nach (5) alten, nicht mehr gewarteten oder unterstützten Fremdbibliotheken oder Frameworks, analysieren Sie (6) die Ursache von Produktionsproblemen und (7) den Grund für Produktivitätseinbrüche in der Entwicklung (z. B. fallende Velocity in Scrum-Teams). In manchen Bereichen helfen auch (8) Metriken und Messungen, die z. B. Komplexität, Größe und Abhängigkeiten überwachen (siehe Abschnitt 6.4).
- **Gezielte Workshops** helfen dabei, Überblick zu gewinnen und kurzfristig aus dem Fluss der Entwicklung auszubrechen. Diese kurzen Treffen funktionieren am besten, wenn Sie verschiedene Ansätze nutzen, um technische Schulden zu identifizieren: Nutzen Sie Brainstormings, um bottom-up wichtige Schuldenbereiche zu identifizieren. Stellen Sie

für die Top-Down Suche wichtige Qualitätsanforderungen in den Raum und identifizieren Sie behindernde oder widersprechende Architekturlösungen. Suchen Sie aktiv nach Inkonsistenzen in Konzepten und Entwürfen oder stellen Sie kürzlich getroffene Architekturentscheidungen kurz vor, um sie vor dem Hintergrund von technischen Schulden zu diskutieren.

Wenn Sie technische Schulden finden, sollten Sie sie so einfach wie möglich festhalten. Es muss schnell gehen, darf nicht behindern und soll trotzdem nachvollziehbar sein. Das geht am einfachsten, indem Sie das Problem und den Teil der Lösung, den es betrifft („behindert bei"), festhalten. Ein Beispiel, um zu untermauern, wie einfach es gehen sollte: Sie stolpern beim Design einer neuen externen Schnittstelle darüber, dass bereits existierende Schnittstellen sehr unterschiedliche Granularität haben, sie Daten anders aggregieren und Zugriffsfunktionen nicht einheitlich benannt sind. Sie könnten das *Problem* als „Inkonsistenz" oder „Uneinheitlichkeit" festhalten. Fragen Sie sich nun, wobei Sie dieses Problem behindert oder welche Tätigkeiten eingeschränkt werden („behindert bei ..."). In unserem Fall wäre das zumindest die Verwendung der Schnittstellen durch nicht am Design beteiligte Personen. Sie können also sehr grob festhalten: „Uneinheitlichkeit im Schnittstellen-Design behindert deren Verwendung durch Dritte". Achten Sie auch darauf, dass Sie das Medium, in dem Sie technische Schulden festhalten, nicht bremst. Nutzen Sie immer zugreifbare, einfache Werkzeuge wie Post-Its, Mindmaps oder mit anderen Entwicklern geteilte Evernote-Notizen. In Bild 3.10 wird dieses Verzeichnis von technischen Schulden kurz „Schuldenliste" genannt.

Nicht alle gefundenen technischen Schulden verdienen eine Behandlung. Der mittlere Bereich von Bild 3.10 zeigt die drei Handlungsoptionen [Bus11]:

- **Schuldenfortzahlung**:
  Sie bearbeiten das Problem nicht weiter, sondern akzeptieren es (Null-Entscheidung).
- **Schuldenrückzahlung**:
  Sie beseitigen die Schuld durch Umstrukturierungen, Migration, Portierung etc.
- **Umschuldung**:
  Sie ersetzen die momentane Lösung durch eine gute, aber nicht perfekte Lösung, die eine geringere Schuldenlast verursacht (aber billiger ist als die komplette Schuldenrückzahlung).

Entscheidend ist die Schuldenlast (wie viel kostet das uneinheitliche Design von Schnittstellen?) im Vergleich zu den Beseitigungs- oder Minderungskosten (was kostet der Entwurf einer einheitlichen Lösung und das Refactoring der bestehenden Schnittstellen?). Eine *Schuldenfortzahlung* ist die richtige Option, wenn das Problem in weniger wichtigen oder sehr stabilen Systemteilen auftaucht oder die Schulden selten und im geringen Umfang schmerzen (das „behindert bei" ist weniger relevant). Die Bearbeitungskosten würden die Schuldenlast in diesen Fällen übersteigen und Sie können Ihr System nicht in allen Bereichen perfekt aufstellen (vgl. *Strategic Design* [Eva03]).

Wo die Schuldenlast höher ist oder öfter zum Tragen kommt, lohnt sich die Bearbeitung. Bei der *Umschuldung* erarbeiten Sie eine Lösung, die nicht alle Schulden beseitigt, aber wenigstens mindert. Sie stellen etwa nicht alle Schnittstellen um, sondern Sie entwickeln einfach eine Vorgabe für zukünftig entwickelte Schnittstellen und verhindern so zumindest, dass sich das Problem ausweitet. Die vollständige *Schuldenrückzahlung* ist an zentralen Stellen oder bei im weiteren Verlauf markant steigenden Kosten angebracht. Im Prinzip ist es eine ökonomische Entscheidung, die Sie hier treffen. Wandern Sie regelmäßig über die gefundenen technischen Schulden und schätzen Sie grob ab, ob die Schuldenlast die Bearbeitungskosten übersteigt.

Wo sich die Bearbeitung lohnt, sind zwei Schritte wichtig (in Bild 3.10 rechts gezeigt):

- **Schulden fachlich ausdrücken**:
  Definieren Sie die Schuldenlast in Form von Szenarien, die fachliche Ansprechpartner verstehen (grob gesprochen drücken Sie das „behindert bei" in Szenarien aus). Im Schnittstellen-Beispiel könnten Sie Szenarien beschreiben, die eine einfache oder fehlerfreie Nutzung der Schnittstelle ohne zusätzliche Dokumentation fordern, oder zeigen, wie sich höhere konzeptionelle Integrität auf die Entwicklungsgeschwindigkeit auswirkt. Das Maß der Szenarien wäre die Menge an Rückfragen, die Häufigkeit von Fehlern in Integrationstests oder die benötigte Konzipierungszeit für neue Schnittstellen – und zwar nach Behandlung der Schuld. Sie können zur Illustration auch das Maß bei *Nicht-Behandlung* der Schuld ergänzen[10]. Ich nenne Szenarien mit zwei Maßen gerne „Delta-Szenarien", weil sie die zu erwartende Verbesserung oder Veränderung greifbar machen. So kann ein fachlicher Ansprechpartner entscheiden, wie schwerwiegend das Problem ist, und es gegen andere Anforderungen priorisieren.

- **Dringlichkeit bestimmen**:
  Technische Schulden unterscheiden sich darin, wie rasch sich Schuldenlast oder Behebungskosten über die Zeit erhöhen. Im Schnittstellen-Beispiel werden neu zu entwickelnde Schnittstellen, ohne Konsolidierung, die zukünftigen Behebungskosten steigern. Die Schuldenlast hängt aber maßgeblich davon ab, wie intensiv und durch wen die Schnittstellen genutzt bzw. angebunden werden. Die Dringlichkeit kann moderat sein, allerdings auch sehr hoch – etwa wenn die Anzahl externer Nutzer in absehbarer Zeit massiv zunimmt.

Mit der fachlichen Sicht auf die technische Schuld und der untersuchten Dringlichkeit steht einer Ablage im Backlog oder auf einer Kanban-Tafel nichts mehr im Wege (siehe Abschnitte 3.6 und 3.7).

Tipps zum Scheitern

Möchten Sie mit diesem Muster scheitern und Ihrem Projekt schaden, folgen Sie diesen Empfehlungen:

- Beheben Sie alle technischen Schulden sofort! Sie können die gesamte Codebasis in den Zero-Debt-Bereich führen! Sie müssen nur ausreichend motiviert sein!
- Tun Sie technische Schulden als Einmal-Fehler ab und vermeiden Sie die Suche nach Ursachen. Das kostet nur Zeit. Streichen Sie das Wort „Lernchance" aus Ihrem Vokabular.
- Formulieren Sie technische Schulden rein technisch und behandeln Sie sie völlig getrennt von Anforderungen. Ihr Kunde versteht das alles sowieso nicht.
- Wenn Sie technische Schulden beseitigen, sorgen Sie immer für die vollständige Schuldenrückzahlung – kostengünstige Minderungsstrategien fallen Ihnen hinterher doch nur wieder auf den Kopf.
- Glauben Sie fest daran, mit gutem Vorgehen jeglichen Schulden auf Architekturebene vorzubeugen. Die Suche erübrigt sich somit.
- Weisen Sie gefundenen Schulden immer Entwicklernamen zu. Wenn Sie die Schuldigen nicht benennen, lernen diese es nie!

---

[10] Das klappt auch bei Versäumnissen gut: Ist die Zielumgebung zu klein dimensioniert, beschreiben Sie Szenarien, die Performanz, Zuverlässigkeit oder Benutzbarkeit bei Nicht-Behandlung darstellen.

Technische Schulden zeigen Bereiche auf, in denen die eigene Lösung nicht (mehr) den gegebenen Rahmenbedingungen oder Anforderungen genügt. Diese konzeptionellen oder technischen Schwächen erkennen Sie z. B. durch WIEDERKEHRENDE REFLEXION (→ Abschnitt 5.5), QUALITATIVE EIGENSCHAFTEN TESTEN (→ Abschnitt 6.3) oder QUALITÄTSINDIKATOREN NUTZEN (→ Abschnitt 6.4). Technische Schulden können aber auch einfach während der Umsetzung gefunden werden.

Die Schuld wird als Architekturanforderung festgehalten. Ihr Wert ist über SZENARIEN ALS ARCHITEKTURANFORDERUNG (→ Abschnitt 3.3) ausdrückbar, die mit der technischen Schuld assoziiert werden. Über die Szenarien und die Kosten der Schuld(-beseitigung) ist ARCHITEKTURARBEIT IM BACKLOG (→ Abschnitt 3.6) möglich. Auch ARCHITEKTURARBEIT AUF KANBAN (→ Abschnitt 3.7) kann mit technischen Schulden funktionieren.

Hochpriore Schulden werden in Iterationen übernommen oder (bei Kanban) als „nächste Features" in die Bearbeitung geschoben. Die darauf basierende Architekturarbeit können Sie danach erledigen, indem Sie ARCHITEKTURENTSCHEIDUNGEN TREFFEN (→ Abschnitt 4.4). Ist in Ihrem Vorhaben mehr Planung nötig, weil Auslieferungen die Arbeit mehrerer Iterationen beinhalten, empfiehlt sich die RELEASE-PLANUNG MIT ARCHITEKTURFRAGEN (→ Abschnitt 4.5).

3.6 Architekturarbeit im Backlog

„Sich Federn in den Hintern zu stecken, macht dich nicht zum Huhn."

– Tyler Durden in „Fight Club"

Peter: Sag, wie sieht das denn jetzt mit Architekturarbeit aus?

Sarah: Was meinst du?

Peter: Ist die jetzt genauso priorisiert im Backlog wie die Umsetzung von Funktionalität?

Sarah: Naja, mit kategorisierten Szenarien und technischen Schulden haben wir alles soweit im Griff. Passt eigentlich alles schön in den Backlog jetzt. Wieso?

Peter: Ach nur so. Pizza?

Sarah: Oh ja, Pizza!

Sie haben Szenarien oder andere konkrete Beispiele für qualitative Anforderungen erhoben. Ihr Vorgehen sieht die Abarbeitung priorisierter Anforderungen vor und ist primär funktional ausgerichtet (z. B. Scrum). Auf Szenarien basierende Architekturarbeit soll, wie die Umsetzung auch, iterativ erfolgen und Softwarearchitektur inkrementell entstehen lassen.

Problemstellung:
Wie kann Architekturarbeit (1) iterativ, (2) stetig priorisiert und (3) mit funktionalen Aufgaben verwoben erledigt werden?

Als Steuerungsinstrument für die iterative Abarbeitung von Anforderungen verwenden viele Entwicklungsvorhaben Backlogs. Diese priorisierten Anforderungslisten, die nach oben hin feingranularer werden, sind auch der Schlüssel zu iterativer Architekturarbeit. Architekturanforderungen können gemeinsam mit funktionalen Anforderungen in Backlogs abgelegt und bearbeitet werden. Qualitative Anforderungen haben allerdings den „Makel", dass sie sich auf viele funktionale Anforderungen beziehen können. Ein unabhängiger Eintrag in einer funktional geprägten Anforderungsliste ist eher eine Ausnahme. Durch die Verwendung von Szenarien (Abschnitt 3.3) und deren Kategorisierung (Abschnitt 3.4) ist die Weiterverarbeitung in funktional geprägten Backlogs trotzdem gut möglich. Auch TECHNISCHE SCHULDEN (→ Abschnitt 3.5) lassen sich mit der geeigneten Vorbereitung im Backlog priorisieren. Bild 3.11 illustriert das Konzept.

Qualitätsgeschichten und Prinzipienlücken werden direkt in den Backlog gelegt. Erstere sind weitgehend unabhängig von anderen Backlogeinträgen bearbeitbar, Prinzipienlücken sind zumindest in der Definition und Kommunikation der notwendigen Regeln oder Prinzipien unabhängig. Wegen ihrer Tragweite sollten identifizierte Prinzipienlücken weit oben im Backlog landen. Schließlich macht eine neu definierte Regel mit breiten Auswirkungen wenig Sinn, nachdem die wichtigsten Teile des Vorhabens entwickelt und abgenommen wurden. Auf der anderen Seite ist die Definition von Prinzipien und Regeln gefährlich, wenn

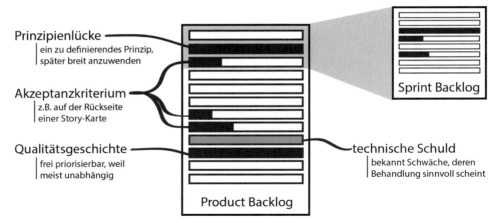

Bild 3.11 Architekturanforderungen in Scrum Backlogs

das vorhandene Lösungswissen noch gering ist. Schätzen Sie also ein, ob Sie genügend Lernerfahrung im aktuellen Kontext gesammelt haben, um gute und brauchbare Prinzipien zu definieren. Ansonsten warten Sie noch zu. Wichtig bei all diesen Überlegungen ist, dass sowohl Prinzipienlücken als auch Qualitätsgeschichten einen Geschäftswert besitzen, der aus der Formulierung des Szenarios auch klar herauszulesen sein sollte. Der Product Owner hat als Eigentümer des Backlogs folglich das letzte Wort. Szenarien machen nur deutlich, wofür Architekturarbeit geleistet wird und wie teuer bestimmte Systemeigenschaften sind. Im Fall von Prinzipienlücken lässt der erreichbare Wert mit der Zeit stark nach (bzw. wird es ungleich teurer, den Wert zu erreichen). Das gilt teilweise auch für andere Szenarientypen. Machen Sie diese Effekte transparent. So ist ein offener Umgang mit Qualitätseigenschaften möglich und der Product Owner eignet tatsächlich das gesamte Produkt, nicht nur den funktionalen Teil davon.

Akzeptanzkriterien beziehen sich, anders als die anderen beiden Szenarienkategorien, auf eine oder wenige funktionale Geschichten und können direkt bei den funktionalen Einträgen hinterlegt werden – als Akzeptanzkriterium eben.

Technische Schulden werden mit beschreibenden Szenarien assoziiert und wie Prinzipienlücken und Qualitätsgeschichten direkt in den Backlog gelegt.

In ANFORDERUNGSPFLEGE-WORKSHOPS (→ Abschnitt 3.2) werden hochpriore Prinzipienlücken und Qualitätsgeschichten geschärft. Sobald funktionale Anforderungen für die kommende Iteration relevant werden, stehen auch zugeordnete Akzeptanzkriterien im Fokus: Sie werden geschärft und eventuell um weitere Ideen ergänzt. Im anschließenden Planungsschritt werden die wichtigsten und detaillierten Anforderungen aus dem Backlog in kleinere Iterations-Backlogs übernommen (im Bild „Sprint Backlog"). Architekturaspekte sind dann berücksichtigt und bereits breit bekannt.

Tipps zum Scheitern

Möchten Sie mit diesem Muster scheitern und Ihrem Projekt schaden, folgen Sie diesen Empfehlungen:

- Nutzen Sie die Zuordnung von Akzeptanzkriterien zu Backlog-Einträgen gleich, um diese Einträge zu schärfen und zu verfeinern – auch wenn sie weit unten im Product Backlog schlummern und eine zeitnahe Umsetzung auszuschließen ist.
- Verstehen Sie die Architekturanforderungen im Backlog als Vertrag. Sie können sich 100 % darauf verlassen, dass sich Szenarien im Backlog nicht mehr ändern. Verklagen Sie den Kunden andernfalls.
- Nutzen Sie den Backlog zur Entkopplung mit fachlichen Ansprechpartnern. Haben Sie alle Szenarien erfasst, können Entwickler so völlig losgelöst vom Kunden arbeiten und die Einträge sprechen für sich.

Der Backlog verarbeitet SZENARIEN ALS ARCHITEKTURANFORDERUNGEN (→ Abschnitt 3.3), die über SZENARIEN KATEGORISIEREN (→ Abschnitt 3.4) vorbereitet wurden, und ermöglicht so deren iterative Abarbeitung. Der Backlog kann über INITIALE ANFORDERUNGS-WORKSHOPS (→ Abschnitt 3.1) befüllt und durch ANFORDERUNGSPFLEGE-WORKSHOPS (→ Abschnitt 3.2) schrittweise verfeinert werden. Die Priorisierung von architekturrelevanten Einträgen sollte dabei auch vom LETZTEN VERNÜNFTIGEN MOMENT (→ Abschnitt 4.2) beeinflusst werden.

Den Backlog als die alleinige Quelle von Anforderungen zu verstehen, egal, ob funktional oder qualitativ, macht ARCHITEKTURENTSCHEIDUNGEN TREFFEN (→ Abschnitt 4.4) und GEMEINSAM ENTSCHEIDEN (→ Abschnitt 5.2) einfacher. Die RELEASE-PLANUNG MIT ARCHITEKTURFRAGEN (→ Abschnitt 4.5) setzt auf der Architekturarbeit im Backlog auf und plant mehrere Iterationen statt nur eines Iterations-Backlogs.

3.7 Architekturarbeit auf Kanban

„Alles fließt."

– Heraklit

Michael kommt von einer Konferenz in Minneapolis wieder, auf der Mary Poppendieck einen Vortrag zu Lean Thinking hielt. In einem Teil sprach sie über Kanban und die Visualisierung von Softwareentwicklungsprozessen.

Michael: Mir hat gut gefallen, wie kleinteilige Aufgaben vorhersagbar über das Kanban-Board wandern und stetig Output erzeugt wird. Dass der Fluss von Anforderungen wichtiger ist als die Auslastung jedes einzelnen Entwicklers, hat sie mit einer Verkehrsmetapher erklärt: In einem Verkehrsstau wird die Kapazität der Straße perfekt ausgenutzt, aber es geht nichts weiter. Man erreicht mehr, wenn man das Ganze analysiert und optimiert. Kanban-Tafeln sind ein Mittel, um ein Stocken des Flusses zu erkennen und gemeinsam hin zu schnellerem, vorhersagbarem Output zu kommen.

Sarah: Nett!

Michael: Ich habe auch überlegt, wie das bei uns funktionieren würde. Wir haben ja normale Stories und Szenarien bzw. neuerdings auch technische Schulden im Backlog. Würden wir auf einer Kanban-Tafel eine Architekturspalte einführen, würden jede Story, jedes Szenario und jede Schuld da durch wandern. Bei den meisten Stories ist das aber gar nicht nötig. Und bei Szenarien würde die gesamte Architekturarbeit, inklusive Analyse, Wissensaufbau, Entscheidung und Kommunikation in einer einzigen Spalte stattfinden. Das finde ich irgendwie unschön. Und was ist …

Axel: Sorry, dass ich unterbreche, aber wir haben Kanban im letzten Projekt eingesetzt und aus diesen und anderen Gründen auf eine Architekturspalte verzichtet. Die Idee von Kanban ist durchaus, eine eigene Ausprägung des Boards zu finden, die gut funktioniert. Bei uns war das ohne eine Architekturspalte ganz gut. Architekturaufgaben sind in der Umsetzungsspalte mit einer Idee versehen worden und wir haben nichtfunktionale Tests und Metriken entwickelt, um eine gewisse Testbarkeit herzustellen. Daneben mussten die Ergebnisse der Architekturarbeit natürlich sichtbar gemacht werden, weshalb wir in den Testspalten auch kleine Architekturbewertungs-Workshops abgehalten haben. Ist eine Architekturidee später als untauglich oder unpraktisch identifiziert worden, haben wir das Thema noch einmal übers Board geschickt, eventuell etwas spezifischer formuliert.

Michael: Ok … Ich bin dafür, wir machen das. Ich will das sehen.

Axel: Lass uns das mal ausprobieren. Ich glaube, bei uns reicht auch der Backlog schon aus, aber vielleicht kommt ja die große Erkenntnis.

Sie haben Szenarien oder andere konkrete Beispiele für qualitative Anforderungen erhoben. Ihr Vorgehen sieht die stetige Abarbeitung priorisierter Anforderungen vor und ist primär funktional ausgerichtet, eventuell arbeiten Sie bereits mit Kanban? Softwarearchitektur soll in dieses Vorgehen integriert werden, ohne den Fluss zu behindern oder zu verzögern.

Problemstellung:
Wie kann die Architekturarbeit von der Idee bis zur Auslieferung optimiert werden, so dass ein mit Umsetzungsaufgaben verwobener, stetiger und sichtbarer Fluss von Aufgaben entsteht?

Kanban (kan – visuelles Signal, ban – Karte oder Tafel) ist eine von Taiichi Ohno bei Toyota entwickelte Methode zur Produktionssteuerung. Sie setzt zentrale Ideen von Lean um. Auf Softwareentwicklung übertragen, ermöglicht Kanban die Visualisierung des Entwicklungsprozesses und von eventuellen Engpässen (z. B. im Systemtest). Entscheidend ist der sogenannte „Pull"-Ansatz: Aufgaben werden nicht verteilt oder weitergeschoben, sobald sie fertig sind, sondern von nachfolgenden Schritten gezogen, sobald sie bereit sind. Bevor dieser „Pull" erfolgt, liegt die Aufgabe noch beim vorherigen Arbeitsschritt. Limitiert man nun die maximale Anzahl an Aufgaben, die ein Arbeitsschritt gleichzeitig „bearbeiten" darf, gibt es einen interessanten Effekt: Stockt die Verarbeitung in einem Arbeitsschritt weiter hinten, wird über kurz oder lang jeder Schritt davor voll laufen und ebenfalls stocken. Die Lean-Praktik des „Stop and Fix" (halte an und repariere) wird so effektiv umsetzbar. Gibt es etwa beim Testen Probleme, werden diese gemeinsam beseitigt, bevor man weiter testbare Softwareinkremente baut. Eine gute Idee, da sonst das Feedback von Tests fehlen würde und man viele Teile der Software baut, bevor man Rückmeldung bekommt, was letztendlich funktioniert. Fehler würden sich eventuell zum Zeitpunkt der Rückmeldung schon weit verbreitet und man zahlt die Kosten für späten Erkenntnisgewinn – „cost of delay", ein weiteres Lean-Konzept.

Neben Pull-Prinzip und Stop and Fix ist mindestens eine weitere Idee spannend für einen stetigen Fluss mit schneller Rückmeldung: Littles Law. Dieses Gesetz von John D. C. Little [Lit61] beschreibt einen Sachverhalt der Warteschlangentheorie, wonach die durchschnittliche Menge an Elementen in einem Warteschlangensystem (L) gleich der durchschnittlichen Verweildauer im System (W) mal der durchschnittlichen Ankunftsrate (λ) ist.

$$L = \lambda W \qquad (3.1)$$

Das klingt erst mal logisch. Wenn Sie jeden Monat mit einer neuen Fernsehserie (oder einer Folgestaffel einer bekannten Serie) starten und durchschnittlich drei Monate benötigen, um eine Staffel abzuschließen, haben Sie zu jeder Zeit drei aktuelle Fernsehserien, die Sie aktiv schauen. Das gilt unabhängig von der Art und Weise, wie Sie Serien schauen oder in welcher Reihenfolge Sie sich durch die Serien „arbeiten". Spannend wird es nun, wenn man an den Parametern dreht. Steigt beispielsweise die Anzahl an Serien, die Sie jeden Monat starten (weil Ihre neue Freundin einen Netflix-Account mitbringt und nun mehr Angebot vorhanden ist – bzw. eine Meinung mehr vorhanden ist, was Sie sich anschauen müssen, haben Sie mehr gleichzeitig aktive Serien zu meistern. Bei zwei gestarteten Serien pro Monat wären es zum Beispiel sechs gleichzeitig geschaute Serien. Um dieser Last gerecht zu werden, müssten Sie die doppelte Zeit mit dem Serienkonsum verbringen. Wollen Sie das nicht, müssten Staffeln mit weniger Folgen her …

Auf die Softwareentwicklung übertragen, ergeben sich daraus wichtige Erkenntnisse:

- Teilen Sie Aufgaben in kleinere Häppchen (oben wären es Staffeln mit weniger Folgen), sinkt die Bearbeitungszeit und damit die Verweildauer (W). Als Folge können Sie in der gleichen Zeit, mit den gleichen Kapazitäten mehr dieser Häppchen umsetzen (höhere Ankunftsrate λ). Es entsteht ein schnellerer Fluss von umgesetzten Anforderungen mit häufigerer Rückmeldung aus der Entwicklung. Definieren Sie folglich kleine Aufgabenpakete.
- Beschränken Sie die Arbeit, die gleichzeitig in Bearbeitung sein darf (L – in obigem Beispiel würden Sie sich Netflix verweigern und bei drei gleichzeitig geschauten Amazon-Prime-Serien-Staffeln bleiben), können Sie auf Basis Ihrer durchschnittlichen Bearbeitungszeit (W – oben waren es drei Monate) genau bestimmen, wie viele Anforderungen Sie durchschnittlich annehmen können (λ – eine Staffel pro Monat). Das gibt Planungssicherheit und macht verbindliche Aussagen zu Umsetzungszeitpunkten einfacher. Limitieren und planen Sie folglich die gleichzeitig in Bearbeitung befindliche Arbeit (engl. work in progress – WIP).

Kanban beinhaltet mit Pull-Prinzip, Stop&Fix, WIP-Limits und kleinteiligen kanban all diese Aspekte und ist auf jeden Fall einen Blick wert, wenn Sie stetige Arbeit an einem Produkt oder einer Plattform leisten. Mehr Informationen zu Kanban finden Sie in [Leo12] und [And10].

Bild 3.12 zeigt, wie Sie Kanban auf die Bearbeitung von Architekturfragen in Softwareentwicklungsvorhaben anwenden können.

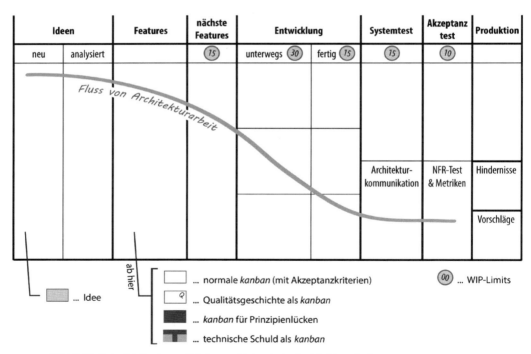

Bild 3.12 Beispiel-Kanban mit Fokus auf integrierte Architekturarbeit

Die Kanban-Tafel[11] aus Bild 3.12 beinhaltet keine Architekturspalte. Stattdessen wird Architekturarbeit über entsprechende kanban abgebildet. Wenn Sie Ideen analysieren, können Sie über die Kartenfarbe oder -form kenntlich machen, um welche Art von Anforderung es sich handelt. So lassen sich auch die Szenariokategorien aus Abschnitt 3.4 abbilden. Während Akzeptanzkriterien gemeinsam mit funktionalen kanban in die normalen System- und Akzeptanztests wandern, werden architekturrelevante Qualitätsgeschichten und Prinzipienlücken etwas anders gehandhabt. Die in der *Entwicklung* erarbeiteten Design-Kandidaten und Hypothesen werden in der Spalte *Architekturkommunikation* möglichst breit besprochen.

Dafür eignen sich Techniken wie die WIEDERKEHRENDE REFLEXION (→ Abschnitt 5.5). Akzeptanztests für die Anforderungen hinter der geleisteten Architekturarbeit können danach mit nichtfunktionalen Tests (→ Abschnitt 6.3) oder über Metriken definiert werden (→ Abschnitt 6.4). Erkenntnisse aus diesen Feedbackmechanismen führen eventuell zu neuen Kanban, die Teilprobleme beseitigen oder die gesamte Lösungsidee noch einmal hinterfragen. Die Priorität, mit der solche Kanban vorne in den Prozess geworfen werden, hängt davon ab, wie schmerzend die erste Architekturidee war. Selbst bei großen, unsicheren Architekturthemen werden die Erkenntnisse und entsprechenden Korrekturen immer kleiner. Bis die Priorität nicht mehr ausreicht, um das Thema auf das Board zu bekommen.

Kanban hat keinen fixen Takt wie ein iteratives Vorgehen. Stattdessen werden stetig kanban abgearbeitet. Sie bilden auch die Granularität für Feedback. Wird eine Karte von der Spalte *Akzeptanztest* gezogen, werden entsprechende (nichtfunktionale) Tests und Metriken aufgesetzt, ausgeführt und idealerweise in den Build integriert. Feedback ist verfügbar, sobald die Karte über die Tafel gewandert ist und nicht erst, wenn eine Iteration zu Ende ist.

Die vorgestellte *integrierte Architekturarbeit* ohne separate Architekturspalte (angelehnt an [Kni12]), hat meiner Meinung nach einige Vorteile:

- **Flexibilität**:
  Nicht jede Anforderung braucht Architekturarbeit und Limits auf Architekturarbeit behindern in der Praxis öfter, als sie helfen. Trotz der fehlenden Spalte ist Architekturarbeit über die Kartenfarbe oder -form sichtbar.

- **Lebenszyklus**:
  Architekturarbeit ist nicht an einer Stelle und in einer Spalte zu erledigen, sondern beinhaltet ähnliche Aspekte wie andere Entwicklungstätigkeiten. Architektur-Kanban sollten nicht nur bearbeitet, sondern deren Lösung auch analysiert, kommuniziert und verifiziert (getestet) werden. All diese Tätigkeiten in einer Spalte abzubilden, ist wenig transparent.

- **Kleinteiligkeit**:
  Kanban beschreibt den dynamischen Fluss von kleinteiligen Aufgaben mit schneller Rückmeldung. Eine eigene Architekturspalte würde diesen Fluss behindern (siehe voriger Punkt zu Lebenszyklus) und suggeriert leider zu oft klassische Verhältnisse. Teams und Projekte, die noch nicht vollkommen an dynamische und agile Arbeit gewöhnt sind, bekommen mit der Architekturspalte einen „Ankerpunkt" für wasserfallähnliche Konzeptphasen. Kanban-Tafeln werden statischer und einzelne kanban verweilen lange in der Spalte, bevor sie weitergeschoben werden. Durch das Entfallen der Spalte setzt man meiner Erfahrung nach ein deutlicheres Zeichen und fördert Umdenken hin zu einer integrierten Architekturdisziplin.

---

[11] Nachdem sowohl die Tafel als auch die einzelnen Karten mit „Kanban" bezeichnet werden, verwende ich der Eindeutigkeit halber Kanban-Tafel (Board) und kanban (Karte) als Begriffe. Auch wenn Kanban-Tafel zwei Mal das Gleiche sagt.

Ein häufiger Punkt für Diskussionen ist die Spalte „Ideen". Mary Poppendieck ist ein harter Verfechter der leeren Input-Warteschlange. Auf der Kanban-Tafel sollten nur die in Arbeit befindlichen Aufgaben zu sehen sein, es gibt keine Liste mit zukünftiger Arbeit. Einerseits würde das die Zusammenarbeit stören, andererseits vollständige Spezifikationen fördern. Erlaubt ist nur ein kleiner Puffer mit fixer Länge. Überschüssige Arbeit wird abgelehnt und erst zu einem Zeitpunkt abgeholt, an dem sie auch bearbeitbar ist[12]. Diese Limitierung von Input hat Charme und ist vor allem im Umfeld der Produkt-, Plattform- oder Framework-Entwicklung sowie der Systemwartung ein guter Ansatz. Seien Sie jedoch vorsichtig bei Individualsoftwareentwicklung oder architektonisch herausfordernden Systemen: Die Ideen-Spalte stellt hier eine wertvolle Quelle für Risikobetrachtungen und architektonische Überlegungen dar. Ähnlich wie bei einem richtig verwendeten Backlog, ermöglicht diese grobe Anforderungsliste die Betrachtung von Abhängigkeiten, Architekturanforderungen und technischen Schulden. Keinesfalls sollte die Ideenspalte jedoch als fixe Liste oder gar Spezifikation verstanden werden!

Tipps zum Scheitern

Möchten Sie mit diesem Muster scheitern und Ihrem Projekt schaden, folgen Sie diesen Empfehlungen:

- Führen Sie am Kanban-Board weitere Spalten für Architektur und Design ein, die von jedem Feature durchlaufen werden müssen. Idealerweise arbeiten an dieser Spalte nicht die Entwickler selbst.
- Schleusen Sie architekturrelevante Anforderungen bevorzugt über die Kanban-Tafel. Am besten arbeiten Sie alle entsprechenden Karten ab, bevor Sie funktionale kanban anfassen.
- Warten Sie nicht darauf, bis kanban genommen werden. Wenn Sie fertig sind, schieben Sie das kanban einfach weiter und überreden Sie zur Not die Verantwortlichen, die WIP-Limits hochzusetzen.
- Bearbeiten Sie architekturrelevante kanban möglichst alleine und nehmen Sie die Kommunikationsspalte nicht so ernst. Das kanban hängt an der Tafel, kann doch jeder sehen und zur Not fragen.
- Sind keine architekturrelevanten kanban mehr auf der Tafel zu finden, freuen Sie sich im Stillen. Vermeiden Sie die neuerliche Szenariensuche oder prüfende Blicke auf die Reife Ihrer Architektur.

Kanban verarbeitet SZENARIEN ALS ARCHITEKTURANFORDERUNGEN (→ Abschnitt 3.3), die über SZENARIEN KATEGORISIEREN (→ Abschnitt 3.4) vorbereitet wurden. Die Ideen-Spalte kann über INITIALE ANFORDERUNGSWORKSHOPS (→ Abschnitt 3.1) befüllt werden. Ideen wandern von *neu* nach *analysiert*, wenn ANFORDERUNGSPFLEGE-WORKSHOPS (→ Abschnitt 3.2) stattfinden. Die wichtigsten Anforderungen werden dann Stück für Stück als Features übernommen. Dabei sollte der LETZTE VERNÜNFTIGE MOMENT (→ Abschnitt 4.2) beachtet werden.

In der Spalte Architekturkommunikation kommt WIEDERKEHRENDE REFLEXION (→ Abschnitt 5.5) zum Einsatz, um Entscheidungen zu bewerten und gemeinsam zu treffen. In

---

[12] Mary Poppendieck vertritt diese Meinung sehr offensiv, wie ich in einem Gespräch mit ihr erfahren durfte.

der Spalte *Akzeptanztests* sollten Sie QUALITATIVE EIGENSCHAFTEN TESTEN (→ Abschnitt 6.3), QUALITÄTSINDIKATOREN NUTZEN (→ Abschnitt 6.4) und CODE MIT ARCHITEKTUR VERBINDEN (→ Abschnitt 6.5).

Die Verwebung von qualitativen und funktionalen Anforderungen auf der Kanban-Tafel macht ARCHITEKTURENTSCHEIDUNGEN TREFFEN (→ Abschnitt 4.4) und GEMEINSAM ENTSCHEIDEN (→ Abschnitt 5.2) besser umsetzbar, als das mit einer eigenen Architekturspalte möglich wäre.

4 Richtig entscheiden

Die Architekturdisziplin beinhaltet viele Praktiken, Techniken und Mittel, die bei genauerer Betrachtung alle um ein Thema kreisen: Entscheidungen. Für Entscheidungen auf Architekturebene sollten Sie den passenden Kontext haben (Kapitel 3 – Die Basis für Architekturarbeit), Sie sollten mit Kunden und anderen Beteiligten zusammenwirken, um gute Entscheidungen zu erarbeiten (Kapitel 5 – Zusammenarbeit und Interaktion), und Sie sollten Entscheidungen auf ihre Tauglichkeit prüfen (Kapitel 6 – Abgleich mit der Realität). Daneben sind ganze Bibliotheken mit Büchern gefüllt, die Ihnen die konzeptionelle und technische Basis für Entscheidungen vermitteln wollen. Irgendwann müssen Sie aber auch zum Herzstück selbst vordringen, Sie müssen entscheiden. In diesem Kapitel werden Muster besprochen, die Ihnen dabei helfen, Architekturentscheidungen von unwichtigeren Entscheidungen zu trennen, sie zu planen und bei Bedarf über mehrere Iterationen hinweg zu bearbeiten, sie zum richtigen Zeitpunkt in der richtigen Granularität zu treffen und auftauchende Risiken aktiv zu behandeln. Bild 4.1 zeigt die Muster des Kapitels im Überblick.

Um „richtig" zu entscheiden, sind unterstützende Konzepte wie der LETZTE VERNÜNFTIGE MOMENT (→ Abschnitt 4.2), AD-HOC-ARCHITEKTURTREFFEN (→ Abschnitt 4.8) oder AKTIVE RISIKOBEHANDLUNG (→ Abschnitt 4.6) wichtig. Ausgangspunkt sind aber in jedem Fall Anforderungen und entsprechende Fragestellungen, die als architekturrelevant erkannt wurden (→ Abschnitt 4.1). Kapitel 3 hat diese Anforderungen aufbereitet und liefert die Basis für die hier besprochenen Muster – allen voran ARCHITEKTURENTSCHEIDUNGEN TREFFEN (→ Abschnitt 4.4).

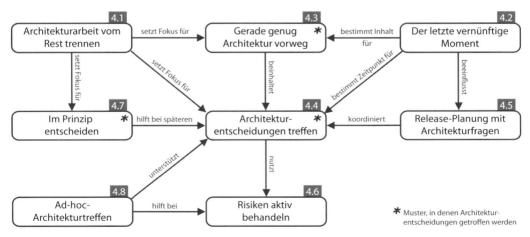

Bild 4.1 Zusammenhänge der Muster „Richtig entscheiden"

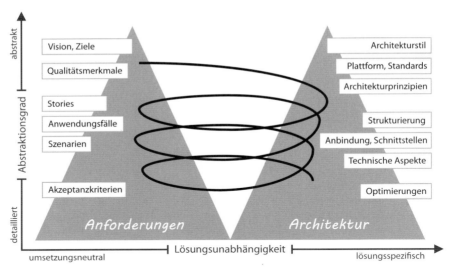

Bild 4.2 Anforderungs- und Architekturebenen (angelehnt an das Twin Peaks Modell aus [Nus01])

Anforderungen sind auf unterschiedlichen Ebenen definiert. Im INITIALEN ANFORDERUNGS-WORKSHOP (→ Abschnitt 3.1) erarbeiten Sie eine grobe Produktvision und sammeln erste Qualitätsanforderungen. Auf einer feingranulareren Ebene arbeiten Sie mit SZENARIEN (→ Abschnitt 3.3) oder TECHNISCHEN SCHULDEN (→ Abschnitt 3.5). Auf Architekturseite sind ähnliche Ebenen zu finden. Entscheidungen können sehr grob einen Architekturstil wie Schichtenarchitektur definieren oder feingranular den passenden Einsatz von Caches festlegen. Generell gilt: Grobgranulare Anforderungen führen zu grobgranularen Entscheidungen. Durch die Umsetzung und Konkretisierung der Entscheidung werden auch Anforderungen geschärft und befeuern wiederum detailliertere Architekturentscheidungen. Diese verwobene, iterative Vorgehensweise ist in Bild 4.2 dargestellt.

Die Beispiele auf Anforderungs- und Architekturseite sollen typische Abstraktionsebenen verdeutlichen. Es ist auch ersichtlich, dass Architekturstil, Plattform oder grundlegende Entwicklungs- und Architekturprinzipien schon früh entschieden werden können und meist keine detaillierten Szenarien benötigen. Einen entsprechenden High-level-Überblick bietet die Architekturvision (siehe Abschnitt 4.3). Detailliertere Entscheidungen basieren auf Szenarien und technischen Schulden, die in der Anforderungsliste priorisiert und gesammelt werden. ARCHITEKTURENTSCHEIDUNGEN TREFFEN (→ Abschnitt 4.4) beschreibt, wie Sie bei diesen Entscheidungen vorgehen können.

4.1 Architekturarbeit vom Rest trennen

„Fokussierung ist die Entscheidung, welche Dinge du nicht machen wirst."[1]

– John Carmack

Axel: Wir arbeiten auf der Basis von Anforderungen und haben uns nun auch bereits bemüht, nichtfunktionale Anforderungen zu beschreiben, um Architekturarbeit je nach Problem und Dringlichkeit iterativ bearbeiten zu können.

Michael: Schön gesagt ...

Axel: Nun ja. Was ich beobachtet habe, ist, dass Szenarien sehr unterschiedlich schwierig zu bearbeiten sind. Einige, besonders Akzeptanzkriterien, sind eigentlich selten wirklich weitreichend und lassen sich gut gemeinsam mit der Funktionalität umsetzen. Andere Szenarien führen dazu, dass wir zum Beispiel generell auf Nebenläufigkeit achten müssen, und sind damit sehr wichtig. Bei den funktionalen Anforderungen gibt es auch ein paar, die viele Leute bei uns betreffen – etwa die Eigenschaften eines Artikels, die an zig Stellen unserer Anwendung benutzt oder verarbeitet werden. Ich finde es gut, dass wir mit Szenarien und technischen Schulden unsere Anforderungsseite vervollständigt haben, aber wo Architekturarbeit wirklich nötig ist, ist damit noch nicht zu 100 % beantwortet.

Michael: Und warum reicht nicht die 80 %-Antwort, dass Szenarien und technische Schulden wahrscheinlich architekturrelevant sind?

Axel: Weil wir Architekturentscheidungen anders treffen als „normale" Implementierungsentscheidungen. Wir investieren mehr in eine ordentliche Analyse und Risikobehandlung, wir kommunizieren breiter und so weiter. Erstens wäre es Verschwendung, das alles zu machen, wenn es ein unwichtiges Szenario mit lediglich lokalen Auswirkungen ist, und zweitens wäre es risikoreich, andere architekturrelevante Anforderungen, die vielleicht in normalen Stories versteckt sind, zu übersehen und ad-hoc zu entscheiden.

Sarah: Klingt nicht wirklich unvernünftig, wenn du es so sagst. Aber was genau willst du in diesem Meeting hier machen?

Axel: Ich finde, wir sollten uns mal damit beschäftigen, wie wir architekturrelevante Anforderungen von „normalen" Anforderungen unterscheiden können. Szenarien sind ein Hinweis, aber ich hätte gerne etwas Klareres, das auch relevante funktionale Anforderungen einschließt und unrelevante Szenarien ausnimmt.

Michael: Wieder so ein Meta-Ding, hm?

Sarah: Nein, nein. Das lohnt sich schon. Lass uns das mal machen ...

---

[1] Englisches Original: *„Focus is a matter of deciding what things you're not going to do."*

Sie befinden sich in einer beliebigen Entwicklungsphase zwischen der Initiierung und der finalen Auslieferung. Sie bearbeiten eine Fragestellung und wollen einschätzen, ob sich architekturelle Mittel und Praktiken wie Architektur-Workshops, Risikobewertung, gezielte Bewertung von Alternativen oder gemeinsame Reflexion lohnen.

Problemstellung:

Wie lassen sich jene Aufgaben identifizieren, die (1) Umsicht bei der Entscheidung, (2) eventuell tiefes Architektur- oder Technologieverständnis und (3) breite Kommunikation und Transparenz benötigen?

In Anlehnung an [Bas12] lassen sich einige Entscheidungskategorien beschreiben, in denen häufig Architekturarbeit anfällt. Es sind Entscheidungen rund um:

- Verantwortlichkeiten
- Koordinationsmodell
- Datenmodell
- Ressourcenmanagement
- Mapping von Architekturelementen
- Technologiewahl
- Frühes oder spätes Binden

Der erste Schritt zur Erkennung von Architekturaufgaben wäre erhöhte Aufmerksamkeit bei Entscheidungen in diesen Bereichen. Konkret hängt jedoch vieles vom Rahmen Ihres Vorhabens ab: Moderne Frameworks im Java- und .NET-Umfeld machen Programmcode um einiges flexibler als noch vor zehn Jahren, viele Strukturentscheidungen sind weniger weittragend und Umstrukturierungen sind oft gut von Werkzeugen unterstützt. Im SAP-Bereich oder bei der Wartung und Erweiterung von Altsystemen sind Strukturentscheidungen eher architekturrelevant, viele technische Aspekte müssen mit Eigenlösungen versorgt werden und sind eng mit dem Rest der Codebasis verzahnt – es gibt mehr architekturrelevante Entscheidungen. Neben der technischen Grundlage sind das Wissen und die Erfahrung der anderen Entwickler wichtige Einflussfaktoren auf Architekturarbeit. Schlecht ausgebildete oder technologiefremde Entwickler brauchen einen besseren Architekturrahmen, um gemeinsam eine konsistente, integere und zielerfüllende Lösung zu erstellen. Dazu kommt die räumliche Verteilung der Entwicklungsorganisation, deren Größe, die Problemdomäne und so weiter. Kann man also überhaupt eine allgemeine Aussage treffen, was Architekturarbeit ist? Kann man ein Muster „Architekturarbeit vom Rest trennen" nennen? Ich denke ja[2].

Bereits in der Einleitung habe ich Komplexitätstreiber vorgestellt, die Architekturarbeit wichtiger machen (siehe Abschnitt 2.1.2). In diesem Muster ist das Problem noch etwas konkreter: Wie erkenne ich bei einer einzelnen Fragestellung, ob sie architekturrelevant ist? Vor diesem Problem stehen Sie viel häufiger als vor der neutralen Frage nach der Menge an Softwarearchitekturarbeit in Ihrem Umfeld.

---

[2] Und den Beweis (zumindest was die zweite Frage betrifft) lesen Sie gerade …

Eine Lösung: Lassen Sie sich von den folgenden Fragen leiten (angelehnt an [Fai10]):
- Ist die Entscheidung später nur schwer zu ändern?
- Ist die Umsetzung der Entscheidung eher teuer?
- Werden sehr hohe, qualitative Anforderungen gestellt? (Hochsicherheit, Hochverfügbarkeit, Hochperformanz etc.)
- Lassen sich Anforderungen nur schwer in Bestehendes abbilden?
- Ist die eigene Erfahrung im Lösungsspektrum schwach?

Die Fragen sind weder überschneidungsfrei noch messerscharf formuliert, sie sind aber für sehr unterschiedliche Rahmenbedingungen und Projektumgebungen funktionsfähig. „Schwer änderbar" beinhaltet einmal mehr, einmal weniger Fragestellungen und was für manche Projekte „teuer" wäre, ist für andere ein Klacks. Auch die beiden letzten Fragen, die eher Richtung Wissen, Erfahrung und Lösungsidee zielen, setzen keinen bestimmten Rahmen voraus.

Beantworten Sie die Fragen mehrheitlich mit „ja", haben Sie vermutlich eine architektonische Fragestellung an der Hand. Gerade die erste Frage ist recht aussagekräftig: Später schwer zu ändernde Entscheidungen betreffen viele Entwickler, haben externe Abhängigkeiten oder beinhalten hohen finanziellen Einsatz. Experimente in diesen Bereichen müssen geplant werden, um effektiv zu sein. Häufig basieren solche Fragestellungen auf qualitativen Anforderungen, die querschnittlich wirken (vgl. Kapitel 3). SZENARIEN (→ Abschnitt 3.3) sind deshalb ein wichtiger Architekturtreiber, aber nicht der einzige. Architekturrelevante Anforderungen können auch größere TECHNISCHE SCHULDEN (→ Abschnitt 3.5) oder kritische funktionale Anforderungen sein, die den obigen Fragen standhalten.

Haben Sie eine Fragestellung oder Entscheidung als architekturrelevant erkannt, lohnt sich der Einsatz architektonischer Mittel, um das Risiko zu minimieren. Dazu gehören etwa die genauere Analyse nichtfunktionaler Anforderungen, die Konzeption und ggf. Modellierung möglicher Lösungen, die Definition von Prinzipien, die breite Vermittlung von Architekturentscheidungen, die Verarbeitung von Erkenntnissen aus der Umsetzung oder die Verankerung von qualitativen Tests, um Rückmeldung zu Architekturideen zu erhalten – wie in den Mustern dieses Kapitels und im Rest des Buchs beschrieben.

Architekturentscheidungen festhalten

Eine Besonderheit bei Entscheidungen, die aus architektonischen Fragestellungen resultieren, ist die breite Kommunikationspflicht. Meist sind viele Rollen betroffen. Sie alle sollten die Entscheidung und die Motivation dahinter verstehen. Ohne dieses Verständnis entstehen oft inkonsistente Lösungen mit individuellen, lokalen „Verbesserungen" und das Vorhaben leidet unter wiederholten Diskussionsrunden zu immer gleichen Themen[3]. Gegenteilig zum manchmal vertretenen Standpunkt, alle Entscheidungen müssten sich aus dem Code erschließen, sollten Architekturentscheidungen das erforderliche Verständnis über gezielte Dokumentation herstellen. Einfach weil (1) Entscheidungen, die viele Entwickler umsetzen, sehr verteilt im Code zusammengesucht werden müssten, (2) die betrachteten Alternativen im letztendlichen Programm nicht mehr ersichtlich sind oder auch (3) Rahmenbedingungen, die zum Entscheidungszeitpunkt gegeben waren, aus dem Quelltext nicht rekonstruierbar sind.

---
[3] Das sind Beobachtungen und leidvolle Erfahrungen aus meiner Praxis, keine unumstößlichen Wahrheiten. Denken Sie trotzdem daran, wie oft Sie über das gleiche Thema diskutieren, ohne dass sich etwas Signifikantes an den Rahmenbedingungen oder Ihrem Problemwissen verändert hat ...

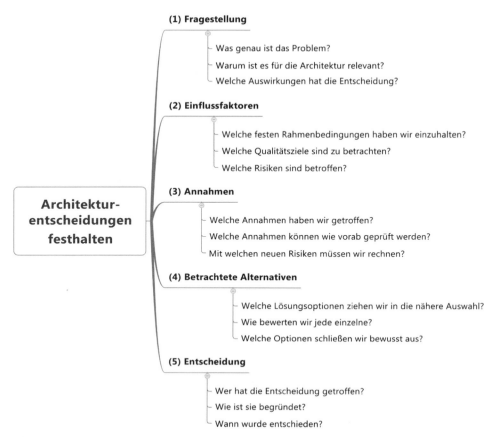

Bild 4.3 Architekturentscheidungen dokumentieren (nach [Zör15])

Ist die Verteilung von Entscheidungen über weite Codeteile noch mit bestimmtem Aufwand auszuräumen, sorgen Versäumnisse bei betrachteten Alternativen oder Rahmenbedingungen sehr schnell für persistente Verständnislücken. Sie sollten deshalb von Anfang an verhindern, dass Ihre Gründe verloren gehen. Mein Kollege Stefan Zörner hat eine praxisgeprüfte Vorlage entwickelt [Zör15], die Ihnen dabei hilft. Bild 4.3 zeigt die mittlerweile auch in arc42[4] enthaltene Mindmap – ein schlankes Werkzeug zur Dokumentation von Architekturentscheidungen. Die Überdeckung mit den Ergebnissen des in Abschnitt 4.4 beschriebenen Vorgehens bei Architekturentscheidungen ist (nicht rein zufällig) groß.

Tl;dr – too long; didn't read

Die fünf Fragen zur Architekturrelevanz (von Seite 75) sind nur ein Indikator, um Architekturarbeit zu erkennen und entsprechend zu fokussieren. Ein weiterer Indikator ist die Menge an Architekturentscheidungen, die Sie produzieren. Achten Sie darauf, nicht zu viele Fragestellungen als wichtig, teuer, unwiderruflich oder schwer abbildbar zu kennzeichnen.

---

[4] arc42 ist vorrangig ein Template zur Entwicklung, Dokumentation und Kommunikation von Software-Architekturen. Weitere Informationen unter *http://www.arc42.de/*

Erstens schmälern Sie damit die Wichtigkeit der tatsächlich zentralen Fragestellungen in Ihrer Sammlung und zweitens neigen Menschen dazu, sehr lange Listen oder ausführliche Texte nicht wirklich zu lesen. Damit erreichen Sie genau das Gegenteil der gewünschten Kommunikationsunterstützung wichtiger Entscheidungen. Ganz abgesehen davon, dass eine Vielzahl von Entscheidungen auch aktuell gehalten werden muss – was aufwendig ist, ohne produktiv etwas beizutragen.

Tipps zum Scheitern

Möchten Sie mit diesem Muster scheitern und Ihrem Projekt schaden, folgen Sie diesen Empfehlungen:

- Verzichten Sie auf eine Einschätzung der Architekturrelevanz für Ihren Kontext, wenn Sie Dokumentvorlagen haben. Füllen Sie einfach das Template aus.
- Gehen Sie bei der Bestimmung von Architekturrelevanz nur von sich selbst aus. Wenn Kollegen weniger Verständnis oder Know-how haben, können Sie später zur Not auch (überall) helfen.
- Verstehen Sie die fünf Fragen zur Architekturrelevanz nicht symbolisch, sondern arbeiten Sie jeden Backlog-Eintrag detailliert damit ab. Entwickler, die das stört, verstehen Architekturarbeit anscheinend nicht.
- Benennen Sie die Fragestellung von Architekturentscheidungen nach der gewählten Technologie. Dass Sie dann nur zwei Alternativen haben (Ja/Nein) und Änderungen die ganze Entscheidungsdokumentation überflüssig machen, sollte Sie nicht stören.
- Beauftragen Sie zwei Praktikanten damit, technische Entscheidungen auf Architekturrelevanz zu überprüfen und geeignet zu dokumentieren. Entwickler haben schließlich andere Sorgen.

Architekturarbeit vom Rest zu trennen, hilft dabei, die als architekturrelevant erkannten Fragestellungen mit der nötigen Sorgfalt bearbeiten zu können. Weniger kritische und risikoreiche Fragestellungen können direkt entworfen und umgesetzt werden. Bei Problemen sind Änderungen immer noch möglich. Die Quelle für architekturrelevante und alle anderen Fragestellungen ist eine Anforderungsliste (in Scrum: Backlog). Besonders häufig sind SZENARIEN ALS ARCHITEKTURANFORDERUNGEN (→ Abschnitt 3.3) und TECHNISCHE SCHULDEN ALS ARCHITEKTURANFORDERUNGEN (→ Abschnitt 3.5) identifizierbar. Es können aber auch einzelne funktionale Anforderungen zentrale Bedeutung haben. Die Einschätzung zur Architekturrelevanz kann z. B. in ANFORDERUNGSPFLEGE-WORKSHOPS (→ Abschnitt 3.2) stattfinden.

Haben Sie Anforderungen als architekturrelevant erkannt, können Sie ARCHITEKTURENTSCHEIDUNGEN TREFFEN (→ Abschnitt 4.4) indem Sie den LETZTEN VERNÜNFTIGEN MOMENT (→ Abschnitt 4.2) abschätzen und Fragestellungen entweder direkt in Iterationen übernehmen oder die RELEASE-PLANUNG MIT ARCHITEKTURFRAGEN (→ Abschnitt 4.5) anreichern.

Allgemeine oder wiederkehrende architekturelle Fragestellungen können Sie IM PRINZIP ENTSCHEIDEN (→ Abschnitt 4.7). Fragestellungen, die schon zu Beginn des Vorhabens beim letzten vernünftigen Moment der Entscheidung angekommen sind, sollten Sie auch früh bearbeiten – GERADE GENUG ARCHITEKTUR VORWEG (→ Abschnitt 4.3).

4.2 Der letzte vernünftige Moment

*„Also, ich werde jetzt bis drei zählen,
wenn Du bis dahin nicht den Koffer öffnest,
bleiben von Deinem Gesicht nur die Ohren übrig!"*

– Jules in „Pulp Fiction"

Tommy: Wir haben nach wie vor Probleme mit der Content-Speicherung in der Oracle DB. Bei der erwarteten Menge an Videos und Artikeln wird die Datenbankseite nicht nur teuer, sondern vielleicht auch zum Flaschenhals. Ich habe das mal testweise nachgestellt und die Ergebnisse waren beunruhigend. Ich denke, wir sollten über eine dieser NoSQL-Lösungen nachdenken.

Sarah: Hat irgendjemand Erfahrung mit dokumentenbasierten Datenbanken oder Key-Value-Stores? Die Oracle DB ist vielleicht nicht immer perfekt, aber wir können damit umgehen und wissen, woran wir sind.

Tommy: Ich habe mich ein wenig mit dem Thema beschäftigt. Ich denke MongoDB wäre einen Blick wert: Fühlt sich am ehesten relational an und könnte uns einiges an Arbeit abnehmen. Experte bin ich aber auch nicht.

Sarah: Müssen wir das jetzt entscheiden? Können wir nicht so weitermachen wie bisher und MongoDB erst evaluieren, wenn wir Probleme haben?

Axel: Hm. Warten finde ich prinzipiell o.k. Wir können den Datenbankzugriff auch hinter einer DAO-Schicht kapseln, um noch länger flexibel zu sein, aber ich würde nicht erst zu analysieren beginnen, wenn wir bereits ernste Probleme haben. Sehen wir es doch mal so: Wir kennen die Oracle-Datenbank, wir kennen ihre Schwachstellen und die momentanen Befürchtungen sind real. Was wir nicht kennen, ist MongoDB und NoSQL-Lösungen. Ich finde, wir sollten die Zeit im Moment nutzen, hier ein wenig Erfahrungswissen aufzubauen. Wenn es dann drängt, können wir informiert und schnell entscheiden.

Tommy: Was genau schlägst du vor?

Axel: Ich würde ab jetzt in der Entwicklung z. B. MongoDB einsetzen – hinter einer DAO-Schicht gekapselt. So lernen wir etwas über die neue Technologie und verschieben die Entscheidung, weil wir weiterhin flexibel sind. Wenn es dann Richtung Entscheidung geht, haben wir zumindest zwei Alternativen, die wir kennen: Oracle UND MongoDB. Es ist ein wenig Aufwand, aber der sollte sich angesichts der Befürchtungen rechtfertigen.

Die Gruppe beschließt, diesen Weg zu gehen, und einigt sich auf einige Indikatoren, die zeigen sollen, wann die letztendliche Entscheidung nötig wird. So behalten sie etwa ein Auge auf (1) den Umbauaufwand, der nötig wäre, um zurück zur bekannten Oracle-Lösung zu wechseln, sie reflektieren regelmäßig, (2) ob MongoDB bereits ausreichend gut verstanden ist, und sie achten darauf, (3) dass die offene Datenbankentscheidung den Einsatz anderer Frameworks oder Bibliotheken nicht behindert. In der Rechtsabteilung hat man außerdem (4) einen Blick auf die Lizenzverträge mit Oracle, um Verlängerungs-, Bestellfristen und ähnliche Termine nicht zu verpassen, falls nötig.

> *Nach einigen Wochen hat die Entwicklergruppe bereits einen guten Überblick zu MongoDB. Die Speicherung von Artikeln, Videos und Audiofiles klappt exzellent, ist mit guten Such-Frameworks kombinierbar und liefert bei Tests mit großen Datenmengen exzellente Werte.*
>
> *Probleme gibt es bei der Menüstruktur der Webseite und der Forenstruktur. Bei Änderungen an der Sitemap wäre es ungünstig, den Content mit verschieben zu müssen, eventuell gibt es auch mehrere Strukturierungsmöglichkeiten für den gleichen Content. Die Strukturinformationen sollen deshalb getrennt vom Content abgelegt werden. Das ist in MongoDB allerdings schlechter möglich, als das die Entwickler von der Oracle-Datenbank gewohnt waren. Letztendlich landen sie deshalb bei einer Lösung, die Oracle und MongoDB kombiniert. Damit lösen sie Probleme, die sie zu Beginn teilweise nicht einmal kannten – die Arbeit mit MongoDB und die Erkenntnisse aus der zwischenzeitlichen Entwicklungstätigkeit machten die Anforderungen klarer und MongoDB als Option greifbarer. Die für dieses Projekt beste Option wurde erreicht, indem die Entscheidung verschoben wurde und der sich bietende Lernraum effektiv genutzt wurde.*

Ihnen ist eine architekturrelevante Fragestellung bekannt. Es gibt mehrere Optionen, um die Fragestellung zu behandeln und das Architekturproblem zu lösen. Nicht alle Optionen sind gut bekannt, erprobt, gleich teuer und in der Umsetzung gleich aufwendig. Wegen der Tragweite der Entscheidung wollen Sie eine gute Entscheidung treffen, die das Vorhaben nicht gefährdet und Ihre Qualitätsziele erreicht.

Problemstellung:
Wann sollte eine architekturelle Fragestellung idealerweise entschieden werden, um (1) unter größtmöglicher Sicherheit zu entscheiden und (2) das Risiko einer Fehlentscheidung zu minimieren?

Das Konzept des letzten vernünftigen Moments kann hier helfen (Last Responsible Moments – LRM) [Pop03]. Entscheidungen werden dabei möglichst spät getroffen, auch wenn das Problem selbst schon früher bekannt ist. Hören Sie dieses Konzept zum ersten Mal, klingt es vielleicht eigenartig oder gewöhnungsbedürftig. Die zugrunde liegende Real-Options-Theorie [Mat10] hat aber überzeugende Argumente.

Wann wissen Sie das meiste über das zu entwickelnde Produkt oder System? Wahrscheinlich wenn es ausgeliefert und in Benutzung ist. Mit diesem Wissen könnten Sie das gleiche Problem wohl in der Hälfte der Zeit lösen. Sie würden weniger Mitentwickler benötigen und manche Entscheidungen anders treffen. „Hinterher ist man immer klüger", hört man Leute sagen. Die Klugheit kommt allerdings nicht auf einen Schlag ganz am Ende der Entwicklungstätigkeit. Sie wächst über den gesamten Zeitraum der Softwareerstellung.

Im letzten Muster haben wir architekturrelevante Fragestellungen als die weittragendsten und risikoreichsten technischen Fragestellungen des Vorhabens definiert. Oft heißt es, diese Fragen müssten früh beantwortet werden. Vor dem Hintergrund des Wissensaufbaus über die gesamte Entwicklungszeit würde das aber auch bedeuten, dass Sie die wichtigsten Entscheidungen mit dem wenigsten Wissen beantworten. Das ist genau der Grund, warum

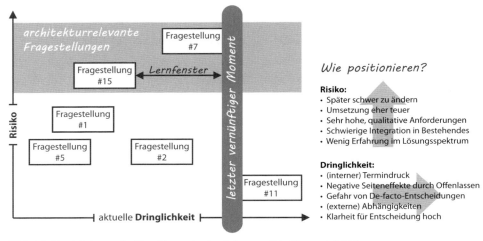

Bild 4.4 Der letzte vernünftige Moment – Last Responsible Moment (LRM)

Wasserfallvorgehen durch iterative Ansätze abgelöst wurden. Es steckt *Wert* darin, zu warten wenn Entscheidungen Unsicherheit beinhalten. Diese zeitliche Verzögerung dient dem Erkenntnisgewinn und ermöglicht bessere Entscheidungen.

Die meisten Entscheidungen lassen sich nicht beliebig weit nach hinten schieben. Irgendwann gibt es einen Punkt, an dem eine Entscheidung spätestens getroffen werden muss, um negative Effekte zu vermeiden. Diesen virtuellen Moment nennen wir den „letzten vernünftigen Moment". Bild 4.4 illustriert, wie Fragestellungen mit der Zeit zu ihrem individuellen *LRM* wandern.

Wie finden Sie den LRM?

Der letzte vernünftige Moment ist nicht einfach zu finden und nicht im Voraus mit Datum festlegbar. In der Praxis brauchen Sie Indikatoren, die Ihnen anzeigen, dass eine baldige Entscheidung notwendig wird. Ein Blick auf die theoretische Basis des LRM kann hier Anhaltspunkte liefern. Preston Smith war einer der Ersten, der die Festlegung auf eine Entscheidungsalternative zum spätest vernünftigen Moment forderte [Pre07]. Seine Feststellung und meine bisherigen Ausführungen sind Meinungen – die Real-Options-Theorie beinhaltet aber auch eine feste mathematische Grundlage[5] [Maa10]. Aus dieser Grundlage lassen sich unter anderem folgende Aussagen ableiten:

- Optionen haben Wert.
- Optionen haben ein Ablaufdatum.

Die erste Aussage zeigt noch einmal auf, dass es wertvoll ist, Optionen zu haben – sich also nicht früh festzulegen. Die zweite Aussage ist für die LRM-Findung die interessantere. Architekturentscheidungen sollten spätestens zu jenem Zeitpunkt getroffen werden, an dem mindestens eine wichtige Entscheidungsalternative wegbricht bzw. eine Option „abläuft".

---

[5] Real Options basieren auf der Financial-Options-Theorie und der Black-Scholes-Formel, die Fisher Black, Myron Scholes und Robert Merton den Nobelpreis einbrachten. Die Anwendbarkeit von Black Scholes auf Real Options ist zumindest umstritten. Ablaufzeitpunkt und Preis von realen Optionen sind schwieriger zu bestimmen. Trotzdem sind die Grundaussagen mathematisch beweisbar.

Will man z. B. mit mehreren Teams in die Implementierung starten, ist die Plattformentscheidung nahe am letzten vernünftigen Moment. Das Optionsfenster für jede andere Plattform schließt sich.

Mögliche Indikatoren für eine bald nötige Entscheidung wären:

- Wird jetzt nicht entschieden, entsteht eine De-facto-Entscheidung, die schwer zurückzurollen ist (wie eben im Plattformbeispiel).
- Wird jetzt nicht entschieden, ist die Umsetzung einer Alternative bis zu einem festen Termin nicht mehr möglich.
- Die Unsicherheit belastet bei anderen Entscheidungen (potenziell in anderen Teams).
- Es gibt Abhängigkeiten zu Hardware, Lizenzierung, rechtlichen Bestimmungen oder anderen Rahmenbedingungen, die eine Entscheidung nötig machen.
- Die Unsicherheiten bei den noch vorhandenen Optionen sind vernachlässigbar, die Optionen haben also keinen Wert mehr.

Lernräume schaffen

Zwischen dem Erkennen der Fragestellung und dem letzten vernünftigen Moment öffnet sich ein Lernfenster (siehe Fragestellung #15 in Bild 4.4). In diesem Fenster steigt das Wissen über das Problem und wichtige Rahmenbedingungen stetig. Sie sollten versuchen, diesen Lernzeitraum so groß wie möglich zu machen und aktiv zu nutzen.

Der letzte vernünftige Moment für eine Entscheidung lässt sich beeinflussen. Sie können Ihr Lernfenster etwa mit folgenden Maßnahmen vergrößern:

- fachliche Umpriorisierung,
- Abstraktion,
- parallele Umsetzung mehrerer Alternativen (Set-Based Design),
- flexible Austauschformate,
- Einsatz von Standards (oder nichtinvasiven Technologien),
- Splitten von Entscheidungen (in dringliche und andere Aspekte).

Die fachliche Umpriorisierung ist die technisch einfachste Variante: Sie machen eine architektonische Fragestellung weniger dringend, indem Sie darauf aufbauende Anforderungen weiter nach hinten schieben. Wollen Sie sich etwa die Auswahl eines Event-Mechanismus offenhalten, können Sie Anforderungen, die sich am besten mit diesem Mechanismus umsetzen ließen, niedriger priorisieren und stattdessen andere Applikationsteile früher umsetzen.

Als Beispiel zur Abstraktion können wir die Datenbankentscheidung aus dem Projektbeispiel betrachten: Durch die Kapselung der Datenbanktechnologie hinter einer DAO-Schicht ist die eigentliche Technologieentscheidung weniger dringend. Die fachliche Implementierung ist von den Datenbankzugriffen entkoppelt und muss bei der Datenbankentscheidung nicht angepasst werden. Die Optionen bleiben so länger greifbar.

Eine weitere Möglichkeit zur Verschiebung des LRM: Set-Based Design. Nehmen wir an, Sie müssten mit der Umsetzung einer Alternative jetzt starten, um einen wichtigen Termin zu halten. Leider sind Sie sich nicht sicher, ob diese oder eine zweite Alternative Ihr Problem wirklich löst. Die Entscheidung ist wichtig *und dringend*. Durch die parallele Verfolgung *beider* Alternativen können Sie eine zu frühe Festlegung vermeiden. Dieses „Set-Based Design"

([Sob99], [Pop03], finden Sie im Kasten ab S. 83 genauer beschrieben). Grundsätzlich werden dabei manche Arbeiten doppelt verrichtet, um Unsicherheiten auszuräumen. Das kostet Sie natürlich erst mal etwas. Das geminderte Risiko einer katastrophalen Fehlentscheidung kann diesen Aufwand jedoch rechtfertigen. Wie im letzten Abschnitt erwähnt: Optionen haben Wert.

Neben der Verwendung von Abstraktionsschichten und der parallelen Verfolgung von Alternativen können Sie auch für eine gewisse Variabilität in Protokollen und Schnittstellen sorgen. Die Verwendung von XML ermöglicht beispielsweise nachträgliche Anpassungen und Erweiterungen der versendeten Nachrichten. Schnittstellen können statt mit konkreten Methoden eher ressourcenorientiert aufgebaut werden: Allgemeinere Methoden wie z. B. PUT, POST oder DELETE in RESTful HTTP ermöglichen die Variation der versandten Objekte („Ressourcen") ohne direkte Schnittstellenanpassung[6]. Ähnlich wirken Datentransferobjekte (DTOs), die benötigte Daten in einem Objekt kapseln.

Eine ähnliche Wirkung hat die Verwendung von Standards oder nichtinvasiven Technologien. Setzen Sie beispielsweise JPA ein, können Sie die Wahl der O/R-Mapping-Technologie noch offen lassen. Das gilt natürlich nur, solange Sie keine Hibernate-spezifischen Anpassungen vornehmen und die Standardverwendung damit aufweichen. Selbst die Entscheidung für ein Komponenten-Framework wie Spring kann noch „weich" gehalten werden, indem Sie (für eine definierte Zeit) nur Standard-Java-EE-Annotationen verwenden und auf Spring-Spezifika verzichten. Irgendwann werden Sie selbstverständlich die Vorteile einer Technologie ausschöpfen wollen und vom Standard abweichen. Das muss jedoch nicht ganz am Anfang der Umsetzung sein.

Eine letzte Variante wäre, die Fragestellung eventuell noch zu splitten. Bei der Anbindung eines Fremdsystems könnten das Design der Schnittstelle und das Nachrichtendesign z.B. eher dringlich sein. Den konkreten Transport, die Messaging-Technologie oder auch Effizienzaspekte, die eventuell Datenreplizierung erfordern würden, können aber eventuell noch offen gelassen werden. In einem Projekt konnten wir letztens mehrere Wochen Lernfenster schaffen, indem wir uns schlicht gegen eine spezielle Systemanschaffung entschieden haben (ohne weiter zu festzulegen, wofür wir uns in weiterer Folge entscheiden werden).

Eine weitere, sehr populäre Form des Splittens ist, die Entscheidung nur für Teilbereiche des Systems zu treffen, also die Umstellung eines Gesamtsystems zeitlich zu strecken. Vertikale Architekturstile, die technisch tief entkoppeln, ermöglichen eine schrittweise Adoption von neuen Technologien. So sind Microservice-Ansätze beispielsweise in der Lage, neue Technologien und Frameworks lokal für wenige Services einzusetzen und in weiterer Folge auf diese Erfahrungen aufzubauen. Erste Implementierungen eines neuen UI-Kommunikationsmodells könnten von einem Team unabhängig geleistet werden und da diese Implementierung noch nicht so breite Auswirkungen hat, gehört sie selbst zum Lernfenster des letzten vernünftigen Moments. Wir legen uns nicht sofort systemweit fest. Wir können mit realen Umsetzungen und Erfahrungen arbeiten, den Status-quo stetig „challengen". Nehmen Sie diese Art der Architekturarbeit als ein primäres Instrument in Ihr Repertoire auf, gehen Sie in Richtung evolutionärer Architektur – eine Arbeitsweise, die vor allem bei großen, langfristig genutzten Produkten interessant ist (siehe auch Abschnitt 8.4 und [Kua17]).

---

[6] Ein semantischer Bruch der Schnittstelle ist auch mit dieser Variation möglich und sollte aktiv verhindert werden.

Set-Based Design

Set-Based Design ist eine Praktik aus Lean [Pop03] [Sob99], in der mehrere mögliche Lösungen für ein Problem parallel betrachtet und schrittweise ausgeschlossen werden, bis letztendlich nur die passendste Lösung übrig bleibt. Auf Softwarearchitektur übertragen bedeutet das, dass Sie Entscheidungen nicht früh treffen und mit der Rückmeldung aus der Umsetzung schrittweise verbessern, sondern dass Sie ein sogenanntes „Set" von Alternativen erarbeiten und beginnen, es umzusetzen, *bevor* Sie sich entscheiden (siehe Bild 4.5).

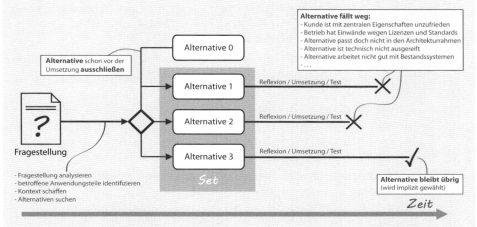

Bild 4.5 Set-Based Design im Überblick

Sie entscheiden sich erst für eine Alternative, wenn die Wahl offensichtlich ist oder belastbare Daten aus Test, Messung oder Kundenrückmeldung vorliegen. Klingt nach Verschwendung? Ist es in bestimmten Situationen auch. Allerdings birgt die Verwendung von Sets einige Vorteile:

- Erweist sich die ursprünglich vielversprechendste Lösung als untauglich, haben Sie Alternativen, auf die Sie ohne Zeitverlust zurückfallen können.
- Sie können mit Sets in kürzerer Zeit mehr Erfahrungen sammeln. Die parallele Umsetzung von mehreren Alternativen zur Lösung des gleichen Problems lässt Sie Rahmenbedingungen, versteckte Anforderungen, Kompromisse und auch Technologiebeschränkungen umfänglicher erkennen. Das verbessert Ihre Entscheidungsfähigkeit und der breite Erkenntnisgewinn führt in späteren Fragestellungen zur schnelleren und fundierten Fokussierung auf eine Alternative.
- Entwerfen Sie mehrere aus Ihrer Sicht mögliche Alternativen, beschreiben Sie einen *Möglichkeitsraum*. Kommunizieren Sie diesen Raum, ist selbstständige Arbeit wahrscheinlicher, da weniger Rückfragen nötig sind. Ist eine Option nicht tauglich, kann einfach eine andere Option aus dem Möglichkeitsraum gewählt werden. Anstatt lokal optimierter Komponenten und Technologien arbeiten Sie auf ein insgesamt gutes Ergebnis hin.

- Architektur, Umsetzung und Betrieb haben als Disziplin jeweils unterschiedliche Werkzeuge, Praktiken und Sichtweisen. Sie haben teilweise andere Rahmenbedingungen und liefern andere Erkenntnisse. Definieren diese Disziplinen jeweils einen OK-Bereich, ergibt die Überlappung dieser Bereiche schlussendlich die brauchbarsten Lösungen. Set-Based Design ist nicht darauf angewiesen, diese Überlappung bereits auf Architekturebene zu analysieren, zu verstehen und zu definieren, sondern erarbeitet diesen Bereich iterativ. Damit wird Architekturarbeit etwas einfacher und schlanker.

Die Arbeitsweise ist in einigen Fällen robuster, effizienter und leistungsfähiger als die serielle Arbeit an jeweils einer Idee, auch wenn die einzelnen Schritte ineffizient aussehen [Lik96]. Bei der Arbeit an Ihrer Softwarearchitektur können Sie die genannten Vorteile sehr gut ausspielen, wenn:

- Sie Fragestellungen mit mehreren interessanten Alternativen bearbeiten. Es gibt keine qualitativ herausragende, gut verstandene Option, die alle anderen in den Schatten stellt.
- Sie wenig Wissen und Erfahrung zu spannenden Entscheidungsalternativen besitzen.
- Sie eine revolutionäre, neue Lösung entwerfen wollen, deren Risiko Sie mit einer soliden Parallellösung abfedern wollen (Stichwort: Auffangnetz).
- Sie unter Zeitdruck arbeiten und eine spät erkannte Fehlentscheidung zu nicht verschmerzbaren Rückschlägen führen würde.
- Sie verteilt arbeiten und Feedbackschleifen aus der Umsetzung, vom Kunden etc. zu lange dauern.

Wichtig ist, dass Set-Based Design nicht nur Sets von Lösungsalternativen sucht, sondern auch einen Prozess zur schrittweisen Eliminierung auf Basis von Erkenntnissen beinhaltet. Es wird nicht einfach nur die beste Idee aus dem Set gewählt. ∎

Lernräume nutzen

Bleibt noch die aktive Nutzung von geschaffenen Lernräumen. Lassen Sie die Zeit bis zur nötigen Entscheidung nicht einfach verstreichen. Lernen Sie durch

- expliziten Wissensaufbau (über Spezifikationen, Communities, Artikel etc.),
- (produktive) Umsetzung von Alternativen (evtl. nur in Teilen des Systems),
- Ausprobieren (Prototyping) oder Testen,
- fachliche Klärung,
- Externalisierung von Ideen (Skizzen, Ad-hoc-Architekturtreffen),
- Analyse anderer Lösungen (evtl. aus anderen Unternehmensbereichen).

Da es sich um risikoreiche und wichtige Anforderungen handelt, sind entsprechende Aufwände gut investiert[7]. Je näher Sie an der Realität (dem laufenden System) lernen können, desto effektiver sind Sie. Unternehmen wie Netflix oder Spotify setzen neue Ideen um, schalten

---

[7] Kalkulieren Sie Unsicherheiten bereits bei der Schätzung der Anforderung ein – Lernraume zu nutzen, ist Teil der Bearbeitung! Sie können zusätzlich Puffer in Ihre Iterationen einbauen, um überraschende Aufwände abzufedern.

sie produktiv und lernen anschließend über detailliertes Monitoring, wie das Gesamtsystem beeinflusst wird. Auf diesem Wege werden auch neue Technologien oder Frameworks getestet. Möglich ist das durch eine feingranulare Zerlegung des Systems in technologisch weitgehend unabhängige Services, stark Werkzeug-gestützte, einfache Deployment-Prozesse, sehr gute Fallback-Mechanismen und eben feinmaschiges System-Monitoring. Die daraus resultierenden, schnellen Lernerfolge sind natürlich teuer erkauft, aber auch mit weniger Geldeinsatz ist realistisches Lernen möglich. Bevorzugen Sie jedenfalls das Experimentieren auf Codeebene und stellen Sie Produktivumgebungen so gut wie möglich nach. Ergänzen Sie diese Aktivitäten mit theoretischeren Lernmöglichkeiten, um auch sicher in die richtige Richtung zu laufen.

Beziehen Sie in weitreichende Entscheidungen mehrere Projektmitglieder mit unterschiedlichen Spezialisierungen ein und suchen Sie aktiv nach weiteren Optionen für die Problemlösung (oder Teile davon).

Tipps zum Scheitern

Möchten Sie mit diesem Muster scheitern und Ihrem Projekt schaden, folgen Sie diesen Empfehlungen:

- Verschieben Sie auch Entscheidungen, die (1) nur eine Option haben oder (2) deren Optionen Sie für Ihr System gut einschätzen können.
- Definieren Sie architekturrelevante Fragestellungen technologiespezifisch und als Ja/Nein-Frage („Nehmen wir Hibernate?"). Ohne andere Optionen können Sie alles am Anfang entscheiden.
- Erklären Sie Entwicklern, die wegen der Unsicherheiten nicht mehr produktiv arbeiten können, dass sie gefälligst auf den LRM warten sollen.
- Verschieben Sie Entscheidungen, ohne sich Gedanken über Indikatoren zu machen, die Ihnen Anhaltspunkte zum LRM geben.
- Verschieben Sie Entscheidungen und nutzen Sie das entstandene Lernfenster nicht aktiv. Warten Sie einfach – schließlich lernen Sie sowieso stetig dazu.
- Nutzen Sie innerhalb des geschaffenen Lernfensters ausschließlich Prototypen und theoretische Modelle. Reale Erkenntnisse sind überbewertet.

Der letzte vernünftige Moment ist als Denkmodell für die iterative Architekturentwicklung zentral. Er beschreibt, warum die frühe Architekturdefinition nicht zielführend ist.

Vom Erkennen einer Fragestellung bis zur Festlegung auf eine Alternative dauert es unterschiedlich lang. Auf diesem Weg lernen wir aktiv, entdecken neue Optionen und achten auf Indikatoren für eine bald nötige Entscheidung. Wir treffen eine Entscheidung und achten danach auf Erkenntnisse aus der Umsetzung. ARCHITEKTURENTSCHEIDUNGEN TREFFEN (→ Abschnitt 4.4) zeigt den gesamten Entscheidungsweg vom Erkennen der Fragestellung bis zur Umsetzung der Entscheidung detaillierter. Die dort besprochenen Aktivitäten werden durch den letzten vernünftigen Moment (zeitlich) beeinflusst.

Grundlage für den Einsatz dieses Musters ist die Erkennung von entsprechenden, architekturrelevanten Fragestellungen. ARCHITEKTURARBEIT IM BACKLOG (Abschnitt 3.6) gibt hier eine gute Grundlage, auch ARCHITEKTURARBEIT AUF KANBAN (Abschnitt 3.7) kann helfen. Beide Muster wirken vorbereitend für ARCHITEKTURARBEIT VOM REST TRENNEN (→ Abschnitt 4.1).

IM PRINZIP ENTSCHEIDEN (→ Abschnitt 4.7) ist eine Art von Entscheidungsteilung, die einen späten letzten vernünftigen Moment fördert. Die eigentliche Entscheidung wird verschoben, Rahmenbedingungen für die Entscheidung werden im Prinzip abgesteckt. Die Verschiebung von Entscheidungen durch den Einsatz von Set-Based Design ist auch ein Teilbereich von RISIKEN AKTIV BEHANDELN (→ Abschnitt 4.6).

4.3 Gerade genug Architektur vorweg

„Man weiß nie, was genug ist, wenn man nicht weiß, was mehr als genug ist."

– William Blake

Beim Mittagessen ...

Michael: Ein guter Freund von mir arbeitet bei Airbus und meinte neulich, in seinem Projekt gehen Sie jetzt in eine sechsmonatige Konzeptionsphase, bevor sie dann mit der Implementierung starten. Verrückt oder? Wir haben einfach losgelegt.

Axel: Was ist das denn für ein Projekt?

Michael: Die bauen irgendwelche Geräte zur Erkennung von Rissen in Tragflächen. Dabei dürfen sie nur zertifizierte Bibliotheken einsetzen und entwickeln das rein in C. Der Freund meinte, C++ hätten einige Entwickler als Voodoo bezeichnet, weil der Programmablauf nicht deterministisch sein muss.

Axel: Klingt aber nach einer anderen Domäne als der unseren. Wir haben ja auf einer existierenden Plattform aufgesetzt und die qualitativen Anforderungen waren nicht schockierend hoch – Verfügbarkeit und Usability hauptsächlich. Stelle mir vor, in so sicherheitskritischen Systemen wie diesem Tragflächenmessgerät muss vielleicht mehr geplant werden, oder?

Michael: Jaja, stimmt schon. Alleine die Projektaufstellung war schon schwieriger zu planen als bei uns. Die Leute sitzen dort angeblich in unterschiedlichen Abteilungen, weil sie wohl dissimilar entwickeln – da wird das Gleiche von unterschiedlichen Teams mehrmals entwickelt und ist auch mehrfach produktiv. So verhindern die Ausfälle oder Fehler.

Axel: Wenn das so ist, müssen die ja auch drauf achten, dass die beiden Lösungen nicht die gleichen Bibliotheken und Frameworks verwenden, teilweise wahrscheinlich auf unterschiedliche Hardware aufsetzen. Da muss man schon etwas mehr Architekturarbeit investieren, alleine um überhaupt zu gewährleisten, dass die beiden parallel entwickelten Lösungen auch Architekturziele wie Effizienz und Sicherheit erreichen – obwohl sie in diesen Entscheidungen stark eingeschränkt sind. Späte Entscheidungen sind da definitiv zu risikoreich. Und refactoren kann man C auch nicht so gut wie Java oder .Net ...

Michael: Stimmt schon. Dass die nicht gleich loslegen können, ist schon klar. Aber was braucht man denn generell, um mit der Entwicklung starten zu können?

Axel: Ich denke, man sollte zumindest sicherstellen, dass das Vorhaben schätzbar ist, große Risiken einordenbar sind. Wenn die Tragflächenleute einfach loslegen und wegen einer späteren Entscheidung große Teile ihres Codes neu entwickeln müssen, ist das wahrscheinlich verheerend. Der Code muss ja getestet und zertifiziert werden und wird wahrscheinlich gehörig effizienzoptimiert. Das ist dann nicht so leicht portierbar wie Programmcode in Java. Dort stehen mehr Entscheidungen als bei uns, schon ganz zu Beginn beim letzten vernünftigen Moment für eine Entscheidung[8].

---

[8] Siehe Abschnitt 4.2 – Der letzte vernünftige Moment

Michael: Beantwortet die Frage aber nicht …

Axel: Oh, du nervst! Sagen wir, du musst deine Architekturziele kennen und den Rahmen so weit definieren, dass mehrere Entwickler loslegen können – ohne Gefahr zu laufen, dass dich der Aufwand für spätere Anpassungen und Vereinheitlichungen umbringt. Besser kann ichs ad-hoc nicht sagen …

Ihr Vorhaben befindet sich in der Initiierungsphase und Sie wollen mit der Umsetzung starten. Bevor das gelingt, muss eine gemeinsame Basis geschaffen werden, auf der die Entwickler aufbauen können. Sie haben bereits eine Produktvision und zumindest grobe Anforderungen aus einem initialen Anforderungs-Workshop.

Problemstellung:
Wie viel Architekturarbeit muss vor dem Einstieg in die Realisierung geleistet sein?

Architekturarbeit sollte so gut es geht mit der eigentlichen Umsetzung verzahnt werden. Architektonische Fragestellungen (siehe Abschnitt 4.1) sollten iterativ und so spät wie sinnvoll möglich entschieden werden (siehe Abschnitt 4.2). Idealerweise müssen Sie keine risikobehafteten Architekturentscheidungen vor der ersten Implementierung treffen – zu einem Zeitpunkt, an dem Anforderungen noch weich und unklar sind, an dem das Problemverständnis noch schwach und die Erfahrung in der Domäne eventuell noch gering ist. Leider führt die vollkommene Vernachlässigung von Architekturfragen zu Beginn oft zu vielen nötigen Nachbesserungen und größeren Umbauarbeiten in späteren Entwicklungsphasen. Bild 4.6 veranschaulicht den Kompromiss zwischen Vorabplanung und Umbauaufwand für komplexe (obere Kurve) und einfachere Umfelder (untere Kurve).

Laut einer Studie aus 2009 („Agile Project Initiation Survey" [Amb09]) arbeiten 86 % aller agilen Projekte in der Initiierungsphase mit einer Form von architektureller Modellierung. Die Menge an Architekturarbeit, die vorab nötig und sinnvoll ist, unterscheidet sich aber von Vorhaben zu Vorhaben. Bild 4.6 verdeutlicht die relevanten Unterscheidungskriterien: Ist Ihr System (1) von der geforderten Qualität her durchschnittlich, sitzen die (2) wenigen Entwickler (3) in einem Büro, gibt es einen (4) gut verstandenen technischen Rahmen, auf den Sie aufsetzen können, und gibt es (5) wenige Abhängigkeiten zu anderen Projekten oder Fremdsystemen, ist auch Architekturarbeit vorweg weniger wichtig. Selbst bei Versäumnissen ist der zu erwartende, nachträgliche Umbauaufwand überschaubar. Bei sicherheitskritischen, verteilten Großprojekten ist das anders. Ohne gemeinsame Architekturvision und Arbeitsgrundlage werden nötige Nachbesserungen und technische Schulden das Projekt erdrücken.

Viele Streitfragen rund um „Big Up-Front Design" (BUFD) und die meisten Dogmen zu architektonischer Vorabarbeit sind auf diese unterschiedlichen Grundvoraussetzungen zurückzuführen. Ein kleines Beispiel: In einer (fantastischen) Keynote der SATURN-Konferenz 2013 stellte Scott Berkun die Arbeitsweise von Wordpress vor (ein Thema, das er auch in seinem Buch „The Year Without Pants" behandelt [Ber13]). In hochgradig verteilten Teams werden ohne zentrale Planung Ideen umgesetzt. Architekturarbeit: nicht explizit benannt, verteilt und dynamisch. Die Qualität ist trotzdem hoch, Ausfälle sind selten. All das suggeriert, vorab wahrgenommene Architekturarbeit wäre eine Fleißarbeit für klassisch orientierte Menschen.

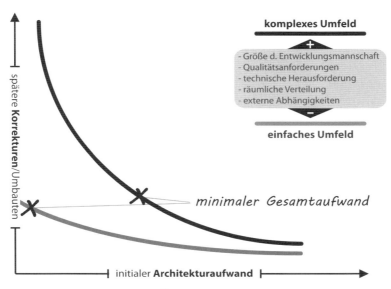

Bild 4.6 Vorabplanung vs. Umbauaufwand[9]

Zu bedenken gebe ich nur eines: Die Projekte, die Wordpress so „wild" umsetzt, sind meist klein, fokussiert und rütteln nicht an der Gesamtarchitektur oder an der grundlegenden Struktur von Wordpress. Im Sinne von Bild 4.6 wäre dieses Umfeld eher einfach und damit durch die untere Kurve repräsentiert. Die Herausforderung ist eine andere als bei großen Vorhaben in Versicherungen, Banken oder bei kritischen Produktentwicklungen im Medizinbereich[10].

Zwei Warnungen für die Interpretation von Bild 4.6:

- Aufwendigere Planung zu Beginn ist *keine Garantie für geringe Umbauaufwände* im Nachhinein – die Darstellung vereinfacht hier ein wenig. Tatsächlich können eine ausgedehnte Analysephase zu Beginn und eine dadurch verzögerte Implementierung von ersten Lösungsteilen zu verzögertem Erkenntnisgewinn und langsamem Lernen führen. Falsche Annahmen oder sich ändernde Anforderungen sind nie auszuschließen und erst in der Konkretheit von Programmcode und Tests lernen Sie, was wirklich funktioniert und was nicht. Scott Ambler macht den Punkt deutlich, indem er die Nutzenkurve für die Vorabmodellierung ab einem gewissen Aufwand in negative Bereiche laufen lässt [Amb09l].
- Die tatsächlichen Aufwände für spätere Umbauten sind *technologie- und vorgehensabhängig*. Änderungen an .NET- oder Java-Applikationen oder der Ersatz von nicht invasiven Standard-Frameworks auf diesen Plattformen sind weniger problematisch als ähnliche Änderungen an ABAP- oder gar Cobol-Programmen. Auch die Toolunterstützung und Entwicklungsumgebungen sind dabei ausschlaggebend – Eclipse unterstützt etwa Umstrukturierungen, Extraktionen und Umbenennungen sehr gut, SAP-Editoren haben hier weniger zu bieten.

---

[9] Das Bild stellt nur Architektur- und eventuell notwendigen Umbauaufwand dar. Der normale Realisierungsaufwand ist in der Darstellung ausgeklammert. Die empirische Grundlage für die Darstellung findet sich in [Boe03]

[10] Natürlich lassen sich auch in diesen Domänen kleinere, fokussierte Projekte definieren, die Architekturarbeit einfacher machen würden – das wäre aber ein Projektmanagement- oder Programmmanagementthema. Adressiert wird es z.B. in Fred Brooks' „The Mythical Man Month" [Bro75].

Zusätzlich machen Entwicklungspraktiken wie testgetriebene Entwicklung (TDD) oder Praktiken aus Software Craftsmenship spätere Anpassungen weniger schmerzvoll – damit wird vorab geleistete Architekturarbeit auf einigen Ebenen weniger wertvoll.

Was mindestens?

Unabhängig von der Komplexität des Vorhabens sollten Sie (1) die fachliche Zielsetzung und zentrale Rahmenbedingungen architekturell aufbereiten und (2) die Voraussetzungen für eine gemeinsame Entwicklungsarbeit schaffen. Der erste Teil (Ziele und Rahmen) ist stark von der Produktvision und den Ergebnissen aus INITIALEN ANFORDERUNGS-WORKSHOPS (→ Abschnitt 3.1) getrieben, motiviert das *Warum* des Vorhabens und schafft die Voraussetzung für Architekturarbeit. Der zweite Teil (Entwicklungsvoraussetzungen) baut auf dieses Verständnis auf und beinhaltet grundlegende Architekturentscheidungen, ohne die ein Start in die Realisierung nicht effektiv möglich ist. Beides wird mit dem Begriff *Architekturvision* in Verbindung gebracht [Roo11].

> Die Architekturvision ist eine schmale, aktuelle Sicht auf das architekturelle Problem und die grundlegendsten Lösungsansätze und Prinzipien. Sie wird früh erstellt, als beste momentane Idee kommuniziert und entwickelt sich auf Lösungsseite stetig weiter.

Halten Sie die Architekturvision immer kurz (wenige Seiten oder Flipcharts) und achten Sie auf Klarheit und Verständlichkeit. Alle an der Umsetzung Beteiligten sollten die Inhalte verstehen, mittragen und für ihre eigene Arbeit anwenden können! Apropos Inhalte: Lassen Sie uns einen Blick auf die konkreten Themen der Architekturvision werfen. Bild 4.7 zeigt einen Überblick.

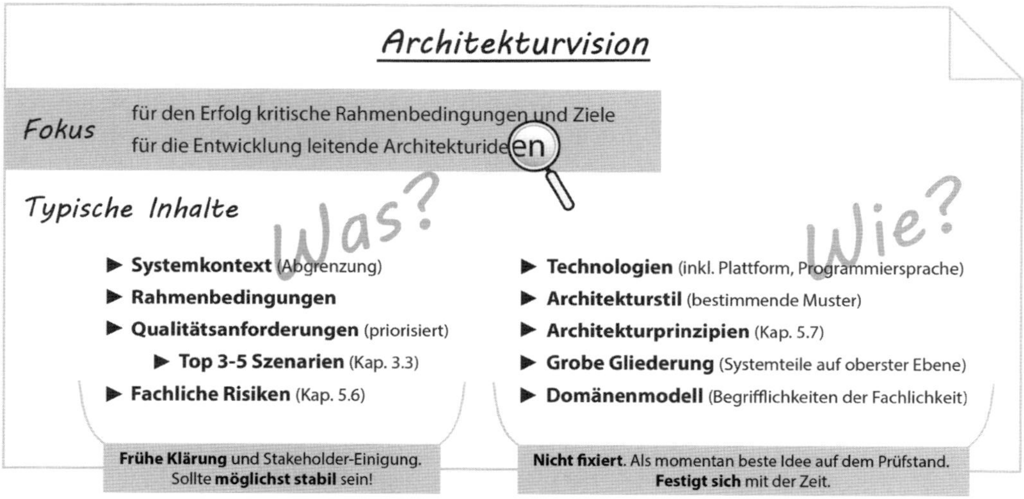

Bild 4.7 Fokus und typische Inhalte der Architekturvision

Die auf der linken Seite in Bild 4.7 gezeigten Inhalte sind in jedem Fall zu Beginn eines Vorhabens oder größeren Umbaus relevant:

Systemkontext: Der Systemkontext dient der Abgrenzung des Systems. Er zeigt das eigene System als Blackbox, umgeben von Benutzern und Fremdsystemen, mit denen direkt kommuniziert wird. Aus dieser einfachen Darstellung lassen sich viele Qualitätsmerkmale, Rahmenbedingungen und Risiken ableiten [Zör15].

Rahmenbedingungen: Rahmenbedingungen beinhalten technische oder organisatorische Einschränkungen sowie einzuhaltende Konventionen. Es ist wichtig, diese Einschränkungen zu kennen, um sinnvolle Entscheidungen zu treffen und gangbare Wege nicht zu früh auszuschließen.

Qualitätsmerkmale: bestimmende qualitative Aspekte des Systems (auch als „nichtfunktional" bezeichnet, Überblick in Bild 3.2), priorisiert und in eindeutiger Reihenfolge. Unabhängig von konkret bearbeiteten SZENARIEN (→ Abschnitt 3.3), gibt eine Liste der Top 3 bis 5 Qualitätsmerkmale allgemeine Orientierung in Entwurfsfragen. Sie können allerdings auch schon einige sehr wichtige Szenarien beschreiben, um die Qualitätsziele zu illustrieren.

Fachliche Risiken: Große fachliche Unsicherheiten oder zentrale, noch zu klärende Punkte werden in Abschnitt 4.6 als Variabilitätsrisiken bezeichnet. Sie sind oft für die Schätzbarkeit eines Systems interessant und sollten früh bearbeitet werden. Die Erstellung des Systemkontexts und Abstimmung der qualitativen Ziele machen diese Risiken oft sichtbar.

Die auf der rechten Seite in Bild 4.7 gezeigten Inhalte der Architekturvision beschreiben die aktuelle Lösungsidee. Sie müssen die folgenden Punkte nicht vollständig abarbeiten und sollten keinesfalls jede technische Idee in der Vision fixieren. Einige Pflöcke können Sie in den Boden rammen, um ein Gerüst für die Umsetzung zu geben. Was Sie festlegen, sollte jedoch gut verstanden und weitgehend risikofrei sein. Andere Aspekte können Sie hier mit Hypothesen belegen, die in der Umsetzung geprüft und eventuell widerlegt werden. Die Bereiche für Entscheidungen (Pflöcke) und Ideen (Hypothesen) sind die folgenden:

Technologien: Der technologische Stack der Anwendung muss und sollte in der Vision nicht vollständig und abschließend festgelegt werden. Einzelne Entscheidungen sind jedoch früh nötig, um mit der Entwicklung starten zu können. Dazu zählen üblicherweise die Plattform, die Programmiersprache(n) oder auch verwendete Komponentenframeworks.

Architekturstil: Der Architekturstil bezeichnet, im engeren Sinn, das eine bestimmende Architekturmuster der Anwendung. Kandidaten wären etwa Schichtenarchitektur, Microservices, Pipes and Filter oder hexagonale Architektur.

Architekturprinzipien: Architekturprinzipien beschreibe ich in Abschnitt 4.7 genauer. In der Architekturvision sollten nur einige wenige, grundlegende Prinzipien definiert werden. Kandidaten betreffen den Arbeitsstil (siehe Designpraktiken in Abschnitt 2.1.6), Präferenzen bei der Technologieauswahl oder leitende Prinzipien aus der höher liegenden Unternehmensarchitektur.

Grobe Gliederung und Domänenmodell: Je nach Architekturstil kann es sehr interessant sein, früh mit der fachlichen Gliederung des Systems zu starten. In Microservices-Vorhaben ist die Domänenanalyse und Aufspaltung des Systems in fachliche Blöcke oder Services sehr zentral. In Schichtenarchitekturen kann das Komponentendesign auch später erfolgen, allerdings ist eine frühe Hypothese als Arbeitsmodell fast immer ratsam.

Andere technische Themen, die oft in eine Architekturvision reklamiert werden, sind interne Schnittstellen oder das Datenmodell. Seien Sie hier vorsichtig: In den allermeisten Fällen lassen sich diese Dinge gut iterativ entwickeln und müssen nicht vorab festgelegt werden[11].

Um vorab geleistete Architekturarbeit zu skalieren, können Sie in die Technologie- und Prinzipienbereiche unterschiedlich tief eintauchen und Themen wie die grobe Zerlegung des Systems, Domänenmodelle und wichtige Schnittstellen mit in die Vision aufnehmen oder eben weglassen. Können Sie auch ganz ohne Architekturarbeit und eine „Iteration 0" auskommen? Im Prinzip ja: In der Produktentwicklung gibt es z. B. oft einen klaren Technologierahmen, die Teams arbeiten schon länger zusammen und haben einen gemeinsamen Stil entwickelt. Die Einbettung in andere Produkte der eigenen Landschaft ist klar verstanden und Qualitätsanforderungen und Rahmenbedingungen sind oft ähnlich zu vorangegangenen Projekten. Hier kann die Architekturvision sehr dünn ausfallen oder ist implizit bereits in den Köpfen der Entwickler verankert. Machen Sie Ziele und Prinzipien trotzdem immer wieder sichtbar, um Verwässerung oder impliziter Abwandlung vorzubeugen (siehe INFORMATIVER ARBEITSPLATZ → Abschnitt 5.1).

Die drei wichtigsten Tipps zur Arbeit mit der Architekturvision und frühen Entscheidungen habe ich mir für den Schluss dieses Musters aufgehoben:

- Betrachten Sie Ihre Architekturvision als ausreichend detailliert, wenn Sie auf ihrer Basis erste Produktfunktionalitäten entwickeln und ausliefern können.
- Versuchen Sie, Architektur- und Technologieentscheidungen möglichst rasch durch Produktinkremente zu (in)validieren. Priorisieren Sie fachliche Anforderungen so, dass sie früh den in der Vision definierten Technologiestack überdecken.
- Betrachten Sie die Architekturvision nie als „fertig" oder fixiert. Die Vision Ihrer Architektur lebt und entwickelt sich weiter. Bleiben Invalidierungsversuche immer öfter erfolglos, festigt sich die Vision nach und nach. Völlig starr sollte sie jedoch nie sein.

---

[11] Schnittstellen sind vor allem kritisch, wenn es sich um externe Schnittstellen handelt, gegen die Projektpartner – teilweise mit anderen Entwicklungszyklen – programmieren.
Auf Datenbankseite helfen Tools wie LiquiBase: *http://www.liquibase.org/*

Tipps zum Scheitern

Möchten Sie mit diesem Muster scheitern und Ihrem Projekt schaden, folgen Sie diesen Empfehlungen:

- Vertrauen Sie auf Empfehlungen aus Artikeln oder Präsentationen, in denen genau definiert wird, was Ihr Projekt vorab an Architekturarbeit braucht. Am besten schnappen Sie sich eine Empfehlung für „keine Iteration 0" – dann haben Sie weniger Arbeit.
- Verwenden Sie vollständige Dokumentationsvorlagen wie arc42, um die Architekturvision festzuhalten und keinen Aspekt zu vergessen. Kürze ist als Eigenschaft für eine Vision überbewertet.
- Vertrauen Sie darauf, mit viel vorab geleisteter Architekturarbeit Überraschungen effektiv vorzubeugen. Der Code wird als Erkenntnisquelle ebenfalls überbewertet.
- Verbinden Sie die Erstellung der Architekturvision mit der initialen Anforderungserhebung. Dinge wie Qualitätsanforderungen oder Rahmenbedingungen tauchen in beiden Aktivitäten auf, dann muss es ja das Gleiche sein.
- Treffen Sie alle Entscheidungen in der Architekturvision konsequent zu Ende. Wenn Sie Schichtenarchitektur als Stil wählen, entscheiden Sie auch die Datenbankanbindung, das Präsentationsframework, Kommunikationsformate, Datenstrukturen, usw. Ignorieren Sie Leute, die Ihnen „Big Up-front Design" vorwerfen ... Schwätzer ...

■

Gerade genug Architektur vorweg beinhaltet Fragestellungen, die schon zu Beginn Ihres Vorhabens am LETZTEN VERNÜNFTIGEN MOMENT (→ Abschnitt 4.2) für eine Entscheidungsfindung angekommen sind. Um diese Fragestellungen zu motivieren und genügend Kontext für die weitere (Architektur-)entwicklung zu geben, empfiehlt sich die architekturelle Aufbereitung der Anforderungsseite. Dabei werden hauptsächlich Ergebnisse aus dem INITIALEN ANFORDERUNGS-WORKSHOP (→ Abschnitt 3.1) bearbeitet (Qualitätsmerkmale, Rahmenbedingungen, Abgrenzung und einzelne, besonders wichtige SZENARIEN ALS ARCHITEKTURANFORDERUNGEN (→ Abschnitt 3.3)).

In der Architekturvision werden Sie auf einer hohen Ebene auch ARCHITEKTURENTSCHEIDUNGEN TREFFEN (→ Abschnitt 4.4). Einige dieser Entscheidungen können IM PRINZIP (→ Abschnitt 4.7) erfolgen und damit einen Anhaltspunkt für künftige Entscheidungen schaffen.

Sollten Sie in dieser frühen Phase schon potenzielle Probleme entdecken, sollten Sie diese RISIKEN AKTIV BEHANDELN (→ Abschnitt 4.6).

4.4 Architekturentscheidungen treffen

„Wir treffen uns an einem Scheideweg der Geschichte. Wir werden nicht länger die falschen Wege einschlagen."[12]

– Senator Charles Palantine in „Taxi Driver"

Tommy: Ich habe mir diese Story hier genommen: „Als Redakteur eines Themas möchte ich neue Artikelvorschläge, Kommentare und Forenbeiträge automatisch gemeldet bekommen, um ständig aktuell informiert zu sein". Als Akzeptanzkriterien sind Szenarien angehängt, die Android und iPhone sowie den Browser als Meldeplattformen vorsehen. Außerdem soll die Meldung innerhalb von maximal zwei Minuten nach dem ‚Submit' eines Artikels oder Kommentars erscheinen. Ich würde da gerne eine Runde drüber drehen.

Sarah: Schieß los.

Tommy: Also, ich habe mich mit Triggern in Oracle und der Weiterleitung über Messaging beschäftigt. Wenn wir die Updates mal auf unserem Server haben, können wir Meldungen per WebSockets in den Browser pushen. Bei iPhone und Android könnten wir mit SMS arbeiten, aber …

Axel: Moment, stopp mal. Lass uns doch noch einen Schritt zurückgehen und diese Fragestellung genauer betrachten, anstatt sie ad-hoc zu entscheiden und detailliert zu optimieren.

Tommy: O.k. …

Axel: Du hast deine Story und die entsprechenden Akzeptanzkriterien erwähnt. Gibt es andere wichtige Anforderungen oder Rahmenbedingungen, die hier reinspielen? Hast du dir ein Bild darüber gemacht, welche Applikationsteile ebenfalls eine solche Lösung brauchen könnten?

Tommy: Von den technischen Rahmenbedingungen her sind vor allem unsere Datenbank und unsere Serverumgebung interessant. Organisatorisch ist vielleicht relevant, dass die Redakteure auch von unterwegs arbeiten können sollen. Andere Applikationsteile fallen mir jetzt keine ein.

Sarah: Also ich weiß, dass wir so eine Meldekomponente auch für Mitglieder brauchen könnten. Mitglieder sollen Beträge abonnieren oder bestimmten anderen Mitgliedern folgen können. Damit wäre zumindest auch die Mitglieder-App davon betroffen. Außerdem könnte es für Werbung in der Free-App spannend sein.

Peter: Ich habe auch gehört, dass es so etwas Ähnliches für Schwellenwerte bei Abonnementzahlen, Werbeeinnahmen und Beitragsanzahl geben soll, fürs Management.

Axel: Die Managementinformierung ist eher im Ideenstatus und nicht sonderlich hochprior, aber das mit den Mitgliedern ist interessant. Dort sind doch auch

---

[12] Englisches Original: *„We meet at a crossroads in history. No longer will the wrong roads be taken."*

Szenarien zum Stromverbrauch auf Mobilgeräten definiert, die Last wird höher sein als bei den Redakteuren und SMS sind nur für Rechnungsmitteilungen akzeptabel. Ich denke, wir sollten da eine Lösung finden, die für Redakteure und Mitglieder funktioniert. Außerdem ist die Datenbankentscheidung noch nicht durch – hier dürfen wir uns nicht auf Oracle verlassen.

Nachdem die Gruppe die Fragestellung analysiert und sich etwas Kontext erarbeitet hat, beginnt die Suche nach Lösungsalternativen. Auf unterster Ebene finden die Entwickler eine Alternative zu Datenbanktriggern: Nachrichten könnten bereits in der Datenbankzugriffsschicht generiert werden. In dieser Schicht ist noch mehr Kontext zur eigentlichen Datenänderung vorhanden als auf Datenbankebene und man ist von der Datenbankentscheidung unabhängig. Beim Push zum Browser werden neben WebSockets auch Server-Sent Events (SSE) und Polling genannt, auf Mobilseite neben SMS auch datengetriebene Lösungen über Google Cloud Messaging (GCM) oder MQTT.

Nach dem Brainstorming von Alternativen schließt die Gruppe jene Optionen aus, die nahezu sicher nicht passend sind. So wird etwa Polling ausgeschlossen, weil zweiminütige Updates mit Polling „zu viel Batterie auf mobilen Endgeräten frisst".

Spannende Optionen, über die noch wenig Wissen vorhanden ist, sollen in der folgenden Phase näher betrachtet werden: Das Team versucht, mit Prototypen und gezieltem Wissensaufbau zu lernen. Dabei wird z. B. herausgefunden, dass Push-Nachrichten über MQTT sehr leicht abgefangen werden können und SSE nicht so breit von Browsern unterstützt wird wie WebSockets. Die Nachrichtengenerierung in der Datenbankzugriffsschicht funktioniert allerdings einwandfrei und wird in einer vorläufigen Entscheidung angenommen. Über dieser Schicht soll erst einmal mit GCM für Mobilgeräte und SSE für Browser gearbeitet werden. Grund ist, dass SSE wahrscheinlich ausreicht und etwas einfacher ist als WebSockets.

Sollten sich bei der Story für die Redakteure Schwächen in diesen Technologien herausstellen, sind Änderungen noch möglich. Die Meldekomponente für Mitglieder wird in der Priorisierung etwas nach hinten geschoben, um diese Erkenntnisse abzuwarten und nicht zu früh alles auf eine Karte zu setzen. Die Fragestellung ist risikoreich, das Lernfenster wichtig.

Sie haben eine gefüllte und priorisierte Anforderungsliste (Backlog), in der auch Architekturaufgaben erkannt wurden. Sie möchten eine dieser architekturellen Fragestellungen bearbeiten und dabei die nötige Sorgfalt und Transparenz an den Tag legen.

Problemstellung:
Welche Tätigkeiten sind nötig, um Architekturentscheidungen effektiv zu treffen, und wie werden sie zeitlich eingeordnet und wahrgenommen?

Architekturentscheidungen betreffen weite Systemteile und viele Entwickler. Vom Erkennen der Fragestellung bis zur umgesetzten und eingehaltenen Architekturentscheidung braucht es folglich Zeit. Im Sinne des LETZTEN VERNÜNFTIGEN MOMENTS (→ Abschnitt 4.2) möchten

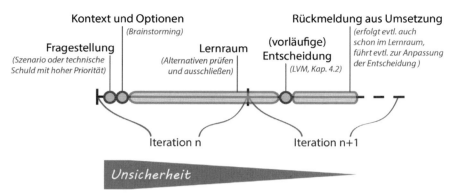

Bild 4.8 Beispielhafter Entscheidungsablauf

Sie diese Zeitspanne möglichst groß halten und aktiv nutzen. Sie lernen, Zusammenhänge zu verstehen, suchen und bewerten Lösungsoptionen, bauen eventuell nötiges Wissen auf, treffen eine (vorläufige) Entscheidung, kommunizieren sie, setzen um und reagieren auf die Erkenntnisse aus der Umsetzung. Wie in Bild 4.8 zu sehen, ist der eigentliche Entscheidungszeitpunkt nur ein kleiner Teil des Entscheidungsprozesses bei Architekturfragen. Zu diesem Zeitpunkt sind nicht alle Unsicherheiten ausgeräumt, die teilweise Umsetzung im Lernraum (davor) und auch die Implementierung in der Breite (danach) sind wichtig, um Entscheidungen zu festigen.

Ausgangspunkt für Architekturentscheidungen sind Fragestellungen, wie grob formulierte Probleme oder Potenziale, eventuell konkretisiert mit Szenarien oder technischen Schulden. Sie sind selten unabhängig von anderen Anforderungen und lösen Aktivitäten aus – analysieren, lernen, entscheiden, testen etc. Gerade bei größeren, risikoreichen Entscheidungen sollten Sie diese Tätigkeiten planen, um sie aufeinander abgestimmt und rechtzeitig auszuführen. Grundvoraussetzung dafür ist ein gutes Verständnis, welche Aktivitäten bei Architekturentscheidungen nötig sind und wie sie ablaufen – das ist Thema dieses Musters. Darauf aufbauend kann die Planung von Architekturentscheidungen auch in die Release-Planung integriert werden (siehe → Abschnitt 4.5).

Aktivitäten bei Architekturentscheidungen

Wie jeder kreative Prozess, lässt sich auch die Entscheidungsfindung bei Architekturfragen nicht einfach sequentiell beschreiben. Dafür sind die Fragestellungen, die Sie im Rahmen der Architekturarbeit bearbeiten, zu unterschiedlich und Ihr Kontext (Unternehmen, Systemlandschaft, Projekt etc.) zu einzigartig[13]. Als grobe Richtlinie können Sie den Entscheidungsprozess in zwei Phasen unterteilen: vor der Festlegung und nach der Festlegung. Der Zeitraum vor wichtigen Festlegungen sollte, im Sinne des letzten vernünftigen Moments, möglichst lang sein, um die bestmögliche Problemkenntnis zu besitzen. In diesem Lernraum können bereits Anforderungen in der echten Umgebung umgesetzt werden. Die beste Erkenntnis kommt fast immer aus der Realität. Nach der (vorläufigen) Festlegung sollte die Zeit, bis belastbares Feedback aus der Breite verfügbar ist, möglichst kurz sein, um den Schaden

---

[13] Bild 4.9 ist deshalb auch beispielhaft zu verstehen und im erklärenden Text mit einigen Anmerkungen versehen.

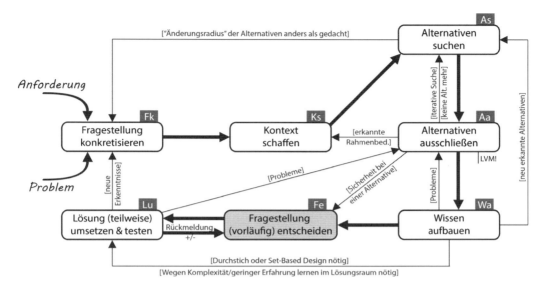

Bild 4.9 Architekturentscheidungen treffen

einer Fehlentscheidung zu minimieren[14]. Selbst diese einfache Zweiteilung muss jedoch nicht immer gelten, wie die Praktik des Set-Based Design zeigt (siehe Kasten ab S. 83).

Trotz all der Variabilität möchte ich mich in diesem Muster nicht davor drücken, die Entscheidungsfindung etwas genauer zu betrachten. Bild 4.9 zeigt deshalb einen etwas detaillierteren Entscheidungsprozess mit wichtigen Entscheidungsaktivitäten. Die fett gezeichneten Pfeile zeigen die für viele Leute logische Abfolge dieser Aktivitäten. Fein eingezeichnete Pfeile zeigen einige mögliche Variationen von diesem Pfad, in eckigen Klammern finden Sie typische Gründe, diesen Weg einzuschlagen. Architekturentscheidungen zu treffen, ist keine absolut planbare Aktivität – in der Praxis wird eher ein dynamischer Wechsel zwischen den einzelnen Aktivitäten stattfinden. Das ist durchaus gewünscht und soll durch dieses Muster nicht untergraben werden. Gerade in agilen Vorhaben geht man recht früh in die Umsetzung (Lu) und festigt eine schlank hergeleitete Entscheidung (Fe) nach und nach. Für das erste Verständnis ist es jedoch hilfreich, sich zunächst an einem etwas klareren Prozess zu orientieren.

Lassen Sie uns in Bild 4.9 einsteigen. – Wir starten links mit einer Anforderung oder einem aktuellen Problem. Bearbeiten Sie eine architekturrelevante Fragestellung, umfasst der erste Schritt die **Konkretisierung** und eventuell die Vervollständigung der **Fragestellung** selbst (Fk). Überlegen Sie, (1) welche Qualitätsanforderungen hinter der Fragestellung stehen und (2) welche Anwendungsteile von einer Lösung betroffen wären. Architekturanforderungen mit sehr breiter Wirkung können die Arbeitsweise aller Entwickler beeinflussen, andere erfordern den Einsatz spezialisierter Frameworks oder Bibliotheken. Eventuell ist die Entwicklung einer zentralen Komponente nötig. Mit dieser Idee können Sie auf der Anforderungsliste etwas in die Zukunft blicken: Suchen Sie Anforderungen, die wahrscheinlich mit der Lösung der aktuellen

---

[14] Je länger eine Entscheidung feststeht, desto mehr verankert sie sich in der Software und den Entwicklerköpfen – Korrekturmaßnahmen werden immer schwieriger. Nehmen Sie nach der Festlegung folglich das größte verbleibende Risiko ins Visier.

Fragestellung zusammenhängen (positiv oder negativ). Als Beispiel könnte eine Fragestellung Sicherheitsaspekte beinhalten. Vielleicht kommen später Verschlüsselungsframeworks oder sichere Transportprotokolle zum Einsatz. Anwendungsteile, die mit (externer) Kommunikation zu tun haben, sind folglich potenziell betroffen. Nun können Sie nach Anforderungen suchen, die Einfluss auf die Ausgestaltung der Lösung haben. Effizienzszenarien, die den Austausch mit Fremdsystemen betreffen, wären in diesem Beispiel sicher spannend.

Versuchen Sie nicht, alle gefundenen Fragestellungen auf einmal zu lösen. Zukünftige Anforderungen sind Einflussfaktoren, die bei der aktuellen Entscheidung eine Rolle spielen – nicht mehr, aber auch nicht weniger[15].

Schaffen Sie sich zusätzlichen **Kontext** (Ks), indem sie relevante Rahmenbedingungen, Einflüsse und Prinzipien zusammentragen. Diese Suche muss nicht vollständig sein, sollte aber Anhaltspunkte geben, worauf bei der Lösungsfindung zu achten ist.

Suchen Sie nach **Lösungsalternativen** (As). Es gibt immer mehr als eine Möglichkeit, um Architekturprobleme zu lösen. Kurze Brainstormings eignen sich hier sehr gut, um Ideen zu generieren. Das können z. B. Namen von Frameworks, Handskizzen oder Mindmaps sein. Versuchen Sie nicht ausschließlich konservative oder revolutionäre Lösungsideen aufzunehmen, sondern einen ausgewogenen Mix zu finden. Entwickeln Sie auch ein Gefühl für den LETZTEN VERNÜNFTIGEN MOMENT (→ Abschnitt 4.2): Ist er bereits vorbei? Drängt die Zeit? Ist er bestimmbar oder unbestimmt? Auf Basis der betroffenen Anwendungsteile und deren Entwicklungsfortschritt sowie der Position anderer beeinflussender Anforderungen in der Anforderungsliste sollte eine Einschätzung an dieser Stelle möglich sein.

Schließen Sie anschließend **Alternativen aus** (Aa), die Sie schon jetzt als nicht tauglich erkennen. Führen Sie den Ausschluss auf vorhandene Rahmenbedingungen, Prinzipien oder Anforderungen zurück und ergänzen Sie neue Erkenntnisse als Entscheidungseinflüsse.[16] Achten Sie darauf, Vermutungen und Annahmen auch als solche zu behandeln und festzuhalten. Offene Punkte, Unsicherheiten oder Unwissen halten Sie am besten als Risiko bei der jeweiligen Alternative fest.

Es macht in der Praxis Sinn, den Schritt des Ausschließens (Aa) von der vorangehenden Suche nach Lösungsoptionen (As) zu trennen. Vermischen Sie beide Schritte, werden weniger Ideen gefunden und manche voreilig verworfen. Iterieren Sie lieber über diese Schritte.

Sie sollten mit den bisher beschriebenen Aktionen so wenig Zeit wie möglich verbringen, da Sie sich damit auf einer theoretischen, „abgehobenen" Ebene befinden. Natürlich ist es sinnvoll, gute Alternativen zu finden und die Rahmenbedingungen zu kennen, aber eine mehrwöchige Analyse auf dieser Ebene ist in den allermeisten Fällen fehl am Platz. Maximieren Sie lieber die Zeit für die folgenden Tätigkeiten, insbesondere für das gezielte (und konkrete) **Lernen** (Wa). Hierfür eignen sich z. B. Prototypen oder Durchstiche, am besten lernen Sie jedoch immer noch im realen Umfeld. Suchen Sie also Anforderungen, die sie (teilweise) umsetzen und idealerweise auch ausliefern können. Sie **entscheiden** (Fe) sich anschließend für eine konsensfähige Alternative (siehe auch GEMEINSAM ENTSCHEIDEN → Ab-

---

[15] Tatsächlich lohnt es sich manchmal, mehrere Anforderungen gemeinsam zu bearbeiten und zu entscheiden. Etwa wenn die gefundenen, zusätzlichen Anforderungen gar nicht separat gelöst werden können und die gemeinsame Bearbeitung nicht viel teurer ist als die isolierte Betrachtung des aktuellen Szenarios.

[16] Eventuell nimmt auch die Dringlichkeit der Fragestellung einige Möglichkeiten – etwa weil die Zeit fehlt, eine aufwendige Lösungsoption umzusetzen oder eine neue Technologie kennenzulernen.

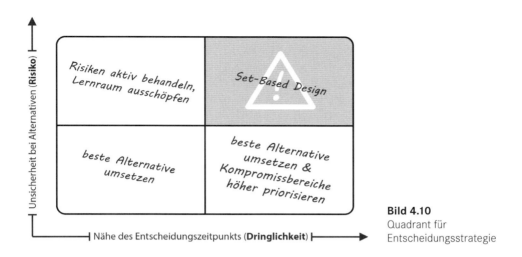

Bild 4.10
Quadrant für Entscheidungsstrategie

schnitt 5.2), stellen sicher, dass die Güte der Entscheidung auch überprüfbar ist, **setzen die Lösung um** und testen sie (Lu)[17].

Wie Sie die Schritte vom Wissensaufbau über die Entscheidung bis zur Umsetzung genau durchlaufen, hängt zumindest von zwei wichtigen Faktoren ab: der Größe des sich bietenden Lernfensters und dem Risiko, das in den gefundenen Alternativen steckt. Haben Sie etwa eine sehr dringliche Entscheidung zu treffen, ist es sehr unwahrscheinlich, dass Sie viel Zeit mit Wissensaufbau verbringen können. Bild 4.10 zeigt einen Quadranten, in dem die beiden Faktoren Dringlichkeit und Risiko verwendet werden, um Ihnen einen Anhaltspunkt für die richtige Entscheidungsstrategie zu geben.

In der unteren Zeile des Quadranten ist das in den möglichen Lösungsoptionen enthaltene Risiko relativ gering. Die vielversprechendste Alternative ist Ihnen vielleicht gut bekannt oder wurde von anderen Entwicklern in früheren Vorhaben bereits erfolgreich eingesetzt. Sie sind sich sicher, die Anforderung zu erreichen, und es gibt keine negativen Beeinflussungen zu anderen Anforderungen oder Systemteilen. Sie sollten sich in diesen Fällen für die beste Alternative entscheiden und in die Umsetzung gehen. Haben Sie wenig Zeit, bis die Entscheidung in das System „gesunken" ist und nur mehr schwer anzupassen ist (rechte Quadrantenseite – der LVM ist nah), scannen Sie die Anforderungsliste nach Anforderungen, die eventuell Kompromisse erfordern könnten, und priorisieren Sie diese zur Sicherheit etwas höher.

Ist das Risiko hoch (obere Zeile), sehen Sie sich mit Unsicherheiten oder Herausforderungen konfrontiert. Sie kennen etwa die Alternativen nicht ausreichend oder es gibt keine wirklich passende Lösung auf Ihr Architekturproblem. Um diese Risiken abzuschwächen bevor Sie in die breite Umsetzung gehen, brauchen Sie Zeit. Links oben haben Sie die – reizen Sie den LETZTEN VERNÜNFTIGEN MOMENT (→ Abschnitt 4.2) aus und wenden Sie Techniken an, um Risiken zu mindern (siehe RISIKEN AKTIV BEHANDELN → Abschnitt 4.6).

---

[17] Der „Test" von Architekturentscheidungen führt über die der Entscheidung zugrundeliegenden Anforderungen und Szenarien. Mehr zu diesem Thema finden Sie in Kapitel 6 – Abgleich mit der Realität.

Drängt hingegen die Zeit (im Quadranten: oben rechts), haben Sie ein Problem. Sie können eventuell Zeit gewinnen, indem Sie den letzten vernünftigen Moment verschieben. Etwa indem Sie Abstraktionen einführen, sich auf Standards einschränken oder die Entscheidung splitten. Auch das im Kasten ab S. 83 beschriebene Set-Based Design wird attraktiver. Können Sie trotz aller Bemühungen das Lernfenster mit den in Abschnitt 4.2 beschriebenen Techniken nicht vergrößern, müssen Sie wohl oder übel unter größerer Unsicherheit entscheiden. Achten Sie in diesem Fall bei der Umsetzung auf gut gekapselte Lösungen, nicht zu invasiven Technologieeinsatz und generell auf die Flexibilität der Lösung. Gut veränderbare Lösungen sind aufgrund ihrer Komplexität nicht immer wünschenswert - im Fall von risikoreichen Architekturentscheidungen aber meist gerechtfertigt. Selbst wenn Sie bei einer Fehlentscheidung unangenehme Verzögerungen hinnehmen müssen, ist das Gesamtprojekt weniger gefährdet.

Die Aktivitäten der Entscheidungsfindung, die ich in diesem Muster beschrieben habe, erstrecken sich oft über mehrere Iterationen. Sie können einzelne Aktivitäten in der Iterationsplanung (z. B. Sprint Planning) berücksichtigen und offene Enden als Szenario im Backlog oder in Task-Management-Werkzeugen festhalten. Alternativ lassen sich Architekturentscheidungen in Releases planen und sinnvoll über mehrere Iterationen verteilen (siehe RELEASE-PLANUNG MIT ARCHITEKTURFRAGEN → Abschnitt 4.5).

Tipps zum Scheitern

Möchten Sie mit diesem Muster scheitern und Ihrem Projekt schaden, folgen Sie diesen Empfehlungen:

- Wenden Sie den beschriebenen Prozess auf alle Fragestellungen an – nicht nur Architekturentscheidungen. Schließlich profitiert jede Fragestellung von fundiertem Vorgehen.
- Verstehen Sie die angegebenen Schritte zur Entscheidungsfindung nicht als Anhaltspunkt und Hilfestellung, sondern als den einzig richtigen Weg – führen Sie die Aktivitäten immer in Reihenfolge und vollständig aus.
- Verstehen Sie den Schritt „gezieltes Lernen" als reine Konzeptions- oder Geistesaufgabe. Achten Sie darauf „vollständige Klarheit" zu haben, bevor Sie das erste Mal Code schreiben.
- Treffen Sie Entscheidungen früh und setzen Sie sie erst zum letzten vernünftigen Moment um. Das gibt Ihnen viel Zeit zwischen der Festlegung und der Rückmeldung aus der Implementierung. In dieser magischen Zeit sind alle Ihre Behauptungen unwiderlegbar und wahr.
- Nutzen Sie das beschriebene Vorgehen auch für architekturelle Fragen, die politisch bereits entschieden wurden. Sie können die Entscheidung so rechtfertigen – sie als Rahmenbedingung zu definieren, wäre zu offensichtlich.

Architekturentscheidungen zu treffen, ist die Kernaufgabe von Architekturarbeit. In diesem Muster habe ich gezeigt, wie Sie Fragestellungen bearbeiten können, die als relevant erkannt wurden – in ARCHITEKTURARBEIT VOM REST TRENNEN (→ Abschnitt 4.1). Einzelne Schritte sind für die Klärung von Fragestellung und Kontext wichtig und werfen eventuell Probleme auf, die Sie als RISIKEN AKTIV BEHANDELN (→ Abschnitt 4.6) sollten. Während der Entscheidung selbst sollten Sie andere Projektmitglieder für WIEDERKEHRENDE REFLEXION (→ Abschnitt 5.5) mit einbeziehen und so schnell wie möglich zur (Teil-)Umsetzung schreiten. Indem Sie QUALITÄTSINDIKATOREN NUTZEN (→ Abschnitt 6.4) und QUALITATIVE EIGENSCHAFTEN TESTEN (→ Abschnitt 6.3), sind Sie in der Lage, Unsicherheiten auszuräumen, FRÜHES ZEIGEN (→ Abschnitt 6.1) schafft Sicherheit auf Anforderungsseite.

Unabhängig, ob Sie Entscheidungen direkt treffen oder IM PRINZIP ENTSCHEIDEN (→ Abschnitt 4.7): Getroffene Entscheidungen sollten sichtbar sein und explizit kommuniziert werden. ARCHITEKTURARBEIT AUF KANBAN (→ Abschnitt 3.7) hat dafür eigene Bearbeitungsspalten. Auch während der Entscheidungsfindung können Sie bereits Kollegen mit einbeziehen, indem Sie AD-HOC-ARCHITEKTURTREFFEN (→ Abschnitt 4.8) einberufen. Dort können Sie Unklarheiten und Unsicherheiten ausräumen und gleichzeitig breites Verständnis für die entstehende Lösung schaffen.

Einen geplanten Weg im Umgang mit den gezeigten Aktivitäten beschreibt RELEASE-PLANUNG MIT ARCHITEKTURFRAGEN (→ Abschnitt 4.5). Dort wird der Planung von Architekturentscheidungen über mehrere Iterationen hinweg eine Plattform gegeben.

Architekturentscheidungen sind per Definition nicht allzu häufig zu treffen. Trotzdem sollten Sie die beschriebenen Aktivitäten und deren Zusammenspiel gut beherrschen. Üben Sie effiziente Entscheidungsabläufe deshalb mit Hilfe von ARCHITEKTUR-KATA (→ Abschnitt 5.8).

4.5 Release-Planung mit Architekturfragen

*„Es ist immer klug, vorauszuschauen,
aber schwierig, weiter zu schauen als man sehen kann."*[18]

– Winston Churchill

Tommy: Wir hatten uns letztens mit der Meldekomponente beschäftigt. Da sollen Artikelvorschläge, Kommentare und Forenbeiträge automatisch an Redakteure gemeldet werden. Außerdem sind ähnliche Mechanismen für Mitglieder und das Magazin-Management geplant.

Axel: Ich kann mich erinnern, ja.

Tommy: Die Geschichte zieht sich mit Problemanalyse, Wissensaufbau, Prototypen und erster Umsetzung jetzt schon über zwei Iterationen. Die anfängliche Schätzung war um einiges kleiner. Ich denke, es ist bei Architekturfragen öfter so, dass sie über mehrere Iterationen hinweg bearbeitet und beobachtet werden. Ich finde, wir sollten das besser planen.

Axel: Wie meinst du das genau?

Tommy: Wenn wir hinter einem Szenario Fragestellungen erkennen, die risikoreich sind, brauchen wir Zeit, diese Risiken auszuräumen. Gleichzeitig sagen wir immer, wir wollen Fragestellungen so spät wie möglich bearbeiten. Wenn wir erst nahe dem letzten vernünftigen Moment zum ersten Mal die Fragestellung analysieren, ist da erstens das Risiko, dass wir die Zeit für eine geordnete Bearbeitung über mehrere Iterationen gar nicht mehr haben, und zweitens lernen wir bis zu dem Zeitpunkt, wo wir die Fragestellung übernehmen, auch nichts.

Axel: Das stimmt. Deshalb haben wir auch beschlossen, die erste Bearbeitung von wichtigen Szenarien hochprior in den Backlog zu legen. Da geht es hauptsächlich um die ersten vier Schritte von Architekturentscheidungen[19]: Fragestellung analysieren, Kontext schaffen, Alternativen suchen, einzelne Alternativen ausschließen. Das sollte vom Aufwand her gut abschätzbar sein. Nach dieser Analyse entstehen vielleicht neue Tasks für Wissensaufbau, Prototypen, Durchstiche und andere Risikominderungsmaßnahmen, die eventuell nötig sind. Die können wir neu priorisieren, je nachdem, wie dringend sie sind. Wir können diese Tätigkeiten auch über mehrere Iterationen streuen und gezielt lernen, bis das Szenario als Entscheidung wichtig wird. Dann werden die Erkenntnisse zusammengetragen, eine Entscheidung wird vorbereitet, gemeinsam reflektiert und die Testbarkeit wird sichergestellt.

Tommy: O.k., so ungefähr hatte ich mir das auch gedacht. Es gibt also eigentlich eine Dreiteilung: Analysieren, Wissensaufbau/Lernen, Entscheiden. Und jeder dieser Teile kann unabhängig priorisiert werden.

---

[18] Englisches Original: *„It is always wise to look ahead, but difficult to look further than you can see."*
[19] vgl. Abschnitt 4.4, Bild 4.9

Axel: Genau, so wie bei der Meldekomponente: Die Analyse haben wir vor einigen Wochen gemacht. Nach dem Treffen haben wir uns eine Iteration Zeit genommen, einzelne Optionen wie MQTT zu testen – das war der Wissensaufbau. Weil die Zeit drängte, waren GCM und SEE recht schnell gesetzt – die vorläufige Entscheidung. In dieser Iteration kommen vielleicht erste Rückmeldungen aus der Umsetzung, die an der Entscheidung noch einmal etwas rütteln könnten.

Tommy: Können wir das nicht etwas expliziter planen? Ich meine, wir machen Release-Planung, wo wir uns mit funktionalen Clustern und Features auseinandersetzen. Können wir da nicht auch Architekturgruppen rund um architekturelle Fragestellungen bilden und planen? Wir haben in der Release-Planung immerhin mehrere Iterationen im Blick. Wir können sagen: Diese Fragestellungen analysieren wir alle in der ersten Iteration des kommenden Release. Einige dieser Fragestellungen müssen im Zuge des Release auch entschieden sein, also kommen Entscheidungstätigkeiten in die letzte Iteration des Release. Lerntätigkeiten und Risikominderungsmaßnahmen werden nach der Analyse geplant und bei der Release-Planung bereits grob abgeschätzt.

Axel: Ich dachte, wir können das auch so über mehrere Iterationen nachhalten, aber in der Release-Planung wird es vielleicht ein wenig klarer und übersichtlicher. Könntest du recht haben …

Ihr Vorhaben nutzt Release-Planung, um über mehrere Iterationen hinweg marktfähige Features in sinnvolle Pakete zu schnüren. Einige Ihrer architekturellen Fragestellungen sind nicht in einer Iteration bearbeitbar (eventuell sind bestimmte Umsetzungen und Tests nötig) oder haben starke Abhängigkeiten zu anderen Architekturentscheidungen und Features. Sie wollen die Bearbeitung dieser Fragestellungen geeignet planen, auch um Konzepten wie dem letzten vernünftigen Moment einen Ankerpunkt zu geben und Lernfenster effektiv zu nutzen.

Problemstellung:
Wie werden Abhängigkeiten, Risiken und die Dringlichkeit von architekturellen Fragestellungen geplant berücksichtigt, ohne den Prozess der „normalen" Umsetzung von Funktionalität unnötig aufzublähen?

ARCHITEKTURENTSCHEIDUNGEN TREFFEN (→ Abschnitt 4.4) beschreibt die Anatomie einer Architekturentscheidung, ohne ein bestimmtes Vorgehen vorauszusetzen. Sie können die Aktivitäten aus Bild 4.9 einfach ausführen, wenn entsprechende Anforderungen als wichtig genug erachtet werden. Neben der direkten Übernahme der höchstprioren Anforderungen und der Iterationsplanung (Sprint Planning in Scrum) gibt es in vielen Projekten und Produktentwicklungsvorhaben jedoch einen Planungsschritt, in dem aus der Anforderungsliste (Product Backlog) sinnvolle Auslieferungspakete geschnitten werden – die Release-Planung (siehe Kasten). *Releases* bieten eine für den Kunden wertvolle Erweiterung des Systems und werden meist über mehrere Iterationen hinweg entwickelt. Die Planung von Architekturentscheidungen hat hier einen idealen Ansatzpunkt.

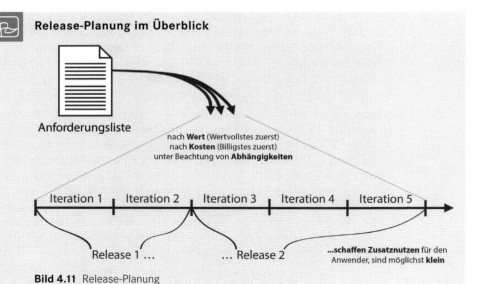

Bild 4.11 Release-Planung

Bild 4.11 illustriert einige Kernaspekte der üblichen Release-Planung. Sie versuchen dabei, Anforderungen so zu gruppieren, dass Sie in jedem Release Zusatznutzen für den Anwender oder Kunden schaffen[1]. Ihr Leitgedanke sollte sein: so früh wie möglich und so oft wie möglich auszuliefern (zu releasen)[2]. Warum? Weil Sie so schnellere Rückmeldung zu entwickelten Features bekommen und effektiver lernen. Der Grundstein für kleine Releases sind minimal marktfähige Features (MMF) – Gruppen von Stories mit Kundennutzen. In einem Brainstorming suchen Sie nach MMFs und sortieren immer möglichst wenige davon in sinnvolle Releases. Es entsteht kein finaler Plan, sondern eine Idee, die Sie immer wieder für das bevorstehende Release verfeinern und auch in den enthaltenen Iterationen anpassen. So können Sie rasch auf unerwartete Schwierigkeiten reagieren und vor allem: Sie können sich auftuende Möglichkeiten nutzen! Diese *adaptive* Planung funktioniert am besten, wenn Sie ganze Features abarbeiten und Features nicht technisch, sondern fachlich schneiden (ein vertikaler Durchstich von Funktionalität, statt Arbeit auf UI-Ebene ohne benutzbaren Unterbau). Mehr Informationen zur Release-Planung finden Sie z. B. im Buch von James Shore [Jam07], das in Teilen online zu finden ist (*http://www.jamesshore.com/Agile-Book/release_planning.html*).

---

[1] Weil das nicht immer möglich ist, arbeiten einige Projekte mit „internen" Releases, die hauptsächlich dem Test dienen und nicht produktiv geschalten werden.
[2] Es kann auch vorkommen, dass Wirkumgebungen einem fest definierten, eher langen Release-Zyklus unterliegen. In diesem Fall sind kürzere „interne" Releases in Staging-Umgebungen üblich, um trotzdem möglichst frühe Rückmeldung aus produktionsähnlichen Verhältnissen zu bekommen.

Aus Architektursicht ist die Release-Planung spannend, weil sie beim Gruppieren von Anforderungen (Stories) und Zuordnen von Features zu Releases *Abhängigkeiten* betrachtet: Welche Anforderungen gehören zusammen? Welche müssen früher umgesetzt werden, weil andere Anforderungen darauf aufbauen? Das passt gut zu Architekturarbeit, wo der Zeitpunkt der Bearbeitung, Entscheidung und Umsetzung sehr wichtig ist. Außerdem betrachtet die Release-Planung mehr als eine einzelne Iteration und kann damit die Aktivitäten größerer Architekturentscheidungen gut sortieren.

Als Grundlage für Architekturarbeit habe ich in Kapitel 3 Qualitätsanforderungen (Szenarien) und technische Schulden identifiziert. Nehmen Sie diese Ideen in die Release-Planung auf, können Sie Architekturarbeit iterativ und mit der funktionalen Entwicklung verwoben erledigen [Kru12]. Genau wie funktionale Anforderungen haben auch Szenarien und technische Schulden Wert, Kosten und Abhängigkeiten, die eine effektive Planung möglich machen:

- **Qualitätsanforderungen**:
  Sind sehr ähnlich zu funktionalen Anforderungen – ihre Umsetzung oder Einhaltung verursacht *Kosten* (die typischerweise mit der Zeit stark steigen), der *Wert* ist von Stakeholdern bestimmbar und kann bei späterer Umsetzung abnehmen (vom Mitbewerb unterscheidende Merkmale) oder zunehmen (z. B. Skalierbarkeit).

- **Technische Schulden**:
  Die Beseitigung der Schuld verursacht *Kosten* (die typischerweise mit der Zeit steigen), der *Wert* ergibt sich aus der Ersparnis bei künftigen Feature-Umsetzungen oder aus dem Qualitätsgewinn, wenn die Schuld beseitigt ist.

Wie in Bild 4.12 zu sehen, übernehmen Sie bei der Release-Planung hochpriore Szenarien und technische Schulden aus der Anforderungsliste. Um keine wichtigen Architekturentscheidungen zu verpassen[20], betrachten Sie aber auch die funktionalen Anforderungen: Welcher architektonische Unterbau (*Architekturgrundlage*) würde dabei helfen, diese und spätere Funktionalität insgesamt billiger zu machen? Würde der Einsatz von Frameworks, Bibliotheken, Prinzipien oder die Erarbeitung einer allgemeinen Lösung helfen?

Vorsicht bei der Planung von Architekturaufgaben! Schieben Sie nicht alle Aktivitäten in das kommende Release, sondern versuchen Sie, so viel wie möglich an funktionalen Anforderungen und Features zu arbeiten. Architekturelle Fragestellungen sind in Bild 4.12 Features zugeordnet oder zu Gruppen geordnet, die gemeinsam bearbeitet werden.

Betrachten Sie nun die Abhängigkeiten in Ihrem Plan. Zeigen alle nach links? In Bild 4.12 sind drei Abhängigkeiten zwischen Stories und Szenarien eingezeichnet. Die Abhängigkeiten (a) und (b) zeigen nach links und bauen damit auf architektonischen Ideen auf, die durch das Szenario schon geschaffen wurden. Falls Abhängigkeiten zu architekturellen Fragestellungen nach rechts zeigen (wie bei Abhängigkeit (c) der Fall), setzen Sie Funktionalität vor der architektonischen Betrachtung um. Das kann sinnvoll sein, wenn Sie zu wenig Wissen haben, um die architektonische Fragestellung sinnvoll zu bearbeiten, oder die Zeit drängt. Sie gehen jedoch sicher eine technische Schuld ein. Wie in Abschnitt 3.5 gesehen, kann das durchaus vernünftig sein.

Überlegen Sie sich, wie dramatisch das ist. Sind die Schulden extrem hoch (etwa weil Sie bei einer späten Entscheidung große Teile der geplanten Stories und Features neu schreiben müssten, der Architekturaspekt schwer kapselbar ist), schieben Sie die architektonische Fragestellung nach vorne – sie ist nahe am LETZTEN VERNÜNFTIGEN MOMENT (→ Abschnitt 4.2).

---

[20] Verpasste Architekturentscheidungen werden letztlich „ad-hoc" getroffen und führen zu sogenannter „zufälliger Architektur". Neben dem Risiko der Fehlentscheidung (u.a. durch begrenzten Fokus), ist vor allem die fehlende breite Kommunikation ein Problem – Inkonsistenzen und wenig Integrität sind die Folge.

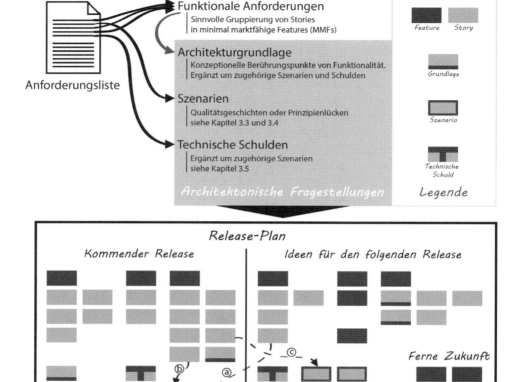

Bild 4.12 Release-Planung mit architekturellen Fragestellungen

Es kann aber auch Vorteile haben, bewusst TECHNISCHE SCHULDEN (→ Abschnitt 3.5) aufzunehmen. Bevor Sie beispielsweise eine allgemeine Regel erarbeiten, wie im System Datenbäume verwaltet und zugreifbar gemacht werden, sollten Sie eine spezielle Lösung umsetzen und erst aus dieser Erfahrung eine allgemeine Lösung extrahieren. Oft bieten sich auch zwei oder mehrere spezielle Umsetzungen an, bevor man abstrahiert. In diesen Fällen müssen Sie Ihre Lösungen zwar noch einmal anpassen, die architekturelle Lösung wird aber mit mehr Wissen und näher am letzten vernünftigen Moment getroffen. Sie halten sich Optionen offen und schaffen eine stabilere Lösung. Als Faustregel formuliert: Haben Sie wenig Wissen über ein Thema, kann eine Vorgabe oder Regel nur aus einer realen Umsetzung abgeleitet werden.

Aus dem gleichen Grund sollten Sie architektonische Fragestellungen möglichst schlank bearbeiten. Kapseln Sie andere Architekturaspekte so gut es geht weg, legen Sie sich auf Standards und Schnittstellen fest, statt auf den gesamten Technologiestack.

Der Release-Plan steht zwischen der Anforderungsliste und einzelnen Iterationen. In Iterationen arbeiten Sie Aufgaben ab, die den Features und Architekturgruppen des Release entnommen sind. Architekturaufgaben können Sie sich mit Hilfe der im letzten Abschnitt beschriebenen Aktivitäten überlegen – Fragestellung und Kontext sind schon teilweise in der Release-Planung betrachtet worden, den Rest können Sie in die Iterationen schieben und gemeinsam bearbeiten. Bei größeren Fragestellungen können Sie die Aufgaben auch über mehrere Iterationen verteilen: In der ersten Iteration suchen Sie Optionen und erstellen vielleicht einen Prototypen, danach setzen Sie um, in der dritten Iteration stabilisieren und verfeinern Sie die Lösung.

Mit dem Zwischenschritt der Release-Planung lassen sich Abhängigkeiten gut bewältigen, technische Schulden planen und in Grenzen halten, sinnvolle Auslieferungen erreichen und der letzte vernünftige Moment wird leichter eingehalten. Ob Sie Releases planen oder sich direkt aus der Anforderungsliste bedienen, ist eine Frage der Aufgabe. In der Webentwicklung mit praktisch fixem technologischen Unterbau sind Releases eher dynamisch, kleinteilig und ungeplant. Im Umfeld von Gerätebau oder in großen Systemlandschaften ist Release-Planung sicher sinnvoller.

Tipps zum Scheitern

Möchten Sie mit diesem Muster scheitern und Ihrem Projekt schaden, folgen Sie diesen Empfehlungen:

- Planen Sie Architekturaufgaben mehrere Releases im Voraus und schaffen Sie so einen detaillierten „Architecture Runway" am besten bis zur finalen Systemauslieferung.
- Planen Sie große Releases mit vielen minimal marktfähigen Features und vielen Architekturverbesserungen. Sie brauchen dann zwar länger, allerdings müssen Sie weniger oft ausliefern und Ihr Kunde freut sich über mehr Inhalte pro Release.
- Legen Sie den Fokus bei der Release-Planung auf Architekturfragen. Funktionale Dinge fallen sowieso leicht in die Lücken und können später umso schneller ausgeliefert werden.
- Planen Sie architekturelle Fragestellungen erst zum letzten vernünftigen Moment zur ersten Betrachtung ein. Sie müssen dann zwar gleich entscheiden und haben kein Lernfenster, aber immerhin treffen Sie die Entscheidung nicht zu früh und sind die meiste Zeit nicht mit Unsicherheiten belastet. ∎

Die Release-Planung mit Architekturfragen plant die Aktivitäten, die Sie ausführen, wenn Sie ARCHITEKTURENTSCHEIDUNGEN TREFFEN (→ Abschnitt 4.4) – unter Beachtung von Abhängigkeiten und auch über mehrere Iterationen hinweg. Auslöser für Architekturentscheidungen und damit für entsprechende Planungsaktivitäten sind architekturrelevante Fragestellungen, die Sie erkennen, indem Sie ARCHITEKTURARBEIT VOM REST TRENNEN (→ Abschnitt 4.1). Inhaltlich handelt es sich bei den geplanten Anforderungen häufig um SZENARIEN ALS ARCHITEKTURANFORDERUNG (→ Abschnitt 3.3) oder TECHNISCHE SCHULDEN ALS ARCHITEKTURANFORDERUNG (→ Abschnitt 3.5).

Während der Planung und Zerlegung von Architekturentscheidungen in einzelne Aktivitäten sollten Sie ein Auge offen halten, um Risiken zu identifizieren, die typischerweise aus Abhängigkeiten oder Terminproblemen entstehen. RISIKEN AKTIV BEHANDELN (→ Abschnitt 4.6) beschreibt den Umgang mit identifizierten Risiken.

4.6 Risiken aktiv behandeln

„Jeder Subunternehmer, der auf dem Todesstern arbeiten wollte, kannte das Risiko. Wenn er getötet wurde, war's seine eigene Schuld."

– Kunde in „Clerks"[21]

Sarah: Wir haben in einigen der letzten Treffen Risiken entdeckt. Wegen der Unsicherheiten bei den Push-Nachrichten zum Client haben wir jetzt einen Prototyp gebaut und wir haben technische Schulden zu dem Werbeverwaltungssystem aufgenommen. Woher wissen wir eigentlich, dass sonst alles o.k. ist? Ich meine, wir sind eher zufällig über diese Risiken gestolpert, da könnte noch viel mehr in unseren Anforderungen oder Rahmenbedingungen schlummern, von dem wir bisher gar nicht wissen ...

Axel: Da hast du recht, aber wir müssen uns ja nicht mit allen möglichen zukünftigen Risiken belasten. Wenn wir Architekturentscheidungen sauber treffen, sollten zu den jeweils aktuellen Fragestellungen auch die entsprechenden Risiken auftauchen.

Sarah: Manche Risiken werden aber erst nach und nach offensichtlich oder ergeben sich erst aus dem Zusammenspiel mehrerer Fragestellungen, die wir gar nicht gemeinsam behandeln. Ich denke, wir sollten hi und da über unser Big-Picture oder durch unser aktuelles Verteilungsdiagramm wandern und aktiv nach Risiken suchen. Vielleicht gibt es ja auch noch andere Möglichkeiten dafür, aber mit etwas Abstand zu einzelnen Fragestellungen sieht man wohl andere Risiken.

Michael: Außerdem stellt sich selbst bei Risiken, die bei Architekturentscheidungen oder der Umsetzung auftauchen, die Frage, wie wir sie behandeln wollen. Ich denke, wir sollten ein gemeinsames Verständnis haben, wann Prototypen sinnvoll sind oder wann Adapter eingesetzt werden sollten ...

Sie bearbeiten architekturelle Fragestellungen und vermuten potenzielle Probleme: Sie (und Ihre Kollegen) kennen die Alternativen für eine Entscheidung nicht gut genug, ein vorgegebener Termin scheint in Gefahr, eine eingesetzte Technologie stellt sich als kritisch heraus oder Sie befürchten Anforderungsänderungen, die größere Auswirkungen haben würden.

> **Problemstellung:**
> Wie sollten Unsicherheiten, die architekturrelevante Auswirkungen haben, gefunden und behandelt werden?

---

[21] Vorher erläutert Randal: „O.k., also du bist Dachdecker und dir fliegt irgendein saftiger Regierungsvertrag zu; Du hast eine Frau, Kinder und ein kleines Haus in einem Vorort – das ist ein Regierungsvertrag, das bedeutet alle möglichen Zuschüsse. Und dann, plötzlich, kommen militante Links-Linke mit Lasern und löschen alles innerhalb eines Drei-Meilen-Radius aus. Danach hast du nicht gefragt [...] Du versuchst nur, deinen Lebensunterhalt zu verdienen."

Unsicherheit beinhaltet ein bestimmtes Risiko für Ihr System. Ist die Softwarearchitektur von dem Risiko betroffen, spricht man von Architekturrisiko. Nachdem spätere Änderungen der Softwarearchitektur schwierig sind, sollten Sie Architekturrisiken früh suchen und aktiv behandeln. Sie sollten dabei mehrere Kollegen miteinbeziehen – Risiken sind, ähnlich wie Schätzungen, eher subjektiv und profitieren stark vom prüfenden Blick einer Gruppe.

Risiken identifizieren

Risiken zu identifizieren, ist eine Aufgabe, die bei der Konzeption und Entwicklung eines Systems stetig wahrgenommen werden muss. Bei der Umsetzung sollten Sie Architekturrisiken zumindest im Hinterkopf behalten, bei der WIEDERKEHRENDEN REFLEXION (→ Abschnitt 5.5), der RELEASE-PLANUNG MIT ARCHITEKTURFRAGEN (→ Abschnitt 4.5) oder der ANFORDERUNGS-PFLEGE (→ Abschnitt 3.2) sollten Sie aktiv auf Risiken achten. In frühen Entwicklungsphasen bietet es sich darüber hinaus an, gezielt nach Risiken zu suchen. Wie? In Brainstorming Sessions mit möglichst diversen Teilnehmerrollen. Zwei Spielarten, die ich gerne einsetze, sind *Pre-Mortem-Meetings* [Gra11] und *Risk-Storming* [Bro13].

In **Pre-Mortem-Meetings** nehmen die Teilnehmer an, das aktuelle Projekt wäre bereits abgeschlossen – und gescheitert. Nun sammeln sie auf Post-Its, Karten oder auf einem Flipchart Gründe für die Erfolglosigkeit[22]. Was waren die größten architektonischen Fehlentscheidungen? Welche Anforderungen hatten alle Beteiligten falsch verstanden? Welche Rahmenbedingungen haben dem Projekt letztendlich das Genick gebrochen? Aus den Antworten auf diese Fragen lassen sich interessanterweise öfter sinnvolle Risiken und Architekturprobleme ableiten als durch die direkte Suche nach Risiken.

Im **Risk-Storming** arbeiten Sie auf der Basis von Architekturskizzen. In groben Bildern visualisieren Sie die Laufzeitumgebung, Verteilung, Komponenten oder den Kontext des entstehenden Softwaresystems auf Flipcharts oder Whiteboards. Danach sammelt jeder Risk-Storming-Teilnehmer Risiken und verortet sie auf den Skizzen. Auf einem Kontextdiagramm sind oft problematische Fremd- oder Altsysteme und kritische Schnittstellen zu finden, in der Skizze zur Verteilung lassen sich Zuverlässigkeits- und Betriebsrisiken identifizieren und so weiter. Nach dem individuellen Risiko-Brainstorming startet eine Diskussion, in der Risiken bewertet werden, um herauszuarbeiten, wo Minderungsmaßnahmen nötig sind und wie dringend die Behandlung des Risikos ist (siehe *Wie viel Behandlung verdient ein Risiko* weiter unten). Risk-Storming ist gut geeignet, um strukturiert architektonische Risiken zu identifizieren und dabei ein ganzes Team zu involvieren. Die Risiken werden mit dieser Technik auch gleich kommuniziert und bleiben sichtbar – große Vorteile in dynamischen und agilen Teams!

Arten von Risiken

Gefundene Risiken sollten schließlich Einfluss auf die Priorisierung von Anforderungen haben. Bei der Entscheidungsfindung, auf dem Weg zum letzten vernünftigen Moment, sollten Sie detaillierter nach architekturrelevanten Risiken suchen. Folgende Kategorien können dabei helfen:

---

[22] Ich habe schon Varianten gesehen, in denen eine Urne auf dem Tisch stand, in die Teilnehmer anonym kleine Begründungszettel warfen. Werden Sie kreativ, wenn es einer lockeren Stimmung zuträglich ist.

- **Know-how-Risiken**:
  Wissenslücken bezüglich einer oder mehrerer interessanter Alternativen einer Architekturentscheidung. *Beispiel: Dokumentenbasierte NoSQL-Lösungen klingen spannend für die Persistierung Ihrer XY-Daten, Sie haben jedoch wenig technisches Wissen und keine Erfahrung damit.*
- **Terminrisiken**:
  Enge Terminlage, die nach dem Erkennen einer Fehlentscheidung keine Korrekturmaßnahmen mehr zulässt. *Beispiel: Sie wissen nicht, ob Sie für die XML-Verarbeitung DOM oder SAX nehmen sollten. Beginnen Sie mit DOM und merken, dass Sie vom Speicherbedarf her Probleme bekommen, bleibt nicht mehr genügend Zeit, um die SAX-Variante umzusetzen.*
- **Technologierisiken**:
  Neue Technologien oder solche, die in der Kombination mit dem vorhandenen Technologie-Stack nicht verstanden sind. *Beispiel: Für Ihr System scheinen Machine-Learning-Ansätze eine gute Idee zu sein, es gibt jedoch wenige vergleichbare Systeme in ihrem Kontext, die bereits mit dieser Idee umgesetzt wurden. Es gibt keine Best-Practices und im Zweifelsfall wenige Experten, die helfen können.*
- **Variabilitätsrisiken**:
  Veränderungen, die bei Anforderungen oder wichtigen Schnittstellen zu erwarten sind. Anforderungsvariabilitätsrisiken entstehen durch unscharfe, weiche und schlecht verstandene Architekturanforderungen. Technische Variabilitätsrisiken entstehen bei der Anbindung nicht direkt beeinflusster Systemteile oder Fremdsysteme, die sich in anderen Zyklen ändern als Ihre Software. *Beispiel: Sie binden Fremdsystem XY an und befürchten, dass sich API oder Protokoll recht häufig ändern werden.*

Obige Liste ist weder vollständig noch überschneidungsfrei. Neue Technologien beinhalten etwa häufig Know-how-Risiken oder Variabilitätsrisiken. Die Kategorien helfen jedoch bei der Risikoidentifizierung und bei der Suche nach Minderungsmaßnahmen.

Minderungspraktiken

Bild 4.13 zeigt, welche Methoden Sie für die Behandlung von Architekturrisiken einsetzen können. Einige der Techniken zur Risikobehandlung habe ich in anderen Mustern dieses Buchs beschrieben – sie sind im Bild mit Kapitelnummern versehen.

Lernräume zu schaffen, ist mit dem Konzept des LETZTEN VERNÜNFTIGEN MOMENTS (→ Abschnitt 4.2) verbunden, der auch im *Set-Based Design* verwendet wird, um aus mehreren Entscheidungsalternativen zu wählen (→ Abschnitt 4.4). SZENARIEN werden ALS ARCHITEKTURANFORDERUNG in Kapitel 3 eingeführt (→ Abschnitt 3.3), STAKEHOLDER INVOLVIEREN ist ein Muster aus Kapitel 5 (→ Abschnitt 5.4) und FRÜHES ZEIGEN aus Kapitel 6 (→ Abschnitt 6.1). Die anderen Konzepte beschreibe ich hier nun kurz:

SQUID steht für *Sequential Question and Insight Diagram* und ist eine Technik, um Fragestellungen in einer Gruppe klarer zu fassen und Lösungsideen zu generieren [Gra11]. Ich setze diese Technik gerne bei Risiken ein, die vorwiegend mit Unsicherheit und Unwissen zu tun haben. Oft ist das Risiko selbst nicht richtig fassbar („Ich glaube, die Business Process Engine wird uns die Architektur kaputt machen"). Bild 4.14 zeigt das Ergebnis einer SQUID-Session.

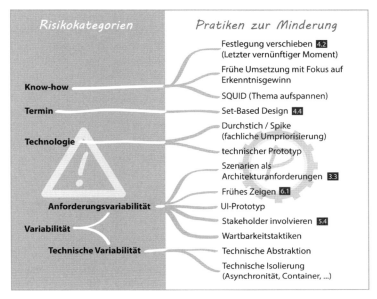

Bild 4.13 Praktiken zur Risikominderung

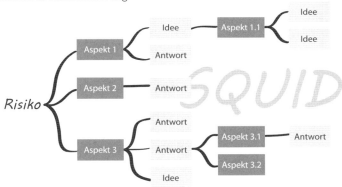

Bild 4.14 Sequential Question and Insight Diagramm für Risikothemen

Auf dem Weg dorthin arbeiten Sie am besten mit Post-Its an Wänden oder Fenstern (siehe auch ANALOG MODELLIEREN → Abschnitt 5.3). Heften Sie zunächst das Risiko an eine Wand und suchen Sie anschließend in einer Gruppe von maximal sieben Leuten nach konkreten Aspekten dieses Risikos. Jeder Teilnehmer hat die Möglichkeit, *den einen* wichtigsten Aspekt des Risikos herauszustellen. Nach etwa fünf Minuten wechselt die Gruppe gemeinsam in den *Antwortmodus*: Gemeinsam werden die besten Antworten und Ideen gesammelt, die bei den Risikoaspekten helfen könnten. Nach weiteren fünf Minuten wechselt die Gruppe wieder in den *Fragemodus* und so weiter.

Nach einigen Frage- und Antwortrunden haben Sie einen recht breiten Blick auf das Risikothema und eine Reihe von Ideen und offenen Punkten. Auch wenn diese Technik auf den ersten Blick recht unscheinbar wirkt: Sie ist immens wertvoll, um Themen aufzuspannen, abzugrenzen und zu verstehen.

Prototypen sollen Aspekte des Systems greifbar machen, ohne dass diese fertig entwickelt werden müssen. Sie sollten keinen später produktiv eingesetzten Code enthalten, sondern sind lediglich Modelle, die nach ihrem Einsatz verworfen werden. Der Grund hierfür ist, dass ein Prototyp vor allem schnell und günstig herstellbar sein sollte, innere Qualitätseigenschaften wie Wartbarkeit werden stark vernachlässigt. Im Fokus steht, Wissen zu architektonischen Alternativen aufzubauen. Prototypen leisten ihren Beitrag, um Technologien besser zu verstehen (Technologieoptionen besser einschätzen können) oder das UI der Anwendung zu simulieren. UI-Prototypen unterstützen bei der Identifizierung von funktionalen Anforderungen und beim Verständnis des Systems – sie mindern also Variabilitätsrisiken auf Anforderungsseite.

Was Prototypen nicht leisten können, ist, technologische Risiken vollständig auszuräumen. Dafür blenden sie zu viele Komplexitäten der realen Umsetzung, der Auslieferung und des Betriebs aus. Sie sollten den Einsatz von Prototypen folglich minimieren. Versuchen Sie stattdessen, Ihren Umsetzungs- und Auslieferungsprozess so zu optimieren, dass Sie Ideen rasch produktiv testen können.

Durchstiche oder „Spikes" erfordern (anders als Prototypen) die reale Umsetzung rudimentärer Funktionalität, die über mehrere oder alle technologischen Schichten des geplanten Softwaresystems schneidet. Sie setzen also z. B. die Erfassung von Inhalten über eine Webseite um, indem Sie ein Textfeld anzeigen und über den geplanten Technologiestack speichern. Ein Durchstich soll sicherstellen, dass die gewählten Technologien wie gewünscht zusammenarbeiten und hat nicht primär funktionalen Wert. Trotzdem: Erstellen Sie Durchstiche nicht „im luftleeren Raum", sondern beeinflussen Sie die Priorisierung Ihrer funktionalen Anforderungen entsprechend. Arbeiten Sie, bei technologischen Risiken, eher Anforderungen ab, die unterschiedliche Technologien und Frameworks berühren, und nicht wichtige, aber ähnliche funktionale Anforderungen.

Wartbarkeitstaktiken sind einzelne Techniken, die für höhere Wartbarkeit des Systems sorgen. Durch den gezielten Einsatz dieser Techniken wird ein flexibleres System geschaffen, das besser auf Veränderungen reagiert. Anforderungsvariabilität wird so als Risiko effektiv gemindert. Im Buch „Software Architecture in Practice" [Bas12] werden Wartbarkeitstaktiken genauer beschrieben und überdecken sich größtenteils mit Designpraktiken aus der Software-Craftsmenship-Bewegung und Clean Code [Hun99] [Mar08][23].

Wie viel Behandlung verdient ein Risiko?

Nicht alle gefundenen Risiken sind gleich. Womit fangen Sie an? Wo lohnen sich Minderungsmaßnahmen am ehesten? Eine einfache Einschätzung von Risiken nach Schadenshöhe bei Problemen und der Wahrscheinlichkeit, mit der Probleme zu befürchten sind, hilft hier weiter. Bild 4.15 zeigt ein Schema mit jeweils drei Kategorien, das schnell bearbeitbar ist und z. B. im Risk-Storming, bei der Anforderungspflege oder der regelmäßigen Reflexion leicht angewandt werden kann.

Meist ist mit architekturellen Risiken hoher Schaden verbunden – das drückt bereits die Definition von Softwarearchitektur aus. Sie haben hier also noch einmal die Möglichkeit, sich zu fokussieren und Bereiche mit weniger Risiko eher direkt umzusetzen. Die Zahlen 6 und 9 aus Bild 4.15 verdienen in jedem Fall eine genauere Betrachtung und rechtfertigen oft „Overhead" wie die Entwicklung von Prototypen, gezielten Wissensaufbau oder Workshops.

---

[23] Es ist nicht überraschend, dass im agilen Lager viele dieser Techniken breit bekannt sind – schließlich gehen agile Vorhaben von sich verändernden Anforderungen aus und haben gelernt, mit dieser Variabilität zu leben.

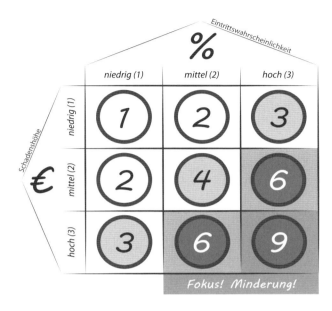

Bild 4.15
Einfache Risikobewertung

> **Tipps zum Scheitern**
>
> Möchten Sie mit diesem Muster scheitern und Ihrem Projekt schaden, folgen Sie diesen Empfehlungen:
>
> - Führen Sie eine eigene Risikoliste für Architekturthemen, die von der auf Projektliste getrennt ist. Die Vermischung von technischen und organisatorischen Risiken führt nur zu Missverständnissen.
> - Wenden Sie für jedes Risiko, das Sie finden, genau eine der gezeigten Minderungspraktiken an. Vertrauen Sie darauf, dass Sie das Risiko damit vollständig beseitigt haben, jede weitere Beobachtung erübrigt sich.
> - Erstellen Sie prinzipiell Prototypen, wenn Sie Unsicherheiten bekämpfen wollen. Um das Problem zu umgehen, dass damit kein Produktivcode erzeugt wird: Werfen Sie Prototypen nicht weg, sondern passen Sie sie höchstens an und verwenden Sie sie als Basis für Ihre Lösung.
> - Machen Sie Risikobetrachtung auf feingranularer Ebene, um gezielter auf Probleme reagieren zu können. Teilen Sie etwa Klassen Ihres Programmcodes, je nach Risiko, in die Kategorien A, B oder C ein.
> - Verbinden Sie Risiken immer mit einem Schuldigen, der im Problemfall weiß, dass er dran ist. Damit haben Sie auch gleich einen motivierten „Kümmerer".

Risiken aktiv zu behandeln, ist eine Kernaufgabe der Architekturentwicklung. Wenn man so will, ist die gesamte Architekturdisziplin eine Risikominderungsmaßnahme. Halten Sie also nach Risiken Ausschau, wenn Sie ARCHITEKTURENTSCHEIDUNGEN TREFFEN (→ Abschnitt 4.4), und steuern Sie bei drohenden Inkonsistenzen gegen, indem Sie IM PRINZIP ENTSCHEIDEN (→ Abschnitt 4.7). Risiken werden am besten in der Gruppe identifiziert und behandelt.

Um schnell auf erkannte Risiken zu reagieren, eignen sich AD-HOC-ARCHITEKTURTREFFEN (→ Abschnitt 4.8).

Risiken sollten immer transparent und ehrlich sein. Der INFORMATIVE ARBEITSPLATZ (→ Abschnitt 5.1) beinhaltet folglich auch wichtige architekturelle Risiken. Auch WIEDERKEHRENDE REFLEXION (→ Abschnitt 5.5) sorgt für die Erkennung und Kommunikation von Risiken.

Um Risiken letztendlich auszuschließen, braucht es den Beweis. QUALITÄTSINDIKATOREN NUTZEN (→ Abschnitt 6.4), QUALITATIVE EIGENSCHAFTEN TESTEN (→ Abschnitt 6.3) oder FRÜHES ZEIGEN (→ Abschnitt 6.1) helfen hierbei.

4.7 Im Prinzip entscheiden

*„Kein Sizilianer kann einen Wunsch ausschlagen,
der ihm am Hochzeitstag seiner Tochter angetragen wird."*[24]

– Don Corleone in „Der Pate"

Sarah: Hi, Peter. Ich setze gerade eine Story im Redaktionsmanagement um und bin über einige Klassen gestolpert, die du als Letztes bearbeitet hast.

Peter: Aha.

Sarah: Da sind ziemlich große Methoden entstanden, ich habe redundante Codeabschnitte entdeckt und einige Male wird an allen Schichten vorbei in die Datenbank oder auf Fremdsysteme zugegriffen. Ist dir das auch aufgefallen?

Peter: Ich habe vieles im Redaktionsmanagement umgesetzt. Die direkten Zugriffe und teilweise redundante Methodenstrecken habe ich wegen der Performanzvorgaben eingeführt.

Sarah: Sind die so hoch?

Peter: Schon. Wir haben einige Szenarien, die zumindest Bedieneffizienz sehr hoch aufhängen.

Sarah: Und hast du mal gemessen oder getestet?

Peter: Bisher nicht.

Sarah: Hm. Ich finde, wir sollten schon wissen, wo Effizienzprobleme auftreten, bevor wir Optimierungen vornehmen. Du führst hier neue Abhängigkeiten ein und machst den Code eindeutig schlechter wartbar und erweiterbar. Ich hatte teilweise echte Schwierigkeiten, den Code zu verstehen.

Peter: Verstehe, was du meinst, aber es arbeiten einige Entwickler so wie ich. Fühle mich grade wie am Pranger …

Sarah: Sorry, ist nicht so gemeint, aber da sollten wir generell gegensteuern. Ich habe nichts gegen Performanzverbesserungen, nachdem uns Effizienzmessungen Probleme offenbaren, aber diese vorab entschiedenen Optimierungen verschlechtern unsere Codequalität, ohne dass wir wissen, ob es hilft. Noch dazu, weil das Redaktionssystem auch recht hohe Wartbarkeitsansprüche hat …

Sarah bespricht das Problem mit einigen anderen Entwicklern und sie stellen zwei Prinzipien auf, die einen einheitlichen Umgang mit Performanzoptimierungen unterstützen bzw. die wichtige Wartbarkeit des Redaktionssystems in Erinnerung rufen sollen:

- *„Prinzip der späten Performanz": Performance Engineering erfolgt erst am laufenden System und nicht zur Designzeit.*
- *„Redaktion bedeutet Wartbarkeit": Im Redaktionsmanagement zeigen die Abhängigkeiten immer zum stabileren Paket und es gibt keine Abhängigkeitszyklen. Hohe Kohäsion und Verständlichkeit des Codes sind wichtige Ziele – nur mit klar herausgearbeiteten und durch andere Entwickler mitgetragene Kompromisse wird davon abgewichen.*

Die beiden Prinzipien werden breit kommuniziert.

---

[24] Englisches Original: *„No Sicilian can ever refuse a request on his daughter's wedding day."*

Sie bearbeiten architekturelle Fragestellungen im Team oder in mehreren Teams. In der gemeinsamen Anforderungsliste sind durchaus ähnliche Fragestellungen zu finden, die Sie auf ähnliche Art und Weise lösen wollen, um die Wartbarkeit und Verständlichkeit Ihrer Software zu wahren. Sie erkennen außerdem einzelne bereits getroffene Entscheidungen, die sich gegenseitig behindern, oder dass eine Fragestellung, die Sie bearbeiten wollen, nicht alleine durch Ihre jetzige Arbeit, sondern nur durch das Mitwirken anderer Projektmitglieder gelöst werden kann.

Problemstellung:
Wie können mehrere Entwickler oder Architekten (Architektur-)Entscheidungen bearbeiten, ohne die Konsistenz und Integrität der Software entscheidend zu verringern?

„Nicht mit Fremden reden" oder „Keine Süßigkeiten von Fremden annehmen". Diese Prinzipien bekommen täglich Hunderte von Kindern auf der ganzen Welt zu hören. Das Tolle an diesen Prinzipien im Speziellen und an Prinzipien im Allgemeinen ist, dass die Aussagen selbstständig auf neue Situationen anwendbar sind. Als Elternteil müssen Sie keine Liste mit vertrauenswürdigen Personen erstellen, Sie müssen nicht für jeden Menschen, den Ihr Kind sieht, entscheiden, ob es mit dieser Person sprechen darf. Ihr Kind ist auf Basis der Aussagen zu selbstständigen Entscheidungen fähig. Diese Entscheidung wird nicht nur vereinfacht, sondern auch in eine Richtung gelenkt, die generell wünschenswert ist: Ihr Kind ist Fremden gegenüber vorsichtig.

Auch in der Architekturarbeit sind Prinzipien eine hilfreiche Methode, um Entscheidungen auf mehrere Schultern zu verteilen und parallel zu bearbeiten. Drücken Sie die grundlegenden Architekturideen in Form von Prinzipien aus, können Sie einen Rahmen schaffen, in dem erstens gewährleistet ist, dass mehrere „Entscheider" konsistent entscheiden, und zweitens ein gemeinsames Ziel nicht aus den Augen verloren wird. Getroffene Entscheidungen behindern sich seltener und die konzeptionelle Integrität der Software bleibt erhalten – ähnliche Probleme werden ähnlich gelöst.

Architekturprinzipien schränken zwar ein und geben Richtung, sie lassen jedoch Spielraum für Entscheidungen übrig. Ein Prinzip kann immer auf unterschiedliche Arten eingehalten und erreicht werden. Damit bleibt die Verantwortung beim Umsetzer, der weiterhin mehrere Optionen hat. Das fördert Motivation, Eigenverantwortung und letztendlich Agilität.

Beispiele für architektonische Prinzipien

Hier nun einige Beispiele von Prinzipien aus der Architekturdomäne. Die folgenden Prinzipien umgehen technische Probleme (1), fördern einen Arbeitsstil (2) und zeigen Präferenzen auf (3):

1. Kein eigener *fachlicher* Baustein koppelt sich an Daten- oder API-Strukturen externer Systeme.
2. Performance Engineering erfolgt erst am laufenden System und nicht zur Designzeit.
3. Bevorzuge Standarddatenformate vor Formaten von Drittanbietern vor selbst erstellten.

Auf die gleiche Weise können Sie mit Prinzipien auch Ziele definieren oder an Bewährtes erinnern. Einmal definiert und kommuniziert, werden Architekturprinzipien zu Einflussfaktoren von zukünftigen Entscheidungen.

Wann anwenden?

Sie sollten Prinzipien überall dort anwenden, wo Fehlentscheidungen oder Inkonsistenzen weh tun würden. Das ist bei Architekturarbeit sehr oft der Fall (siehe Abgrenzung Architektur und Design – Abschnitt 2.1.6). In folgenden Situationen sind Prinzipien jedenfalls sinnvoll:

- Sie bemerken, dass einzelne technische Lösungen, Konzepte oder Vorgehensweisen sehr gut funktionieren, und wollen deren Anwendung einfacher machen, das Wissen darüber breiter streuen.
- Sie finden *inkonsistente, sich widersprechende oder behindernde Entscheidungen* (z. B. bei der WIEDERKEHRENDEN REFLEXION → Abschnitt 5.5). Leiten Sie bei der Bearbeitung dieser technischen Schuld neben einem entsprechenden Refactoring auch die Suche nach einem geeigneten Prinzip ein, das ähnliche Probleme in Zukunft verhindert.
- Bei der Sammlung von Qualitätsszenarien fällt Ihnen auf, dass *sehr viele Anforderungen in eine ähnliche Richtung* zielen. Gibt es beispielsweise viele Szenarien zu Ausfallsicherheit, können Sie ein Prinzip ableiten, das einen Single-Point-of-Failure für kritische Abläufe verbietet.
- Bei der Bearbeitung einer architektonischen Fragestellung fällt Ihnen auf, dass *spätere Entscheidungen Einfluss auf die Erreichung der zugrunde liegenden Anforderungen* haben werden. Lenken Sie diese zukünftigen Entscheidungen mit Prinzipien in eine „angenehme" Richtung.

Standardprinzipien

Aus der agilen Softwareentwicklung und Software-Craftsmenship-Bewegung kommen viele Prinzipien, die einen gewissen Arbeitsstil fördern oder Präferenzen aufzeigen. Sie können diese Prinzipien für das eigene Vorhaben adaptieren – in den meisten Fällen ist das sinnvoll. Beachten Sie hierbei, dass Standardprinzipien im Designbereich (wie etwa die SOLID-Prinzipien[25]) sehr stark auf Wartbarkeit abzielen. Finden Sie vor der breiten Vorgabe von Prinzipien heraus, welchen Stellenwert Wartbarkeit für Ihr aktuelles System hat. Halten Sie Ausschau nach Anwendungsteilen, an denen Kompromisse zu anderen Qualitätsmerkmalen nötig sind, oder machen Sie diese wiederum über Prinzipien identifizierbar.

Gute Prinzipien

Egal, ob Sie Prinzipien „von der Stange" für für die Arbeit in Ihrem System übernehmen oder (besser) eigene Prinzipien definieren: Nur gute Prinzipien helfen bei der Arbeit. Nick Rozanski und Eoin Woods [Roz11] definieren folgende Kriterien, um die Güte von Prinzipien zu überprüfen:

- **Nachvollziehbar**:
  Das Prinzip ist vernünftig, logisch und konsistent.
- **Konstruktiv**:
  Die Befolgung des Prinzips erfüllt einen architektonischen Zweck.

---

[25] SOLID ist ein Akronym, das Michael Feathers für die fünf grundlegenden Prinzipien des objektorientierten Entwurfs eingeführt hat: **S**ingle-Responsibility-Prinzip, **O**pen-Closed-Prinzip, **L**iskovsches Substitutionsprinzip, **I**nterface-Segregation-Prinzip und **D**ependency-Inversion-Prinzip.

- **Richtungsweisend:**
  Das Prinzip ist spezifisch und gibt echte Orientierung.
- **Gut ausgedrückt:**
  Das Prinzip ist für alle relevanten Stakeholder verständlich.
- **Testbar:**
  Es ist überprüfbar, ob nach dem Prinzip gearbeitet wird und wo Ausnahmen gemacht werden.
- **Signifikant:**
  Das Prinzip ist kein Allgemeinplatz. Das Gegenteil der enthaltenen Aussage würde in anderem Kontext durchaus Sinn machen.

Testbarkeit ist meiner Meinung nach besonders wichtig. Wenn Sie nicht überprüfen können, ob Sie sich an ein bestimmtes Prinzip halten, ist das Prinzip nicht wirklich hilfreich. Das Prinzip wird eher zu Diskussionen führen und damit eventuell mehr Zeit verbrauchen, als es Refactoring- und Restrukturierungsaufwände spart.

Neben der individuellen Qualität ist auch die Quantität entscheidend. Achten Sie auf eine überschaubare Menge an Prinzipien. Können Sie sich als Entwickler nur die Hälfte der Prinzipien merken, ist das zu wenig, um die Ziele der konzeptionellen Integrität und gemeinsamen Richtung zu erreichen. In diesem Zusammenhang ist das obige Kriterium der Signifikanz sehr wertvoll. Grenzen Sie neben nicht signifikanten Prinzipien auch solche aus, die zu ambitioniert sind, bleibt eine kleinere Liste an „aktiven" Prinzipien übrig. Es hilft auch, Prinzipien memorable Namen zu geben. Gute Beispiele wären „KISS" oder auch „Weiter, weiter – fertig" (ein Prinzip eines Kunden aus Süddeutschland, das an die einfache Installierbarkeit der gebauten mobilen Apps erinnern soll).

Tipps zum Scheitern

Möchten Sie mit diesem Muster scheitern und Ihrem Projekt schaden, folgen Sie diesen Empfehlungen:

- Übernehmen Sie Standardprinzipien nicht auf Basis von Qualitätsanforderungen und beobachteten Problemen. Entwickeln Sie eine Standardliste, die Sie aus Fachliteratur und Webseiten ableiten.
- Halten Sie Prinzipien in einer Liste, die nicht allen Projektmitgliedern zugänglich ist. Verwenden Sie diese Liste für Architekturbewertungen.
- Hinterfragen Sie Prinzipien nie.
- Lassen Sie keine Abweichungen von Prinzipienvorgaben zu. Es sind schließlich Prinzipien und „sinnvolle Ausnahmen" gibt es nicht.
- Geben Sie nur einer einzelnen Person die Aufgabe und Berechtigung, Prinzipien zu definieren. Es ist der einzige Weg, um Prinzipienwildwuchs zu verhindern.

Prinzipien sind eine Möglichkeit, wie Sie ARCHITEKTURENTSCHEIDUNGEN TREFFEN (→ Abschnitt 4.4) – auf einer höheren Ebene, indem Sie noch mehrere (eventuell nicht genau bekannte) Ausgestaltungsmöglichkeiten zulassen. Jede dieser Möglichkeiten bringt vom Prinzip definierte, vorteilhafte Eigenschaften mit. Durch die Verwendung von Prinzipien wird GEMEINSAM ENTSCHEIDEN (→ Abschnitt 5.2) einfacher.

Probleme, die Prinzipien nötig machen, erkennen Sie auch in WIEDERKEHRENDER REFLEXION (→ Abschnitt 5.5) oder indem Sie CODE UND ARCHITEKTUR VERBINDEN (→ Abschnitt 6.5).

Prinzipien können in ANFORDERUNGSPFLEGE-WORKSHOPS (→ Abschnitt 3.2), in AD-HOC-ARCHITEKTURTREFFEN (→ Abschnitt 4.8), bei GERADE GENUG ARCHITEKTUR VORWEG (→ Abschnitt 4.3) oder auch in ARCHITEKTURCOMMUNITIES (→ Abschnitt 5.7) entstehen.

4.8 Ad-hoc-Architekturtreffen

„Jeder hat einen Plan, bis er auf den Mund geschlagen wird."[26]

– Mike Tyson

Michael fragt Axel und Sarah spontan, ob sie kurz Zeit hätten, ein Architekturproblem zu besprechen. Die drei suchen sich einen freien Besprechungsraum ...

Michael: Cool, dass ihr kurz Zeit habt! Ich habe ein kleines Problem und weiß im Moment nicht weiter. Ich bin momentan dabei, den Export von Artikeln in das Archivsystem zu entwickeln. Artikel, die älter als drei Jahre sind, sollen durch einen Dummy ersetzt werden, der interessierten Lesern den Artikel zum Kauf aus dem Archiv anbietet. Gekauft wird ein PDF, das wir im Archivsystem liegen haben. Die Konvertierung ist Aufgabe des Archivsystems.

Michael malt eine grobe Skizze, die Artikelverwaltung und Archivsystem zeigt. Er zeichnet auch die eigene Artikeldatenbank und PDFs ein, die im Archivsystem entstehen.

Michael: Nun frage ich mich, wie ich die Archivierung anstoßen soll. Natürlich kennen wir das Erstellungsdatum der Artikel und ich kann auch in regelmäßigen Abständen einen Cronjob über unsere Daten laufen lassen, der alte Artikel an das Archivsystem übergibt. Problem ist für mich aber, dass Änderungen an der Archivierung oder dem Intervall des Exports in unserem System vorgenommen werden müssen, nicht im Archivierungssystem. Meiner Ansicht nach widerspricht das dem Verantwortlichkeitsprinzip. Außerdem fragt uns das Archivierungssystem nach Mitgliedsdaten und Zahlungsinformationen, um die PDFs zu signieren und zu versenden.

Michael ergänzt das Diagramm um die entsprechende Schnittstelle an der Artikelverwaltung und einen Abhängigkeitspfeil vom Archivsystem zu dieser Schnittstelle.

Michael: Nachdem ich auch Artikel in regelmäßigen Abständen in das Archivsystem pushe, entsteht eine wechselseitige Abhängigkeit.

Er zeichnet die geplante Archivsystemschnittstelle ein und eine Abhängigkeit von der Artikelverwaltung auf diese Schnittstelle.

Axel: Das heißt, du möchtest die wechselseitige Abhängigkeit und die Verletzung des Verantwortlichkeitsprinzips loswerden.

Michael: Genau. Ich habe vorher kurz mit Peter gesprochen. Der meint, ich soll Abhängigkeitsumkehrung anwenden. Die vom Archivsystem benötigten Artikeldaten kann ich regelmäßig erzeugen, in der Artikelverwaltung liegen lassen und über eine Schnittstelle anbieten. Das Archivsystem könnte dann per Observer-Pattern informiert werden und sich die Daten abholen.

Axel: O.k. Das löst den Abhängigkeitszyklus, aber nicht das Problem, dass wir in der Artikelverwaltung für Archivierungsparameter verantwortlich sind.

---

[26] Englisches Original: *„Everyone has a plan 'till they get punched in the mouth."*

Es würde noch immer in der Artikelverwaltung eingestellt werden, wie alt Artikel werden dürfen, bevor sie archiviert werden sollen. Dann werden die Daten in der Artikelverwaltung vorbereitet und das Archivsystem lauscht ohne jegliches Archivierungswissen völlig stumpf auf Events. Das klingt doch blöd.

Michael: Habe ich mir dann auch gedacht. Deshalb wollte ich noch einmal mit euch sprechen. Ich würde das alles gerne ins Archivsystem schieben. Die sollen über eine Schnittstelle nach Artikeln fragen, die älter als drei Jahre sind, oder sich eventuell sogar direkt an der Datenbank bedienen. Wenn ihr das auch so seht, würde ich mit Gregor sprechen. Der hat bei den Archivjungs den meisten Plan.

Axel: Ja, würde ich machen.

Sarah: Sehe ich genauso, ganz klar.

Die Anforderungen sind mehr oder weniger gut verstanden. Sie arbeiten an einer architekturellen Fragestellung und erkennen Klärungsbedarf auf Konzeptions- oder Lösungsebene. Ihnen fehlen Ideen, Sie erkennen Probleme oder Sie benötigen sonstige Unterstützung von anderen Entwicklern oder Stakeholdern.

Problemstellung:
Wie können architektonische Herausforderungen oder Unsicherheiten, die während der Umsetzung auftauchen, schnell und trotzdem solide behandelt werden?

Bereits in der Einführung dieses Buchs habe ich die Prämisse ausgegeben, dass Architekturarbeit nicht behindern darf. Das gelingt durch transparente, verteilte und kleinteilige Arbeit an der Architektur, allerdings werden Sie immer wieder über Herausforderungen stolpern, die auf Anforderungsebene nicht erkannt wurden. Um die Dynamik der Entwicklung nicht zu gefährden und trotzdem eine fundierte Lösung auf solche Probleme zu finden, bieten sich informelle, kurzfristig einberufene Workshops an, die Zusammenarbeit und Austausch fördern, Kontext geben und Konsistenz sichern.

Verankern Sie ad-hoc einberufene Architektur- (und Design-)Workshops als fixe Idee in Ihrem Kopf – wann immer Sie Schwierigkeiten haben, eine geeignete Lösung zu finden, nicht wissen, ob die erarbeitete Lösung vielleicht für andere Entwickler wichtig ist, oder Sie ohne Architekturarbeit nicht weiterkommen (siehe Abschnitt 4.1), greifen Sie auf diese Idee zurück. Sprechen Sie Kollegen an, die etwas Zeit erübrigen können, nutzen Sie offene Whiteboard-Flächen, um visuell zu kommunizieren, und zerlegen Sie Ihr Problem gemeinsam in seine Bestandteile. In agilen Vorhaben eignen sich die täglichen Abstimmungsmeetings (Stand-ups) gut, um den Bedarf dazu anzumelden.

Wieso mit Kollegen? Die gemeinsame Arbeit an Architekturproblemen hat eine Reihe von positiven Effekten. Alleine die Artikulierung des eigentlichen Problems hilft, eine neue Sicht darauf zu entwickeln. Hinzu kommt, dass Sie das architekturelle Wissen der Gruppe nutzen, im direkten Austausch unkompliziertes Feedback erhalten, architekturelle Integrität fördern und bereits in der Lösungsfindung einen wichtigen Teil der nötigen Kommunikation erledigen: Ohne Problemverständnis gibt es auch kein Lösungsverständnis. Die dynamische Zusammenarbeit auf Entwicklungsseite ist ein wichtiger Schritt zu einer „gelebten Architektur". Das kollektive Architekturwissen verhindert Flaschenhälse und die verschwenderischen Übergaben von „Designs"[27]. Technische Vorreiter (siehe auch ARCHITECTURE OWNER → Abschnitt 5.6) haben in Ad-hoc-Architekturtreffen eine Plattform, um Wissen weiterzugeben, architekturelles Verständnis zu fördern und auf Prinzipien, wichtige Qualitätsanforderungen und Abhängigkeiten zu achten.

Wieso auf Wänden? Die wichtigste Regel in Workshops, die konzeptionelle oder komplizierte Probleme behandeln, ist, dass der gemeinsame Austausch möglichst visuell und nicht begrenzend erfolgen sollte (siehe auch ANALOG MODELLIEREN → Abschnitt 5.3). Am besten gelingt das mit weiten Whiteboard-Bereichen, die z. B. mit Whiteboard-Folie auf Wänden hergestellt werden können. Ohne die üblichen Begrenzungen können Sie Skizzen freier erstellen, müssen nicht bereits zu Beginn wissen, wo Details wichtig werden und deshalb mehr Platz gebraucht wird, und Sie können mehrere Sichten oder Ideen nebeneinander erarbeiten und vergleichen. Große Whiteboard-Bereiche sind der natürliche Platz für kooperative Entwurfsaktivitäten. Die Ergebnissicherung gelingt über Fotos (in verteilten Teams auch über Video). Legen Sie z. B. in einem Projektwiki kleine Einträge an, die zumindest das Datum, den Zweck und die Teilnehmer des Treffens und die wichtigsten Ergebnisse beinhalten – ergänzt um die entsprechenden Fotos. Bleiben Sie pragmatisch: prägnante Aussagen, keine ausholenden Erklärungen, Fokus auf Ergebnisse mit breiter Wirkung (Architekturrelevanz!). Auch Flipcharts passen in manchen Umfeldern gut als Instrument zur Ergebnissicherung. Der begrenzte Platz fokussiert Ergebnisse auf das Nötige und Sie können Flipcharts physisch in Team- oder Projekträume mitnehmen, was für Sichtbarkeit und Transparenz sorgt.

Modellierung und Notation

Während Ad-hoc-Architekturtreffen können viele Arten von Modellierung zur Anwendung kommen, von UI-Modellierung mit Post-Its, über konzeptionelle Modellierung in Skizzen bis hin zu Datenbankmodellierung oder Thread Modelling (Sicherheit). Was konkret modelliert wird, hängt vom Ziel des Workshops ab. Üblicherweise steht ein aktuelles Problem oder eine Unsicherheit mit Architekturbezug hinter der Einberufung des Treffens – es dient der Klärung, Kommunikation oder auch der Ideenfindung. Definieren Sie das Ziel in jedem Fall zu Beginn des Treffens und halten Sie es fest! Modellierung abstrahiert und fokussiert, lässt nicht relevante Dinge weg, um zu vereinfachen, und hilft so bei der Lösungsfindung. Mit einem prägnanten Ziel (einer definierten Fragestellung oder einem klar umrissenen Teilproblem) fokussieren, abstrahieren und vereinfachen Sie in die richtige Richtung. Ihre Aufgabe wird einfacher, weniger aufwendig und Sie modellieren nicht nur des Modellierens willen (siehe auch „Scoping" in [Fai10]).

Das visuelle Vorgehen im Workshop ist wichtig, um Architekturprobleme zu lösen. Sie externalisieren Konzepte und Ideen und machen sie damit einfacher zu analysieren, zu bewerten und zu verbessern. Gerade bei Ad-hoc-Architekturtreffen fördern Skizzen und Modellschnipsel das gemeinsame Verständnis und die Verwandlung dieses Verständnisses in einen stimmigen Plan. Konkrete Ideen zur Notation finden Sie in ANALOG MODELLIEREN (→ Abschnitt 5.3).

---

[27] Verschwendung (engl. waste) ist ein Begriff aus Lean, der nicht produktive Arbeitsschritte beschreibt. Durch gemeinsame Arbeit finden weniger Übergaben statt und entsprechende Verzögerungen aufgrund von Rollenverfügbarkeiten etc. sind seltener.

Planung und Hürden

Um effektiv Ideen zu generieren, braucht es einen möglichst freien Kontext – ein informelles Treffen, das typischerweise unstrukturiert, ohne Agenda, interaktiv und frei von Rollen ist, die sonst im Projekt oder in der Organisation eingenommen werden. Hier findet echte Zusammenarbeit statt, Ideen werden gemeinsam generiert und verfeinert. Die Möglichkeit für solche Ad-hoc-Treffen ist ein Hauptgrund, warum Teams, die an einem Ort zusammenarbeiten, verteilte Teams leistungsmäßig übertreffen [Lar10]. Ad-hoc-Architekturtreffen sollten folglich *nicht geplant* sein und es sollte *wenig bis keine Hürden* geben, sie einzuberufen und durchzuführen:

- **Immer Platz für Skizzen**:
  Sorgen Sie dafür, dass immer ein freier Bereich auf Whiteboards (oder zumindest Flipcharts) zur Verfügung steht. Bekleben Sie viele Wände mit Whiteboard-Folie, vermeiden Sie gut gebuchte Meeting-Räume als einzige Alternative und sorgen Sie dafür, dass benutzte Whiteboard-Bereiche auch wieder freigegeben werden. Fotografieren Sie erstellte Skizzen ab und löschen Sie das Original nach einigen Tagen „Karenzzeit". Überführen Sie sich häufig ändernde und für die Kommunikation wichtige Skizzen eventuell in ein Tool.
- **Spontane Mithilfe**:
  Helfen Sie Kollegen mit Problemen und Fragen möglichst spontan und zeitnah. In vielen Teams funktioniert das gut und unkompliziert. Kommt es zu Problemen wegen zu häufiger Kontextwechsel oder empfundenen Störungen, bleiben Abstimmungsrunden (Daily Stand-ups), um entsprechenden Klärungsbedarf anzumelden.
- **Einfache Dokumentation**:
  Fordern Sie keine detaillierten Meeting-Protokolle oder aufwendige Nachmodellierungen im Tool. Zu aufwendige Ergebnistypen schrecken bei der Einberufung von Treffen ab. Fotos von erstellten Skizzen und einige *kurze* Aussagen zu Problem und Ergebnissen sollten reichen. Fotos wirken als Erinnerungsstütze auch oft besser als nachmodellierte „neutrale" Diagramme in Tools und können selbst leicht veraltet noch Nutzen für wissende Beobachter bieten. Eine Variante, die ich immer wieder sehr effektiv miterlebe, ist die Zusammenfassung der Ergebnisse auf einem Flipchart, das nach dem Treffen im Team- oder Projektraum „ausgestellt" wird. Entwickler oder Architekten, die beim Treffen nicht anwesend waren, werden auf diese Weise gut informiert und haben einen Ansatzpunkt für Fragen oder Anmerkungen. Halten Sie auf Flipcharts immer die Anwesenden des Treffens fest, um diese Fragen auch zu den richtigen Leuten zu lenken.

Trotz aller Vereinfachung und Nichtplanung: Bemühen Sie sich immer, verschiedene vom Problem betroffene Rollen mit einzubeziehen. Selbst in Cross-funktionalen Teams gibt es Entwickler mit Spezialisierungen für Test, Betrieb oder Architektur, die bei bestimmten Fragestellungen wertvoll sind. Oft erkennen Sie erst während des Treffens, dass sehr wichtige Leute fehlen. Stoppen Sie an solchen Stellen und suchen Sie einen geeigneten Weg, diese Personen zu inkludieren. Entweder sie sind verfügbar oder Sie verschieben die Behandlung des Problems.

>
> **Tipps zum Scheitern**
>
> Möchten Sie mit diesem Muster scheitern und Ihrem Projekt schaden, folgen Sie diesen Empfehlungen:
>
> - Planen Sie fixe Termine für Ad-hoc-Architekturtreffen ein und verbieten Sie Treffen außerhalb dieser Termine. Das lenkt sonst nur ab.
> - Arbeiten Sie in den Architekturtreffen toolgestützt. Sie können Modelle mit dem Beamer an die Wand werfen und das Workshop-Ergebnis ist gleich elektronisch verfügbar.
> - Falls Sie doch auf Whiteboards arbeiten, modellieren Sie jedes erstellte Diagramm im Modellierungstool nach. Schmeißen Sie nichts weg, so etwas wie „zu viel Information" gibt es nicht (Urbane Legende).
> - Verwenden Sie in den Skizzen jede Notation, die Ihnen einfällt. Achten Sie nicht darauf, zu vereinheitlichen oder dass alle Entwickler die Notation verstehen. Das behindert die Klärung und bremst.
> - Treffen Sie Entscheidungen, auch wenn relevante Inputgeber fehlen. Wenn Sie anschließend dafür sorgen, dass deren Meinung auch im Nachgang nicht eingeholt wird, gewährleisten Sie recht unumstrittene, schnelle Entscheidungen.
> - Brechen Sie Architekturtreffen nicht ab, wenn Sie merken, dass relevante Leute fehlen. Spekulationen brauchen auch ihren Raum.

Ad-hoc-Architekturtreffen werden einberufen, wenn Sie ARCHITEKTURENTSCHEIDUNGEN TREFFEN (→ Abschnitt 4.4) und dabei Unsicherheiten offensichtlich werden. Die Treffen bieten eine gute Plattform, um RISIKEN AKTIV ZU BEHANDELN (→ Abschnitt 4.6), Themen aufzuwerfen, die Sie später IM PRINZIP ENTSCHEIDEN (→ Abschnitt 4.7), oder auch eine ARCHITECTURE OWNER-Rolle (→ Abschnitt 5.6) auszuüben.

Im Workshop selbst wird ANALOG MODELLIERT (→ Abschnitt 5.3). Größere Themen können Sie in Treffen zur WIEDERKEHRENDEN REFLEXION (→ Abschnitt 5.5) mitnehmen und als neue SZENARIEN ALS ARCHITEKTURANFORDERUNGEN (→ Abschnitt 3.3) oder TECHNISCHE SCHULDEN ALS ARCHITEKTURANFORDERUNGEN (→ Abschnitt 3.5) beschreiben.

Um in Ad-hoc-Treffen effektiver zu werden, die Kommunikation zu vereinfachen und die richtigen Notationen und Materialien zu verwenden, können Sie gemeinsame Designsituationen in ARCHITEKTUR-KATA üben (→ Abschnitt 5.8).

5 Zusammenarbeit und Interaktion

Architektur wird von jedem Entwickler mitgestaltet, sobald er eine Zeile Code schreibt, damit einen gewissen Programmierstil verfolgt, Frameworks oder Bibliotheken verwendet, Abhängigkeiten einführt oder Schnittstellen definiert. Ohne Architekturwissen bei Entwicklern und ohne Austausch untereinander muss immer jemand aufräumen, der Wissen und Überblick hat. Diese Aufgabe kann schnell sehr aufwendig werden, alleine weil Entwickler immer in der Überzahl sind (oder sein sollten). Die schlimmste Folge ist, dass der architekturwissende, auf das Gesamtbild achtende „Aufräumer" kaum Zeit für visionäre Arbeit an der Architektur hat. Die Erarbeitung nötiger Konzepte rückt in den Hintergrund, die Vermittlung solcher Konzepte noch viel mehr. Der Ausweg aus dieser Abwärtsspirale? Alle Entwickler müssen etwas Überblick und Kontext haben, wenn sie Entscheidungen treffen, Kompromisse auflösen oder „einfach nur" implementieren. Ein Schlüssel zu guter Softwarearchitektur ist, dass alle in dieselbe Richtung ziehen.

Letztlich sind aber nicht nur Entwickler von Softwarearchitektur betroffen. Die Auswirkungen von getroffenen und umgesetzten Entscheidungen werden Kunden und Anwender über Jahre begleiten. Sie haben berechtigterweise Mitspracherechte, wenn es um Qualitätsanforderungen geht. Die Muster dieses Kapitels zeigen, wie Sie effektiv mit Stakeholdern zusammenarbeiten können, wie Sie trotz der parallelen Umsetzungsarbeit mehrerer Entwickler oder Teams eine konsistente Architektur gewährleisten, wie Sie Wissensmonopole vermeiden und für Transparenz sorgen. Bild 5.1 zeigt alle Muster des Kapitels im Überblick.

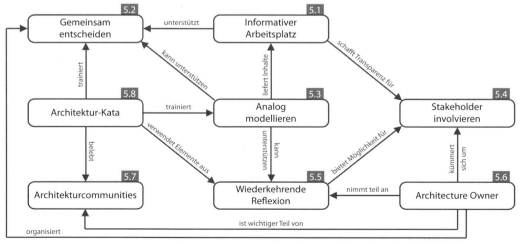

Bild 5.1 Zusammenhänge der Muster „Zusammenarbeit und Interaktion"

Der sichtbare Sammelpunkt für Architekturarbeit in Ihrem Entwicklungsvorhaben kann der INFORMATIVE ARBEITSPLATZ mit seiner „Architekturwand" sein (→ Abschnitt 5.1). Hier laufen Architekturinformationen zusammen, vom Top-Level-Überblick bis zum aktuellen Stand einer wichtigen Entscheidung. Wichtige Events, die diese Transparenz nutzen und weiter ausbauen, sind das GEMEINSAME ENTSCHEIDEN (→ Abschnitt 5.2) und die WIEDERKEHRENDE REFLEXION (→ Abschnitt 5.5). Letztere ist auch für Stakeholder spannend, die von einer speziellen Aufbereitung von Problemen, Kompromissen und Architekturentscheidungen profitieren (siehe STAKEHOLDER INVOLVIEREN → Abschnitt 5.4).

Ebenfalls herausfordernd ist die Frage, wie durch mehrere Entwickler geleistete Architekturarbeit unterstützt und auf eine professionelle Ebene gehoben werden kann. Die Muster zum ARCHITECTURE OWNER (→ Abschnitt 5.6), zu ARCHITEKTURCOMMUNITIES (→ Abschnitt 5.7) und zu ARCHITEKTUR-KATA (→ Abschnitt 5.8) zeigen mögliche Startpunkte. Generell sind die Muster dieses Kapitels davon geprägt, Architektur zu kommunizieren, indem gemeinsam an ihr gearbeitet wird. Anders als bei spezialisierten Gruppen und getrennter Erarbeitung von Architekturen sind verschwenderische Übergaben (Lean „*waste*") nicht nötig, das gefürchtete *Not-Invented-Here-Syndrom*[1] wird im Keim erstickt.

---

[1] Das Not-invented-here-Syndrom beschreibt die Schwierigkeit von Menschen, fremde Ideen (zum Beispiel Architekturentwürfe) zu akzeptieren und zu übernehmen.

5.1 Informativer Arbeitsplatz

„Die Wahrheit ist immer konkret."

– Lenin

Peter: Was habt ihr gestern eigentlich besprochen in dem Treffen?

Michael: Ach, Tommy wollte Verantwortlichkeiten in das Archivsystem verschieben, wegen befürchteten Wartungsproblemen und zyklischen Abhängigkeiten.

Peter: Ich fände gut, wenn ihr so etwas irgendwo dokumentiert. Ich habe auch mit dem Archivsystem zu tun und würde ungern Dinge bauen, die es vielleicht schon gibt.

Michael: Verstehe ich schon. Es war aber nur ein kurzes Meeting. Wir haben eine Notiz ins Wiki gelegt.

Peter: Im Wiki sind so viele alte und falsche Informationen, da suche ich nicht unbedingt nach neuen Ideen. Wir sollten Arbeit an der Architektur allgemein sichtbarer machen. Auch die Prinzipien, die wir letztens beschlossen haben, müssten doch alle kennen.

Michael: Welche Prinzipien?

Peter: Siehst du, das meine ich! Wir könnten die große Projektwand von den Motivationspostern befreien und neben unsere Architekturziele auch solche Informationen hängen. Fände ich gut.

Michael: Ja, warum nicht. Die Motivationsposter sind sowieso ein schlechtes Zeichen für die meisten Projekte. „Wer das Beste versucht, dem gelingt alles" ... mhm ...

Architekturentscheidungen sind weitreichend und vor allem deshalb schwer änderbar, weil weite Systemteile davon betroffen sind. Durch die breite Wirkung sind auch viele Entwickler an der Umsetzung einer Architekturentscheidung beteiligt, sie müssen sich entsprechend der Architekturidee verhalten und untaugliche Entscheidungen früh identifizieren können. Sie wollen Architekturideen deshalb möglichst breit streuen und in vielen Köpfen verankern. Entwickler brauchen für gute Arbeit Architekturkontext und Transparenz.

Problemstellung:
Wie können wichtige Informationen zur Architektur möglichst breit gestreut werden, um (1) Kontext für Entwurf und Entwicklung zu geben und (2) bei schwierigen Entscheidungen und Kompromissen für eine gemeinsame Basis zu sorgen?

Jeder Entwickler, Berater oder andere an der Umsetzung Beteiligte sollte sich schnell einen Überblick zur Softwarearchitektur verschaffen können, sollte wissen, wie die Architektur grob aussieht, was sie formt und wie es um sie steht. Zentral sind folglich das sogenannte Big-Picture, wichtige Entscheidungen, die stärksten Einflüsse und der aktuelle Status.

Das Konzept, Information sichtbar zu machen, sie an Plätzen zu „deponieren", die viel frequentiert sind, und sie so als allgemeines Wissen in den Köpfen zu verankern, ist nicht neu. Verbunden mit „beobachtenden Augen" ist es das Mittel von Propaganda in fragwürdigen Diktaturen dieser Erde (und es funktioniert nachweisbar seit Jahrzehnten). Das ist aber nicht das Bild, das ich hier vermitteln möchte. Vielmehr möchte ich auf die Disziplin des Projektmanagements verweisen, die ebenfalls schon lange mit diesem Mittel arbeitet. 2004 hat Kent Beck die Idee für eXtreme Programming formuliert und dabei vom *informativen Arbeitsplatz* gesprochen. Betritt ein interessierter Beobachter den Projektraum, soll er demnach innerhalb von 15 Sekunden eine generelle Idee haben, wie es um das Projekt steht. Nimmt er sich etwas mehr Zeit für einen genaueren Blick, offenbaren sich ihm vorhandene oder potenzielle Probleme [Bec04]. Seitdem arbeiten agile Projekte mit transparenten Prozessen, Backlogs an Projektwänden, Kanban-Boards, plakatierten Release-Zielen, Burndown-Charts, sichtbarem Build-Status und vielem mehr. Elizabeth Whitworth hat in einer Studie belegt, dass ein informativer Arbeitsplatz positive Auswirkungen auf Motivation, Stolz und Begeisterung der Mitarbeiter hat [Whi06] – neben der besseren Handlungsfähigkeit durchaus erstrebenswerte Effekte. Was liegt also näher, als diese Erfolge auf Softwarearchitektur zu übertragen – einer Disziplin, die sich über ihre querschnittliche, fundamentale Wirkung auf viele Beteiligte definiert?

Was können Sie nun tun, um einen informativen Arbeitsplatz für Architektur aufzubauen? Die grundsätzlichen Elemente sind die folgenden:

- **Informationsverteiler** (engl. information radiators): manuell erstellte und aktuell gehaltene, nichtelektronische Anzeigen und Darstellungen, grob gesagt: Wände und Flipcharts.
- **Feedback-Geräte** (engl. feedback devices): Geräte, die mit automatisierten Prozessen verbunden sind und deren Status zeigen. Üblich sind etwa Bildschirme oder Ampeln.

Informationsverteiler sind nicht an automatisierte Prozesse gebunden und sehr einfach und universell zu verwenden. Hier ist wenig Vorbereitung nötig, Sie können sofort loslegen. Plakatieren Sie wichtige Architekturinformationen an die Wände des Büros und sorgen Sie dafür, dass Architekturtreffen sichtbare Spuren hinterlassen (siehe AD-HOC-ARCHITEKTURTREFFEN → Abschnitt 4.8). Die Darstellung sollte deutlich und auch aus einigen Metern Entfernung gut lesbar sein. Was sind nun aber jene Architekturinformationen, die wichtig sind? Bild 5.2 gibt einen Überblick.

Die illustrierten Elemente sind sinnvolle Beispiele für architektonische Inhalte von Informationsverteilern:

- **Was die Architektur formt**:
  Stellen Sie die wichtigsten Einflüsse auf die Architekturarbeit möglichst übersichtlich dar. Geeignet sind hierfür etwa der *Systemkontext*, der Fremdsysteme und Benutzer Ihres Systems zeigt, der *Produktkarton*, der Ihre Vision und die wichtigsten Qualitätseigenschaften vermittelt, die Top-drei- bis -fünf-*Architekturziele* und die momentan wichtigsten *Szenarien* – jene, die technisch herausfordernd, für den Kunden wichtig und momentan dringend sind.

- **Wie die Architektur grob aussieht**:
  Zeigen Sie ein übersichtliches *Big-Picture* Ihrer Anwendung, das zumindest die zentralen Muster, Technologien und Komponenten beinhaltet. Machen Sie die wichtigsten getroffenen *Architekturentscheidungen* und evtl. deren Status[2] deutlich (siehe ARCHITEKTURENTSCHEIDUN-

---

[2] Der Status einer Entscheidung kann in Kategorien abgebildet werden – etwa „Idee", „1x umgesetzt", „Standard" oder „Deprecated".

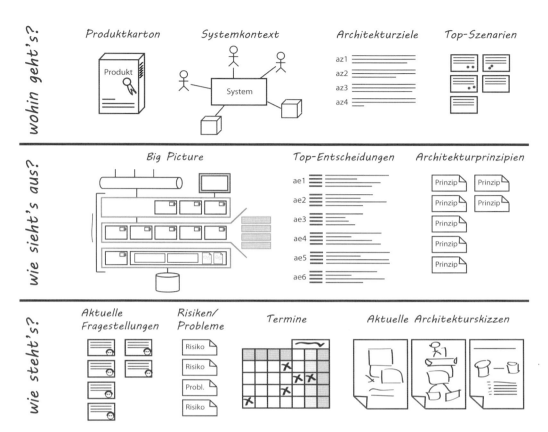

Bild 5.2 Inhalte einer „Architekturwand"

gen treffen → Abschnitt 4.4) und präsentieren Sie die entschiedenen *Architekturprinzipien* zumindest mit aussagekräftigen Namen (siehe Im Prinzip entscheiden → Abschnitt 4.7).

- **Wie es um die Architektur steht**:
  Beim aktuellen Status zur Architektur sind zum Beispiel Flipcharts mit *Architekturskizzen* (etwa aus Ad-hoc-Architekturtreffen → Abschnitt 4.8) und aktuell bearbeitete *Fragestellungen* interessant, außerdem erkannte und noch nicht behandelte *Risiken* oder *Probleme* (aus der wiederholten Reflexion, dem Realitätscheck für Architekturziele oder einfach aus der Umsetzungsarbeit). Auch wichtige *Termine* von Abstimmungen, Treffen und Demos sind spannend.

Das Wichtigste bei Informationsverteilern ist, sie aktuell und lebendig zu halten. Übertragen Sie die Aufgabe nicht einer Person, sondern machen Sie alle Entwickler für die „Architekturwand" verantwortlich. Aktualisieren Sie die Architekturziele nach Realitätschecks (→ Abschnitt 6.2), aktualisieren Sie die wichtigsten Szenarien bei der Anforderungspflege (→ Abschnitt 3.2), achten Sie auf Entscheidungen bei der wiederkehrenden Reflexion (→ Abschnitt 5.5). Veränderungen am Big-Picture sollten Sie einzeichnen und z. B. mit roten Post-Its signalisieren. Lassen Sie wertvolle Flipcharts nicht einfach in Besprechungsräumen hängen, sondern stellen Sie sie einige Tage an zentraler Stelle aus. Probleme und Risiken lassen sich auf Post-Its sammeln und so weiter. Eine gute Architekturwand kann vielen Missverständnissen vorbeugen und motiviert Entwickler dazu, sich mit architektonischen Ideen auseinanderzusetzen.

Verteilt sich Ihre Entwicklungsmannschaft auf mehrere Räume, können Sie versuchen, einige Informationen zu doppeln (vorrangig Einflüsse und Architekturüberblick) und andere spezifisch für die Mitarbeiter vor Ort zu gestalten (etwa den Status). Redundanzen haben allerdings immer ihre Schattenseiten. Bevor Sie gänzlich auf eine physische Wand verzichten und mit elektronischen Dashboards, Wikis und Bildschirmschonern arbeiten: Ein Projekt, das ich betreut habe, hat erfolgreich mit einer physischen Architekturwand gearbeitet und diese Wand in drei andere Projekträume „übertragen" – mit fest installierter Kamera jeweils ein bis zwei Beamern in den weiteren Räumen. Das Experiment hat überraschend gut funktioniert.

Feedback-Geräte werden üblicherweise eingesetzt, um den Status von Build und Tests anzuzeigen. Neben der berühmten Build-Ampel können z. B. Bildschirme zum Einsatz kommen, die in großer Schriftgröße und farblich unterlegt Testergebnisse und Erfolgsraten kommunizieren. Aus der Perspektive der Softwarearchitektur betrachtet, sind neben diesen beiden Klassikern auch Ergebnisse aus der statischen Codeanalyse (Qualitätsindikatoren, siehe QUALITÄTSINDIKATOREN NUTZEN → Abschnitt 6.4), dem VERGLEICH ZWISCHEN CODE UND ARCHITEKTUR (→ Abschnitt 6.5) und aus späteren Testphasen für qualitative Aspekte (siehe QUALITATIVE EIGENSCHAFTEN TESTEN → Abschnitt 6.3) interessant. Etwas ausgefallener ist die Idee auf einem Bildschirm Fotos von den letzten Architektur-Workshops zu zeigen. Laden Sie etwa Fotos von Whiteboard-Skizzen ins Wiki, werden Sie automatisch an Bildschirmen in den Projekträumen gezeigt, inklusive Workshop-Titel und Namen der Teilnehmer.

Tipps zum Scheitern

Möchten Sie mit diesem Muster scheitern und Ihrem Projekt schaden, folgen Sie diesen Empfehlungen:

- Lassen Sie Informationen auf Informationsverteilern ruhig veralten. Wenn sich an der Architekturwand lange nichts ändert, achtet auch keiner darauf – das reguliert sich von selbst.
- Wählen Sie für Informationsverteiler eine Wand in einem entfernten Besprechungsraum. Interessierte können dort nachsehen und die Architekturwand ist vor neugierigen Blicken des Managements und fremder Projekte geschützt.
- Ernennen Sie einen Entwickler zum Informationsminister. Er ist als Einziger befugt, etwas an Informationsverteilern zu ändern oder zu aktualisieren.
- Verzichten Sie darauf, Namen auf Flipcharts und Post-Its mit Risiken und Problemen zu schreiben. Die Erarbeiter sind so vor lästigen Fragen geschützt und können in Ruhe arbeiten.
- Gestalten Sie nicht eine Architekturwand, sondern viele. Alle Skizzen und Diagramme bleiben an den Wänden, bis der Platz gebraucht wird. So sind überall wertvolle Informationen und der informative Arbeitsplatz wird größer!
- Verteilen Sie alle Test- und Metrikergebnisse feingranular und mehrmals täglich als E-Mail an alle Mitarbeiter. Im Englischen sagt man „hard to avoid" – das rückt die Wichtigkeit des Themas ins Bewusstsein aller ... oder so ähnlich.

Der informative Arbeitsplatz trägt die wichtigsten Architekturinformationen zusammen und ist deshalb sowohl Informationsquelle als auch Ergebnissenke. Die Inhalte für Informationsverteiler kommen zum Beispiel aus dem INITIALEN ANFORDERUNGS-WORKSHOP (→ Abschnitt 3.1 – Architekturziele, Produktkarton etc.), aus der ANFORDERUNGSPFLEGE (→ Abschnitt 3.2 – Szenarien), aus AD-HOC-ARCHITEKTURTREFFEN (→ Abschnitt 4.8 – Architekturskizzen) oder dem REALITÄTSCHECK FÜR ARCHITEKTURZIELE (→ Abschnitt 6.2 – Probleme und Risiken). Außerdem erzeugen Sie Inhalte, wenn Sie GERADE GENUG ARCHITEKTUR VORWEG entscheiden (→ Abschnitt 4.3 – Systemkontext, Architekturziele, Szenarien), ARCHITEKTURENTSCHEIDUNGEN TREFFEN (→ Abschnitt 4.4 – Entscheidungen, Risiken) oder IM PRINZIP ENTSCHEIDEN (→ Abschnitt 4.7 – Prinzipien).

Die meisten dieser Muster bedienen sich auch wiederum an „der Wand". So holt sich der REALITÄTSCHECK FÜR ARCHITEKTURZIELE (→ Abschnitt 6.2) etwa die Ziele von der Architekturwand. Darüber hinaus können Sie entdeckte Probleme oder RISIKEN AKTIV BEHANDELN (→ Abschnitt 4.6).

Feedbackgeräte basieren darauf, dass sie KONTINUIERLICH INTEGRIEREN UND AUSLIEFERN (→ Abschnitt 6.6), QUALITATIVE EIGENSCHAFTEN TESTEN (→ Abschnitt 6.3), QUALITÄTSINDIKATOREN NUTZEN (→ Abschnitt 6.4) und CODE UND ARCHITEKTUR VERBINDEN (→ Abschnitt 6.5). Die entsprechenden Reports aus Test- und Metrikergebnissen werden entsprechend aufbereitet, bevor sie zur Anzeige gebracht werden.

5.2 Gemeinsam entscheiden

Von Markus Wittwer (markuswittwer.de)

> „Der Künstler, der in allem nach Vollkommenheit strebt,
> wird sie nirgendwo erreichen."
>
> – Eugène Delacroix

Sarah: Ich habe euch heute hier zusammengerufen, um mit euch über Datenbackup und -wiederherstellung zu sprechen.

Michael: Schön gesagt.

Sarah: Wir drehen uns schon eine ganze Weile im Kreis bei dieser Fragestellung. Einige von euch meinen, dass Datenbankspiegelung die beste Option sei, andere ziehen Transaktionsreplizierung vor …

Tommy: Das geht beides ein wenig am Thema vorbei. Weil wir Szenarien haben, die eine Datenwiederherstellung auch bei korrupten Daten fordern, benötigen wir ein regelmäßiges Backup, das nicht hundertprozentig aktuell und produktiv ist, sondern zeitverzögert Datenabzüge macht und die Konsistenz prüft.

Sarah: Das wollte ich gerade sagen. Es gibt noch eine dritte Meinung.
Danke Tommy.

Michael: Aber auch ein regelmäßiges Backup können wir durch Datenspiegelung realisieren.

Axel: Aber ein inkrementelles Backup ist viel schneller.

Michael: Dafür ist die andere Variante sicherer, was die Konsistenz betrifft.

Tommy: Ein Transaktionslog müssen wir sowie speichern, um bei der Wiederherstellung der Daten von einem nichtkorrupten Stand nicht zu viele Daten zu verlieren.

Sarah: Ich sehe schon, wir kommen diesmal auch nicht weiter. Kann nicht irgendjemand einfach entscheiden?

Axel: Was wäre, wenn wir nicht nach der perfekten Lösung für jeden einzelnen von uns suchen, sondern uns mehr darauf konzentrieren, was uns generell als brauchbar erscheint. Die Präferenzen zur Ideallösung gehen auseinander. Auch ich habe eine Ideallösung – und sie enthält schnelle Bandlaufwerke statt normaler Datenbanken –, aber für mich sind einige andere Lösungen o.k. Einige Lösungen finde ich auch nicht gut, aber vielleicht lässt sich eine gemeinsame Lösung finden, die für alle zumindest o.k. ist …

Sie sitzen mit Ihren Kolleginnen und Kollegen in einer Besprechung, um eine wichtige Architekturentscheidung zu treffen. Sie haben Szenarien aufgestellt und Optionen evaluiert. Trotzdem ist noch nicht offensichtlich, was als Nächstes zu tun ist, und ihre Gruppe beginnt sich in der Diskussion im Kreis zu drehen.

Problemstellung:
Wie kann eine Entscheidung effektiv und konkret in einer Gruppe getroffen werden, wenn erstens ein Entscheider (Architekt) delegiert oder zweitens die Gruppe selbst für die Entscheidung verantwortlich ist.

Um in einer Gruppe effizient entscheiden zu können, braucht es ein gemeinsames Verständnis, **wie** diese Gruppe entscheidet. Im Folgenden werden mehrere Möglichkeiten besprochen:
- „Objektives" Entscheiden durch Quantifizieren
- Informiertes Entscheiden durch einen Entscheider
- Entscheiden im Konsens
  - Konsensabfrage mit Hilfe des Daumens (Thumb-Voting)

„Objektives" Entscheiden durch Quantifizieren

Hier werden die Optionen nach einem vermeintlich objektiven Verfahren bewertet (z. B. der Erfüllungsgrad von Szenarien). Man einigt sich vorab auf die Bewertungskriterien, bewertet die Optionen nach den Kriterien, errechnet die Ergebnisse für jede Option und hat damit automatisch eine siegreiche Option. In der Besprechung selbst gibt es eigentlich nichts mehr zu entscheiden, da die Gewinneroption ja schon feststeht.

Warum spreche ich hier von „vermeintlich objektiv"? Die eigentlichen Entscheidungen werden hier beim Bewerten und Quantifizieren der Optionen getroffen, dieser Prozess ist häufig nicht objektivierbar und stützt sich auf subjektive Entscheidungen (z. B. Qualität des Supports für ein Framework).

Die Frage verschiebt sich also lediglich und lautet in diesem Fall also: Wie können wir als Gruppe über die Quantifizierung von Optionen entscheiden? Die folgenden Verfahren beantworten diese Frage.

Informiertes Entscheiden durch einen Entscheider

Bei dieser Variante gibt es den einen Entscheider, den klassischen Architekten. Er ist allerdings so klug, nicht alleine zu entscheiden, sondern berücksichtigt die Überlegungen des gesamten Teams.

Im Idealfall arbeitet das Team mit oder ohne Beteiligung des klassischen Architekten eine Entscheidungsvorlage mit einem klaren Favoriten aus, der er dann folgt. Natürlich kann der Architekt auch anders entscheiden. Einzelne Teammitglieder kann eine gegensätzliche Entscheidung allerdings stark demotivieren, daher sollte diese gut begründet sein und der Architekt zu Beginn des Prozesses möglichst alle relevanten Rahmenbedingungen offenlegen.

Sie wissen, dass nach diesem Modus entschieden wird, wenn Sie z. B. folgenden Satz hören: „O.k., **wir** haben uns vier Webframeworks im Detail angeschaut, bewertet und dabei herausgefunden, dass Wicket **unser** Favorit ist. **Ich** entscheide, dass wir mit Wicket starten."

Andere typische Situationen beim informierten Entscheiden sind:

- Das Team kann sich nicht auf einen Favoriten einigen, der Architekt stellt mit seiner Entscheidung dann sicher, dass weitergearbeitet werden kann.
- DER LETZTE VERNÜNFTIGE MOMENT (siehe Abschnitt 4.2) für eine Entscheidung ist gekommen. Obwohl das Team noch keinen klaren Favoriten hat, trifft der Architekt unter Unsicherheit eine Entscheidung und verantwortet die Konsequenzen.

Jeder in einer Gruppe sollte wissen, dass der Architekt die Gruppe konsultiert, die Entscheidung jedoch beim Architekten verbleibt. Um in einer Gruppe Klarheit über den Entscheidungsmodus zu schaffen, hilft das Modell der sieben Stufen der Entscheidungskompetenz für Teams von Appelo [App09]. Das hier beschriebene „Informierte Entscheiden" entspricht in dem Modell der Stufe 3 „Consult". Um dem Team mehr Verantwortung zu geben und damit zu den Stufen 4 bis 7 zu kommen, braucht das Team Verfahren, um ohne einen designierten Entscheider zu einer Entscheidung zu kommen.

Entscheiden im Konsens

Im Konsens zu entscheiden, hat einen schlechten Ruf: Viele befürchten dabei endlose Diskussionsrunden und faule Kompromisse. Meine These ist, dass dies von einem falschen und wenig hilfreichen Verständnis von Konsens verursacht wird sowie von vielen leidvollen und schlecht moderierten Besprechungen, in denen ohne ein klares Verfahren versucht wurde, Konsensentscheidungen herzustellen.

Was bedeutet Konsens? Viele verstehen unter Konsens, dass alle Beteiligten ihre Ideallösung bekommen, was offensichtlich schwer herzustellen ist. Wikipedia definiert Konsens hingegen wie folgt:

„Der Konsens bedeutet die Übereinstimmung von Menschen hinsichtlich einer beschreibbaren Thematik ohne verdeckten oder offenen Widerspruch." [Kon13]

In der Praxis geht es darum, eine für das Gesamtsystem angemessene Entscheidung zu treffen, die jeder mittragen kann. Agil zu arbeiten, bedeutet ja gerade, dass wir anerkennen, uns typischerweise in komplexen Systemen zu bewegen. Diese sind dadurch definiert, dass wir keine perfekte Entscheidung finden können und uns unter Unsicherheit trotzdem für eine brauchbare Option entscheiden. Daher ist es sinnvoll, Entscheidungen zum LETZTEN SINNVOLLEN MOMENT zu treffen (→ Abschnitt 4.2) oder Set-Based Design einzusetzen (siehe Kasten ab S. 83).

In einer Konsensentscheidung versucht man also *nicht*, für jeden Beteiligten die *Ideallösung* umzusetzen, sondern herauszufinden, ob jeder die vorgeschlagene Lösung mittragen kann. Einen Überblick über Verfahren für Konsensentscheidungen geben meine Blogartikel [Wit11]. Das nützlichste Verfahren möchte ich hier im Detail beschreiben:

Konsensabfrage mit Hilfe des Daumens (Thumb-Voting)

Dieses Verfahren läuft folgendermaßen ab, jedes Teammitglied kann es in einer Besprechung jederzeit starten:

1. Das Teammitglied formuliert einen klaren Vorschlag, z. B. „O.k., wir haben jetzt eine ganze Zeit die Vor- und Nachteile der Webframeworks diskutiert. Aufgrund der Diskussion und der Ergebnisse der Spikes schlage ich vor, dass wir Wicket einsetzen und bitte Euch um ein Thumb-Voting."
2. Der Vorschlagende gibt der Gruppe einen Moment Bedenkzeit; wenn alle fertig sind, gibt er das Signal, dass das Thumb-Voting jetzt startet.
3. Jedes Teammitglied hält seinen Daumen in die Luft:
   a) **Daumen nach oben** bedeutet dabei volle Zustimmung: „Ich unterstütze den Vorschlag voll und ganz."
   b) **Daumen zur Seite** bedeutet: „Der Vorschlag ist nicht meine Präferenz, aber er ist in meinem O.k.-Bereich. Ich bin bereit, den Vorschlag mitzutragen."
   c) **Daumen nach unten** bedeutet: „Ich habe ein Veto. Ich trage den Vorschlag nicht mit."
4. Sofern niemand einen Daumen nach unten zeigt, ist der Vorschlag angenommen. Der Vorschlagende bestätigt dies mit „Danke für eure Meinung, wir arbeiten ab jetzt mit Wicket."

Sie sehen hier die Anwendung der Konsens-Definition: Eine Entscheidung ist dann getroffen, wenn es keinen Widerstand gibt.

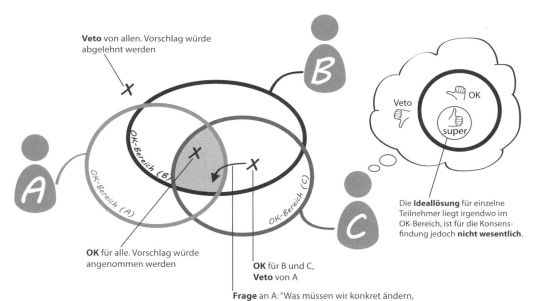

Bild 5.3 Systemisches Konsensieren als Abfrage von Widerständen

Was passiert, wenn es jedoch ein Veto gibt, wenn ein oder mehrere Personen ihren Daumen senken? Der Vorschlagende kann dann versuchen, die Veto-Gebenden an Bord zu holen, indem er jeden einzelnen fragt: „Was müssen wir konkret an dem Vorschlag ändern, damit du dabei sein kannst?" Auf diese Weise fokussiert man sich auf die Elemente des Vorschlags, bei denen der Widerstand am größten ist. Der Veto-Gebende antwortet möglichst kurz und der Vorschlagende versucht, sofort einen neuen Vorschlag zu formulieren und erneut zur Abstimmung zu stellen. Häufig kann so schnell eine tragfähige Lösung herbeigeführt werden.

Manchmal führt dies jedoch nicht zum Ziel, dann ist es sinnvoll, den Vorschlag erst einmal wieder fallen zu lassen und auf andere Art und Weise zu versuchen, einen neuen Vorschlag zu erarbeiten (z. B. indem Sie RISIKEN AKTIV BEHANDELN → Abschnitt 4.6, oder STAKEHOLDER INVOLVIEREN → Abschnitt 5.4).

Ein Veto-Geber trägt die Verantwortung, sein Veto zu begründen. Falls Sie bemerken, dass dem Veto-Geber dies schwerfällt oder Sie hören schwer nachvollziehbare, aber vermeintlich sachliche Begründungen, dann ist es wichtig, auch dieses Veto ernstzunehmen und die Gründe dahinter wertzuschätzen. Anstatt frustriert oder verärgert zu reagieren, nehmen Sie dieses Verhalten als Hinweis, dass nicht Sachgründe, sondern andere Ursachen hinter dem Veto liegen. Folgende Ursachen treten häufiger auf:

- Der Veto-Gebende hat den Eindruck, seine Meinung ist im Entscheidungsprozess nicht angemessen gehört worden, er kann nicht sehen, wie sein Beitrag bei der Entscheidungsfindung berücksichtigt ist.
- Es wird gerade die Lösung vorgeschlagen, mit der er am wenigsten Erfahrung hat und daher plötzlich zum Anfänger im Team wird.
- Er hat von außerhalb der Gruppe den Auftrag bekommen, möglichst eine andere Lösung durchzusetzen und dies sowie die guten Gründe dafür wurden bisher nicht offengelegt.

In solchen Situationen sind ausgeprägte Soft-Skills entscheidend: aktives Zuhören [Vig10] und wertschätzende Kommunikation nach Rosenberg [Ros04] sind die nützlichsten Werkzeuge, die ich kenne.

Weiterführendes

Falls Sie noch tiefer in das Thema dieses Musters einsteigen möchten, empfehle ich Ihnen zwei Quellen:

- In den sehr lesenswerten Core Protocols [McC10] finden Sie eine noch strukturiertere Beschreibung für eine Entscheidung in Gruppen. Insgesamt beschreiben die Core Protocols Grundsätze und Protokolle für das Miteinander in selbst organisierten Teams und sind daher für ein agiles Arbeiten sehr wertvoll.
- Bei Architekturentscheidungen besteht oft das Problem, zwischen vielen Alternativen die brauchbarste Alternative herauszufinden. Anstatt einzeln die Alternativen abzufragen, kann man auch die Konsensabfrage (bzw. die Veto-Abfrage) quantifizieren. Man fragt dabei jedes Teammitglied nach seinem Widerstand für jede Alternative auf einer Skala von null bis zehn. „0" bedeutet dabei „Kein Widerstand" bzw. „Diese Lösung trage ich voll mit", „10" bedeutet „starker Widerstand" bzw. „ich lehne diesen Vorschlag entschieden ab". Die Alternative mit den wenigsten Widerstandsstimmen ist dann dem Konsens am nächsten. Diese Verfahren nennt sich „Systemisches Kompensieren"[Pau09].

Tipps zum Scheitern

Möchten Sie mit diesem Muster scheitern und Ihrem Projekt schaden, folgen Sie diesen Empfehlungen:

- Lassen Sie Ihr Team bis kurz vor der Entscheidung glauben, dass sie gemeinsam im Konsens entscheiden- und entscheiden Sie dann allein. Schließlich arbeiten Menschen am besten, wenn sie glauben, dass sie an der Entscheidung beteiligt sind. Dies kann man nutzen, um ein Maximum an Informationen zu gewinnen.
- Sorgen Sie dafür, dass Entscheidungen möglichst schnell fallen. Wer nicht reagiert, kann sich später auch nicht mehr beschweren und Sie müssen mit weniger Vetos umgehen.
- Wechseln Sie vom Konsens zum Mehrheitsprinzip: Reagieren Sie auf ein Veto mit: „Na klar, du bist wieder der Einzige der Widerspruch einlegt. Das ignorieren wir jetzt mal, schließlich sind fünf Personen dafür." Interessieren Sie sich nicht für die Gründe hinter dem Widerspruch.
- Fragen Sie höflich nach der Begründung für ein Veto und sagen Sie dann beispielsweise: „Stell dich nicht so an, das Framework zeichnet sich durch eine flache Lernkurve aus." Oder: „Was für ein Schwachsinn, du hast offensichtlich keine Ahnung, das Veto können wir ignorieren." Lassen Sie an dieser Stelle Ihrer Fantasie und ihren rhetorischen Fähigkeiten freien Lauf.
- Diskutieren Sie ausführlich in der Gruppe über ein objektives Bewertungsschema. Achten Sie darauf, dass die einzelnen Kriterien möglichst schwammig sind. Ziehen Sie sich dann zurück und führen Sie die Bewertung alleine durch. So können Sie sicherstellen, dass Sie Erfahrungen mit Ihrem neuen Lieblings-Framework in Ihren Lebenslauf schreiben können.

∎

Beim Entscheiden durch Quantifizieren kommen oft SZENARIEN ALS ARCHITEKTURANFORDERUNG (→ Abschnitt 3.3) zum Einsatz. Informiertes Entscheiden setzt einen delegierenden Entscheider voraus – diese Rolle könnte etwa ein ARCHITECTURE OWNER (→ Abschnitt 5.6) übernehmen, auch wenn Konsensieren oft die bessere Wahl ist, um ARCHITEKTURENTSCHEIDUNGEN ZU TREFFEN (→ Abschnitt 4.4) oder IM PRINZIP ZU ENTSCHEIDEN (→ Abschnitt 4.7).

In frühen Phasen kann eine gemeinsame Entscheidungsfindung auch auf GERADE GENUG ARCHITEKTUR VORWEG (→ Abschnitt 4.3) und die enthaltene Architekturvision angewandt werden. Ein sogenanntes „Tiger Team" würde die initiale Architektur gemeinsam formen und sich dann auf mehrere Teams aufteilen, wenn das Entwicklungsteam wächst und Fahrt aufnimmt. So unterstützen Sie das Kontextwissen jedes Entwicklers, fördern den Austausch zwischen den Teams (über Entwickler, die sich von Beginn an kennen) und tragen die Praxis des gemeinsamen Entscheidens effektiv in die Teams.

Probleme, die bei Entscheidungen als Vetos formuliert werden, können Sie als RISIKEN AKTIV BEHANDELN (→ Abschnitt 4.6), Sie können Prototypen bauen, Durchstiche erstellen oder Wissen aufbauen. Auch STAKEHOLDER ZU INVOLVIEREN (→ Abschnitt 5.4), kann helfen. Sollten Sie die Techniken zum gemeinsamen Entscheiden nicht direkt mit Ihren zentralsten und wichtigsten Fragestellungen ausprobieren wollen, eignen sich ARCHITEKTUR-KATA (→ Abschnitt 5.8) für erste Gehversuche.

■ 5.3 Analog modellieren

„Die wichtigste Sache ist nicht die Kamera, sondern das Auge."

– Alfred Eisenstaedt

Tommy: Guten Morgen! Ich wollte mit euch über den Eventmechanismus sprechen. Wir entwerfen den momentan, um aus der Datenbankzugriffsschicht persistente Aktionen zu melden und weiter an die abonnierenden Clients zu leiten. Jetzt habe ich kürzlich an der Architekturwand gesehen, dass wir so etwas Ähnliches auch für die Archivierung brauchen könnten. Ich wollte euch den Mechanismus kurz zeigen, damit ihr sagen könnt, ob das bei euch auch passen könnte.

Alle nicken ...

Peter: Kannst du mal den Beamer einschalten?

Tommy: So, das Modell habe ich hier unter „Common" gelegt.

Sarah: Wieso „Common"? Ich dachte, den Ordner wollten wir gar nicht mehr verwenden?

Tommy: Schon, aber ich wollte den Entwurf erst einmal nicht in eine bestimmte Komponente legen, weil er ja breiter angewandt werden sollte.

Michael: Ich finde, wir sollten da eine eigene Struktur schaffen. „Common" ist sowieso ein blöder Name.

Tommy: Da können wir uns ja noch drum kümmern. So, hier ist das Modell. Moment, ich mach mal kleiner, damit man alles sieht.

Peter: Was ist das Grüne da links?

Tommy: Das ist das Event selbst. Die Attribute kann man jetzt nicht lesen, aber es geht erst mal um den Überblick.

Sarah: Hast du da nicht einen Abhängigkeitszyklus drinnen?

Tommy: Wo?

Sarah: Zwischen dem Event und den anderen beiden Kästen, die ich nicht entziffern kann.

Tommy: Ach so, ja. Ich weiß momentan nicht, wo die eine Abhängigkeit herkommt. Als ich die Elemente in das Diagramm kopiert habe, hat er die automatisch eingezeichnet.

Michael: Du musst per „new Element" kopieren, nicht per Referenz.

Peter: Außerdem kann man das Diagramm hier auch ohne überschneidende Pfeile ausrichten, wenn man das Element ganz links in die Mitte zieht ...

Wahrscheinlich bemerken Sie, lieber Leser, dass die Truppe von der eigentlichen Fragestellung abgekommen ist ...

Sie wollen gemeinsam mit anderen Entwicklern architektonische Ideen besprechen, sich zu schwierigen Entscheidungen austauschen. Entwurfsoptionen und konzeptionelle Ideen sind allerdings verbal schwierig zu vermitteln und Modellierungstools scheinen für Zusammenarbeit schlecht geeignet. Sie suchen deshalb nach wirklich interaktiven Möglichkeiten der Zusammenarbeit auf architektonischer Ebene.

> **Problemstellung:**
> Wie kann die Zusammenarbeit auf konzeptioneller Ebene unterstützt werden, um Kreativität, Spontanität und eine zielgerichtete, kollektive Problemlösung zu fördern?

Viele Entwickler greifen auf visuelle Darstellungen zurück, sei es ein Flipchart oder Whiteboard im Raum, ein Modellierungstool oder einfach ein A4-Blatt und ein Bleistift. Visualisierung hilft, in Gesprächen ein gemeinsames Verständnis zu entwickeln. Es wird klarer, was die Optionen sind, was diese Optionen für Auswirkungen haben und ob die Auswirkungen erstrebenswert sind. Einfache Illustrationsmittel fördern darüber hinaus, dass Anwesende ihre Ideen gegenseitig vervollständigen oder korrigieren – es entsteht echte Zusammenarbeit und Missverständnisse werden früher wahrgenommen. Kultivieren Sie diese Vorteile und basieren Sie Ihre Architekturarbeit auf einfachen visuellen Hilfsmitteln, arbeiten Sie immer wieder interaktiv in Kleingruppen und setzen Sie gute Ideen schnell um.

Modellierungswerkzeuge – eher nicht

Modellierungswerkzeuge leisten enorme Dienste, wenn es um die Dokumentation und Verwaltung von Konzepten, Sichten und Entscheidungen geht. Sie erlauben unternehmensweiten Zugriff auf Modelle und bieten Analyse- und Auswertungsmöglichkeiten für Beziehungen und Elemente. Auch die Weiterentwicklung und Wartung von komplexen Konzepten oder Architekturmodellen sind mit Modellierungswerkzeugen einfacher und effektiver als ohne. Im kreativen Austausch und bei der Zusammenarbeit offenbaren sich allerdings auch Nachteile und Schwächen. Tools nehmen in Diskussionen schnell einen prominenten Platz ein und beanspruchen einen guten Teil Ihrer Aufmerksamkeit. „Gibt es hierfür nicht ein Tastenkürzel?", „Ja, das Problem habe ich auch schon gehabt!", „Nein, Zoomen geht ganz einfach!", „Wie kann man denn Elemente schnell ausrichten?", „Ist das der richtige Ordner für das Diagramm?", „Müsste nicht wegen des Sequenzdiagramms die Komponentensicht automatisch angepasst werden?" und so weiter. Unter dieser Ablenkung leiden insbesondere kreative Prozesse wie der Entwurf von Software oder die Beschreibung komplexer Probleme. Etwas genauer beleuchtet, sind es für mich vor allem die folgenden Nachteile, die bei Architekturarbeit oft behindern:

- **Erzwungener Formalismus**:
  Bei kreativem Austausch oder noch nicht ausgereiften Ideen ist es hilfreich, Formalien zunächst beiseite zu lassen, zu abstrahieren und sich auf das Problem zu fokussieren. Tools erzwingen jedoch meist „korrekte" Modellierung und machen Details von Anfang an wichtig.
- **Bedienung vor Problem**:
  Die Anordnung und Ausrichtung von Modellelementen, die richtige Beschriftung und die Suche nach Tooloptionen lenken die Aufmerksamkeit weg vom Architekturproblem. Es wird aufwendiger, komplizierte Sachverhalte zu besprechen, und wichtige Fragen bleiben oft ungeklärt.

- **Wenig interaktiver Charakter:**
  Modellierungstools in Workshops einzusetzen, bedingt meist ein klassisches Besprechungs-Setup: Der Beamer projiziert an eine Wand und die Workshop-Teilnehmer sitzen an einem großen Tisch. Das fördert eine konsumierende Haltung und behindert lebendigen Austausch. Es gibt keine direkte Form der Mitgestaltung, sondern einen Mittler in Form des Modellierers. Damit behindert man die Lebendigkeit des Austauschs; es entsteht ein Nadelöhr und wichtige Fragen werden vielleicht nicht gestellt. Werden Modellierungsvorschläge direkt im Tool aufgenommen, entstehen Diskussionspausen, in denen die Teilnehmer warten. Workshops werden zäh und verlieren an Dynamik.
- **Starrheit von Modelliertem:**
  In der Praxis ist zu beobachten, dass nur selten grobe Änderungen an in Werkzeugen erfassten Entwürfen vorgenommen werden. Ein im Tool modellierter Ablauf oder eine elektronifizierte Komponentenstruktur wirken professioneller, durchdachter und stabiler, als sie eigentlich sind. Die festgehaltenen Ideen werden oft zu früh als allgemeingültig angenommen. Die sehr wertvolle Phase, in der Ideen noch variabel sind und reifen können, wird praktisch übersprungen.

Analoge Mittel als eine Lösung

Die beschriebenen Nachteile der Arbeit mit Modellierungstools in konzeptionell herausfordernden Situationen können durch die Verwendung einfacherer Werkzeuge abgeschwächt werden. Flipcharts, Metaplanwände, Zettel und Whiteboards drängen sich nicht so sehr in den Vordergrund. Grund dafür ist der geringe Erstellungs- und Änderungsaufwand: Die Fragestellung steht im Vordergrund, das Tool ist generisch und „natürlich". Mit der leichten Änderbarkeit sinkt auch die Schwelle, tatsächlich gemeinsam am Konzept zu arbeiten. Da kein Nadelöhr wie ein Laptop verwendet wird, können mehrere Leute „gleichzeitig" arbeiten und es findet eine Abkehr vom klassischen Besprechungs-Setup statt. Architekturarbeit im Stehen und mit haptischen Dingen ist ein Trend, der auch in großen Konzernen angekommen ist. Die Mitwirkenden arbeiten engagierter und fokussierter.

Die erstellten Skizzen und Entwürfe machen keinen endgültigen Eindruck, stehen zur Disposition. Sie können Flipcharts gut im Teamraum aufhängen, etwa an der Architekturwand (siehe Abschnitt 5.1), und so für Sichtbarkeit sorgen. Bei Bedarf können Sie leicht wieder in die Diskussion einsteigen, weil bei von Hand gezeichneten Skizzen viel mehr Kontextinformation zu deren Entstehung erhalten bleibt. Sie erinnern sich besser an die geführten Diskussionen und die Art und Weise, wie sich das finale Bild entwickelt hat.

Die beste Wahl für die Unterstützung von Architekturdiskussionen sind meiner Erfahrung nach große Whiteboard-Flächen. Statten Sie so viele Wände wie möglich mit Whiteboard-Folien aus, auf denen gezeichnet, geschrieben und wieder gelöscht werden kann. Alleine das Wissen, dass eine Skizze bei Bedarf leicht angepasst werden kann, führt zu lebendigeren Visualisierungen und Diskussionen. Anders als bei klassischen Whiteboards fallen die üblichen Begrenzungen weg und Sie können freier modellieren, müssen nicht bereits zu Beginn wissen, wo sie Platz für Details lassen müssen. Mehrere Sichten auf ein Problem oder verschiedene Optionen zu einer Fragestellung lassen sich nebeneinander darstellen und direkt vergleichen. Große Whiteboard-Bereiche sind der natürliche Platz für kooperative Entwurfsaktivitäten. Werfen Sie Klebezettel (Post-Its) mit in den Mix und Sie können sehr flexibel und schnell modellieren.

Der einzige Schwachpunkt von Whiteboard-Wänden ist die Ergebnissicherung. Eine Wand ist generell recht ortsgebunden, die verwendeten Flächen müssen über kurz oder lang wieder freigegeben werden. Eine Lösungsmöglichkeit sind mobile Whiteboard-Platten: leichte Kunststoffplatten mit Magnetstreifen, die mit Whiteboard-Folie überzogen werden. Solche Whiteboard-Platten sind kostengünstig, leicht transportierbar und können zu größeren Flächen kombiniert werden. Falls Sie solche Platten (noch) nicht verwenden, fotografieren Sie Whiteboard-Wände ab und stellen Sie die Fotos z. B. in ein Projektwiki. Lassen Sie relevante Skizzen in jedem Fall noch einige Tage bestehen, um Anschlussdiskussionen oder Unklarheiten ausräumen zu können – die berühmte „weiche Phase" von Entwürfen sollten Sie gut nutzen können. Wichtige Entscheidungen und Essenzen sollten Sie von Whiteboards auf länger haltbare Flipcharts übertragen oder auf kleineren Zetteln an die Architekturwand heften.

Eine einfache Notation – „Simplified UML++"

Das visuelle Vorgehen in Workshops ist wichtig, um Architekturprobleme zu lösen. Sie externalisieren Konzepte und Ideen und machen sie damit einfacher zu analysieren, zu bewerten und zu verbessern. Für eine gemeinsame Basis beim visuellen Austausch sollten Sie eine für alle verständliche Notation verwenden. Die UML[1] eignet sich hier vor allem wegen ihrer Verbreitung und Klarheit, behindert jedoch oft mit ihrem beträchtlichen Spezifikationsumfang und offenbart öfter Schwächen und Lücken. Auch sind einige Elemente schwierig mit der Hand zu zeichnen (ja, ich meine euch, Assemblyconnector und Co.).

Ich habe gute Erfahrungen damit gemacht, ein kleines Subset von UML-Elementen korrekt zu verwenden und es mit einzelnen kontextabhängigen Erweiterungen zu versehen. Bild 5.4 gibt einen kurzen Überblick.

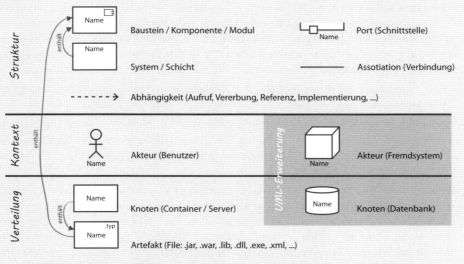

Bild 5.4 Beispiel-UML-Subset für statische Diagramme

> Passende Erweiterungen oder erfundene Notationen können oft hilfreich sein. Üblich sind etwa Datenbanksymbole, Symbole für technische Komponenten wie Firewalls oder spezielle Farben für Frameworks oder Technologien[2]. Tun Sie alles, um möglichst ausdrucksstarke Modelle möglichst schnell skizzieren zu können. Das Wichtigste ist jedoch: Stellen Sie sicher, dass Ihre Notation zumindest innerhalb Ihres Vorhabens etabliert ist. Gibt es viele Schnittstellen zu anderen Systemen, achten Sie darauf, den Austausch nicht mit Spezialdarstellungen zu behindern. Diagramme sollen Sie bei der Kommunikation unterstützen, nicht dabei behindern.
>
> ---
> [1] UML steht für Unified Modeling Language und ist eine graphische Modellierungssprache zur Spezifikation, Konstruktion und Dokumentation von Software-Teilen und anderen Systemen [UML13]
> [2] Bis auf die Farben ist all das auch formal mit der UML realisierbar.

Doch noch Toolunterstützung …

Trotz all der Vorteile von analogen Werkzeugen bei der Klärung von Problemen und Schärfung von Ideen sind (Modellierungs-)Tools nicht ganz außen vor. Zunächst brauchen Sie ein Tool, um Fotos von Skizzen zu verwalten und anzuzeigen. Ein Wiki sollte diesen Zweck gut erfüllen können und ermöglicht Ihnen auch die Beschreibung des Bilds sowie die Verlinkung von Dokumenten und Webseiten.

Bei größeren, verteilten Projekten, komplexen Domänen oder einer Einbettung der Entwicklung in eine Organisation mit Standards zu Wiederverwendbarkeit, Modellierung etc. kommen Sie um die Verwendung von Modellierungstools nicht umhin. Auch sonst bietet sich ein Modellierungstool an, um ein konsistentes Bild der Architektur zu erzeugen, zu versionieren und gemeinsam zu bearbeiten. Um diese Vorteile zu nutzen und die besprochenen Pluspunkte von analogen Verfahren nicht zu verlieren, sollten Sie mit analogen Mitteln entwerfen und mit Modellierungstools festhalten und sichern. Erfassen Sie die analog entworfene Lösung erst nach der angesprochenen weichen Phase der Idee, asynchron im Modellierungswerkzeug. Die Beschreibungslogik im Tool unterstützt Sie beim Angleichen der Lösung an Architektur- oder Modellierungsvorgaben und die Lösung wird an vorhandene Elemente angedockt. Hier spielen Tools ihre Stärken aus und der Modellierungsprozess sollte recht zügig vonstattengehen.

Hier noch zwei Tipps für die nachträgliche Modellierung und die Verwendung von elektronischen Modellen:

- Auch wenn Sie mit Modellierungstools Entwürfe nachträglich erfassen, werfen Sie die Fotos von Flipcharts und Whiteboards nicht weg. Ein Wiki mit diesen Fotos ist erfahrungsgemäß ein wichtiger Referenzpunkt für Entwickler. Verlinken Sie von Fotos und Beschreibungen auf Modelle im Tool und umgekehrt.
- Wollen Sie im Tool modellierte Inhalte in einem Workshop besprechen, entscheiden Sie sich immer vor einem Treffen, ob Sie diskutieren und präsentieren oder ob Sie bearbeiten und weiterentwickeln wollen. Falls die Bearbeitung das Ziel ist: Bereiten Sie den Raum entsprechend vor, um analog arbeiten zu können. Malen Sie relevante Teilbereiche des Modells am Whiteboard nach und bereiten Sie Stifte und Post-Its vor. Verwenden Sie den Beamer nur, um Kontext zu geben und Systemteile vorzustellen.

Tipps zum Scheitern

Möchten Sie mit diesem Muster scheitern und Ihrem Projekt schaden, folgen Sie diesen Empfehlungen:

- Verwenden Sie in den Skizzen jede Notation, die Ihnen einfällt. Achten Sie nicht darauf zu vereinheitlichen oder darauf, dass alle Entwickler die Notation verstehen. Das behindert die Dynamik und bremst.
- Verzichten Sie im Sinne des analogen Gedankens auf Digitalisierung der Ergebnisse. Fotos sind nicht wartbar und die Flipcharts und Whiteboards sind viel sichtbarer.
- Verzichten Sie auch bei komplexen Vorhaben auf Modellierungstools. Schätzen Sie die Nachteile bei kollaborativer Arbeit in jedem Fall höher ein als die Versionierungsvorteile, die verteilte Bedienbarkeit, das konsistente Modell hinter den einzelnen Diagrammen und die Handhabbarkeit einer großen Menge an Diagrammen.

Zentrales Anwendungsgebiet für analoge Modellierung sind AD-HOC-ARCHITEKTURTREFFEN (→ Abschnitt 4.8). Die dort erstellten Skizzen profitieren von den vorgestellten Ideen zu einfacher und einheitlicher Notation und analogen Werkzeugen. Außerdem können die WIEDERKEHRENDE REFLEXION (→ Abschnitt 5.5) oder Treffen zu GERADE GENUG ARCHITEKTUR VORWEG (→ Abschnitt 4.3) von analoger Modellierung profitieren. Wenn Sie GEMEINSAM ENTSCHEIDEN (→ Abschnitt 5.2), sind Architekturskizzen ebenfalls hilfreich. Die effektive Erstellung von Skizzen und den richtigen Umgang mit analogen Arbeitsmitteln können Sie in ARCHITEKTUR-KATA (→ Abschnitt 5.8) trainieren.

Ergebnisse aus der Modellierung werden in Modellierungstools gegossen und können Ausgangspunkt sein, um CODE UND ARCHITEKTUR ZU VERBINDEN (→ Abschnitt 6.5), oder die Handskizzen werden als zentrale Ideen im INFORMATIVEN ARBEITSPLATZ (→ Abschnitt 5.1) gezeigt.

5.4 Stakeholder involvieren

„Wir müssen lernen, wie Brüder zusammenzuleben, sonst gehen wir alle zusammen als Narren unter."[3]

– Martin Luther King, Jr.

Peter: In der Abrechnungskonsole ist eine Fortschrittsanzeige für die monatlich durchgeführten Abrechnungs- und Rechnungsstellungsprozesse geplant. Einige Szenarien fordern, dass bis auf Artikelebene nachvollzogen werden soll, wo die Abrechnung gerade steht. Außerdem soll die Reihenfolge, in der die Abrechnung durchgeführt wird, auf derselben Granularitätsstufe konfigurierbar sein. Generell finde ich das sehr herausfordernd. Können wir hier mal über die technischen Möglichkeiten sprechen?

Sarah: Können wir, gerne. Aber eigentlich kann ich mir nicht vorstellen, dass eine Statusanzeige in dieser feinen Granularität Sinn macht. Eine Konfiguration noch viel weniger. Welcher Benutzer will denn auf Artikelniveau bestimmen, wie Provisionen abgerechnet werden sollen? Denke, da sollten Gruppen reichen. Etwa Mitgliedsabrechnungen, Redakteure oder Werbepartner ...

Peter: Wie machen wir es jetzt. Grobgranular oder fein?

Sarah: Hm, weiß nicht. Wie sieht denn die Lösung für feingranulare Konfiguration aus?

Peter: Das weiß ich eben nicht so genau. Für die Statusanzeige habe ich daran gedacht, ein feingranulares Monitoring einzuführen, das ich live auswerte. Bei Exceptions ...

Axel: Warum fragt ihr nicht einfach den Kunden, statt hier zu spekulieren und technisch komplizierte Diskussionen zu führen?

Peter: Thorsten hat doch nie Zeit und die Diskussion ist sowieso zu technisch.

Axel: Naja, dann macht es doch fachlich ausdrückbar. Zum Beispiel „Wir können Konfiguration und Fortschritt auf Abrechnungsgruppenebene bieten. Das ist schnell herstellbar und relativ günstig. Die Fortschrittsanzeige kann dabei innerhalb der Gruppen noch etwas genauer geschätzt werden, um die Restzeit einigermaßen korrekt abschätzen zu können. Wollen wir hingegen wirklich auf einzelnen Abrechnungsposten konfigurieren können, wäre das teuer und schwer handhabbar. Wir haben zigtausende Positionen pro Monat – das ist alleine schon schwierig im UI darstellbar." Ich bin nicht tief in der technischen Lösung drinnen, aber so ungefähr könnte das doch funktionieren ...

Peter und Sarah sprechen mit Thorsten und es stellt sich heraus, dass mit der Statusanzeige lediglich eine gute Idee des aktuellen Berechnungsfortschritts vermittelt werden soll. Die feine Granularität war die erste Idee des Anforderers, die

---

[3] Englisches Original: *„We must learn to live together as brothers, or perish together as fools."*

grobe Lösung ist aber vollkommen in Ordnung. Der Architekturaufwand hält sich somit in Grenzen.

Architekturentwicklung ist eine Serie von harten Entscheidungen und Kompromissen, die vor allem die Qualitätseigenschaften Ihrer Anwendung prägen. Mit der erreichten Zuverlässigkeit, Sicherheit oder Erweiterbarkeit müssen Anwender, Kunden oder Wartungsmitarbeiter später leben. Sie möchten diese und andere Stakeholder deshalb früh und wiederkehrend nach Meinungen und Präferenzen fragen können und verwertbare Antworten bekommen.

Problemstellung:
Wie können Anforderungen und Erwartungen an die Softwarearchitektur effektiv abgeholt und eingeordnet werden, um stetig informierte Architekturarbeit zu leisten? ∎

In Entwicklungsvorhaben gibt es Anforderungsdokumente, Spezifikationen und alle möglichen „Hefte". In Kapitel 3 haben Sie von Produktkarton, Qualitätsmerkmalen und Szenarien gelesen. All diese Mittel dienen dazu, Wünsche des Kunden festzuhalten und zu kommunizieren. Anforderungen schriftlich festzuhalten, reicht jedoch nicht aus, um informierte Architekturentscheidungen treffen zu können. Die zwei Hauptprobleme sind die mangelnde Fähigkeit von Menschen, detailliert zu spezifizieren, was sie wollen (je weniger anfassbar die Idee und je weiter im Voraus, desto schlimmer), und die Vielfalt an Rollen, die von Architektur betroffen sind bzw. sie beeinflussen wollen. Die beste Chance auf eine gute Architektur ist deshalb die Einbindung dieser Betroffenen und/oder Beeinflusser – der *Architektur-Stakeholder*.

„Ein Stakeholder ist eine Person oder Gruppe, die durch ein Thema von Interesse beeinflusst wird und die Fähigkeit hat, es signifikant zu beeinflussen (positiv oder negativ)."[4] [Gli00]

Agile Verfahren haben erkannt, dass eine Zusammenarbeit mit Stakeholdern äußerst wertvoll ist. Im Kern vieler agiler Methoden sind wichtige Stakeholder zu finden, sei es der *Customer on Site* aus eXtreme Programming (XP) oder der *Product Owner* aus Scrum. Beide Modelle sehen diese Rolle zentraler als jene des Architekten (der in XP und Scrum nicht explizit beschrieben wird).

Wer sind Architektur-Stakeholder?

Die Gruppe potenzieller Stakeholder für Softwarearchitektur ist groß. Architektur beeinflusst die zentralen Qualitätseigenschaften des Systems und hat damit Auswirkungen auf Entwicklung, Weiterentwicklung, Wartung, Betrieb, Nutzung und Erweiterung Ihrer Software. Das sollte viele Leute interessieren. Bild 5.5 gibt einen Überblick (ohne Anspruch auf Vollständigkeit).

Die aufgelisteten Rollen sind nicht überschneidungsfrei. Ein Product Owner kapselt etwa einige andere Rollen der Mindmap. Er ist im Idealfall selbst der Kunde/Auftraggeber und berücksichtigt die Interessen anderer Stakeholder, weil sie entscheidend sind für sein An-

---

[4] Englisches Original: *„A stakeholder is an individuel or group influenced by and with an ability to significantly impact (positively or negatively) the topical area of interest."*

liegen: ein erfolgreiches Produkt zu entwickeln. Wie ein Product Owner die Interessen der Stakeholder einfließen lässt und wie direkt der Austausch zwischen Team und Stakeholder wird, ist Ausgestaltungssache und eine der schwierigeren Fragen in der Praxis.

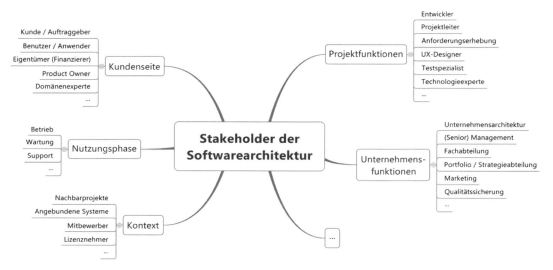

Bild 5.5 Mögliche Stakeholder von Softwarearchitektur

Vorteile der direkten Einbindung

Die direkte Einbindung von Stakeholdern (sei es ein Product Owner, mehrere andere Stakeholder oder beides) bringt Vorteile mit sich. Ich beschreibe diese Punkte in der Folge etwas genauer:

- Klare Anforderungen
- Transparente Kompromisse
- Guter Einblick
- Unterstützter Wissenstransfer
- Direkte Einflussnahme
- Hohe Kosteneffektivität

Klare Anforderungen: Anforderungen und Wünsche können gut geklärt werden, indem Stakeholder eine Richtung vorgeben und danach anhand einer Lösungsoption benennen, was ihnen gefällt oder missfällt. Durch die Einbindung von Stakeholdern in den Architekturprozess ist diese evolutionäre und gemeinsame Arbeit möglich. Sie umgehen so das Risiko einer früh definierten, detaillierten, aber unbrauchbaren Spezifikation. Eine solche Spezifikation reflektiert meist nicht, was der Kunde wirklich will, sondern was Anforderer zu Projektbeginn ohne detailliertes Problemverständnis dachten verstanden zu haben – zugegeben etwas überzeichnet, aber ich habe dieses Problem in der Praxis zu oft beobachtet, um neutral zu sein.

Direkt geklärte Kompromisse: Arbeit an Softwarearchitektur ist geprägt durch Kompromisse. Sie können in keinem System, das Sie umsetzen, alle Qualitätsmerkmale perfekt

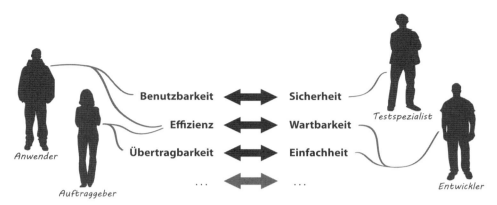

Bild 5.6 Typische Kompromisse und Stakeholder-Tendenzen

ausprägen. Wäre ein hochperformantes, höchstskalierbares, absolut zuverlässiges System ohne Sicherheitslücken, mit verständlich strukturiertem, wartbarem Code, toller Erweiterbarkeit und grenzenloser Portierbarkeit und Wiederverwendbarkeit möglich, wären Sie und ich arbeitslos. Diese Architektur würde auf jedes Problem passen – Bücher, Konferenzen, Produkte, Projekte – und gute Entwickler wären überflüssig. In der Praxis gibt es (zum Glück) Kompromisse – wollen Sie eine hochperformante Suche umsetzen, wird ein feingranulares Berechtigungsschema schwer realisierbar (Benutzbarkeit vs. Sicherheit), entkoppeln Sie sich exzessiv von verwendeten Technologien und Plattformen, leidet die Effizienz und unter Umständen auch die Verständlichkeit und Velocity[5]. Bild 5.6 zeigt typische Kompromisse der Softwarearchitektur.

Was die Abbildung auch illustriert, ist, dass unterschiedliche Stakeholder meist unterschiedliche Wertigkeiten für Qualitätsanforderungen empfinden. Anwendern sind Effizienz und Benutzbarkeit wichtig, dem Auftraggeber vielleicht sichere Datenablage und günstiger Betrieb. Stehen diese Anforderungen bei einer konkreten Entscheidung in Konflikt, können Sie auf technischer Ebene gar keine gute Entscheidung treffen. Der Kompromiss muss auf fachlicher Ebene geklärt werden – durch den Product Owner – oder direkt, etwa durch Einbeziehung der Stakeholder bei der WIEDERKEHRENDEN REFLEXION (→ Abschnitt 5.5).

Guter Einblick: Durch die Zusammenarbeit mit Stakeholdern gewinnen Sie einen besseren Eindruck von deren Motivation und deren Tätigkeit. Verständnis der Fachseite, der Historie und der Wünsche, die mit dem Produkt verbunden werden, sind immens wertvoll für den Entwurf von Software. Auch der Austausch mit anderen Teams aus Nachbarprojekten oder anzubindenden Systemen ist wichtig. Altsysteme ohne Ansprechpartner einzubinden, Datenstrukturen zu verwenden oder Schnittstellen korrekt anzusprechen, ist eine Herausforderung, die durch das Einbeziehen von Stakeholdern definitiv einfacher zu meistern ist.

Unterstützter Wissenstransfer: Auch in die andere Richtung, also zu Stakeholdern, können Wissen und Erkenntnis fließen. Ein wichtiger Aspekt betrifft nichtfunktionale bzw. qualitative Anforderungen. Stakeholder nehmen oft an, das Entwicklungsteam würde sich selbststän-

---

[5] Velocity bezeichnet die Produktionsrate und wird häufig in agilen Teams verwendet. Konkret handelt es sich um die Anzahl an Arbeitspaketen (oder deren Schätzwert, z.B. Storypoints) in einem bestimmten Zeitintervall (meist einer Iteration).

dig um qualitative Eigenschaften kümmern, eine spätere Anpassung sei einfach möglich oder die qualitativen Wünsche seien „sowieso klar". Sie haben hier die Verantwortung, die Bedeutung und die Konsequenzen von qualitativen Wünschen für die Softwarearchitektur und die Softwareentwicklung im Allgemeinen klarzumachen.

Eine andere Art des Wissentransfers betrifft Wartungsmitarbeiter. Entwickler, die für die Wartung und Erweiterung von Software verantwortlich sind, unterscheiden sich oft von jenen Entwicklern, welche die Applikation initial erstellen. Selbst wenn aus dem initialen Entwicklungsteam einige für die Wartung der Software bleiben, ist eine frühe Einbeziehung von Wartungsentwicklern sinnvoll. Sie bilden so historischen Kontext und tieferes Problemverständnis, was die Wartung effizienter, effektiver und „sauberer" macht. Schlussendlich spart das Geld und macht Software länger betriebsfähig.

Direkte Einflussnahme: Sehen Stakeholder Ihren Arbeits- und Entscheidungsprozess, erscheinen viele Ihrer Entscheidungen logischer. Ist Stakeholdern klar, was Sie machen, wie Sie arbeiten und wo Feedbackmöglichkeiten sind, wird eher direkter Einfluss ausgeübt. Stakeholder geben direkteres Feedback und gehen offener in Diskussionen. Ohne diese Transparenz und Offenheit von Ihrer Seite ist politische und undurchsichtige Einflussnahme wahrscheinlicher.

Hohe Kosteneffektivität: Ein stetiges Zusammenarbeiten mit Stakeholdern, frühes Feedback und gegenseitiges Verständnis tragen dazu bei, dass Sie in eine gemeinsame Richtung arbeiten. Späte Korrekturen und große Rückschläge werden damit seltener, was zumindest in größeren, komplexeren Vorhaben den Aufwand der direkten Einbindung wettmachen sollte.

Strategien für stärkere Stakeholder-Beteiligung

Nun ist es so, dass sich die meisten Projekte nicht ausgesucht haben, wenig Kontakt mit Stakeholdern zu pflegen. Ich habe schon oft gehört: „Wir verstehen, dass es gut wäre, Stakeholder näher zur Entwicklung zu bringen, aber das geht bei uns nicht." Die Einbeziehung von Stakeholdern als gute Sache zu verstehen, ist ein wichtiger Anfang. Im Folgenden sehen Sie ein paar Strategien, die Ihnen helfen können, sich von dort aus weiterzuentwickeln.

Laufende Software bereitstellen: Vielleicht die logischste Strategie von allen ist die frühe Bereitstellung eines lauffähigen Systems. Nicht nur, dass Stakeholder hier ohne Abstraktion direkte Rückmeldung geben können, das Gezeigte kann auch sicher so umgesetzt werden. Ein guter Weg, um diese Strategie umzusetzen, ist kontinuierlich zu integrieren (siehe KONTINUIERLICH INTEGRIEREN UND AUSLIEFERN → Abschnitt 6.6) oder Prototypen zu verwenden (siehe RISIKEN AKTIV BEHANDELN → Abschnitt 4.6).

Früh involvieren: Binden Sie Stakeholder von Beginn an (oder noch früher) in Ihr Vorhaben ein. Es braucht seine Zeit, um die passenden Kommunikationskanäle aufzubauen und einen „Modus" zu finden, in dem Sie gut zusammenarbeiten können – Vertrauen, Respekt und Verständnis erwächst nicht von jetzt auf gleich. Der frühe Aufbau des Stakeholder-Verhältnisses ist Ihr Kapital in schwierigen Zeiten. Kommen Sie erst bei Problemen auf Stakeholder zu, werden eine gute Zusammenarbeit und effektive Problemlösung ungleich schwieriger.

Regelmäßigen Kommunikationsstrom etablieren: Verstehen Sie den Austausch mit Stakeholdern nicht als einzelne, losgelöste Aktivitäten, sondern als Prozess. Bekommen Sie

Input von Stakeholdern, lassen Sie sie wissen, was darauf basierend erarbeitet wird, welche Aktivitäten veranlasst werden, und leiten Sie Ergebnisse und Erkenntnisse weiter. Holen Sie sich wiederum Feedback ein und arbeiten Sie mit verbessertem Verständnis weiter. Machen Sie Kompromisse transparent und kommunizieren Sie Probleme sowie Lösungsmöglichkeiten.

Zeiten effektiv nutzen: Viele Stakeholder haben nur beschränkte Zeit zum Austausch mit IT-Vorhaben zur Verfügung. Nutzen Sie die vorhandene Zeit deshalb effektiv. Bereiten Sie sich auf Treffen vor, bereiten Sie Informationen fachlich auf, laden Sie alle maßgebend Beteiligten ein und unterbinden Sie während der Treffen technische oder vom Problem wegführende Diskussionen.

Mit Repräsentanten arbeiten: Sind Stakeholder nicht greifbar oder ist es wegen deren Anzahl unpraktikabel, mit allen zu arbeiten, können Repräsentanten helfen. Sie vertreten Stakeholder und sollten so viele Kompetenzen wie möglich besitzen (im Idealfall jene der vertretenen Stakeholder). Der Product Owner ist ein Beispiel für einen Repräsentanten, mit der Spezialität, dass er im Idealfall selbst Kunde ist und damit ein besonderes Anliegen hat Interessen auszutarieren.

Fachliche, konkrete Sprache verwenden: Um effektiv und zielgerichtet mit Stakeholdern zu arbeiten (was dazu führen sollte, dass sie auch gerne mit Ihnen arbeiten), sollten Sie Themen fachlich ausdrückbar machen. Verwenden Sie keine zu technischen Ausdrücke, verzichten Sie auf Details und vereinfachen Sie, wenn es geht. Es ist oft nicht relevant, in welchem Container bestimmte Codeteile landen oder was die Schwierigkeit beim Redeployment auf mehrere Server ist. Interessant sind die Auswirkungen auf die Anforderungen.

Schießen Sie bei dieser Aufgabe nicht über das Ziel hinaus: Ich habe fast nur schlechte Erfahrungen mit der Verwendung allgemeiner Qualitätsmerkmale in Stakeholder-Diskussionen gehabt. Sicherheit, Performanz und Verfügbarkeit sind zwar verständliche Begriffe, lassen aber zu viel Spielraum offen, um vernünftig mit ihnen zu arbeiten. Fragen Sie einen Kunden, ob Sicherheit oder Benutzbarkeit wichtiger ist, wird er Sie wahrscheinlich verwundert ansehen. Manchmal kommt ein „beides" als Antwort, manchmal tatsächlich so etwas wie „ganz bestimmt Sicherheit". Doch was machen Sie mit diesen Aussagen? Für sinnvolle Architekturentscheidungen sind sie zu unkonkret. Arbeiten Sie deshalb mit konkreten Problemen. Verwenden Sie Szenarien als Architekturanforderungen (→ Abschnitt 3.3), um fachlich verständlich und trotzdem konkret genug zu formulieren. Sprechen Sie statt Sicherheit und Benutzbarkeit etwa folgender Maßen: „Wir haben zwei Optionen: Entweder wir erhalten Suchergebnisse erst nach etwa fünf bis zehn Sekunden und suchen detailliert mit allen Berechtigungen und dem Status des Benutzers oder wir liefern ein Suchergebnis innerhalb von zwei Sekunden mit einer manchmal zu großen Ergebnismenge. Der Benutzer kann die Inhalte nicht im Detail ansehen, aber er bekommt sie als Suchergebnis." Hierauf kann ein Stakeholder antworten und mit der Antwort können Sie auch weiterarbeiten.

Als kleine Hilfestellung liefere ich hier noch einige Leitfragen, die Ihnen dabei helfen, Probleme fachlich auszudrücken. Die Grundfrage lautet: Wieso ist das Problem/der Kompromiss/das Thema für den Stakeholder wichtig? Davon abgeleitet können Sie detailliert fragen:

- Was davon ist bei der *Benutzung* spürbar?
- Gibt es Auswirkungen auf die *Kosten* oder den *Zeitplan*?

- Was bedeutet das für kommende Anforderungen oder *Erweiterungen* (inhaltlich/zeitlich/preislich)?
- Gibt es Auswirkungen auf den *Betrieb* oder die *Wartungsphase*?
- Inwiefern sind *Produktvision* oder *Architekturziele* betroffen (siehe Produktkarton)?

Austausch informell handhaben: Verzichten Sie auf störende Formalismen in der Organisation und im Austausch mit Stakeholdern. Je aufwendiger Treffen zu organisieren sind und je schwieriger Feedback einzuholen ist, desto seltener wird es gemacht. Geben Sie Stakeholdern bei deren Einbindung nicht das Gefühl einer aufwendigen Übergabe, sondern das Gefühl einer fruchtbringenden Zusammenarbeit.

Danke sagen: Was wie eine Benimmregel für ein Kleinkind klingt, ist in vielen Umfeldern ein sinnvoll angebrachter Ratschlag. Danken Sie Stakeholdern für ihre Zeit, ihre Teilnahme, ihre Mitarbeit und ihr Feedback. Ich weiß, alle im Projekt machen ihren Job, aber es kostet wenig und schadet nichts. Machen Sie Stakeholdern auch bewusst, welche positiven Effekte durch deren Beteiligung erzielt werden. Nichts ist förderlicher als Stakeholder, die das Gefühl haben, ihre Zeit sinnvoll einzusetzen.

Tipps zum Scheitern

Möchten Sie mit diesem Muster scheitern und Ihrem Projekt schaden, folgen Sie diesen Empfehlungen:

- Motivieren Sie Stakeholder nicht zur Zusammenarbeit. Eventuell sind sonst Sie Schuld, wenn Probleme der Systementwicklung auf diese Weise „öffentlich" werden und der Widerspenstling Stress macht.
- Räumen Sie anwesenden Stakeholdern im Zweifel immer mehr Rechte ein, als allen anderen Stakeholdern. Es muss sich schließlich lohnen, dass man sich Zeit nimmt.
- Vertrauen Sie im Konfliktfall darauf, dass Sie recht haben. Sie haben Architekturwissen und IT-Hintergrund! Stakeholder haben meist keine Ahnung, worauf es ankommt.
- Zeigen Sie Stakeholdern *nur* UI-Prototypen. Es ist das Einzige, was sie verstehen. Usability ist zwar nicht das einzig wichtige Qualitätsmerkmal, dafür bleibt Ihnen mehr Gestaltungsspielraum in den anderen Bereichen.
- Führen Sie eine Stakeholder-Analyse durch und veröffentlichen Sie die Ergebnisse im Sinne des informativen Arbeitsplatzes. Das erleichtert den Umgang mit Kompromissen und Konflikten.
- Lassen Sie sich so viele Stakeholder-Aussagen wie möglich schriftlich geben und unterschreiben. Sicher ist sicher.

Stakeholder zu involvieren, ist wichtig für gute Architekturarbeit. Bereits im INITIALEN ANFORDERUNGS-WORKSHOP (→ Abschnitt 3.1) beginnt die Zusammenarbeit. Stakeholder nehmen darüber hinaus Einfluss auf die Priorisierung von ARCHITEKTURARBEIT IM BACKLOG (→ Abschnitt 3.6) oder ARCHITEKTURARBEIT AUF KANBAN (→ Abschnitt 3.7).

In die Architekturentwicklung selbst können Stakeholder am besten über einen INFORMATIVEN ARBEITSPLATZ (→ Abschnitt 5.1) und WIEDERKEHRENDE REFLEXION (→ Abschnitt 5.5) eingebunden werden. Auch ein ARCHITECTURE OWNER (→ Abschnitt 5.6) kann als fixer Ansprechpartner und „Kümmerer" gute Effekte erzielen.

Die Auswirkungen von Softwarearchitektur können gezeigt werden, indem Sie RISIKEN AKTIV BEHANDELN (→ Abschnitt 4.6) und früh Prototypen erstellen oder indem Sie FRÜHES ZEIGEN (→ Abschnitt 6.1) praktizieren – hauptsächlich getrieben durch KONTINUIERLICHES INTEGRIEREN UND AUSLIEFERN (→ Abschnitt 6.6).

5.5 Wiederkehrende Reflexion

„Howard, du kennst mich als einen äußerst klugen Mann. Glaubst du nicht, ich würde es wissen, wenn ich mich irre?"[6]

– Sheldon in „The Big Bang Theory"

Claudia: Ich mische mich als Projektleiter momentan so wenig wie möglich in das Architekturgeschehen ein und finde, ihr macht einen klasse Job. In letzter Zeit vernehme ich aber immer wieder Stimmen, die eine schlechte Transparenz in der Architekturarbeit bemängeln. Wir arbeiten immer wieder in kleinen Gruppen und beschließen Prinzipien bzw. entscheiden Architekturfragen. Die Architekturwand und der informative Arbeitsplatz sind o.k., aber nicht ausreichend. Wir müssen uns mehr über Architekturentscheidungen austauschen, auch teamübergreifend.

Axel: Neben der Transparenz ist glaube ich auch der Überblick ein Problem. Ich war bei den meisten Meetings dabei und habe mitentschieden. Trotzdem bin ich mittlerweile unsicher, ob sich diese Einzelentscheidungen zu einem stimmigen Gesamtbild fügen. Das ist auch ein Risiko und das lässt sich nicht mit täglichen Abstimmungsrunden mindern – dort liegt der Fokus auch eher auf Detailproblemen, statt auf dem Big-Picture.

Tommy: Von den Archivleuten bekomme ich auch nichts mit. Wir haben denen letztens Anforderungen für die regelmäßige Artikelarchivierung übergeben und seitdem nichts mehr gehört. Mich würde interessieren, was aus der Story und den angehängten Szenarien geworden ist.

Axel: Können wir nicht in regelmäßigen Abständen, also z. B. jede Iteration, eine Runde über die bearbeiteten Szenarien drehen und schauen, was daraus geworden ist? Da könnten wir auch kurz das Big-Picture aktualisieren und Leute einladen, die von außerhalb relevant sind. Neben den Archiventwicklern wäre das diesmal sicher auch Thorsten, dem wir letztens wegen einer Frage zur Abrechnungskonsole ziemlich nachlaufen mussten. In solch einem Treffen hätte das alles seinen Platz und einen Takt – ganz unabhängig davon, dass wir dem Kunden bei Fragen trotzdem weiterhin nachlaufen können.

Claudia: Ich finde die Idee gut. Die Teilnehmer könnten gerne alternieren, um das Treffen nicht zu groß zu machen und gleichzeitig möglichst vielen Entwicklern und Stakeholdern Einblicke zu gewähren. Können wir uns da methodisch irgendwo bedienen?

Axel: Im Prinzip ist das so etwas wie ATAM[7]. Allerdings ist ATAM auf mehrere Tage ausgelegt und ziemlich formal. Für unsere Zwecke kann man aber den Kern der Methode recht schlank anwenden, denke ich. Wenn wir uns zwei Stunden Zeit nehmen, können wir einige Überblicksschritte streifen und uns auf den Architekturanalyseschritt konzentrieren.

---

[6] Englisches Original: *„Howard, you know me to be a very smart man. Don't you think that if I were wrong, I'd know it?"*
[7] ATAM steht für Architecture Tradeoff Analysis Method und ist eine fundierte Architekturbewertungsmethode. Mehr Informationen gibt es hier: *http://www.sei.cmu.edu/architecture/tools/evaluate/atam.cfm*

Tommy: Wir können ja auch in der Retrospektive noch nachjustieren. Probieren wir doch einfach, dann sehen wir ja, wie das klappt.

Sie haben im Zuge der Systementwicklung bereits Architekturentscheidungen getroffen und Szenarien umgesetzt. Die verantwortlichen Entwickler haben die Entscheidungen zwar nicht isoliert und alleine getroffen, Feedback ist bei wichtigen Entscheidungen trotzdem immer sinnvoll. Selbst wenn eine Reihe von Entscheidungen gemeinsam getroffen wurden (siehe Abschnitt 5.2), haben Sie nach einiger Zeit das Gesamtbild etwas aus den Augen verloren oder Sie möchten mit etwas Abstand auf die Ergebnisse blicken.

Problemstellung:
Wie kann nach einer Serie von Entscheidungen mehrerer Entwickler (1) Konsistenz und Integrität sichergestellt werden, (2) das Big-Picture im Auge behalten werden und (3) die Kommunikationslast dabei im Rahmen bleiben?

Die Treiber von Architekturarbeit sind Anforderungen (meist Szenarien), die der Kunde direkt in den Architekturprozess einbringt, und Probleme, die bei der Umsetzung auftreten und offensichtlich machen, dass Anforderungen fehlen oder unpassend sind. Auch diese Probleme sollten in weiterer Folge zu Szenarien und technischen Schulden verarbeitet und vor einer Bearbeitung priorisiert werden. Bild 5.7 veranschaulicht die beiden Treiber – sie können in jedem Vorhaben unterschiedlich stark sein.

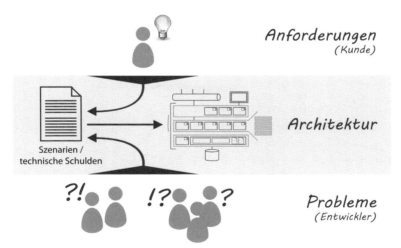

Bild 5.7 Treiber von Softwarearchitektur

Architekturarbeit ist ein stetiger Fluss von eingebrachten Anforderungen, auftauchenden Problemen und in weiterer Folge von Szenarien, Technischen Schulden und darauf basierenden (Architektur-)Entscheidungen. Selbst in kleineren Teams tauchen nach einer gewissen Zeit in diesem Fluss Fragen auf: Sind wir noch auf dem richtigen Weg? Passen all die getroffenen Entscheidungen zusammen? Wie sieht das Bild insgesamt aus?

Bei größeren Vorhaben mit mehreren Teams wird die Aufgabe nicht leichter. Zusätzlich zur Verstärkung der eben genannten Fragen kommen neue hinzu: Wie steht es um Konsistenz und Integrität der Anwendung? Hat jemand den Gesamtüberblick?

Tägliche Abstimmungsrunden sind zu feinmaschig und zu sehr in den normalen Arbeitsablauf integriert, um hier helfen zu können. Leichtgewichtige Ausprägungen von Architekturbewertungsverfahren zeigen jedoch sehr positive Effekte [Tot09]. Mit Vertretern der verschiedenen Teams (und manchmal auch unter Beteiligung anderer Stakeholder) werden bearbeitete Architekturthemen kommuniziert und durchleuchtet: Was wollten wir in den vergangenen Iterationen umsetzen? Welche zentralen Entscheidungen wurden deshalb getroffen? Gibt es Behinderungen oder große Risiken? Wie wurde das Bild der Gesamtarchitektur verändert?

Bei zwei bis vier Wochen Iterationen hat es sich bewährt, etwa jede zweite bis dritte Iteration zwei Stunden in solch eine Bewertung oder Reflexion[8] zu investieren. Man erreicht so einen guten Abgleich mit den gesteckten Zielen und hat regelmäßig das „Big-Picture" im Auge. Die Transparenz von Hintergründen und Kompromissen sorgt für motivierte Entwickler und besser informierte Stakeholder. Allein die Einführung dieser Praktik sorgt dafür, dass sich Entwicklungsvorhaben mit ihren Zielen und der Architektur auseinandersetzen, bzw. pragmatischer und effektiver arbeiten können. Bild 5.8 illustriert die Idee etwas detaillierter und leitet die genauere Besprechung wichtiger Elemente ein.

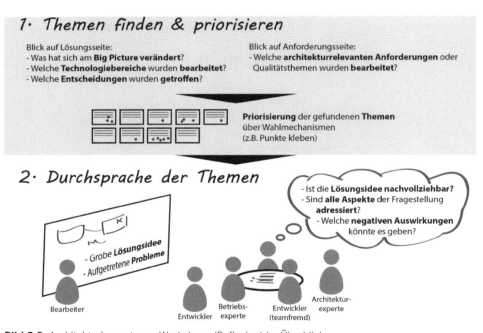

Bild 5.8 Architekturbewertungs-Workshops (Reflexion) im Überblick

---

[8] Ich verwende gerne den Namen „Reflexion", weil beim Begriff „Bewertung" eine Idee von individueller Bewertung mitschwingt (was falsch ist) und Architekturbewertung mit schwergewichtigen Bewertungsverfahren und Werkzeugen in Verbindung gebracht wird.

Der Ablauf im Groben und Ganzen

Ein Bewertungs-Workshop durchwandert Bild 5.8 von oben nach unten. Inputs sind bearbeitete Themen aus den letzten Iterationen und das aktuelle Überblicksbild zur technischen Lösung. Als Teilnehmer kommen Entwickler, die Architekturarbeit geleistet haben, teamfremde Entwickler, Architektur- und Betriebsexperten sowie andere wichtige Stakeholder wie Product Owner in Frage. Der Teilnehmerkreis kann und sollte bei größeren Entwicklungsmannschaften immer wieder durchmischt werden.

Zum Start der Reflexion werden mögliche Besprechungsthemen gesucht. In einem Brainstorming können wir uns **relevanten Architekturthemen** von der **Lösungsseite** nähern:

- Was hat sich am Big-Picture seit dem letzten Workshop verändert?
- Welche Technologiebereiche und -konzepte wurden bearbeitet?
- Welche wichtigen Entscheidungen sind seit dem letzten Treffen weitergetrieben worden?

Auch der **Blick auf die Anforderungsseite** liefert oft relevante Brainstormingergebnisse (schließlich sollten Architekturthemen anforderungsgetrieben bearbeitet werden):

- Welche architekturrelevanten Anforderungen wurden seit dem letzten Workshop bearbeitet?
- Welche architekturrelevanten Anforderungen, die weiter oben im Backlog liegen, haben bereits Aufwände verursacht?

Die gefundenen Besprechungsthemen werden auf Post-Its geschrieben und sichtbar an eine Wand geheftet. Die Anwesenden einigen sich darauf, welche Themen besprochen werden sollen. Eine schnelle Wahl mit Klebepunkten ist hier ein fairer und einfacher Mechanismus. Die so priorisierten Themen sind in Bild 5.8 mittig zu finden und bilden den Übergang zu Phase zwei.

Beginnend mit dem höchstpriorisierten Thema startet nun die **Durchsprache**, in der die Architekturansätze und Entscheidungen vorgestellt und reflektiert werden. Dabei ist zunächst der Entwickler oder Architekt mit dem besten Überblick zum Thema am Wort. Er stellt als „Bearbeiter" die geleistete Arbeit vor, spricht über den Status der Lösung und auch über Probleme, die während der Lösung, Konzeption oder Umsetzung aufgetaucht sind. Die anderen Teilnehmer sollten nach und nach beginnen, die vorgestellten Lösungsansätze zu hinterfragen:

- Ist die vorgestellte Lösungsidee nachvollziehbar?
    → festigt das Verständnis und stärkt den Fokus
- Sind alle Aspekte der ursprünglichen Fragestellung adressiert?
    → liefert weitere Entscheidungen, offene Punkte und Risiken
- Werden wichtige Qualitätsmerkmale oder zentrale Szenarien von den vorgestellten Entscheidungen negativ beeinflusst?
    → liefert Kompromisse zu Szenarien und Qualitätsmerkmalen, potenziell auch Risiken, weil es sich um negative Beeinflussung wichtiger Anforderungen handelt
- Welche Schwierigkeiten könnten bei der Umsetzung, bei der Auslieferung oder im Betrieb auftauchen?
    → überprüft die Umsetzbarkeit und liefert Risiken und offene Punkte
- Sind wichtige Rahmenbedingungen verletzt?
    → überprüft die Machbarkeit und liefert Risiken

Diese Reflexion zur geleisteten Arbeit und den eventuellen Seiteneffekten ist der Kern des Musters und braucht die meiste Zeit. Hier werden wichtige Outputs des Workshops generiert: Risiken, die bei den Entscheidungen entdeckt wurden, Kompromisse zwischen Szenarien, akute Probleme, die bestehen, abgestimmte Lösungsideen und To-dos. Zumindest Risiken, Probleme und To-dos sollten Sie auf jeden Fall noch im Workshop mit Verantwortlichkeiten versehen. Verantwortlich kann nur ein Teilnehmer des Workshops sein (selbst wenn er die Aufgabe danach delegieren sollte).

Als Richtwert können Sie für das Brainstorming und die Priorisierung der Themen eine halbe Stunde ansetzen und die Durchsprache der einzelnen Themen ebenfalls mit einer halben Stunde deckeln. Skalieren Sie die Gesamtdauer von diesen Werten ausgehend je nach Größe des Vorhabens und Gesprächsbedarf. Das vorgestellte Vorgehen orientiert sich an bekannten und erprobten Bewertungsverfahren wie ATAM – der Architecture Tradeoff Analysis Method [Cle01] –, ist jedoch um einiges schlanker, als wiederkehrendes Treffen geplant und fokussiert auf Austausch und Feedback. Durch die iterative Bewertung können Besprechungsthemen auch von Veränderungen an der Lösung abgeleitet werden. Vollständigkeit ist bei Reflexionen weniger wichtig als bei einmalig durchgeführten Architekturbewertungen. Insgesamt sind iterative Reflexionsworkshops schlanker als Bewertungsverfahren, ohne größere Nachteile bei Feedback-Generierung und Kommunikation mit sich zu bringen.

Fokussierung

Schon bei einer Handvoll Entwicklern in einem Projekt können Sie nicht mehr über alle Details und Kleinigkeiten Bescheid wissen, die entschieden werden. Kommt man bis zu einer gewissen Größe und Komplexität noch mit Code-Reviews und gemeinsamen Mittagessen aus, wird es mit wachsender Mitarbeiterzahl zunehmend schwierig, die nötige Kommunikation und Transparenz aufrechtzuerhalten. Sie können in den meisten Vorhaben nicht mit *jedem* über alles sprechen, also können Sie nur hoffen, dass die richtigen Themen zu den richtigen Leuten getragen werden. Die wiederholte Reflexion bietet hier Unterstützung, indem sie eine Plattform bietet, über *wichtige* Dinge zu sprechen, und unterschiedliche Rollen inkludiert. Das Muster fokussiert auf jene Aspekte, die wirklich breite Beachtung finden müssen: Architekturentscheidungen, die per Definition weitreichend sind, sowie deren Grundlage: Szenarien. Durch die gemeinsame Priorisierung von Szenarien im Workshop werden die risikoreichen, kritischen Themen hervorgehoben und es wird sichergestellt, dass die Teilnehmer auch Interesse am Besprochenen haben.

Feedback

Rückmeldungen zu eigenen Ergebnissen sind unbestritten wichtige Elemente professioneller (Architektur-)Arbeit. Wiederkehrende Reflexion unterstützt dieses Feedback direkt, ohne Hürden und von mehreren Teilnehmern mit unterschiedlichen Hintergründen. Sie können in größeren Vorhaben teamübergreifend arbeiten und Experten für bestimmte Themenbereiche hinzuziehen. Von der geballten Erfahrung profitieren die Architektur Ihres Systems und jeder einzelne Entwickler, der an Workshops teilnimmt. Sie gewinnen Sicherheit bei der Entscheidung der wichtigsten, technischen Aspekte des Systems.

Umsetzung

Neben der Architekturentscheidung selbst sollten Sie in der Reflexion auch auf die Umsetzbarkeit der Entscheidung achten. Wie kann die Entscheidung umgesetzt und gelebt werden? Handelt es sich um eine einmalige Tätigkeit, deren Ergebnisse danach einfach verwendbar sind, oder müssen viele Entwickler aktiv auf diese Entscheidung reagieren? Es sind schon großartige Architekturideen an dieser Umsetzungsüberlegung gescheitert. Generell sollte so wenig Aufwand wie möglich für die Beteiligten entstehen und bei der Umsetzung sollten Entwickler nicht aktiv an Vorgaben und Entscheidungen denken müssen – sie werden früher oder später darauf vergessen: Prinzipien, die Arbeitsweisen vorgeben, sollten sich natürlich in die Arbeits- und Entwicklungsumgebung einfügen lassen, technische Aspekte sollten in Frameworks gekapselt werden, für wichtige Strukturierungsideen sollten Templates entworfen werden, andere Dinge lassen sich vielleicht mit Metriken oder Tests prüfen (siehe QUALITÄTSINDIKATOREN NUTZEN → Abschnitt 6.4 bzw. QUALITATIVE EIGENSCHAFTEN TESTEN → Abschnitt 6.3). Passt die Entscheidung nicht zum Know-how der Entwickler oder ist sie sonst schwer umsetzbar, werden Sie es bei der Reflexion herausfinden.

Transparenz

Durch das Einbeziehen wichtiger Stakeholder steuert die wiederkehrende Reflexion auch ihren Teil zur Transparenz der Architekturarbeit bei. Hier vergeuden Stakeholder nicht ihre Zeit, hier helfen sie, bei der Szenarienpriorisierung bestimmen sie den Fokus mit, decken Kompromisse auf und bekommen etwas Kontext zu ihren Anforderungen. Interessante Teilnehmer sind Leute aus dem Betrieb, der Wartung und der Kunde. Das Muster setzt damit auch Ideen von STAKEHOLDER INVOLVIEREN um (→ Abschnitt 5.4).

Skalierung von Reflexionsworkshops

Reflexionsworkshops funktionieren bis zu einer Gruppengröße von acht bis zehn Teilnehmern sehr gut. Arbeiten bei Ihnen mehr architekturinteressierte Entwickler an einer Lösung, empfehlen sich methodische Kniffe, um die Workshops weiterhin effektiv zu halten.

In Großgruppen ist es immer von Vorteil, die Sammlung und die Durchsprache von Themen voneinander zu trennen. Während die Sammlung als geschriebenes Brainstorming mit anschließender Konsolidierung auch in Gruppen von 40 Leuten noch gut funktioniert, ist die Besprechung eines technischen Themas mit 40 Entwicklern äußerst zäh. Um die Besprechungsgruppe zu verkleinern, können sie nach der Priorisierung der Themen die Durchsprachen als separate Sessions planen. So kann jeder Entwickler entscheiden, bei welchem Thema er aktiv mitdiskutieren möchte. Ist die Gruppe noch immer zu groß, könnten Sie Themen parallel besprechen, um eine Entscheidung bei den Teilnehmern zu erzwingen. Allerdings ist dann eine Kommunikationslücke offensichtlich. Besser eignet sich in größeren Gruppen deshalb der World-Café-Ansatz [Bro74].

Die World-Café-Methode zur Großgruppenmoderation wurde von Juanita Brown und David Isaacs entwickelt und soll bis zu mehreren tausend Teilnehmern skalieren. Dabei werden Themen in mehreren kleinen Gesprächsrunden in wechselnder Gruppenzusammensetzung diskutiert. Nur der „Gastgeber" eines Themas bleibt während der gesamten Zeit bei *seinem* Thema, um Kontext weiterzugeben und Gesprächsstränge über Gruppen hinweg zu begleiten.

Auf Reflexionsworkshops übertragen, können wir nach der Themenpriorisierung Besprechungsrunden für die wichtigsten vier bis fünf Themen eröffnen. Nach 15–20 Minuten wechseln alle Teilnehmer außer dem Gastgeber zu einem neuen Thema und können sich auch dort informieren bzw. einbringen. Die Gesprächspunkte der vorherigen Gruppen werden durch den Gastgeber so visualisiert, dass er sie zu Beginn kurz vorstellen kann. Mindmaps eignen sich dafür sehr gut.

Tipps zum Scheitern

Möchten Sie mit diesem Muster scheitern und Ihrem Projekt schaden, folgen Sie diesen Empfehlungen:

- Es gibt kein „zu oft" für Reflexions-Workshops. Wenn Sie in Treffen unwichtige Szenarien besprechen oder Zeit für Nebengespräche bleibt, hilft das zumindest dem Betriebsklima.
- Planen Sie *jeden* Reflexions-Workshop mit breiter Stakeholder-Beteiligung. Es bleiben dann wenige Plätze für Entwickler übrig, aber Stakeholder müssen schließlich involviert werden. Ein abwechselnder Rhythmus kommt nicht in Frage.
- Dokumentieren Sie keine Ergebnisse von Reflexions-Workshops und bringen Sie nichts auf die Architekturwand. Das behindert die so wichtige direkte Kommunikation. To-dos muss man sich auch mal merken können.
- Nehmen Sie sich in *jedem* Workshop Zeit, die Architekturbasis und Systemziele ausführlich vorzustellen. Wiederholung schafft Wahrheit, kleine Erinnerungen reichen hingegen nicht.
- Setzen Sie sich keine Timebox für Reflexions-Workshops. Es dauert so lange, wie es dauern muss. Szenarien wurden schließlich nicht zum Spaß bearbeitet und die Priorisierung kann auch mal falsch liegen.

Bei der wiederkehrenden Reflexion geht es darum, Architekturentscheidungen und Prinzipien, die in den letzten (zwei) Iterationen bearbeitet wurden, zu besprechen, ein gemeinsames Bild zu erarbeiten und Risiken bzw. Probleme zu erkennen. Inputs sind demnach Ergebnisse aus ARCHITEKTURENTSCHEIDUNGEN TREFFEN (→ Abschnitt 4.4) und IM PRINZIP ENTSCHEIDEN (→ Abschnitt 4.7), das Big-Picture und Architekturziele aus GERADE GENUG ARCHITEKTUR VORWEG (→ Abschnitt 4.3) sowie die treibenden Artefakte: SZENARIEN ALS ARCHITEKTURANFORDERUNGEN (→ Abschnitt 3.3) und TECHNISCHE SCHULDEN ALS ARCHITEKTURANFORDERUNGEN (→ Abschnitt 3.5). Die Ergebnisse des Workshops sind typischerweise erkannte Probleme, die Sie als RISIKEN AKTIV BEHANDELN (→ Abschnitt 4.6) oder als technische Schulden formulieren. Es können auch neue Szenarien entdeckt und aufgenommen werden.

GEMEINSAMES ENTSCHEIDEN (→ Abschnitt 5.2) und speziell Konsensieren kann dieses Pattern vom Kommunikationsaspekt her weniger wichtig machen, da schon bei der Entscheidung selbst mehrere Entwickler anwesend sind. Trotzdem ist der Blick aufs Ganze und unter dem Licht einzelner wichtiger Anforderungen spannend und der Entwicklerkreis kann für die Reflexion auch anders als für die Entscheidung zusammengestellt werden. STAKEHOLDER ZU INVOLVIEREN (→ Abschnitt 5.4), ist ein zweiter Grund, Reflexions-Workshops dennoch zu verwenden. Denken Sie darüber nach, den Rhythmus anzupassen, also die Reflexion seltener abzuhalten, wenn Ihnen die Treffen zu redundant oder kraftlos vorkommen.

5.6 Architecture Owner

> „Mein Wunsch, Autorität abzugeben, hat nichts mit einem Wunsch gemein, sich vor der Verantwortung zu drücken."[9]
>
> – Dalai Lama

Claudia: Ich habe mich letztens mit unserem Kunden auf ein Bier getroffen.

Peter: Aha! Prost!

Claudia: Ja, äh. Prost. Genau. Was ich sagen wollte: Mir macht es nichts aus, mich mit Fragen einfach an mehrere von euch zu wenden, und ich kenne euch auch gut genug, um bei speziellen Problemen direkt zu euch zu kommen. Thorsten sieht das leider etwas anders. Er hätte gerne einen Ansprechpartner, mit dem er Dinge auch direkt beschließen kann. Ähnliches habe ich auch aus der Unternehmensarchitekturecke gehört.

Sarah: Aber wir wollen den Kunden doch so nahe wie möglich am Projekt haben – ihn immer fragen, wenn Probleme auftauchen …

Claudia: Das sollt ihr auch weiterhin! Es geht mehr darum, *ihm* das Leben etwas leichter zu machen, wenn er technische Fragen oder neue Anforderungen im qualitativen Bereich hat. Ich denke, wir sollten darüber nachdenken, einfach jemanden von euch als Ansprechpartner festzulegen.

Axel: Klingt für mich vernünftig. Wir sollten aber vorsichtig sein, dass da mit Thorsten nicht einfach Dinge beschlossen werden, die dann andere Entwickler ausbaden müssen. Ich würde den Ansprechpartner klar in einer vermittelnden Rolle sehen, der im Zweifel die richtigen Leute zusammenschaltet.

Sarah: Das wäre mir auch wichtig! Ich arbeite gerne an Architekturfragen und mag unsere Ad-hoc-Treffen. Ich würde wenig Interesse an der Architektur haben, wenn ein Architekturansprechpartner über meinen Kopf hinweg entscheiden kann. Finde das insgesamt wenig erstrebenswert, mit dem Ansprechpartner.

Peter: Gleichzeitig glaube ich, dass so jemand auch gut dafür sorgen könnte, dass wir intern besser organisiert sind. Ich meine, wir haben letztens beschlossen, Reflexions-Workshops zu machen, haben das einmal gemacht und die Planung für das nächste Mal stockt bereits. Michael, der das machen sollte, kennt nicht mal alle Stakeholder, die wir einladen wollen – die reagieren nicht einmal auf seine E-Mails.

Sarah: Falls wir so jemanden wirklich brauchen, würde ich die Aufgabe Axel übertragen. Er hat sowieso meistens die Finger mit im Spiel und kennt die meisten Leute im Projekt. Ihm würde ich auch vertrauen. Axel gibt sicher keinen Unsinn vor und entscheidet auch nicht ohne Konsultation.

Axel: Danke Sarah! Ich würde das schon machen, will mit den Organisationstätigkeiten aber keinesfalls meine Zeit verschwenden. Ich will vor allem Dinge machen – implementieren, in Ad-hoc-Treffen echte Probleme lösen usw.

---

[9] Englisches Original: *„My desire to devolve authority has nothing to do with a wish to shirk responsibility."*

Claudia: Ich würde nicht sehen, dass die Rolle so einnehmend ist, dass du keine Zeit mehr hast, um diese Dinge zu tun. Du hast doch bereits jetzt ein wenig den Blick aufs Ganze, unterstützt bei vielen Architekturfragen und bist seit Projektbeginn mit dabei. Du müsstest diese Fäden weiterhin halten und nur ein wenig mehr mit den Stakeholdern interagieren. Ich sehe das wenig kritisch. Falls es zu viel wird, könnten wir auch da wieder nach Lösungen suchen …

Axel hat keine Gegenargumente mehr und möchte die Rolle zumindest probeweise annehmen.

Ihr Vorhaben hat einige der folgenden Eigenschaften: Es umfasst (1) mehrere Teams, ist (2) geografisch verteilt, ist (3) in einer schwierigen technischen Domäne bzw. (4) einer komplexen Fachlichkeit eingebettet, beschäftigt (5) Entwickler, die noch nicht erfolgreich zusammengearbeitet haben, die (6) unerfahren sind oder (7) bereits mangelnde Verantwortungsübernahme und Disziplin gezeigt haben, ist (8) in einem Unternehmen mit starken Hierarchien angesiedelt oder wird (9) im regulierten Umfeld durchgeführt. Sie wollen etwaige Probleme in Ihrem Unternehmen adressieren, brauchen für das Vorhaben aber eine Lösung, um effektiv an Softwarearchitektur und technischen Lösungen arbeiten zu können.

Problemstellung:
Wie kann Architekturarbeit effektiv, koordiniert und gut erledigt werden, wenn Rahmenbedingungen keine völlig selbst organisierten Teams zulassen? Wie können dabei klassische Probleme eines alleinregierenden Architekten vermieden werden?

Wie bereits im Kontext dieses Musters erwähnt, ist es in manchen Umfeldern schwieriger, Architekturaufgaben einfach auf Entwickler zu verteilen. Der Rückfall in eine Aufstellung mit klassischer Architektenrolle scheint meist sicherer und einfacher als die Herstellung der geeigneten Rahmenbedingungen für verteilte Architekturarbeit. Doch diese Sicherheit trügt. Mit der Rolle Architekt ist auch der Elfenbeinturm zum Greifen nahe. Selbst wenn es nicht die Intention des Architekten ist, er rückt zwangsläufig ein gutes Stück von der Praxis weg. Mehr dazu in Abschnitt 7.3. Dort wird auch das *Dunkelheitsprinzip* aus der Systemtheorie vorgestellt, wonach jedes Mitglied eines komplexen Systems dieses nur als unvollständiges mentales Modell abbilden kann. Architekturarbeit beeinflusst sehr viele Systemteile und oft das Gesamtsystem – alleinige Entscheidungen sind demnach sehr risikoreich. Werden diese Entscheidungen von jemandem getroffen, der sich von der Umsetzung bereits ein gutes Stück entfernt hat, wird es projektgefährdend.

Das Muster des Architecture Owner versucht deshalb, die Arbeitslast abseits der Umsetzung vertretbar zu halten und die Macht der Gruppe zu nutzen, wenn es um Entscheidungen und die Architekturumsetzung geht. Programmierende Architekten sind so realistischer, fundierte Entscheidungen wahrscheinlicher. Wenn Sie auf eine Architektenrolle zurückgreifen, lassen Sie es diese sein. Im Gegensatz zu „mächtigeren", umsetzungsferneren Softwarearchitekten, habe ich mit dieser leichtgewichtigen Rolle bereits gute Erfahrungen gemacht[10].

---

[10] Die funktionierenden Projekte mit nichtcodierenden Softwarearchitekten wurden meist durch einige sehr gute Lead-Developer getragen und eher trotz des Architekten zum Erfolg als anders herum.

Die Rolle „Architecture Owner"

In den Mustern dieses Buchs beschreibe ich viele Praktiken, die dabei helfen sollen, Architekturaufgaben effektiv auf mehrere Schultern zu verteilen. Durch die Formulierung, Kategorisierung und Priorisierung von Szenarien und technischen Schulden ist die Basis von Architekturarbeit transparent und allen zugänglich. Über wiederkehrende Reflexion erfahren Architekturideen fundiertes Feedback (egal, wo sie herkommen) und durch gemeinsames Entscheiden wird der Entscheidungsprozess weniger anspruchsvoll für Einzelne. Daneben bauen Architekturcommunities Architekturfähigkeiten im Entwicklungsteam aus und streuen sie über mehrere Entwickler und Prinzipien, formulieren gemeinsame Sichtweisen, die es erlauben, trotz mehrerer Entscheider eine Zielrichtung beizubehalten. Die Rolle der Archictecture Owner (AO) kann deshalb schmaler ausfallen als die klassische Architektenrolle. Der AO entscheidet *nicht* alleine und erledigt *nicht* alle Architekturaufgaben im Alleingang. Er hat einen verantwortungsvollen Blick auf die Gesamtarchitektur, unterstützt andere Entwickler, kennt die Probleme und ist erster Ansprechpartner für wichtige Stakeholder. Das ist es im Kern.

Der Architecture Owner ist eine Teilzeitrolle, die guten Entwicklern zugeschlagen werden kann. Warum ist das wichtig? In einem seiner Bücher zitiert Mike Cohn einen Softwarearchitekten aus einem Scrum-Team (Johannes Brodwall), der es ziemlich gut auf den Punkt bringt [Coh09]: „Formal hat der Architekt nicht mehr die Macht, technische Lösungen zu diktieren. Stattdessen muss der Architekt ein Berater und Unterstützer sein. Als Berater sollte ich besser noch immer in der Lage sein, den Job zu erledigen, den ich beratschlage."

Übernehmen Sie die Rolle des Architecture Owner, halten Sie sich bei Architekturarbeit zurück und delegieren Sie so viel wie möglich. Erfahrungsgemäß fällt es guten Entwicklern schwer, sich so zurückzuhalten und einzuordnen. Den besten Schlüssel habe ich vor einigen Jahren in einem Artikel von Chris Matts und Olav Maassen entdeckt [Mat07], in dem sie zeigen, dass es sich bei der Aufgabenverteilung lohnt, den erfahrensten Teammitgliedern als Letztes anstehende Aufgaben zuzuordnen. Unerfahrene Entwickler haben weniger Optionen bei der Wahl ihrer Aufgaben und haben so in jedem Fall eine sinnvolle Aufgabe, erfahrene Mitarbeiter mit breiterem Optionsfeld können schwierigere Aufgaben übernehmen, dringende Probleme lösen oder gehen auch mal leer aus. Bleiben Sie ohne Aufgabe, können Sie unerfahrene Teammitglieder coachen und unterstützen (z. B. durch Pair Programming) – und nebenbei die Architektur im Auge behalten. Das System und die Architektur profitieren so auf lange Sicht mehr von Ihrer Expertise und Erfahrung, als wenn Sie sich offensiv um die Implementierung durchschnittlich wichtiger Stories bewerben. Lernen Sie, faul zu sein, und kreieren Sie Zeit für Ihre Rolle und wichtige Entwicklungsaufgaben [DeM01].

Bild 5.9 zeigt die Rolle des Architecture Owner mit seinen Fähigkeiten, seinem Wissen und seinen Kernaufgaben. Auf der rechten Seite sind Aufgaben zu finden, die Sie eher den Teams zuteilen sollten (in denen der AO als Entwickler ebenfalls mitarbeitet – ohne Privilegien).

Die Fähigkeiten und das Wissen des Architecture Owner sind angelehnt an die Architektenrolle, wie sie in [Bas12] definiert ist. Ich möchte Ihnen damit etwas Kontext geben, was die Auswahl geeigneter AOs oder auch die persönliche Weiterentwicklung als AO angeht. Zentral sind die Aufgaben in Bild 5.9. Auf Seite des AO sehen Sie vorrangig nichttechnische Architekturaufgaben der klassischen Architektenrolle. Ich gehe auf diese „exklusiven" Aufgaben im Folgenden etwas genauer ein. Auf der rechten Seite finden Sie Aufgaben, die auf mehrere Entwickler und Teams verteilt werden können (und damit auch teilweise wieder dem Entwicklerteil des AO zufallen können). Damit diese gemeinsame Arbeit gut gelingt, können Sie sich an den Mustern dieses Buchs orientieren. In den grauen Kästchen sind Kapitelnummern der unterstützenden Muster für die jeweilige Aufgabe angegeben.

Aufgaben des Architecture Owner

Bild 5.9 zeigt die folgenden Kernaufgaben, die durch den Architecture Owner üblicherweise wahrgenommen werden:

- Ansprechpartner sein
- Kontext einbringen
- Wichtige Probleme eskalieren
- Architekturfragen aufwerfen
- Wissen und Fähigkeiten vermitteln
- Koordinieren und organisieren

Als **Ansprechpartner** sorgt der Architecture Owner einerseits intern für klare Verhältnisse, andererseits haben wichtige Stakeholder wie Kunden (Product Owner), Unternehmensarchitekten und Managementrollen eine fixe Bezugsperson. Das kann bei der Priorisierung von Anforderungen, bei Kostenschätzungen, Kompromissen und Problemen hilfreich sein.

Der Architecture Owner ist ein erfahrener Entwickler und sollte bereits von Beginn an am Vorhaben beteiligt gewesen sein. So bringt er **Kontext** mit, der anderen Entwicklern dabei hilft, die Architektur nachzuvollziehen und Entscheidungen zu treffen. Darüber hinaus sollte der AO die Andockpunkte zu Unternehmensarchitektur, zur Programmebene des Unternehmens und zu Unternehmensstandards verstehen und weitergeben können. Idealerweise ist er schon länger im Unternehmen, um auch hausinterne Frameworks, Muster und Altsysteme zu kennen.

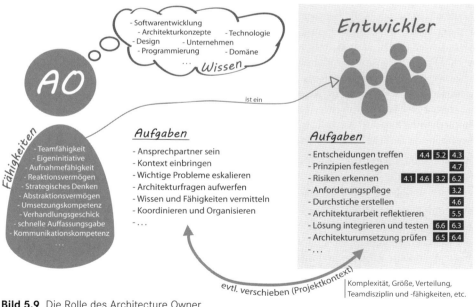

Bild 5.9 Die Rolle des Architecture Owner

Um **wichtige Probleme zu eskalieren**, braucht es häufig eine Rolle auf Augenhöhe mit (externen) Stakeholdern. Der Architecture Owner kann Produktmanagement, Businessseite und Projektleitung gleichgestellt begegnen und z. B. wichtige technische Aufgaben in der Priorisierung weiter nach oben reklamieren oder fachliche Kompromisse auf Stakeholder-Ebene klären lassen. So schieben Sie auch subversiven Praktiken einen Riegel vor, die vorbei an Anforderungen und ohne jede Transparenz technische Arbeiten verrichten[11].

Der Architecture Owner ist auch dafür verantwortlich, **Architekturfragen aufzuwerfen**, die einzelnen Entwicklern oder Teams unter Umständen verborgen bleiben, weil ihnen der Kontext oder der Überblick fehlt. Der AO sollte definitiv nicht der Einzige sein, der Architekturfragen entdecken „darf", aber er sollte aktiv nach Risiken Ausschau halten und z. B. bei der Release-Planung oder der Anforderungspflege proaktiv handeln.

Die Erfahrung und das Wissen des Architecture Owner sollten kein Monopol sein. Er sollte als technische Führungspersönlichkeit **Wissen und Fähigkeiten vermitteln** und unerfahrene Kollegen unterstützen. Durch entsprechende Arbeitsverteilung sollte Zeit für Coaching- und Mentoringaktivitäten bleiben. Auch Pair Programming oder Ad-hoc-Architekturtreffen sind adäquate Mittel.

Die Unterstützungsleistung des Architecture Owner beinhaltet auch **organisatorische und koordinative Aspekte**. Er unterstützt die Zusammenarbeit von Teams, organisiert Workshops zur Reflexion, leitet Architekturpraktiken an, moderiert in Architekturtreffen oder sorgt für externe Unterstützung. Er kann sich hierfür Assistenzleistungen aus dem Unternehmen oder der Entwicklungsmannschaft holen, ist aber zumindest Impulsgeber. Engagierte Entwickler oder andere Projektmitglieder dürfen und sollen trotz der Verantwortung beim Architecture Owner eigene Impulse setzen!

Skalierung der Rolle

Abhängig von Ihrem Kontext und Umfeld können Sie die Architecture-Owner-Rolle breiter oder schlanker gestalten. Haben Sie etwa noch wenige Muster dieses Buchs adoptiert, ein großes, komplexes und verteiltes Projekt, in dem viele junge, unerfahrene Entwickler sitzen, und einige Teams, denen die nötige Reife oder Sicherheit fehlt, selbstständig, sorgfältig und transparent an der Architektur zu arbeiten, sollten Sie Aufgaben von Entwicklerseite auf AO-Seite ziehen. Um Überlast und Praxisverlust zu vermeiden, können Sie den Architecture Owner splitten – etwa nach wichtigen qualitativen Belangen, wie im Ausblick weiter unten beschrieben.

Umgekehrt erlauben selbst größere, nicht verteilte Vorhaben mit guten Entwicklern und der entsprechenden Projektkultur die Verschlankung der Rolle des AO. Unterstützung, Koordination und Organisation können in der Verantwortung aufgeteilt werden oder von mehreren guten Entwicklern abwechselnd wahrgenommen werden. Das Verfolgen einer Architekturvision kann gemeinsam erfolgen, über Prinzipien gesteuert und über Abstimmungsrunden abgeglichen werden. Die Verschlankung kann so weit gehen, dass die Rolle des Architecture Owner überflüssig wird.

Sollten Sie, z. B. aufgrund der Größe Ihres Vorhabens, mehrere Architecture Owner benötigen, können Sie das Konzept der Architekturagenten anwenden (siehe auch Abschnitt 7.3).

---

[11] Auch bekannt als Guerilla-Taktik und meist mit schlechter Softwarequalität und schlechtem Kundenverhältnis „belohnt".

Dabei bilden Sie sinnvolle Teilbereiche Ihrer Architekturaufgaben und haben spezialisiertere Architecture Owner. Üblich wäre eine Aufteilung nach Schichten (UI, Backend, Integration etc.) oder eine Aufteilung nach wichtigen Aufgaben und Qualitätsaspekten (Sicherheit, Skalierbarkeit, Archivierung und Backup etc.). Architekturagenten haben, neben ihrer Entwicklungstätigkeit, einen Blick auf diese wichtigen architektonischen Fragestellungen und sind zentraler Ansprechpartner für ihren Bereich. Sie treffen *nicht* jede Entscheidung mit Berührungspunkten, sondern achten einfach übergeordnet auf die Erreichung der entsprechenden Ziele.

Eine weitere Skalierungsmöglichkeit besteht in der Trennung der Architekturaufgabe nach fachlichen Gesichtspunkten. Teilen Sie ein größeres System in fachlich möglichst unabhängige Teile, können AOs in diesen Teilbereichen wirken. Übergreifende Themen können dann in virtuellen AO-Gruppen besprochen werden. Damit diese übergreifenden Themen nicht überhandnehmen, ist eine gewisse technologische Unabhängigkeit zwischen den fachlichen Systemteilen wünschenswert – was uns zu vertikalen Architekturmodellen bringt. Mehr zu diesem Thema lesen Sie in Abschnitt 8 – Agile Skalierung und Architektur.

Tipps zum Scheitern

Möchten Sie mit diesem Muster scheitern und Ihrem Projekt schaden, folgen Sie diesen Empfehlungen:

- Sorgen Sie dafür, dass der Architecture Owner (AO) als einziger Architekturentscheidungen treffen darf. Er ist schließlich „Eigner".
- Bleiben Sie bei einem einzelnen AO, selbst wenn die Organisationsarbeit ihn am Mitentwickeln hindert. Zwei AOs würden sich nur ins Gehege kommen und Architektur lässt sich nicht aufteilen.
- Wählen Sie einen neuen Mitarbeiter oder einen externen Experten als Architecture Owner.
- Wählen Sie einen erfahrenen Unternehmensarchitekten als Architecture Owner. Er hat einen breiteren Kontext als ein Entwickler und kann besser mit dem Management umgehen.
- Falls Entwickler Schwierigkeiten mit Architekturarbeit haben: Nehmen Sie den Entwicklern die Arbeit ab, statt zu helfen. Das geht schneller und ist weniger risikoreich.
- Überstimmen Sie als AO den Product Owner einfach, wenn es um architekturrelevante Anforderungen geht. Das ist nicht seine Domäne.
- Wählen Sie in größeren Vorhaben einen AO pro Team und setzen Sie alle AOs in einen separaten Raum, in dem sie ungestört an der Architektur arbeiten können. Nennen Sie es „kontinuierliches Scrum of Scrums".

Der Architecture Owner ist ein Entwickler und damit in vielen Mustern dieses Buchs aktiv. Speziell wichtig sind jedoch der Austausch mit Stakeholdern (STAKEHOLDER INVOLVIEREN → Abschnitt 5.4) und die Unterstützung der anderen Entwickler in Architekturfragen – etwa bei der WIEDERKEHRENDEN REFLEXION (→ Abschnitt 5.5), der RELEASE-PLANUNG MIT ARCHITEKTURFRAGEN (→ Abschnitt 4.5) oder beim GEMEINSAMEN ENTSCHEIDEN (→ Abschnitt 5.2). Er ist wichtiges Mitglied von ARCHITEKTURCOMMUNITIES (→ Abschnitt 5.7).

Um den nötigen Kontext mitzubringen, sollte der AO bereits beim INITIALEN ANFORDERUNGS-WORKSHOP (→ Abschnitt 3.1) und GERADE GENUG ARCHITEKTUR VORWEG (→ Abschnitt 4.3) aktiv sein.

5.7 Architekturcommunities

„Jede Leidenschaft, welche in der Einsamkeit schläft, wacht in der Gesellschaft auf."

– Christian Garve

In der Kaffeküche ...

Michael: Ich finde die Reflexions-Workshops und auch Ad-hoc-Architekturtreffen super. Da profitiert jeder davon und wir bauen fast nebenbei eine Menge an Architekturwissen auf.

Axel: Stimmt, ich merke auch, dass diese gemeinsamen Runden ziemlich wichtig sind. Auch um ein gemeinsames Bild zu formen, ein gemeinsames Gefühl, wo es hingehen soll und was wichtig ist.

Michael: Es sind leider nur recht seltene Anlässe. Du bist zwar oft dabei, aber ich habe vielleicht jede zweite Iteration etwas davon. Den Rest bekomme ich eher nur zwischen Tür und Angel mit.

Axel: Du kannst dich aber gerne öfter mit in Architekturtreffen setzen, wenn du möchtest.

Michael: Ich weiß, aber wenn ich nichts beitragen kann, mache ich das Meeting nur ineffektiver. Es sind trotz allem ergebnisorientierte Meetings. Was mich interessiert, ist mehr das Bild dahinter und das Architekturwissen in unseren Köpfen.

Axel: Ah, du meinst so eine Art Themenstammtisch wäre das richtige.

Michael: Ja! So etwas in der Art! Wäre es nicht cool, sich regelmäßig zu treffen und auszutauschen? Wie wir dieses Problem gelöst haben, was wir in jenem Bereich vom Kunden erfahren haben, welche neue Technologie uns bei wichtigen Architekturfragen helfen könnte? Ich würde das alles mit Bezug zum Projekt sehen, aber doch eher mit dem Fokus auf die Teilnehmer, nicht auf das Ergebnis, wenn du verstehst.

Axel: Denke, ich verstehe das ganz gut. Es gibt schließlich genügend Communities, die so ähnlich funktionieren, vielleicht nur kein einzelnes Projekt im Hintergrund haben. Das könnte ganz gut funktionieren, wenn wir zum Beispiel zweiwöchentlich einen Stammtisch organisieren, ein bisschen was dazu im Wiki sammeln und so.

Sarah: Wir könnten auch immer wieder externe Experten einladen – für Vorträge zu projektrelevanten Themen. Ich habe gehört, dass das viele Vortragende gratis machen, wenn man ihnen die Reisekosten zahlt. Die verbuchen das als Akquise ...

Michael: Oh, du bist ja auch hier!

Sarah: Jaja, schon die ganze Zeit ...

Ihr Vorhaben bietet ein Umfeld mit sehr ungleichen Architekturkenntnissen und Entwicklungserfahrungen. Neben einigen Entwicklern mit sehr gutem Architekturverständnis gibt es auch eher weniger beschlagene Entwickler. Sie wollen die konzeptionelle Integrität der Anwendung und die architektonischen Fähigkeiten aller Entwickler verbessern. Sie finden dafür einige motivierte Mitstreiter.

Problemstellung:
Wie können Mitarbeiter eines Entwicklungsvorhabens dabei unterstützt werden, (1) über Architekturthemen nachzudenken, (2) die eigenen Fähigkeiten dahingehend auszubauen und (3) ein gemeinsames Bild zu entwickeln, das konzeptionelle Integrität fördert?

∎

Ein Konzept, das hier helfen kann, nennt sich Community of Practice[12] – ein Netzwerk aus Mitarbeitern, in dem Arbeitsweisen, Lösungen auf wiederkehrende Probleme, Praxiserfahrungen und Ideen ausgetauscht werden. Eine Community of Practice hat immer einen thematischen Fokus oder ein bearbeitetes Problemgebiet, das alle Mitglieder eint. Durch den Austausch entsteht ein gemeinsames Problemverständnis und kollektives Wissen, das, angewandt durch die Gruppenmitglieder, zur Verbesserung der Praxis beiträgt – oft mit herausragenden Erfolgen.

Laut Etienne Wenger gibt es drei wichtige Elemente, die Communities of Practice von anderen Gruppen, Vereinigungen oder Communities unterscheiden [Wen06]:

- **Domäne**:
  Eine Community of Practice ist mehr als ein Freundeskreis unter Kollegen oder ein einfaches Netzwerk, in dem sich Leute kennen. Eine Community of Practice hat eine Identität, ein gemeinsames Interesse an einem Thema oder ein gemeinsames Problem – die *Domäne*. Mitgliedschaft in der Community bedeutet Engagement für und Bekenntnis zu dieser Domäne.
- **Community**:
  Auf Basis des gemeinsamen Interesses werden Diskussionen geführt, Entscheidungen getroffen, Events geplant und Praktiken entwickelt. Die Mitglieder helfen sich gegenseitig und setzen sich aktiv mit der Außenwelt auseinander – es entsteht eine Gemeinschaft bzw. *Community*.
- **Praxis**:
  Die Mitglieder der Community arbeiten in Entwicklungsvorhaben und fokussieren auf die *Praxis*, die ihnen ähnliche Probleme und Herausforderungen stellt. Sie entwickeln ein kollektives Set an Erfahrungen, Herangehensweisen, Sichtweisen und Werkzeugen, um mit der Praxis umzugehen.

Angewandt auf die Architekturdisziplin, kann eine solche Community größeren Vorhaben bei der Architekturarbeit helfen[13]. Zur Domäne Architektur werden sich in Projekten oder Produktentwicklungsabteilungen immer (zumindest informale) Communities bilden. Mit offiziellen, transparenten und offenen Communities erreichen Sie allerdings mehr.

---
[12] Weit verbreitet ist auch der gleichbedeutende Begriff der „Gilde", der von Spotify verwendet wird und etwas hipper klingt.
[13] Ich werde in diesem Muster auf die Anwendung in einem einzelnen Vorhaben fokussieren, Sie können das Konzept auf dieser Basis aber auch projektübergreifend oder sogar unternehmensweit etablieren.

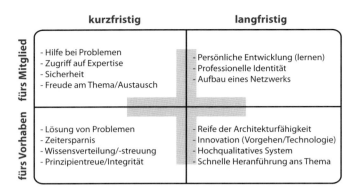

Bild 5.10
Vorteile von Architekturcommunities

Nicht nur, dass wiederkehrende Architekturprobleme effizienter gelöst werden können: Durch den Austausch etablieren sich auch gemeinsame Arbeits- und Lösungsprinzipien für die Architekturarbeit am System und neue Architekturpraktiken sind einfacher einzuführen. Außerdem werden neue Mitarbeiter schneller an das Architekturthema herangeführt und die Reife der Architekturarbeit nimmt generell zu. Bild 5.10 zeigt einige Vorteile im Überblick.

Entwicklung einer Architekturcommunity

Eine Community of Practice entsteht nicht einfach so und kann auch nicht „von oben" installiert werden. Sie benötigen für den Start einige motivierte Mitstreiter, die sich dem Thema Softwarearchitektur verbunden fühlen. Mit ihnen setzen Sie die Community auf und lassen sie wachsen. Eine Community of Practice durchläuft typischerweise fünf Phasen [Wen02]:

- **Erste Phase – Potenzial**:
  Hier nehmen Sie sich mit einigen anderen architekturinteressierten Personen der Domäne an und finden sich zu einem Kernteam zusammen.
- **Zweite Phase – Zusammenwachsen**:
  Sie definieren Ihre Ziele und Aufgaben. Ein guter Startpunkt sind die Architekturziele des Vorhabens, Ideen, wie die Zusammenarbeit funktionieren soll, und eine Mission, die ein gewünschtes Reifeniveau der Architekturfähigkeiten beschreibt.
- **Dritte Phase – Reifung**:
  Sie werden mit der Community aktiv, werden sichtbar, tauschen sich aus, bauen Wissen auf und beraten. Die Gruppe wächst über das Kernteam hinaus und verändert bzw. optimiert durch neue Impulse die Ideen aus Phase zwei. Die Architektur wird hier am stärksten geformt, Prinzipien werden abgestimmt und Ansätze und Technologien bewertet.
- **Vierte Phase – Verwaltung**:
  Sind eine gute Arbeitsweise und ein ausreichender Wissensstand erarbeitet, besteht die Arbeit der Community hauptsächlich aus Beratungstätigkeit. Aktuelle Probleme werden gelöst, Fragen beantwortet, interessierte Mitarbeiter herangeführt, aber die grundlegende Architektur und deren Ideen sind recht stabil.
- **Fünfte Phase – Transformation**:
  Gegen Projektende wird die Community immer inaktiver, weil die Bedeutung des Austauschs zur Architektur sinkt. Die Architekturbasis und die großen Entscheidungen sind getroffen, die Überraschungen aus Tests von Architektureigenschaften lassen nach. Die Mitglieder haben die Arbeitsweise und Prinzipien verinnerlicht und arbeiten selbstständiger.

Über diese Phasen hinweg bauen Sie einen gemeinsamen Ideen-Pool zur Architektur auf. Sie entwickeln verschiedene Routinen und Denkweisen, ein Vokabular und eventuell eine eigene Symbolik, um effizient an Architekturthemen zu arbeiten. Als Anregungen können zum Beispiel Muster dieses Buchs dienen.

Die Community am Leben halten

Architekturcommunities müssen lebendig und von allen Entwicklern akzeptiert sein. Sind großartige Entwickler nicht Teil der Community oder erfolgen große Fortschritte auf architektonischer Ebene regelmäßig außerhalb der Gemeinschaft, verliert die Community schnell an Schwung und Relevanz. Es ist auch keine Lösung, Entwickler zwangsweise zu verpflichten, der Architekturcommunity beizutreten. Nicht die Anzahl der Mitglieder ist entscheidend, sondern das Engagement eines Kernteams und die Akzeptanz der übrigen Beteiligten. Beides können Sie nicht forcieren. Der beste Weg ist, einfach eine spannende, lockere Geschichte daraus zu machen. Im Folgenden einige Tipps.

- **Stetige Weiterentwicklung**:
  Verstehen Sie etablierte Regeln, Rollen und Arbeitsweisen immer nur als Übergangslösung. Lassen Sie immer neue Ideen zu und sorgen Sie für wechselnde Verantwortlichkeiten in der Gruppe. Entwickeln Sie neue Formen der Zusammenarbeit, integrieren Sie externe Experten und suchen Sie neue Wege zur Kommunikation der Ergebnisse. Das übelste Antipattern ist ein elitärer, starrer Architekturzirkel.

- **Sichtbare Arbeit**:
  Machen Sie die Arbeit und die Ergebnisse der Community sichtbar. Möglichkeiten dafür wären Wikis, Feeds, Tweets, Mailing-Listen oder auch eine Architekturwand (siehe Abschnitt 5.1). Weitere Sichtbarkeit erzielen Sie über die Veranstaltung von kleineren Events. Dazu zählen etwa Stammtische, Vorträge oder Birds of a Feather Sessions (Ad-hoc-Diskussionsrunden zu bestimmten Themen oder Problemen). Sie wollen vor allem Relevanz und Betriebsamkeit ausstrahlen.

- **Angebotene Hilfe**:
  Verstehen Sie sich nicht als Linienfunktion, sondern als Gruppe von Entwicklern oder Architekten mit einem Interesse in Architekturfragen. Über dieses Interesse und den Austausch in der Gruppe entwickeln Sie sich und die Architekturpraxis im Entwicklungsvorhaben weiter. Es geht aber vor allem darum, dieses Verständnis und Wissen auch auf die Straße zu bringen. Neben Ihrer eigenen Entwicklungstätigkeit sollten Sie folglich Unterstützungsleistungen anbieten. Die Palette reicht vom sehr informellen Mentoring einzelner Entwickler bis zu intensiverer Begleitung einzelner Teams. Halten Sie auch diese Unterstützung möglichst frei von Hürden.

- **Ein etablierter Rhythmus**:
  Achten Sie darauf, dass Sie eine gewisse Regelmäßigkeit in die Arbeit der Community bringen. Passen Sie sich an die Iterationen der Entwicklung an und docken Sie etwa an die WIEDERKEHRENDE REFLEXION (→ Abschnitt 5.5), den REALITÄTSCHECK FÜR ARCHITEKTURZIELE (→ Abschnitt 6.2) oder an die ANFORDERUNGSPFLEGE (→ Abschnitt 3.2) an. Falls Sie Aktivitäten wie Stammtische, Abendvorträge oder Lessons-Learned-Sessions durchführen: Achten Sie auf regelmäßige Durchführung. Falls Sie Newsletter, Feeds, Blogs oder Mailing-Listen verwenden: Achten Sie auf einen beständigen Takt.

- **Diskurs mit der Außenwelt**:
  Versuchen Sie, so transparent und offen wie möglich zu sein, was die Arbeit der Community angeht. Nur so sind Reaktionen „von außen" möglich. Egal, wie diese Reaktionen ausfallen, sie sind in jedem Fall gut. Kritik macht die Community relevanter und realistischer, positive Reaktionen sorgen für Sicherheit und Mitgliedswachstum. Auf der anderen Seite sollten Sie auch darauf achten, was außerhalb der Community passiert. Greifen Sie spannende Entwicklungen auf und haben Sie immer ein Auge für Good Practices – egal, ob sie aktiv in die Community eingebracht wurden oder nicht. Wenn Sie Ihre Augen schon außerhalb der Community haben: Laden Sie externe Experten ein und lassen Sie sich durch frische Sichtweisen oder konträre Standpunkte bereichern.

- **Unterschiedliche Verbundenheitsgrade**:
  Machen Sie die Schwelle zum Eintritt in die Community so niedrig wie möglich. Jeder Entwickler sollte ohne Hürde auf alle Inhalte zugreifen können und sich zurechtfinden. Er sollte ohne Weiteres Meinungen, Ideen und Kommentare abgeben können. Dieser erweiterte Kreis der Community sollte sehr zwanglos funktionieren. Bieten Sie eventuell gefilterte Informationen für andere Rollen an (Betrieb, Management etc.). Interessiertere Mitarbeiter sollten hingegen auch enger integriert werden, explizit zu Treffen eingeladen werden und mit detaillierteren inhaltlichen Updates versorgt werden. Egal, wie viele Kreise Sie für Ihr Vorhaben definieren: Es sollte nie eine Barriere geben, in engere Kreise einzutreten oder bestimmte Rollen auszufüllen.

Tipps zum Scheitern

Möchten Sie mit diesem Muster scheitern und Ihrem Projekt schaden, folgen Sie diesen Empfehlungen:

- Setzen Sie eine Architekturcommunity „von oben" auf. Bestimmen Sie, wer Mitglied wird und wer nicht. Legen Sie die ersten Treffen terminlich fest. Sonst dauert das ewig.
- Verstehen Sie die Architekturcommunity als geschlossenen Club. Je elitärer die Gemeinschaft wirkt, desto mehr „Gewicht" hat sie.
- Treffen Sie alle Architekturentscheidungen in der Architekturcommunity statt in den „normalen" Projektrollen. Eine diktierende Community arbeitet effizienter als eine konsultierende.
- Besetzen Sie die Community of Practice gezielt mit Unternehmensarchitekten, Managern des Architekturboards und Governance-Rollen. So können Sie dem Vorhaben die Unternehmensphilosophie einimpfen.
- Formalisieren Sie den Zugriff auf die Architekturcommunity. Führen Sie ein Bugtracking-Tool mit Ticket-System ein, um mit Anfragen aus der Entwicklergemeinde umzugehen.
- Verstehen Sie es als zentrale Aufgabe der Community of Practice, die momentane Softwarearchitektur zu verteidigen.

Architekturcommunities sind Zusammenschlüsse von architekturinteressierten Entwicklern, die sich in ihrem Wissen und ihren Fähigkeiten verbessern wollen und einen guten, konsistenten Architekturstil anstreben. Das breite Architekturwissen unterstützt z. B. dabei GEMEINSAM ZU ENTSCHEIDEN (→ Abschnitt 5.2) oder in der WIEDERKEHRENDEN REFLEXION (→ Abschnitt 5.5) Teilnehmer rotieren zu lassen. Für die Etablierung eines gemeinsamen Architekturstils kann die Community IM PRINZIP ENTSCHEIDEN (→ Abschnitt 4.7), konkrete Architekturentscheidungen sollten jedoch eher nur beraten werden. Für die „Befeuerung" der Communitiy und zur Förderung von Diskussionen rund um das Thema Architektur eignen sich ARCHITEKTUR-KATA (→ Abschnitt 5.8) hervorragend.

Neben einzelnen konkreten Mustern ist eine Architekturcommunity der ideale Platz, um Patterns in diesem Buch zu adoptieren, sie zu testen, in die Praxis zu überführen, Anpassungen vorzunehmen oder auch eigene, ergänzende Praktiken zu finden und zu etablieren.

5.8 Architektur-Kata

*„Wir sind, was wir wiederholt tun.
Exzellenz ist daher keine Handlung, sondern eine Gewohnheit."*

– Aristoteles

Claudia: Guten Morgen! Bevor wir zum Projektstatus kommen, möchte ich eine Beobachtung loswerden: Obwohl wir uns darauf geeinigt hatten, Architekturaufgaben zu verteilen, landen etwa 80 % davon bei Axel. Hat das einen Grund?

Axel: Ja, ich finde das auch nicht optimal, muss ich sagen. Allerdings sehe ich, dass die Herangehensweise an manche Fragestellungen doch sehr unterschiedlich ist, und das System soll schlussendlich kein Flickenteppich werden.

Sarah: Vielleicht solltest du dich da mehr rausnehmen. Uns mehr frei fliegen lassen.

Michael: Moment. Also ich nehme mir sogar manchmal Architekturaufgaben. In den Ad-hoc-Treffen oder bei Rückfragen merke ich aber meistens schnell, dass Axel einfach ein klareres Bild vor Augen hat. Wieso soll er dann nicht einfach machen?

Sarah: Weil's ihn von der Implementierung und anderen Aufgaben abhält. Wir wollten doch keine Bottlenecks im Projekt haben.

Peter: Also ich fühle mich zu unsicher, um größere Fragen selber zu treiben.

Tommy: Geht mir teilweise genauso.

Axel: Unser Austausch ist ja insgesamt nicht schlecht. Aber Sarah: Du darfst nicht vergessen, dass wir schon einige Projekte gemeinsam durchlebt haben. Unsere Ergebnisse sehen ähnlich aus, unsere Fragen sind teilweise die gleichen. Mit den anderen gibt's dieses Architekturverständnis noch nicht wirklich.

Claudia: Wird sich das verbessern, wenn wir die Verantwortung für Architekturaufgaben immer an dich oder Sarah geben?

Axel: Wohl nicht sehr schnell. Aber eigentlich müsstest doch du als Projektleiter das Risiko eines inkonsistenten, schief dokumentierten Systems sehen, oder?

Sarah: Was, wenn wir nicht bei der Operation am offenen Herzen üben?

Axel: Wie meinen?

Sarah: Architekturaufgaben sind schon sehr weitreichend und risikoreich, aber wir könnten Architekturarbeit doch auch abseits des Projekts üben. So hätten wir die Chance, einen gemeinsamen Stil zu entwickeln, was die Lösungserarbeitung angeht – die Analyse, die Entscheidungstypen, die Abstimmung mit anderen, die Dokumentation, ja sogar die Begrifflichkeiten. Wir könnten Best-Practices verbreiten und ein risikofreies Lernfeld schaffen.

Axel: Klingt nach unproduktivem Aufwand.

Claudia: Ich würde das durchaus unterstützen, wenn wir dich dadurch etwas entlastet kriegen und das ganze Projekt etwas weniger fragil machen. In vernünftigem Rahmen natürlich.

Sarah: Ted Neward hat für so etwas Ähnliches mal den Namen *Architecture Kata* geprägt. Das sind Workshops von ein paar Stunden – wäre vielleicht ein guter Startpunkt. Ich habe so was mal mitgemacht und fand's vor allem in der Nachbereitung äußerst spannend.

Peter: Ich fänd's gut!

Axel: Na wenn Peter das sagt ... Sorry, habe schlecht geschlafen heute ...

Architekturarbeit beschäftigt sich mit weitreichenden Entscheidungen, die ein System lange prägen können. Sie findet alleine deshalb im Vergleich zur Arbeit an Code oder zu Tests eher selten statt. Gleichzeitig erwarten wir bei Tätigkeiten mit weitreichenden Konsequenzen sehr gute Arbeit. Es gibt im Architekturfeld wenig Raum für Fehler.

Agile Vorgehen verteilen Architekturaufgaben auf mehrere Schultern. Neben positiven Aspekten wie der gesteigerten Reaktionsfähigkeit bei Änderungsbedarf, hat das zwei Konsequenzen: Mehr Entwickler müssen Architekturfähigkeiten besitzen und jeder einzelne „Architekturtreibende" hat seltener große Designaufgaben zu lösen, als das bei spezialisierten Architekten der Fall wäre.

Wie können Architekturfähigkeiten (1) wiederholt geübt und geschärft, (2) auf eine breitere Entwicklergemeinde übertragen und (3) stetig verbessert werden, ohne produktiv zu entwickelnde Systeme in Mitleidenschaft zu ziehen?

Was ist Ihrer Meinung nach wichtig, um als Sportler Erfolg zu haben? Genetische Veranlagung? Talent? Geld? Glück? Je nach Sportart werden diese Dinge mehr oder weniger Einfluss haben, fest steht jedoch: Alle Sportler trainieren. Sie steigern ihre Leistungsfähigkeit im Wettkampf, indem sie zwischen den Wettkämpfen üben, einstudieren oder stärken. Auch Tänzer, Moderatoren oder Musiker bereiten sich professionell auf ihre Aufgaben vor – sie tanzen, machen Sprechübungen, lernen oder proben[14]. Meine Empfehlung: Gehen Sie auch mit Softwarearchitektur professionell um. Üben Sie. Stärken Sie Ihre Fähigkeiten in Bereichen, die Sie selten einsetzen können. Lernen Sie von anderen. Auch wenn die langfristigen Lernerfahrungen realer Projekte, inklusive des Feedbacks zu einer Architekturidee aus Entwicklung, Auslieferung und Benutzung, nicht simulierbar sind: Architektur-Kata[15] versuchen es. Und sie sind auf einigen Ebenen erfolgreich.

Kata sind ...

Der Begriff „Kata" ist am ehesten mit Kampfsportarten und insbesondere mit Karate verknüpft. Ursprünglich wohl von einem chinesischen Mönch als Trainingsform erdacht, schafft eine Kata die körperlichen Voraussetzungen, um Techniken im realen Kampf einzusetzen. Selbst oder gerade weil diese Anwendung schwierig ist, steht das Ausführen der Übung im Vordergrund. Im Karate stehen mehr als 70 Kata bereit, um geübt und trainiert zu werden.

---

[14] Es gibt sicher einige Musiker, die mehr auf Bewusstseinserweiterung und Talent setzen – blenden Sie das bitte für einen Moment aus ...

[15] Da der Begriff Kata aus dem Japanischen kommt, entspricht der Plural dem Singular. Das häufig verwendete „Katas" ist zwar teilweise anerkannt, aber in meiner Wahrnehmung nicht sauber.

Viele Karateka entwickeln eine Lieblingskata, die sie immer wieder ausführen, perfektionieren und vielleicht einmal beherrschen.

Dave Thomas übertrug den Begriff „Kata" Mitte der 2000er-Jahre auf die Programmierung und stellt in seinem Blog (*http://codekata.com/*) einige „Code Kata" vor: kleine, abgeschlossene Programmierübungen, die Entwicklungsfertigkeiten verbessern sollen. Dabei steht nicht die Lösung des gestellten Problems im Vordergrund, sondern das Lernen durch Wiederholung, das Experimentieren, Hinterfragen und Lernen von anderen. Die Aufgaben sind deshalb häufig nicht komplex und werden in einer Oase ohne Zeitdruck und Unterbrechungen durchgeführt. Eine *korrekte* Lösung gibt es ebenso wenig wie schwerwiegende Fehler. Der grobe Ablauf einer Kata ist dabei immer gleich:

1. experimentieren,
2. messen/testen,
3. verbessern.

Das Konzept dieser Übungen wurde mittlerweile auf viele Ebenen der Softwareentwicklung übertragen. Im Coding Dojo[16] der Clean Code Developer School (*http://ccd-school.de/coding-dojo/*) werden sechs Kata-Kategorien unterschieden:

- **Function Kata:** Problemstellungen sind häufig Algorithmen, die Lösung besteht meist aus einzelnen Methoden oder Funktionen.
- **Class Kata:** Aufgaben, deren Lösung häufig aus einer einzelnen Klasse besteht
- **Library Kata:** Aufgaben, deren Lösung mehrere Klassen erfordert
- **Application Kata:** Aufgaben fokussieren auf das Zusammenspiel verschiedener Lösungsansätze einer Applikation, von Anzeige bis Datenablage.
- **Architecture Kata:** größere Application Kata, deren Implementierung im Rahmen der Kata unrealistisch ist. Erste Ebene, die sich von der konkreten Umsetzung im Code löst und auf Entwurfsaspekte fokussiert.
- **Agility Kata:** Application Kata, deren Lösung iterativ inkrementell erstellt wird. Der Fokus liegt auf Vorgehensaspekten und Modifizierbarkeit.

Der Begriff der Architektur-Kata wurde von Ted Neward geformt, der auf einer Konferenz 2010 einen dreistündigen Workshop zu pragmatischer Architektur mit dem Konzept durchführte. Nach etwas mehr als einem Jahr Tournee stellte er „seine" Kata in einem BitBucket Repository und einer dazugehörigen Webseite bereit (zwei Beispiele von dort finden Sie in den folgenden beiden Kästen). Ziel seiner Anwendung der Kata-Idee auf Architektur ist es, Entwicklern und Architekten die Möglichkeit zu geben, Systeme zu entwerfen, wiederholt, abwechslungsreich und ohne Druck, ideale Voraussetzungen, um zu lernen.

---

[16] Dojo bezeichnet in den japanischen Kampfkünsten die Übungshalle.

BEISPIEL: Architektur-Kata „Nur das Beste, keine Reste"*
(von *http://architecturalkatas.site44.com/***)**

Ein Konferenzorganisator benötigt ein Managementsystem für die Konferenzen, die er veranstaltet.

Anforderungen: Teilnehmer haben Online-Zugriff auf das Konferenzprogramm, inkl. Raumplanung; Sprecher können ihre Vorträge verwalten (einreichen, bearbeiten, anpassen); Teilnehmer bewerten Vorträge („up"/„down"); der Organisator kann Teilnehmer über Programmänderungen informieren – bis zur letzten Minute, falls Teilnehmer das explizit wünschen; jede Konferenz (mit evtl. unterschiedlichem Schwerpunkt) kann unabhängig benannt und gestaltet werden; Vortragsfolien sind für Teilnehmer online verfügbar; es gibt ein Bewertungssystem, das über Web, E-Mail, SMS oder Smartphone genutzt werden kann.

Benutzer: Hunderte Sprecher, Dutzende Veranstalter, Tausende Konferenzteilnehmer

---

* Englisches Original: „All Stuff, No Cruft" – Wohl angelehnt an die „No fluff, just stuff"-Konferenz (*http://nofluffjuststuff.com/*) auf der Ted Neward 2011 einen Workshop zum Thema hielt.

BEISPIEL: Architektur-Kata: „Geschichten einer vierten Klasse"*
(von *http://architecturalkatas.site44.com/***)**

Ein umfassendes Schülerverwaltungssystem für eine Grundschule

Anforderungen: Abwesenheiten erfassen, Verspätungen und Entschuldigungen verwalten (eingepflegt von Schulpersonal bzw. Eltern); Reports zu Aktivitäten der Schüler generieren; zugreifbar vom Spielplatz; Beobachtung von Schulnoten und Hausübungen (abgegeben und ausständig); Eltern-Lehrer-Foren; lauffähig als SaaS von einem Hosting Center

Benutzer: Schulpersonal und Eltern

---

* Englisches Original: „Tales of A Fourth Grade" – wohl angelehnt an das Kinderbuch „Tales of a fourth grade nothing" von Judy Blume aus dem Jahr 1972.

Wie obige Beispiele zeigen, sind die Aufgabenstellungen recht allgemein gehalten, die Anforderungen grob und durcheinandergewürfelt. Architektur-Kata trainieren folglich auch das Erfragen von architekturrelevanten Anforderungen, das Festhalten dieser Anforderungen und den Umgang mit Unsicherheiten und Annahmen.

Architektur-Kata: Ablauf

Der Ablauf von Architektur-Kata orientiert sich meist an den Regeln, die Ted Neward auf seiner Webseite dazu aufstellt (*http://architecturalkatas.site44.com/rules.html*). Er gliedert diese, von mehreren Entwicklern und/oder Architekten gleichzeitig durchgeführten Übungen in vier Phasen. Bild 5.11 zeigt sie im Überblick mit üblichen Anpassungen oder Erweiterungen.

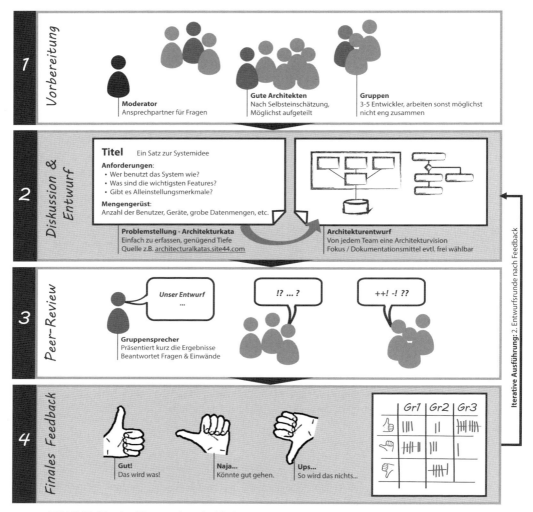

Bild 5.11 Die vier Phasen einer Architektur-Kata

Phase Eins dient der Vorbereitung und Zusammenstellung der Kata-Team(s). Architektur-Kata werden in Kleingruppen bearbeitet. Diese sollten sich möglichst von den üblichen Teamzusammensetzungen unterscheiden. Entwickler, die oft zusammenarbeiten, sollten in unterschiedliche Gruppen eingeteilt werden. Eine bewährte Gruppengröße liegt bei drei oder fünf.

Es sollten genügend Materialien für den Entwurf und die präsentable Aufbereitung der erarbeiteten Architektur zur Verfügung stehen: Whiteboards, Flipcharts, Post-Its, Notizblöcke etc. Greifen Sie nur dann auf elektronische Hilfsmittel und spezielle Modellierungstools zurück, wenn Sie diszipliniert genug sind, sich nicht zu verzetteln, und die Diskussion in der Gruppe nicht leidet. Wenn nicht alle Gruppen elektronisch gestützt arbeiten, können Sie zum Abschluss der Kata auch auf Ebene der Arbeitsmethoden reflektieren, was gut und weniger gut bei der gemeinsamen Architekturarbeit unterstützt.

Phase Zwei ist eine Diskussionsphase, in der die Gruppen herausfinden sollen, was zu bauen ist, und einen Entwurf der Lösung anfertigen. In einem festgelegten Zeitintervall von normalerweise 30 bis 60 Minuten sollen einerseits die Anforderungen der Kata erfragt und konkretisiert werden, andererseits soll eine grobe Architekturvision erarbeitet werden. Haben alle Teams die gleiche Kata/Aufgabe, kann eine grobe Klärung der Anforderungen auch bereits in Phase eins erfolgen. Die Diskussionsphase fokussiert dann eher auf den Entwurf und vor allem werden die folgenden Phasen einfacher (siehe Kasten zu Tipps weiter unten).

Der Moderator der Kata dient als Ansprechpartner für jedwede Fragen und kann die Kata so auch in bestimmte Richtungen ausgestalten und lenken. Wichtige Rollen, die vom Moderator verkörpert werden, sind Kunde oder Projektmanagement. Es können aber auch andere Stakeholder verkörpert werden, falls nötig.

Die vorgegebene Zeit für diese Phase ist vorgegeben und wird nicht verlängert. Die Dokumentation sollte während des Entwurfs erfolgen und sichtbare Countdown-Uhren sind hilfreich.

Phase Drei beinhaltet die Vorstellung der Architekturentwürfe, inklusive des Feedbacks dazu. Die Teams stellen nun der Reihe nach ihre Lösungen bzw. Entwürfe vor. Die Präsentation wird von einem Gruppensprecher präsentiert und sollte so pointiert wie möglich sein. Während und nach der Präsentation können die Mitglieder anderer Teams Fragen stellen. Nicht nur der Sprecher, sondern alle aus der präsentierenden Gruppe können antworten.

Phase Vier ist eine kurze Wahlphase, in der jede Gruppe ein finales Feedback zu ihrem Architekturentwurf bekommt. Nach der Präsentation und der Beantwortung gestellter Fragen wird der vorgestellte Entwurf per Thumb-Voting bewertet. Jeder Zuhörer streckt seinen Daumen nach oben, zur Seite oder nach unten. Das Ergebnis wird notiert und die nächste Gruppe stellt ihren Entwurf vor – startet also in Phase drei. Die Bedeutung der Daumenwahl:

- **Daumen nach oben:** sehr gelungener Entwurf. Gut beantwortete Fragen, nachvollziehbare Entscheidungen, gute Annahmen, saubere Vermittlung. Volles Vertrauen in das Team, was die potenzielle weitere Bearbeitung betrifft.
- **Daumen zur Seite:** Der Entwurf ist in Ordnung. Einige Aspekte fehlten oder wurden vergessen. Fragen stellten die Architektur teilweise erfolgreich in Frage. Generell entstand das Gefühl, dass das Team auf dem richtigen Weg ist.
- **Daumen nach unten:** Der Entwurf ging daneben. Einige wichtige Annahmen haben keine Grundlage, wichtige Fragestellungen wurden höchst problematisch beantwortet. Es besteht kein Vertrauen, dass dieses Team auf einem erfolgreichen Weg ist.

Architektur-Kata: wichtige Regeln

Im Folgenden finden Sie die wichtigsten Regeln für die Teilnehmer eines Kata-Workshops kurz erläutert:

- Die wichtigste Regel: bei Unsicherheiten fragen!
- Laptops und Mobilgeräte sind zu Recherchezwecken verboten. Stattdessen sollte sich die Gruppe auf die Aufgabe konzentrieren, etwaige Annahmen dokumentieren und stetig an der Lösung arbeiten.
- Grundsätzlich ist jede Technologie für die Lösung erlaubt, außer die Kata macht spezielle Vorgaben (etwa um bestimmte Aspekte einer Technologie in den Vordergrund zu rücken). Wichtig ist jedoch, dass Sie jede Technologieentscheidung verteidigen bzw. nachvollziehbar erklären können.

- Annahmen zu Technologien sind jederzeit erlaubt, ebenso Annahmen zu Details, die zur Designzeit nicht klärbar sind – etwa zum Laufzeitverhalten. Jedoch müssen alle diese Annahmen realistisch sein, klar definiert werden und während des Review beschrieben werden.
- Das Know-how und die Fähigkeiten des Entwicklungsteams für die entworfene Architektur sind entweder durch die Kata definiert oder entsprechen ungefähr dem der eigenen Praxis. Kein Team hat die Macht für personelle Umbauten oder organisatorische Umstrukturierungen.
- Kritik und Skepsis sind besonders während des Review erwünscht. Sowohl Fragen als auch Antworten sollten jedoch immer sachlich und konstruktiv sein und niemals als persönlicher Angriff formuliert oder gewertet werden.
- Sollten Sie Kata-Ideen von Ted Newards Webseite verwenden, sind Sie darüber hinaus aufgefordert, eine eigene Kata beizusteuern. Der Pool von Architektur-Kata sollte so stetig wachsen und durch neue Ideen erweitert werden.

Was Sie für eine gelungene Durchführung beachten sollten

- Der wichtigste Punkt aus meiner Sicht: Bereiten Sie sich als Moderator gut vor! Als Ansprechpartner der Gruppen sind Sie Kunde, Manager und Regelgeber. Sie *müssen* das Fallbeispiel gut kennen, haben idealerweise schon unterschiedliche Kandidatenarchitekturen durchgespielt, können Rahmenbedingungen konsistent vertreten und kennen die Regeln der Architektur-Kata. Seien Sie trotzdem spontan genug, auch auf neue Fragen zu Anforderungen schnell eine Antwort zu „erfinden".
- Unterschiedliche Vorkenntnisse und Architekturfähigkeiten der Teilnehmer machen die Gruppenbildung oft schwierig und wichtig. Einer meiner Kunden startet deshalb mit einer Selbsteinschätzung der Teilnehmer. Diese stellen sich sortiert nach Architekturerfahrung im Raum auf und werden danach so in Gruppen aufgeteilt, dass jede Gruppe eine gesunde Mischung aus Novizen und Experten beinhaltet.
- Teilnehmer, die in der Entwicklung eng zusammenarbeiten, sollten ebenfalls eher nicht in der gleichen Gruppe landen. Achten Sie generell auf überschaubare Gruppengrößen. Drei bis fünf Teilnehmer haben sich bewährt.
- Lassen Sie in einem Kata-Workshop mehrere bis alle Gruppen an der gleichen Aufgabenstellung arbeiten. Damit fallen Zeiten für Umdenken und Einarbeitung weg, die Fragen der gruppenfremden Teilnehmer sind informierter, die Ergebnisse besser vergleichbar und die Erkenntnisse tiefer.
- Setzen Sie die Zeit für Gruppenarbeiten hart durch, visualisieren Sie die Restzeit eventuell mit einem Countdown und motivieren Sie die Gruppen wiederholt, ihre Architekturideen schon während der Diskussion zu dokumentieren. Gruppen mit guten Lösungen, die in Köpfen wohnen, sollten vermieden werden.
- Lassen Sie Unterschiede in Fokussierung und Präsentation zu. Damit üben Sie ein breiteres Feld an Architekturfähigkeiten, inklusive der Priorisierung von architekturrelevanten Themen und der Kommunikation von Architekturentscheidungen. Das ist insbesondere dann hilf- und lehrreich, wenn Sie mehrere Gruppen an derselben Aufgabenstellung arbeiten lassen.

- Wollen Sie spezielle Methoden oder Techniken üben, führen Sie die Kata iterativ durch. Starten Sie mit einer normalen Kata-Runde, liefern Sie dann theoretischen Input und üben Sie die Technik anschließend in einer zweiten Kata-Iteration. Analysieren Sie positive und negative Effekte.
- Ermutigen Sie die Teilnehmer dazu, ehrliche Bewertungen abzugeben und durchaus kritische Fragen zu stellen. Zu gute, „freundliche" Feedbacks verfehlen das Ziel von Architektur-Kata. Achten Sie trotz allem auf Sachlichkeit!
- Stellen Sie ausreichend Arbeitsmaterialien aller Art zur Verfügung, von Flipcharts, über Whiteboards, Post-Its, Pinnwände, Notizblöcke bis hin zu Rechnern mit Modellierungstools und Mind-Mapping-Tools. Diese Vielfalt hilft oft bei der Erkenntnis, wie bestimmte Aspekte der Architektur gut dargestellt und erarbeitet werden können.

Wiederholung und Variation

Wie schon bei Coding-Kata erwähnt, ist einer der wichtigsten Aspekte die wiederholte Ausführung. Dadurch können Sie experimentieren, die Ergebnisse analysieren und die Lösung verbessern. Ein Architektur-Kata-Durchlauf wie oben beschrieben ist eine gute Lernerfahrung für alle Beteiligten, besonders wertstiftend werden solche Workshops aber durch Wiederholung mit Variationen und Platz für Experimente. Ted Neward, der seine Architektur-Kata vor allem in großen Workshops auf Konferenzen einsetzt, behandelt diesen Bereich eher dürftig. In Organisationen oder Projekten, die ich begleiten durfte, konnten aber gerade aus dieser Anwendung von Architektur-Kata die größten Lernerfolge verzeichnet werden[17].

Für die Variation einer Architektur-Kata können Sie Ihrer Kreativität freien Lauf lassen. Eine leicht veränderte oder erweiterte Aufgabenstellung kann andere Architekturansätze erfordern oder andere Aspekte der Architektur wichtig machen. Damit ändern sich der Entwurf, die eingesetzten Technologien oder die Schwerpunkte der Präsentationen. Den Einfluss einzelner Anforderungsänderungen zu analysieren und zu verstehen, ist eine der wichtigsten Quellen, um das berühmte Bauchgefühl zu entwickeln, das gute Architekten und Entwickler auszeichnet.

Genug von der Wichtigkeit der Variation und Wiederholung gesprochen, hier einige Ideen für Architektur-Kata-Anpassungen:

- Versuchen Sie, die einfachste funktionierende Lösung für das Problem zu entwerfen. Finden Sie anschließend Nachteile und Kompromisse im Vergleich zu anderen Lösungsmöglichkeiten.
- Variieren Sie Qualitätsanforderungen, etwa indem Sie konkrete Aussagen zu Performanz, Wartbarkeit, Erweiterbarkeit oder Sicherheit vorgeben. Analysieren Sie anschließend Lösungsunterschiede oder auch Veränderungen bei gefundenen Risiken und gesetzten Schwerpunkten.
- Ergänzen Sie technische Rahmenbedingungen oder Vorgaben für anzubindende Alt- und Fremdsysteme.

---

[17] Die Abwandlung und Wiederholung von Kata ist auch treu zur namensstiftenden japanischen Vorlage – sollte jedoch NICHT von Neulingen in Angriff genommen werden.

- Nehmen Sie verschiedene grundlegende Architekturstile oder Deployment-Modelle an (Schichtenarchitektur, (Micro-)Services, Plug-in-Architektur etc.). Diskutieren Sie anschließend Nachteile und Vorteile des Ansatzes im konkret vorliegenden Fall. Halten Sie Unklarheiten und Unsicherheiten fest, um Lernfelder zu identifizieren.
- Experimentieren Sie mit unterschiedlichen Dokumentationskonzepten – sowohl mit Medien (Flipcharts, Post-Its, Modellierungstools etc.) als auch mit konkreten Artefakten (Systemkontext, Entscheidungs-Mindmap, Templates etc.). Fragen Sie sich anschließend, was Sie beim Entwurf unterstützt hat, was die Kommunikation erleichtert hat und was Sie eher behindert hat.
- Variieren Sie den Teilnehmerkreis für Review und finales Feedback. Präsentieren Sie statt vor anderen Entwicklern vor Stakeholdern, Managern oder Proxies für diese Rollen. Achten Sie auf Unterschiede in der Ansprache und im Präsentationsfokus. Wie gut können Sie technische Aspekte fachlich motivieren und ausdrücken?

Die Analyse der Ergebnisse einer Kata bzw. deren „Entstehungsgeschichte" ist einer der wichtigsten Aspekte des gesamten Musters. Hier entstehen echte Lernerfahrungen und Sie nehmen etwas für Ihre tägliche Arbeit mit. Halten Sie Erkenntnisse für sich selber fest, sammeln Sie Erkenntnisse aber auch gruppenübergreifend am Ende einer Architektur-Kata. Leiten Sie aus den Erkenntnissen anschließend ab, ob sich an Ihrer Arbeitsweise etwas ändern sollte oder Sie bei kommenden Architekturaufgaben bestimmte Dinge beachten möchten.

Was Architektur-Kata (nicht) leisten können

Architektur-Kata sind geeignet, um einige Aspekte der Architekturarbeit zu üben und entsprechende Fähigkeiten zu stärken. Wenn es dann darauf ankommt, sind Sie besser vorbereitet und eingespielt. Zu den geübten Aspekten gehören insbesondere:

- das Erfragen und Festhalten von architekturrelevanten Anforderungen, beispielsweise mithilfe von SZENARIEN ALS ARCHITEKTURANFORDERUNG (→ Abschnitt 3.3),
- der Umgang mit Unsicherheiten, Annahmen und gefundenen Risiken,
- die Entscheidungsfindung in Gruppen (siehe auch GEMEINSAM ENTSCHEIDEN, → Abschnitt 5.2),
- das effektive Festhalten und Kommunizieren von Architekturideen (evtl. für unterschiedliche Zielgruppen),
- das kritische Hinterfragen technischer Konzepte wie auch etwa bei der WIEDERKEHRENDEN REFLEXION (→ Abschnitt 5.5) angewandt.

Darüber hinaus gelingt es mit Variationen, den Einfluss bestimmter Anforderungen auf die Architektur besser zu verstehen oder Architekturstile und -konzepte eher zu durchdringen. Durch die Gruppenarbeit und anschließende Diskussion findet ein gewisser Know-how-Transfer auf technischer und methodischer Ebene statt. Teilnehmer lernen voneinander und es kann insgesamt eine gemeinsame und geschärfte Idee entstehen, (1) wie Architekturarbeit in der eigenen Organisation zu erfolgen hat und (2) welche Technologien zum organisatorischen Umfeld und den zu lösenden Problemen passen.

Auf der anderen Seite sind Architektur-Kata nicht dazu geeignet, in größerem Umfang technologisches Wissen zu vermitteln. Auch der konkrete Umgang mit Technologien und Frameworks ist weniger im Fokus – hierfür ist die Flughöhe meist zu hoch. Sie können zwar einzelne Unsicherheiten und Risiken, die Sie in Architektur-Kata erkennen, mit Library-, Class-Kata oder Prototypen weiter untersuchen, der Feedbackmechanismus zu den Lösungen ist jedoch meist nicht unmittelbar. All das zeigt, dass Architektur-Kata eher auf bestehendes Wissen und (teilweise individuell) vorhandene Erfahrungen zurückgreifen. Es findet eine Verdichtung, Verbreiterung und ein Abgleich statt.

Tipps zum Scheitern

Möchten Sie mit diesem Muster scheitern und Ihrem Projekt schaden, folgen Sie diesen Empfehlungen:

- Schwören Sie Teilnehmer darauf ein, dass negative Aussagen zu Lösungen komplett unerwünscht sind. So wird zwar wenig gelernt und diskutiert, aber das Betriebsklima ist seltsam gut.
- Lassen Sie persönliche Angriffe und Beschimpfungen einfach unmoderiert stehen. Zu Sachlichkeit und Professionalität kehren Sie im echten Projekt früh genug zurück.
- Geben Sie immer detailliert vor, welche Ergebnisartefakte zu erstellen sind und welche Detailtiefe Sie erwarten. Ergebnisse sind dadurch gut vergleichbar – dass Sie der Kata den großen Reiz der Risikobewertung, Schwerpunktsetzung und zielgruppengerechten Aufbereitung nehmen, sollte Sie nicht stören.
- Beantworten Sie jede Frage zur Aufgabenstellung und zu Rahmenbedingungen mit „lasst euch was einfallen" oder „das ist noch nicht geklärt". Wenn alle Gruppen nur an der Oberfläche schwimmen, wird die Bewertung kürzer.
- Setzen Sie Vorgesetzte oder externe Berater in Kata-Workshops ein, um die Teilnehmer während ihrer Arbeit zu evaluieren. Alternativ führen Sie Statistiken, welche Mitarbeiter oft in Teams mit schlechtem Feedback sitzen. Das hilft bei Einsparungsmaßnahmen.
- Führen Sie so viele Architektur-Kata wie möglich durch und lassen Sie zur Not die zeitintensiven Besprechungen oder Analysen weg. Falls Sie jemand fragt, was der Zweck all dieser Übungen ist, sagen Sie, dass Erkenntnisse nur vom eigentlichen Kata ablenken würden.

∎

Architektur-Kata können neben Architekturansätzen und allgemeinen Lösungsstrategien auch viele der in diesem Buch beschriebenen Muster trainieren. Konkrete Architekturanforderungen aus den allgemeinen Aufgabestellungen zu extrahieren, gelingt etwa mit SZENARIEN ALS ARCHITEKTURANFORDERUNG (→ Abschnitt 3.3). Den Fokus für die sehr begrenzte Arbeitszeit während eines Kata können Sie besser bestimmen, indem Sie ARCHITEKTURARBEIT VOM REST TRENNEN (→ Abschnitt 4.1), und GEMEINSAM ENTSCHEIDEN (→ Abschnitt 5.2) führt schließlich dazu, dass Sie ARCHITEKTURENTSCHEIDUNGEN TREFFEN (→ Abschnitt 4.4) und dokumentieren – siehe ANALOG MODELLIEREN (→ Abschnitt 5.3). In der abschließenden Besprechung der Lösungen können Sie Techniken der WIEDERKEHRENDEN REFLEXION (→ Abschnitt 5.5) einsetzen.

In Architektur-Kata werden Sie oft mit nicht vollständig geklärten Fragestellungen oder Wissenslücken konfrontiert. Entsprechende Risiken zu erkennen, einzuschätzen und die wichtigsten Risiken mit möglichen Minderungsmaßnahmen zu versehen, ist ein elementarer

Bestandteil der Architektur-Kata – Ideen für den hier geübten Umgang mit Architekturrisiken finden Sie in Risiken aktiv behandeln (→ Abschnitt 4.6).

Neben den konkret geübten Praktiken und Vorgehensmustern ist bei Architektur-Kata herausragend, dass sie Entwickler und Architekten aus potenziell unterschiedlichen Projekten oder gar Unternehmen zusammenbringen. In einem definierten Rahmen können Sie sich über Architekturthemen austauschen. Erkannte Schwächen, Potenziale oder Wissenslücken können in ausgegliederten Treffen bearbeitet werden. Das macht Architektur-Kata zu einem idealen Befeuerer für Architektur-Communities (→ Abschnitt 5.7).

6 Abgleich mit der Realität

Ihre Architektur ist nicht fertig, wenn Sie ein Konzept erstellt, ein Diagramm gezeichnet oder eine Idee formuliert haben. Architekturentscheidungen beeinflussen große Teile der Umsetzungsarbeit und erst durch die Rückmeldung aus der Umsetzung bzw. die Einhaltung der Architekturprinzipien in allen relevanten Systemteilen wird Architektur lebendig. Davor ist Architektur ein Gedankengerüst, böse formuliert ein Luftschloss. Gute Architekturarbeit versucht, bearbeitete Fragestellungen möglichst schnell mit möglichst objektivem Feedback zu versorgen. Das gelingt durch die saubere Formulierung der Ziele von Architekturarbeit (siehe Kapitel 3) und die konsequente Prüfung von deren Erreichung. Die Muster dieses Kapitels verschreiben sich dieser Prüfung und zeigen, wie Sie frühe Rückmeldungen fördern können, wie Sie Architektureigenschaften im Code analysieren und prüfen können, wie Sie Architekturziele realistisch im Auge behalten und wie Sie mit gefundenen Problemen umgehen können. Bild 6.1 zeigt die Muster des Kapitels im Überblick.

Der Programmcode und das laufende System sind als Testgrundlage sehr beliebt, weil es hier keinen Interpretationsspielraum mehr gibt. Was hier getestet wird, das ist die Wahrheit. Architekturideen und Architekturentscheidungen sind um einiges abstrakter. Sie beeinflussen die Umsetzung auf vielen Ebenen und lassen sich weder auf Programmcode noch auf Anforderungen 1:1 abbilden. Entscheidungen beeinflussen in Nebeneffekten meist mehrere Anforderungen und einzelne Anforderungen erfordern ihrerseits oft ein Set von Entscheidungen.

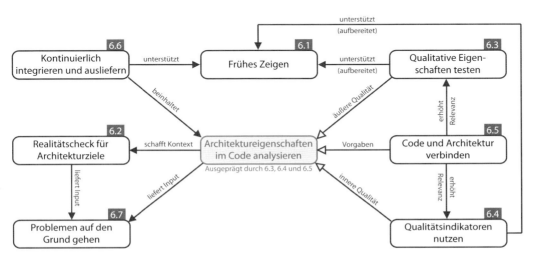

Bild 6.1 Zusammenhänge der Muster „Abgleich mit der Realität"

Die Auswirkung einer Entscheidung oder gar die Unterschiede einzelner Alternativen sind extrem schwer im Voraus zu messen oder zu bestimmen. Was Sie in Kapitel 4 dieses Buchs deshalb gelesen haben, hat viel mit Vermutungen, beispielhafter Umsetzung bzw. Meinung und Feedback anderer Entwickler zu tun. Sobald eine Codebasis zur Verfügung steht, sollten Sie auch Ihre Architekturarbeit objektiv bewerten. Dafür braucht es zwei Dinge:

1. Sie müssen gewährleisten, dass der Code, den Sie zur Bewertung Ihrer Architektur heranziehen, diese Architektur auch umsetzt. Andernfalls wären Rückschlüsse auf getroffene Architekturentscheidungen wenig relevant.
2. Sie müssen Ziele die Sie beim Treffen von Architekturentscheidungen hatten, im Sourcecode prüfen können. Wie in Kapitel 3 besprochen, sind diese Ziele vornehmlich qualitative Anforderungen wie Effizienz, Änderbarkeit oder Übertragbarkeit.

Punkt eins wird in CODE UND ARCHITEKTUR VERBINDEN besprochen (→ Abschnitt 6.5). Punkt zwei ist Thema von QUALITATIVE EIGENSCHAFTEN TESTEN (→ Abschnitt 6.3) und QUALITÄTSINDIKATOREN NUTZEN (→ Abschnitt 6.4). Wie Sie diese Codeanalysen möglichst zeitnah zur Architekturentscheidung rücken lassen wird in FRÜHES ZEIGEN (→ Abschnitt 6.1) und KONTINUIERLICH INTEGRIEREN UND AUSLIEFERN (→ Abschnitt 6.6) besprochen.

6.1 Frühes Zeigen

> *„Der frühe Vogel mag den Wurm fangen,
> aber es ist die zweite Maus, die den Käse bekommt."*[1]
>
> – Jeremy Paxman

Das Team trifft sich mit dem Kunden (Thorsten), um erste Funktionalität am laufenden System zu zeigen.

Thorsten: Ihr habt mir jetzt drei umgesetzte Stories gezeigt. Was ist mit Szenarien? Ihr habt gemeint, die wären wichtig. Wir haben einige Szenarien definiert, ihr habt auch an denen gearbeitet. Könnt ihr mir da auch etwas zeigen?

Tommy: Nun ja, das ist ein wenig technisch. Szenarien betreffen häufig das gesamte System und sind schwer als Demo herzeigbar. Für Zuverlässigkeit oder Sicherheit arbeiten wir eher unter der Haube.

Sarah: Im Bereich der Benutzbarkeit zeigen wir schon etwas. Wir bearbeiten Szenarien wie dieses hier gemeinsam mit UX-Kollegen: „Das Editieren, Korrigieren und Freigeben eines Artikels ist über eine einzelne Bildschirmmaske möglich." Wir erstellen Wireframes, die wir mit dir durchsprechen werden. Später kommen noch HTML-Prototypen.

Thorsten: Heißt das, die Qualitätsanforderungen neben Benutzbarkeit sehe ich erst, wenn das System fertig ist?

Axel: Ganz so ist es nicht. Qualitätseigenschaften sind zwar wirklich erst am finalen System korrekt spürbar, wir können jedoch schon simulieren. Für Effizienz, Skalierbarkeit und Lastverhalten sollten wir uns überlegen zu testen – einfach etwas herzuzeigen, geht da schwieriger. Wir können aber Test- und Messergebnisse aufbereiten, so dass klar wird, wie es um einzelne Szenarien steht.

Sarah: Wir halten auch Reflexions-Workshops ab, in denen es hauptsächlich um Szenarien geht. Dort sind Testergebnisse und Risiken ein Thema. Außerdem entwickeln wir das System inkrementell und liefern es laufend auf eine produktionsähnliche Umgebung aus. In einer manuellen Testphase kannst du relativ bald mit dem System interagieren und bestimmte qualitative Eigenschaften am eigenen Leib erfahren …

Die Anforderungen für Architekturarbeit kommen von unterschiedlichen Stakeholdern, die meist kein oder wenig Verständnis für Architektur und Technologie mitbringen. Das fertige System bzw. dessen UI ist der erste natürliche Interaktionspunkt mit der gebauten Anwendung. Für Architekturarbeit ist das sehr spät. Sie wollen Rückmeldungen zur Softwarearchitektur möglichst früh bekommen, um eventuell auch an zentralen Fragestellungen noch etwas ändern zu können.

---

[1] Englisches Original: „*The early bird may get the worm, but it's the second mouse that gets the cheese.*"

Problemstellung:
Wie kann früh und in möglichst direkter Zusammenarbeit mit dem Kunden überprüft werden, ob sich die Softwarearchitektur entsprechend der Ziele und Wünsche entwickelt?

Es handelt sich hierbei um das wohl am wenigsten anwendbare Muster des Buchs (für sich genommen). Nehmen Sie dieses Muster eher als Idee wahr und nutzen Sie die vielen Verweise, um aus diesem Blickwinkel in andere Muster einzutauchen.

Die Zusammenarbeit mit dem Kunden oder der Fachabteilung ist extrem wichtig und beherbergt gerade für Softwarearchitektur doch einige Schwierigkeiten. Zunächst ist der technologische Aspekt von Softwarearchitektur meist schwer greifbar für Stakeholder auf Fachseite. Auch die Zusammenhänge und typischen Kompromisse der Softwareentwicklung sind für Fachvertreter oft neu. UML-Diagramme werden meist genauso wenig verstanden wie Stacktraces oder Dumps. Test- und Metrikergebnisse werden falsch oder gar nicht interpretiert bzw. ist der Zusammenhang mit den fachlichen Zielen unklar. Darüber hinaus ist Architektur etwas Grundlegendes, schwer Änderbares. Je später Sie qualifiziertes Feedback bekommen, desto unwahrscheinlicher wird die Erreichung der formulierten Wünsche und Ziele. Sie brauchen also möglichst früh Feedback zu etwas schwer Greifbarem.

Es braucht eine ganze Reihe an Praktiken, um früh und effektiv mit der Fachseite zu kommunizieren (und manchmal auch, um der Fachseite das schmackhaft zu machen). In gewisser Weise handelt es sich bei diesem Muster deshalb um ein Meta-Pattern. Es zeigt einige andere Muster dieses Buchs unter dem Aspekt des frühen Zeigens und ergänzt sie um ein paar eigene Ideen. Grundsätzlich haben Sie mindestens die folgenden Möglichkeiten, um frühe Rückmeldungen von der Fachseite zu fördern:

- Integration und Auslieferung von Beginn an
- Imitation des fertigen Systems
- Einbeziehung des Kunden in anforderungsnahe Architekturaktivitäten
- Aufbereitung von technischen Erkenntnissen

Ich beschreibe die vier Optionen in den folgenden Unterabschnitten etwas genauer. Experimentieren Sie in Ihrer Praxis mit den Möglichkeiten und entwickeln Sie darauf basierend, und getrieben durch Rückmeldungen der Beteiligten, Ihre eigene Arbeitsweise.

Integration und Auslieferung von Beginn an

Es ist auf alle Fälle von Vorteil, früh ein laufendes System zu haben. Dieses System können Sie nutzen, um zu testen, zu messen und eben auch, um es herzuzeigen. Aus Architektursicht ist es spannend, getroffene Entscheidungen möglichst bald beurteilen zu können. Am besten gelingt das, wenn ein laufendes Grundgerüst verfügbar ist und die Auswirkungen der Entscheidung nicht nur geschätzt, sondern beobachtet werden können.

Die technische Seite für ein früh lauffähiges System beinhaltet einen modularen Aufbau der Anwendung und viel Automatisierung im Bereich von Test, Build und Deployment. Einen kleinen Einblick geben die Muster QUALITATIVE EIGENSCHAFTEN TESTEN (→ Abschnitt 6.3) und KONTINUIERLICH INTEGRIEREN UND AUSLIEFERN (→ Abschnitt 6.6). Die beste Quelle für weitere Informationen zum Aufbau einer *Deployment Pipeline* ist [Hum10]. Zur frühen Herstellung einer produktionsähnlichen Umgebung (für Tests oder Demos) können auch Cloud-Dienste interessant sein.

Auf der organisatorischen Seite sind die Priorisierung der Anforderungen und die kleinteilige Umsetzung der Anforderungen entscheidend. Anforderungen sollten in handhabbare Tasks geschnitten und iterativ umgesetzt, getestet und integriert werden. Nehmen Sie Einfluss auf die Priorisierung der Anforderungen, so dass möglichst schnell ein „walking skeleton" entsteht – ein Gerüst der Anwendung, das alle kritischen Schichten und Technologien berührt, ohne viel „Fleisch" (im Sinne von Funktionalität) zu bieten. Diese Hochpriorisierung von technologisch herausfordernden oder neuen Anforderungen gegenüber Anforderungen, die auf bekannten und entschiedenen architektonischen Konzepten aufsetzen, wird in Kapitel 3 besprochen (besonders interessant sind ANFORDERUNGSPFLEGE-WORKSHOPS → Abschnitt 3.2 und ARCHITEKTURARBEIT IM BACKLOG → Abschnitt 3.6).

Imitation des fertigen Systems

Während die frühe Integration das echte System sichtbar und verfügbar macht, arbeitet Imitation mit Prototypen, Simulation und speziellen Umgebungen. Ziel ist es, Kunden, Benutzer oder Management früh mit Lösungsideen in Berührung kommen zu lassen und architektonische Rückschlüsse abzuleiten – noch bevor die eigentliche Umsetzung stattfindet. Dieses Vorgehen schlägt mit höherem Aufwand zu Buche und liefert kein hundertprozentig reales und umfassendes Feedback, bei risikoreichen Entscheidungen ist deren Verwendung allerdings trotzdem oft sinnvoll (siehe RISIKEN AKTIV BEHANDELN → Abschnitt 4.6).

Neben Prototypen, die einzelne Fragestellungen zu Sicherheit, Benutzbarkeit oder Lastverhalten beantworten können, sind Simulationen für nicht verfügbare (Fremd-)Systemteile üblich. Beide eignen sich dafür, dem Kunden oder Fachbereich früh zu demonstrieren, wie sich das System verhalten wird. UI-Prototypen können z. B. in Papierform sehr früh verwendet werden, UI-Mockup Tools wie Balsamiq [bal13] sind ebenfalls beliebt.

Showcases sind ebenfalls weit verbreitet. In Showcases werden Technologien mit rudimentärer Fachlichkeit zur Anwendung gebracht. Primäres Ziel ist das Verständnis der Technologie oder das Zusammenspiel mehrerer technischer Frameworks zu verstehen. Wichtig ist, dass Technologie-Showcases lediglich die Technologie selbst und den Umgang damit zeigen, nicht jedoch die Anwendbarkeit im eigenen Kontext (inklusive Fremdsystemen, evtl. komplexen Datenmodellen und Deploymentumgebungen). Die Erkenntnis sollte also nicht überbewertet werden.

Kreativere Lösungen für schnelle Rückmeldung verwenden Frameworks, die Applikationen rasch ausführbar machen (für den eigenen Produktivbetrieb vielleicht jedoch nicht in Frage kommen). Ein Beispiel wäre der Einsatz von Naked Objects[2] [Ric04], um ein entworfenes Domänenmodell zu testen. Naked Objects ist ein Framework, das ausgehend von Fachklassen eine vollständige Anwendung inklusive Datenbank und UI generiert. Dabei werden die Fachklassen einfach auf die Oberfläche gelegt, Fixtures befüllen die Datenbank mit einigen Beispielobjekten zu den Klassen. Das Fachklassen- oder Domänenmodell ist sofort benutzbar. Will man ein neues Objekt erstellen, kann man an der Oberfläche rechtsklicken, „new" auswählen und Daten eingeben. Verlangen Methoden andere Fachklassen als Parameter, kann man sie per Drag&Drop einfach zuordnen. Benutzer und Fachabteilungen können so mit den Fachklassen „herumspielen" und ihre üblichen Arbeitsabläufe nachstellen.

---

[2] Siehe *http://isis.apache.org/* für Java, *http://nakedobjects.codeplex.com/* für .NET

Es wird schnell offensichtlich, wenn Fachklassen bestimmte Beziehungen nicht erlauben oder Attribute fehlen. Die von Benutzern durchgeführten Aktionen können nebenbei mitgeschrieben werden, um Stories zu generieren.

Das Domänenmodell früh benutzen zu lassen, UI-Prototypen oder Showcases zu bauen, sind nur drei Ideen, Architekturaspekte erlebbar zu machen. Seien Sie hier kreativ. Es hilft Ihnen definitiv bei der Arbeit und schafft Vertrauen.

Einbeziehung des Kunden in anforderungsnahe Architekturaktivitäten

Ein Kunde oder Benutzer hat bei Lasttests vielleicht wenig beizutragen, es gibt aber durchaus Aktivitäten der Architekturarbeit, die Fachvertretern erlauben mitzureden. Neben INITIALEN ANFORDERUNGS-WORKSHOPS (→ Abschnitt 3.1) sind das vor allem die WIEDERKEHRENDE REFLEXION (→ Abschnitt 5.5) und die Erstellung einer Architekturvision (GERADE GENUG ARCHITEKTUR VORWEG → Abschnitt 4.3). Diese Muster beschreiben genauer, wie eine Beteiligung hier aussehen kann. In jedem Fall erhalten Sie auch darüber frühes Feedback zur Architektur.

Aufbereitung von technischen Erkenntnissen

Die letzte Möglichkeit, frühes Feedback zu bekommen, liegt in der Aufbereitung von Erkenntnissen mit technischem Hintergrund. Sie können typischerweise zwar keine Lastanalyse, kein Protokoll mit Antwortzeiten und keinen *tangle index* an den Kunden weiterreichen und erwarten, dass er Sie versteht, aber Sie können Teile dieser Informationen in seine Sprache übersetzen. Konkret heißt das, in Szenarien und Kosten zu sprechen. STAKEHOLDER INVOLVIEREN (→ Abschnitt 5.4) zeigt, wie Sie Kompromisse Stakeholder-gerecht ausdrücken können. Test- und Metrikergebnisse lassen sich auf die gleiche Weise auf Qualitätsmerkmalen und Szenarien abbilden.

Tipps zum Scheitern

Möchten Sie mit diesem Muster scheitern und Ihrem Projekt schaden, folgen Sie diesen Empfehlungen:

- Wenden Sie das Prinzip des frühen Feedbacks auf alles an, was Sie tun. Der Kunde freut sich sicher über häufige, feingranulare Rückmeldungen zu Methodenverbesserungen und Smell-Beseitigung.
- Um das Walking Skeleton durchzusetzen, müssen Sie sich stark machen. Ist ein Product Owner überzeugt, er brauche Funktionalität eher als einen risikomindernden Durchstich: Überstimmen Sie ihn. Er versteht es offensichtlich nicht.
- Nehmen Sie vom Tool aufbereitete Aussagen zu Qualitätsmerkmalen und zeigen Sie sie 1:1 dem Kunden. Ein Wartungsindex oder Performanceindex ist schließlich schon „aufbereitet".
- Stecken Sie so viel Aufwand wie möglich in Prototypen und das „Imitieren" des Systems. Sie erhalten so schnell Rückmeldung und wenn Sie mit dem Imitieren richtig gut sind, ersparen Sie sich vielleicht die echte Applikation ...

Frühes Zeigen beinhaltet eine Reihe von Praktiken, die im Detail an anderen Stellen dieses Buchs beschrieben sind. Für die rasche Sichtbarkeit des laufenden Systems ist der Einfluss auf die Priorisierung spannend (im ANFORDERUNGSPFLEGE-WORKSHOP → Abschnitt 3.2, bei ARCHITEKTURARBEIT IM BACKLOG → Abschnitt 3.6 und ARCHITEKTURARBEIT AUF KANBAN → Abschnitt 3.7) und die technische Umsetzung von automatisiertem Build, Integration und eventuell Deployment, wie in KONTINUIERLICH INTEGRIEREN UND AUSLIEFERN (→ Abschnitt 6.6) beschrieben.

Die Imitation noch nicht fertiger Systemteile sollte risikogetrieben erfolgen und ist damit Thema von RISIKEN AKTIV BEHANDELN (→ Abschnitt 4.6). Neben Prototypen und Simulationen können Sie der Fachseite aber auch echte Architekturarbeit zumuten. Der INITIALE ANFORDERUNGS-WORKSHOP (→ Abschnitt 3.1), die WIEDERKEHRENDE REFLEXION (→ Abschnitt 5.5) oder die Architekturvision (in GERADE GENUG ARCHITEKTUR VORWEG (→ Abschnitt 4.3)) sind gute Startpunkte.

Bleibt noch die Aufbereitung von technischen Erkenntnissen. Sie sollten QUALITATIVE EIGENSCHAFTEN TESTEN (→ Abschnitt 6.3), QUALITÄTSINDIKATOREN NUTZEN (→ Abschnitt 6.4) und die Ergebnisse in verständlicher Form z. B. mit Szenarien in Verbindung bringen. STAKEHOLDER INVOLVIEREN (→ Abschnitt 5.4) zeigt, wie sich technische Probleme fachlich ausdrücken lassen.

6.2 Realitätscheck für Architekturziele

„Ich glaube das nicht. Beweise es mir und ich glaub's immer noch nicht."[3]

– Ford Prefect in „Hitchhiker's Guide to the Galaxy"

Axel: Letztens haben wir beim Mittagessen darüber gesprochen, dass die Integration der Buchhaltungssoftware nicht so funktionieren wird, wie wir uns das gewünscht haben.

Michael: Das stimmt so nicht ...

Axel: Ja, ich weiß. Schon damals gingen die Meinungen auseinander. Das ist auch nicht mein eigentliches Thema für jetzt. Was ich mir nur im Nachgang zu dieser Diskussion gedacht habe, war, dass wir für unsere zentralen Ziele regelmäßig geordnet Probleme und Befürchtungen abholen sollten. Gerade weil wir mit mehreren Teams arbeiten, erkennen wir so vielleicht früher, wo etwas schief gehen könnte – und können gegensteuern. Falls es große Probleme gibt, können wir früh zum Kunden eskalieren und Kompromisse herausarbeiten.

Sarah: Das klingt vernünftig. Aber das wusstest du wahrscheinlich schon. Du hast den Raum eine halbe Stunde reserviert, ich nehme an, du willst das jetzt gleich machen?

Axel: genau!

Michael: Gefinkelt ...

Axel: Also. Unsere drei Top-Ziele für die Architektur betreffen (1) die Benutzbarkeit im Lese- und Forumsbereich, inklusive der entsprechenden Effizienzanforderungen und der späteren einfachen Modernisierung des Erscheinungsbilds, der Verlinkung zu Social Media Plattformen etc., (2) die Skalierbarkeit bis zu 10 Millionen Pageviews pro Monat, ohne Effizienzeinbußen sowie (3) die Verfügbarkeit mit maximal einer Stunde ungeplanter downtime pro Jahr. Lasst uns einfach mal in der Runde sammeln, wie wahrscheinlich ihr die Zielerreichung seht. 1 heißt, wir erreichen das Ziel niemals, 5 heißt: ganz sicher.

Die individuellen Einschätzungen der Teilnehmer werden auf einem Flipchart gesammelt. Die Gruppe betrachtet das Gesamtergebnis:

Ziel Nummer 3 (Verfügbarkeit) hat einige niedrige Wertungen erhalten. Das Problem liegt darin, dass neben ungeplanter Downtime keine geplante Downtime vorgesehen ist. Auch die maximal vorgegebene einzelne Stunde pro Jahr scheint nach den Erfahrungen einiger Entwickler eher unrealistisch. Das Thema soll mit dem Kunden besprochen werden.

Ziel Nummer 1 (Benutzbarkeit) hat ebenfalls eine niedrige Wertung. Michael ist skeptisch, dass die Performanzvorgaben erreicht werden, vor allem weil noch keine Performanztests implementiert sind. Das Problem soll in einem separaten Treffen genauer beleuchtet werden (siehe Abschnitt 6.7).

---

[3] Englisches Original: *„I don't believe it. Prove it to me and I still won't believe it."*

Sie befinden sich in der Entwicklungsphase. In einem INITIALEN ANFORDERUNGS-WORKSHOP (→ Abschnitt 3.1) und/oder bei der Erstellung einer Architekturvision (GERADE GENUG ARCHITEKTUR VORWEG → Abschnitt 4.3) haben Sie Architekturziele definiert. Auch wenn Architekturziele zu Qualitätsmerkmalen wie Wartbarkeit, Zuverlässigkeit und Skalierbarkeit erst spät spürbar sind (bei Fertigstellung des Systems odereventuell erst Jahre danach), möchten Sie bereits jetzt Aussagen treffen können, wie gut Sie diese Ziele erreichen werden.

Problemstellung:
Wie können Probleme bei der Erreichung von Architekturzielen frühzeitig erkannt werden?

Ihre Architekturziele sollten schon früh allen Entwicklern und Stakeholdern bekannt sein. Einen Grundstein dafür legt der INITIALE ANFORDERUNGS-WORKSHOP (→ Abschnitt 3.1), in dem, z. B. mit dem Produktkarton, zentrale Ziele in Form von wichtigen Qualitätsmerkmalen herausgearbeitet werden. Eine weitere Quelle wäre die Architekturvision (GERADE GENUG ARCHITEKTUR VORWEG → Abschnitt 4.3). Der INFORMATIVE ARBEITSPLATZ (→ Abschnitt 5.1) macht Architekturziele in einer Art sichtbar, die es schwer macht, sie zu ignorieren. Mit diesen Mustern ist ein erster Grundstein gelegt: Zielkenntnis. Wissen alle Mitwirkenden um die Ziele der Architektur, können Sie (1) entsprechend handeln (siehe Kapitel 4 – Richtig entscheiden) und (2) Probleme identifizieren, die Ziele gefährden. In diesem Muster geht es vor allem um den zweiten Punkt – die Problemidentifikation.

Der Vorteil, wenn viele Entwickler in der Lage sind, Probleme zu erkennen und wirksam zu formulieren, ist, dass das Bild von Zielen viel realistischer wird als jenes von Einzelpersonen (die vielleicht noch recht weit von den eigentlichen Problemen entfernt arbeiten). Ich kann gar nicht sagen, wie oft ich gesehen habe, dass Projekte an Zielen festhalten, die von den Entwicklern längst als lächerlich empfunden wurden. „Manager-Ampeln" stehen manchmal auf Grün bis die Trümmer des Projekts zusammengekehrt werden. Ein wichtiger Schritt Richtung realistischer Ziele ist deshalb, die *ehrliche* Meinung von vielen Beteiligten zu kennen. Fragen Sie einfach mal nach, wie es um spezielle Architekturziele steht. Bauchgefühl und Einschätzung sind natürlich nicht perfekt, weshalb ich in diesem Kapitel auch noch andere Muster zum Abgleich mit der Realität zeige, aber: Es ist ein guter Anfang, in der Praxis überraschend akkurat und mit vielen positiven Seiteneffekten behaftet.

Voraussetzungen

Die Idee dieses Musters kommt von Henrik Kniberg, der diese Technik für Release- und Projektziele einsetzt [Kni12]. Jede (zweite) Woche treffen sich wechselnde Vertreter verschiedener Rollen, um die Ziele der Architektur zu betrachten und einzuschätzen, wie realistisch deren Erreichung ist. Ohne Tools, in einem kurzen Workshop von maximal 30 Minuten. Es sollten möglichst viele Projektmitglieder teilnehmen – Gruppengrößen bis 15 Personen sind im OK-Bereich. Um diese Treffen effektiv zu gestalten, gibt es drei Voraussetzungen:

- **Zielkenntnis**:
  Wie schon mehrfach erwähnt, sollten alle Entwickler und Stakeholder die Architekturziele kennen. Idealerweise sind sie gut sichtbar im Projektraum/in den Büroräumen zu finden (siehe INFORMATIVER ARBEITSPLATZ → Abschnitt 5.1).

- **Transparenz zum Status**:
Bauchgefühl und Meinung funktionieren als Indikator am besten, wenn sie auf Basis von Information entstehen (und es sich nicht einfach um Vorurteile handelt). Folglich sind Test- und Metrikergebnisse (QUALITATIVE EIGENSCHAFTEN TESTEN → Abschnitt 6.3 und QUALITÄTSINDIKATOREN NUTZEN → Abschnitt 6.4), Erkenntnisse aus der WIEDERKEHRENDEN REFLEXION (→ Abschnitt 5.5), aktuelle Probleme und TECHNISCHE SCHULDEN (→ Abschnitt 3.5) sowie der Projektstatus wichtige Kommunikationsthemen.
- **Kritikförderndes Klima**:
Kritik sollte nicht nur unter vorgehaltener Hand geäußert werden dürfen. Sie sollten Zweifel an Architekturzielen begrüßen und keinesfalls auf Personen umlegen, die dafür verantwortlich zu machen sind, wenn das Ziel nicht erreicht wird. In einem offenen Austausch sind auch Vermutungen und Unsicherheiten erlaubt. Fragen Sie aktiv nach Meinungen und vermeiden Sie an dieser Stelle die Frage nach „handfesten Beweisen" für „haltlose Behauptungen".

Ablauf

Sie können den Realitätscheck einfach als Stand-up durchführen. Versammeln Sie die Projektmitglieder, oder in großen Vorhaben Vertreter, rund um ein Flipchart. Die Architekturziele sollten im Raum sichtbar sein (ebenfalls auf einem Flipchart, am Whiteboard oder von einem Beamer an die Wand geworfen). Stellen Sie nun nacheinander die Ziele vor (kurz!) und fragen Sie: „Werden wir dieses Ziel erreichen?" Die Antworten nutzen eine Skala von eins bis fünf und können z. B. per Handzeichen gegeben werden. Bild 6.2 zeigt das Setup.

Die Antworten werden auf dem Flipchart festgehalten. Fühlen sich Leute unwohl mit Handzeichen, kann die Abfrage auch schriftlich erfolgen oder, mit anonym geklebten Punkten, direkt am Flipchart. Wichtig ist die Behandlung von niedrigen Werten.

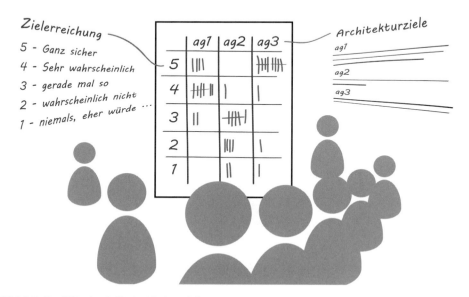

Bild 6.2 Realitätscheck für Architekturziele

Haben Architekturziele Einser oder Zweier bekommen, sind sie als kritisch anzusehen. Fragen Sie in die Runde, was man tun müsste, um das Vertrauen in das Ziel zu stärken. Welche Probleme müsste man beseitigen? Welche Behinderungen gibt es? Was müsste man besser machen? Wenn dieses Ziel nicht erreichbar ist: Wie sähe ein erreichbares Ziel aus? Aus diesen Fragen lassen sich Probleme, Behinderungen, Wünsche und die Größe der Zielabweichung bestimmen.

Behinderungen und Wünsche sollten sofort behandelt werden. Ist eine Lösung nicht innerhalb des Treffens möglich, sorgen Sie für die geeignete Verfolgung des Themas, z. B. in einem Impediment Backlog[4] für die Architektur oder als Todo für Teilnehmer des Treffens. Das Gleiche gilt für kleinere Probleme oder Missverständnisse. Größere Probleme oder hartnäckige Behinderungen können entweder als Szenario formuliert in den Backlog wandern (Abchnitt 3.6) oder bedürfen einer Analyse und können zum Beispiel mit dem Muster aus Abschnitt 6.7 bearbeitet werden – PROBLEMEN AUF DEN GRUND GEHEN.

Positive Seiteneffekte:

Neben der Standortbestimmung zu Architekturzielen und der Identifikation von Problemen und Behinderungen bietet dieses Muster einige positive Effekte:

- **Zielidentifikation**:
  Werden Ziele regelmäßig bewertet und wenn notwendig auch angepasst, steigen das Vertrauen in und die Identifikation mit diesen Zielen. Entwickler nehmen sie als „ihre Ziele" an.

- **Zielkommunikation**:
  Der Realitätscheck hilft auch bei der Bekanntmachung der Ziele selbst. Er ruft die Ziele immer wieder in Erinnerung und macht Entwickler so auch sensibler bei der Problemerkennung.

- **Transparenz**:
  Probleme und Risiken werden nicht von Einzelnen gesehen und behandelt, sondern kommen in das Bewusstsein von vielen. Fehler werden dadurch seltener wiederholt, Ideen zur Problemlösung haben einen größeren „Köpfe-Pool".

Tipps zum Scheitern

Möchten Sie mit diesem Muster scheitern und Ihrem Projekt schaden, folgen Sie diesen Empfehlungen:

- Führen Sie den Realitätscheck nicht nur für Architekturziele, sondern allgemein für bearbeitete Szenarien durch. Die große Anzahl an Szenarien sollte Sie nicht stören – wichtig ist die Sicherheit, die Sie gewinnen!
- Lassen Sie beim Vorstellen der Ziele auch mal Ihre Meinung durchblicken und schließen Sie, wenn Sie sich sicher sind, einige Zahlenkategorien aus. Das gibt Orientierung.
- Wiederholen Sie Wahlgänge, wenn nur wenige Teilnehmer mit 1 oder 2 gewählt haben. Offensichtlich haben die Störenfriede nicht kapiert, dass die Mehrheit anderer Meinung ist.

---

[4] Liste von identifizierten Hindernissen

> - Führen Sie Statistiken, welche Mitarbeiter bei welchem Ziel mit 1 und 2 votiert haben. Sollte sich der Pessimismus als falsch herausstellen, wissen Sie schon, wen Sie im nächsten Vorhaben nicht mehr (fragen zu) brauchen.
> - Hören Sie sich Vermutungen bei der Besprechung von niedrigen Werten an, aber schreiben Sie nichts auf. Vermutungen weiter zu verfolgen, bedeutet schließlich Aufwand und wahrscheinlich ist es sowieso nichts …

Der Realitätscheck für Architekturziele setzt die Kenntnis von Architekturzielen voraus. Vor allem INITIALE ANFORDERUNGS-WORKSHOPS (→ Abschnitt 3.1), INFORMATIVER ARBEITSPLATZ (→ Abschnitt 5.1) und GERADE GENUG ARCHITEKTUR VORWEG (→ Abschnitt 4.3) bemühen sich darum. Den nötigen Kontext für eine Einschätzung liefern bekannte TECHNISCHE SCHULDEN (→ Abschnitt 3.5), Erkenntnisse aus der WIEDERHOLTEN REFLEXION (→ Abschnitt 5.5) und Ergebnisse von Tätigkeiten wie QUALITATIVE EIGENSCHAFTEN TESTEN (→ Abschnitt 6.3) und QUALITÄTSINDIKATOREN NUTZEN (→ Abschnitt 6.4).

Werden Architekturziele als schwer erreichbar eingestuft, sollten Behinderungen, Risiken oder Probleme genannt werden können. Kümmern Sie sich um diese Aspekte, indem Sie den PROBLEMEN AUF DEN GRUND GEHEN (→ Abschnitt 6.7).

6.3 Qualitative Eigenschaften testen

> *„Nicht das, was du nicht weißt, bringt dich in Schwierigkeiten. Es ist das, was du ganz sicher weißt, aber nicht so ist."*[5]
>
> – Mark Twain

Sarah: Ich habe euch heute hier zusammengerufen, um mit euch über Testen zu sprechen.

Axel: Sarah und ihre „Ich habe euch hier zusammengerufen"-Einleitungen … ein Klassiker …

Sarah: Wir arbeiten testgetrieben und das finde ich gut. Unit-Tests beschränken sich aber auf Funktionalität und einige Integrationsaspekte. Was machen wir mit Szenarien und den qualitativen Aspekten?

Tommy: Decken wir Szenarien nicht mit Akzeptanztests ab?

Sarah: Teilweise mag das stimmen, aber Akzeptanztests beziehen sich stark auf die Funktionalität. Wenn wir eine Story haben, die das Posten von Kommentaren unter Artikeln erlaubt, würden Akzeptanztests qualitative Aspekte beschreiben. Zum Beispiel dass der Benutzer eingeloggt sein muss oder wie lang ein Kommentar maximal sein darf. Diese Akzeptanzkriterien sind in unserer Szenariokategorisierung[6] genau das: Akzeptanzkriterien. Was aber ist mit Qualitätsgeschichten und Prinzipienlücken?

Axel: Du meinst so etwas wie diese Qualitätsgeschichte hier: „Wartungsarbeiten erfordern, dass Produktivserver zumindest neu hochgefahren werden müssen. Die Verfügbarkeit und Effizienz des Systems sind davon nicht betroffen."

Sarah: Genau. Hier sind Failover-Konzepte, Clustering, Status oder Konfigurationsverteilung wichtige Themen. Das lässt sich am ausgelieferten und laufenden System testen, nicht aber mit unseren momentanen Unit-Tests. Wir brauchen eine produktionsähnliche Umgebung, in die wir öfter liefern können, um Verfügbarkeits-, Skalierbarkeits- und Sicherheitsgeschichten zu testen. Oder können wir vielleicht direkt in Produktion testen?

Axel: Netflix-Style meinst du? Na mal sehen. Neben Akzeptanzkriterien und Qualitätsgeschichten haben wir auf jeden Fall noch Prinzipienlücken.

Sarah: Über die habe ich auch schon nachgedacht. Was wir schon bearbeitet haben, wäre diese Lücke: „Für Wartung und Erweiterung des Systems findet man am „freien Markt" leicht Unterstützung." Ich tue mich schwer, hier Tests zu beschreiben.

Axel: Vielleicht ist das auch eher ein Fall für Qualitätsindikatoren. Es geht bei Prinzipienlücken häufig um die Veränderung von Verhalten oder den Programmierstil von Entwicklern. Das beeinflusst die innere Qualität der Software. Lassen wir das mal beiseite bis nächste Woche[7].

---

[5] Englisches Original:
„It ain't what you don't know that gets you into trouble. It's what you know for sure that just ain't so."
[6] Siehe Abschnitt 3.4 – Szenarien kategorisieren
[7] Siehe Abschnitt 6.4 – Qualitätsindikatoren nutzen

Sie haben auf Basis von Architekturzielen und SZENARIEN (→ Abschnitt 3.3) Architekturarbeit geleistet, Entscheidungen getroffen und Prinzipien festgelegt. Einige Ziele und Szenarien betreffen äußere Qualitätsfaktoren, die von Benutzern und Verwendern der Software beobachtet werden können oder sich anderweitig zur Laufzeit äußern. Sie wollen prüfen, ob Sie durch Ihre momentane Architekturidee das geforderte Qualitätslevel erreichen. Die weitere Umsetzung und Erweiterung der Software sollen einmal geprüfte Qualitäten nicht negativ beeinflussen.

Problemstellung:

Wie können Ziele, die die *äußere* Qualität des entwickelten Systems betreffen, objektiv geprüft werden und negative Seiteneffekte späterer Entwicklungstätigkeiten sichtbar gemacht werden?

Als Basis für Architekturarbeit und Beschreibungsmittel für qualitative (nichtfunktionale) Anforderungen habe ich SZENARIEN vorgestellt (→ Abschnitt 3.3). Szenarien sind konkrete Beispiele von qualitativen Anforderungen und gut als Basis für ARCHITEKTURENTSCHEIDUNGEN (→ Abschnitt 4.4) und WIEDERKEHRENDE REFLEXION (→ Abschnitt 5.5) geeignet. Mit der auf Szenarien basierenden Architekturarbeit selbst ist es jedoch nicht getan. Sie sollten möglichst bald Rückmeldung erhalten, ob die erwarteten Qualitätseigenschaften vom System tatsächlich erreicht werden. Dieses Feedback ist zentral für agile Vorhaben und moderne Architekturarbeit. Das zeigt auch der Trend zu Produktivtests qualitativer Eigenschaften, der im Zuge des Microservices-Hypes eine Plattform bekommen hat. Konzepte wie Chaos Engineering und Fitness Functions passen sehr gut in dieses Muster.

Äußere Qualitätsfaktoren von Software

Die *äußere Qualität* von Software betrifft alle Qualitätsaspekte, die bei der Benutzung von Software eine Rolle spielen. Benutzbarkeit, Effizienz und Zuverlässigkeit sind die großen drei, hinzu kommen Funktionalitätsaspekte wie Robustheit und Sicherheit sowie die Übertragbarkeit von Software. Diese Aspekte sind testbar, weil sie von außen beobachtbar und messbar sind. Die *innere Qualität* von Software ist hingegen von deren Strukturierung und Verständlichkeit geprägt und damit eher das Hoheitsgebiet von Metriken (siehe QUALITÄTSINDIKATOREN NUTZEN → Abschnitt 6.4).

Qualitätsmerkmale wie Zuverlässigkeit, Skalierbarkeit oder Sicherheit wirken langfristig und sind erst wirklich spürbar, wenn das System in Betrieb und realen Benutzungsmustern unterworfen ist. Bis dahin mit Vermutungen zu arbeiten, ist gefährlich und im Sinne des *cost of delay* auch teuer[8]. Sie sollten deshalb schon früh nach Testbarkeit von Qualitätsanforderungen streben. So können Sie auch sicherstellen, dass zukünftige Entscheidungen und Implementierungen die erreichte Qualität der Software nicht wieder (deutlich) verschlechtern.

---

[8] Nebenbei sind Lean-Prinzipien wie *stop&fix* oder *build quality in* ohne zeitnahe Rückmeldung zu Fehlern und Problemen nicht umsetzbar. Negative Folgen sind sehr aufwendige spätere Testphasen und schwierige Inbetriebnahmen, mit vielen Rückschlägen und Kompromissen.

Qualitätsverbesserungen sind früh greifbar und bewertbar und Seiteneffekte von Entscheidungen offensichtlich [App10].

Herausforderungen bei der Anwendung von qualitativen Tests sind:

1. Anforderungen zu Qualitätseigenschaften können zu grob und lückenhaft sein, um effektiv Testfälle ableiten zu können.
2. Tests zu Qualitätseigenschaften zu automatisieren, ist oft schwierig und technisch ambitioniert. Die Suche nach einem geeigneten automatisierbaren Test setzt auch Lösungswissen voraus.

Der erste Punkt wird mit SZENARIEN ALS ARCHITEKTURANFORDERUNG (→ Abschnitt 3.3) etwas entschärft. Szenarien bieten gute Beispiele für qualitative Anforderungen des Kunden und können nach fachlichem Nutzen und technischer Schwierigkeit bewertet werden, um einen Fokus auf interessante Qualitätsaspekte zu setzen. Bild 6.3 zeigt den Zusammenhang zwischen Qualitätsanforderungen, Szenarien und entsprechenden Tests (angelehnt an [Lar10]).

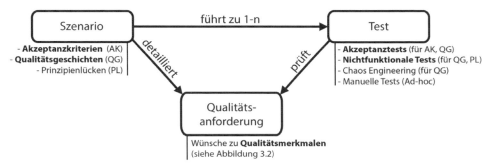

Bild 6.3 Zusammenhang zwischen Qualitätsanforderung, Szenario und Test (angelehnt an [Lar10])

Die wesentlichen Szenarien (fachlich wichtig, in der technischen Umsetzung zumindest nicht trivial) sollten jedenfalls durch einen objektiven Test abgedeckt sein. Szenarien, die (Teil-)Systemausfälle beschreiben oder Standardkompatibilität fordern, können auch ein ganzes Set an Tests nötig machen [Lef10].

Die zweite oben genannte Herausforderung betraf die Automatisierung. Wieso überhaupt automatisieren? Automatisierte Tests sind kostengünstig wiederholbar und können als Teil des Build-Prozesses immer wieder ausgeführt werden. Als *Regressionstest* zeigen Sie so, wo spätere Modifikationen oder Erweiterungen bereits getestete Eigenschaften des Systems (negativ) beeinflussen. Qualitätsanforderungen wirken in einem funktional gegliederten System oft querschnittlich und betreffen, wie die darauf basierende Architekturarbeit, weite Systemteile. Automatisierte Regressionstests sind gerade hier sehr spannend und sollten keinesfalls weniger wichtig sein als auf funktionaler Seite[9].

Das Problem bei der Automatisierung von Tests zu qualitativen Eigenschaften des Systems ist, dass nicht einfach eine Methode mit definierten Ein- und Ausgabeparametern getestet werden kann. Es sind meist weite Systemteile betroffen, das System muss oft zumindest in

---

[9] Automatisierte Tests für qualitative Eigenschaften sollten in keinem Fall auf Kosten von Tests für funktionale Aspekte erstellt werden. Im typischen Projekt sind 60–70 % der Testaufwände alleine auf Unit-Ebene zu finden und damit weitestgehend funktional. [Aut07]

Teilen lauffähig sein, Fehlerfälle müssen simuliert werden und einige Tests sind langlaufend. Bestimmte Eigenschaften sind darüber hinaus nur durch Meinungen oder mit Kreativität zu testen – beides ist schwer automatisierbar. Testwerkzeuge werden jedoch immer mächtiger und einige Trends der letzten zehn Jahre haben einen guten Rahmen geschaffen, um qualitative Eigenschaften von Systemen zu testen. Ein großer Schub kam von Internetfirmen wie Netflix oder SoundCloud, die Produktivtests und detailliertes White-Box-Monitoring berühmt gemacht haben.

Äußere Qualitätsaspekte finden sich mindestens in den folgenden Testkategorien:

- **Systemtests**:
  Im Systemtest interagieren mehrere Komponenten des Systems miteinander, inklusive externer Abhängigkeiten wie Datenbank, Clients, Middleware oder fremder Server. Die getestete Integration soll dabei nur von der Korrektheit des eigenen Systems abhängen. Der Name „Systemtest" unterstreicht das und grenzt sich vom Anti-Pattern „integrated test" ab, bei dem der Testerfolg von der Korrektheit externer Komponenten oder Systeme abhängt. Auch wenn Systemtests eher funktional ausgerichtet sind, können einige Qualitätsaspekte wie Austauschbarkeit, Konformität, Interoperabilität und Fehlertoleranz getestet werden. Die Werkzeuge hierfür wären typischerweise die xUnit-Familie oder TestNG.

- **Akzeptanztests**:
  Bei Akzeptanztests werden Anforderungen in einer Form festgehalten, die automatisierte Tests direkt ermöglicht. Die Anwendung wird teilweise durch das UI angesprochen und als Black-Box behandelt. Auch wenn die Frameworks für Akzeptanztests eher funktionalen Fokus haben, können sie als Rahmen für Tests von qualitativen Aspekten Ihres Systems verwendet werden. Der Kasten *ATDD – Acceptance Test-Driven Development* fasst wichtige Aspekte zusammen.

- **Nichtfunktionale Tests**:
  Nichtfunktionale Tests sind die eigentliche Heimat für Architekturtests. Die bekanntesten Tests betreffen hier Performanztests für Durchsatz, Reaktionszeiten oder Latenz. Daneben gibt es Lasttests, unter anderem für Skalierbarkeit, sowie Tests für Zuverlässigkeits- und Sicherheitsaspekte. Meist kommen in diesem Bereich spezialisierte Testtools und Testsuiten zum Einsatz.

- **Chaos Engineering**:
  In großen, komplexen verteilten Systemen ist die Bereitstellung realitätsnaher Testumgebungen sehr schwierig. Teilweise sind auch Lastmuster schwer nachstellbar. Aus diesem Bereich hat sich die Idee des Chaos Engineering entwickelt. Das Produktivsystem wird dabei über automatisierte Prozesse unter Last gesetzt, mit Ausfällen oder Integrationsproblemen konfrontiert. Ziel ist es, real auftretende Probleme geplant und häufiger auftreten zu lassen. Die Softwareentwicklung ist so gezwungen, potenzielle Probleme als ständige Gefahr zu sehen, und kann nicht auf Glück vertrauen, um Verfügbarkeitsziele zu erreichen.

Die genannten Testarten setzen auf unterschiedlichen Plattformen auf und benötigen in der Ausführung typischerweise unterschiedlich lang, weshalb sie bei der Automatisierung nicht in einen Topf geworfen werden sollten. KONTINUIERLICH INTEGRIEREN UND AUSLIEFERN (→ Abschnitt 6.6) zeigt, wie die Aufteilung der Nicht-Produktivtests in „Stages" aussehen kann.

Die weiteren Abschnitte dieses Musters gehen genauer auf die Testansätze unterschiedlicher Qualitätseigenschaften ein und beleuchten die Werkzeugseite etwas genauer[10].

ATDD – Acceptance Test-Driven Development

Akzeptanztestgetriebene Entwicklung ist ein Sammelbegriff für Techniken, die Akzeptanzkriterien für Anforderungen in automatisierbarer Form beschreiben (*Behaviour Driven Development (BDD)* [Wyn12], *story test-driven development* [Rep04], *acceptance test-driven development* [Hen11], *agile acceptance testing* [Adz09] oder *Specification by Example* [Adz11]). Dabei werden z. B. Stories um konkrete Beispiele erweitert, die messbare Aspekte der Anforderung genauer definieren. Die Beispiele folgen einer definierten Struktur, verwenden die Sprache der Anwendungsdomäne und sind damit für die Fachseite leicht verständlich. Mit sogenannten „Fixtures" oder „Libraries" werden die Beispiele mit dem eigentlichen Programmcode verbunden und sind damit nicht nur Anforderungskonkretisierung, sondern gleichzeitig Test.

Als Beispiel könnte eine Story wie folgt lauten: „Als Webseitenbesucher möchte ich einen Blogbeitrag kommentieren, um ..." Akzeptanzkriterien werden als konkrete Beispiele definiert:

- Fred ist eingeloggt. Er klickt bei einem Beitrag auf „kommentieren". Er schreibt „blöder Post" in die Titelzeile und „Ihr habt doch alle keine Ahnung!" in das Kommentarfeld. Er klickt „posten". Das System zeigt Fred seinen neu erstellten Kommentar an.
- Fred klickt bei einem Beitrag auf „kommentieren". Er schreibt „blöder Post" in die Titelzeile und klickt „posten". Sein Kommentar wird angezeigt.
- Fred klickt auf „kommentieren". Er klickt „posten". Fehlermeldung „kein Kommentarinhalt" wird angezeigt.
- Ein Gast klickt auf „kommentieren". Die Login-/Registrierungsseite wird angezeigt.
- ...

Die Beispiele werden in Testfälle destilliert, die etwas formaler aussehen, aber trotzdem lesbar bleiben. ATDD Frameworks verwenden dafür Tabellen oder Schlüsselwörter (die teilweise selbst definierbar sind). Beliebt ist die durch BDD etablierte Gliederung in „Given"-, „When"- und „Then"-Abschnitte. Auf Deutsch könnte man schreiben:

Test „Kommentar verfassen klappt": **Gegeben sei** ein angezeigter Blogbeitrag &{BB} **Und** ein eingeloggter Benutzer ${Benutzernamen}. **Wenn** im Feld ${Titel} der Wert ${Titel} eingegeben wird **Und dann** im Feld ${Kommentar} der Wert ${Kommentartext} eingegeben wird **Und danach** der Knopf „posten" gedrückt wird **Dann** wird der Kommentar angezeigt.

---

[10] Dieses Muster stellt, wie die anderen Muster dieses Buchs, einen methodischen Überblick dar. Eine detaillierte Besprechung von nichtfunktionalen Testansätzen würde nicht nur den Rahmen dieses Musters, sondern den des Buchs sprengen – weiterführende Informationen finden Sie in den Referenzen.

> Hinter diesen Testfall können nun Daten mit validen Werten für diesen Gutfall gelegt werden. Nachdem keine Übergabe, Interpretation oder Übersetzung notwendig ist, ermöglicht ATDD enge Zusammenarbeit mit Kunden und verspricht eine gute Abbildung der „echten" Anforderungen. Craig Larman spricht von einer „gemeinschaftlichen Anforderungsklärung mit dem Fokus auf Zusammenarbeit, Kommunikation und Lernen durch Beispiele und Tests" [Lar10].
>
> Die Definition von Akzeptanzkriterien und Beispielen kann gut bei der ANFORDERUNGSPFLEGE (→ Abschnitt 3.2) geschehen. Die konkrete Notation für Beispiele und Testfälle sowie die Verbindung zum System sind werkzeugspezifisch. Einige bekannte Tools wären Fit, Cucumber, Concordion oder das Robot Framework.
>
> Anders als testgetriebene Entwicklung (TDD), testet ATDD das System weitgehend implementierungsunabhängig (bis auf die Fixtures oder Libraries zur Verbindung von Test und Code). Öfter hört man den Satz „TDD testet, ob das, was Sie bauen, richtig ist, ATDD testet, ob Sie das Richtige bauen." Es gibt Überschneidungen zwischen den Praktiken, durch den „Blick von außen" sind in ATDD jedoch qualitative Tests besser aufgehoben.

Testmöglichkeiten für Qualitätsmerkmale

Um qualitative Aspekte des Systems zu testen, bieten sich Ihnen viele Möglichkeiten. Es gibt Dutzende Testarten (Stresstests, Volumentests, Performanztests, statische und dynamische Sicherheitstests, Systemtests etc.) und für jede dieser Testarten gibt es mehrere Werkzeuge zur Auswahl. Das bereits vorgestellte ATDD kann im Fall des Robot Frameworks Tests im Zusammenspiel mit Selenium, Jemmy oder MongoDB ermöglichen – und so Korrektheits-, Sicherheitsaspekte und Effizienz prüfen. Das Feld der Werkzeuge ist jedoch viel breiter gesteckt. Es bieten sich selbst geschriebene oder frei verfügbare Bibliotheken, Skripte, spezialisierte Test-Suiten, der Griff zu Chaos Engineering Tools oder auch die Anwendung einfacher xUnit-Frameworks an. Grundsätzlich gilt jedoch: *Testen Sie manuell, wenn Automatisierung zu teuer*[11] *wäre bzw. physische Bewegung, persönliche Meinung oder Kreativität erforderlich wäre.*

Qualitätseigenschaften sind nach dieser Faustregel unterschiedlich interessant für automatisierte Tests. Lassen Sie uns einen Blick auf die Top-Level-Merkmale der ISO/IEC 25010 (siehe Bild 3.2) werfen. Die Merkmale zur äußeren Qualität sind in der Folge detaillierter beschrieben, Wartbarkeit ist als inneres Qualitätsthema in Abschnitt 6.4 aufgegriffen.

- **Funktionale Eignung** (Testautomatisierbarkeit *sehr gut*):
  Qualitätseigenschaften betreffen hier die Korrektheit, Angemessenheit und Vollständigkeit des Systems. Diese Aspekte sind normalerweise gut automatisiert testbar. Sie können dafür Unit-Tests einsetzen und größere Zusammenhänge (z. B. über alle Anwendungsschichten) mit Akzeptanztests prüfen. Auch Browser-Automatisierung kann hier helfen – mit Tools wie Selenium oder GEB.

---

[11] Um zu bestimmen, ob Automatisierung „zu teuer" ist, können Sie schätzen, was die Automatisierung des Tests, inklusive des Software- und Hardwareanteils, der Tests dieser Automatisierungslösung und der Pflege der Tests kostet. Addieren Sie die Ausführungskosten und eventuelle finanzielle Schäden bei Produktivtests dazu und stellen Sie diesen Kosten die manuellen Ausführungskosten gegenüber. Die Ausführungskosten werden bei manuellen Tests sehr stark von der Testhäufigkeit bestimmt. Lassen Sie auch das Risiko in Ihre Betrachtung einfließen, dass manuelle Tests seltener ausgeführt werden und damit unter Umständen weniger effektiv sind.

- **Sicherheit** (Testautomatisierbarkeit *mittel*):
  Sicherheit ist etwas herausfordernder als funktionale Eignung zu testen. Bereits vor dem Deployment in die Zielumgebung können die Standardeinhaltung und Korrektheit von Netzwerkprotokollen geprüft werden (Stichwörter: Positiv- und Negativtests zu Standardkonformität, *Fuzzing*) oder ein automatisierter Scan nach Sicherheitslücken erfolgen – mit historischen oder anderen vorstellbaren Angriffen und Gefahren (z. B. über snyk.io, das bekannte Sicherheitslücken nicht nur sucht, sondern auch gleich zu schließen versucht). Hinzu kommen Verschlüsselung, der Einsatz von Firewalls und das Themengebiet Authentifizierung/Autorisierung. Automatisierte Tests sind hier wichtig, weil sich Sicherheitslücken immer wieder auftun können. Werden hohe Anforderungen gestellt, sollten Sie auf spezialisierte Tools zurückgreifen[12]. ATDD-Tools können gut dabei unterstützen, die korrekte Umsetzung von Sicherheitsrichtlinien zu testen und einzelne Angriffe nachzustellen. Im Web-Bereich helfen Tools wie OWASP Dependency Check oder ZAP.

- **Zuverlässigkeit** (Testautomatisierbarkeit *gut*):
  Die Zuverlässigkeit Ihres Systems hängt von vielen Parametern ab. Dazu gehören etwa die Fehlertoleranz oder Resilienz, der Umgang mit hoher Beanspruchung und die Wiederherstellbarkeit. Tests können diese Aspekte prüfen oder die Fehleranfälligkeit direkt messen. Sie können hier vieles automatisieren: Simulieren Sie falsche Eingaben oder Fehlerzustände von Fremdsystemen, generieren Sie nichtkonforme Anfragen (siehe [Nyg07]). Sie können auch Ausfälle eigener Systemteile nachstellen und Zeiten für Failover und Wiederherstellung messen oder die Korrektheit der Datenwiederherstellung prüfen. Werden Ausfälle nicht nur nachgestellt, sondern tatsächlich provoziert – in Test- oder Produktivsystemen –, spricht man von Chaos Engineering. Es hat im Zuverlässigkeitsbereich eine recht etablierte Gemeinde.

  Auf Werkzeugseite gibt es viele Optionen. Während Nagios eine grobmaschige Überwachung von Servern ermöglicht, gibt es eine Reihe von Optionen, die detaillierteres Monitoring und Alerting ermöglichen. Im Webbereich sind Toolkombinationen von Prometheus und Grafana oder InfluxDB und Kapacitor populär. In jedem Fall ist die konkrete Werkzeugauswahl stark abhängig von der eigenen Plattform und Betriebsumgebung.

- **Benutzbarkeit** (Testautomatisierbarkeit *schlecht*):
  Tests der Bedienbarkeit, Erlernbarkeit oder Zufriedenheit können Sie nur manuell sinnvoll prüfen, da Meinung und Gefühl oft ausschlaggebend sind. Automatisieren lassen sich im Sinne von Fitness Functions lediglich die Einhaltung einzelner Best-Practices (wie die Verwendbarkeit von Tastenkürzeln) oder Reaktionen auf statistische Werte. So können Absprungraten auf Webseiten oder in Wizard-Prozessen gemessen werden und automatisiert zwischen Versionen verglichen werden.

  Generell ist Benutzerverhalten schwierig zu erfassen, zu interpretieren und zu testen. Suchen Sie Werkzeuge, um den Prozess zu unterstützen, könnten Sie bei Validately fündig werden. Browserling erlaubt Cross-Browser-Tests und kann auch manuelle Tests unterstützen.

- **Leistungseffizienz** (Testautomatisierbarkeit *sehr gut*):
  Nichts ist so gut messbar wie das Zeitverhalten Ihrer Anwendung. Auch das Verbrauchsverhalten ist gut zu überwachen und auszuwerten. Werkzeuge gibt es in diesem Sektor viele,

---

[12] IBM Security AppScan, HP Fortify, Veracode, Checkmarx, Nessus etc.

kommerziell wie frei. Mit ATDD, selbst geschriebenen Skripten und freien Tools wie Apache JMeter oder Gatling kommen Sie meist schon recht weit. Im größeren Zusammenhang wird Effizienz jedoch oft mit Zuverlässigkeit oder Skalierbarkeit verknüpft. Dort spielen spezialisierte Testsuites wie Loadrunner oder AgileLoad ihre Stärken aus.

- **Änderbarkeit** (Testautomatisierbarkeit *problematisch*):
  Die Änderbarkeit der Anwendung ist zum größten Teil nur indirekt testbar und kein Teil der äußeren Qualität. Qualitätsindikatoren und Metriken sind hier besser geeignet und werden in Abschnitt 6.4 besprochen.

- **Übertragbarkeit und Kompatibilität** (Testautomatisierbarkeit *mittel*):
  Übertragbarkeit und Kompatibilität sind vom Testansatz her recht ähnlich. Gut automatisierbar und testbar sind Skalierbarkeitsaspekte (über Lasttests) oder auch die Standardkonformität. Die Unabhängigkeit von anderen Systemteilen und der Plattform wird meist statisch geprüft (siehe Abschnitt 6.4). Bringen Szenarien manuelle Aufwände ins Spiel, werden Tests schwieriger. Beispiele betreffen etwa Installierbarkeit oder Änderungsaufwand („eine Portierung darf maximal x Tage dauern"). Für Interoperabilität können Werkzeuge wie Dependabot ihre Abhängigkeiten testen und aktuell halten.

Wie viel ist nötig?

Es lassen sich viele Qualitätsaspekte automatisiert testen. Eine quantitative Prüfung der Architektur ist also zu großen Teilen möglich. Elisabeth Hendrickson geht so weit zu sagen, dass alles, wofür Sie ein manuelles Testskript erstellen können, auch automatisiert testbar ist [Hen11]. Die Frage ist allerdings, wie viel Sie automatisieren *wollen*. Die Testentwicklung und eventuelle Anschaffung von Werkzeugen kosten Geld und sollten auch einen entsprechenden Nutzen haben. Theoretisch gibt es unendlich viele Testfälle für Ihr System und damit auch unendlich viel Geld auszugeben. Fokussieren Sie Ihre Aufwände also auf die lohnenden Anforderungen. Es ist kein Zufall, dass Internetfirmen, die sehr stark vom Benutzerzuspruch und ihren Skalierungsmöglichkeiten abhängen, bei qualitativen Tests Vorreiter sind. Zuverlässigkeit, Benutzbarkeit und Sicherheit sind für das eigene Überleben zentral. Für Ihre eigenen Überlegungen sind Qualitätsanforderungen ein guter Startpunkt. Ist ein sehr hohes Performanz- oder Sicherheitsniveau gefordert, ist vielleicht der Einsatz von Testsuiten gerechtfertigt. Die meisten Szenarien, die als Qualitätsgeschichte kategorisiert werden (siehe SZENARIEN KATEGORISIEREN → Abschnitt 3.4) und technisch nicht trivial sind, sollten ebenfalls in automatisierte Tests oder Chaos-Prozesse gegossen werden. Als Akzeptanzkriterium kategorisierte Szenarien lassen sich meist gut mit ATDD und Unit-Tests testen, Prinzipienlücken bilden eher eine Quelle dafür, QUALITÄTSINDIKATOREN ZU NUTZEN (→ Abschnitt 6.4) und IM PRINZIP ZU ENTSCHEIDEN (→ Abschnitt 4.7).

Hinweise zum Vorgehen

Nachdem die Bedeutung von Tests und die Möglichkeiten der Automatisierung besprochen sind, noch kurz ein Wort zur Herangehensweise. Sie sollten Architekturtests weder weit im Voraus planen und implementieren, noch sollten Sie bis nach der Umsetzung warten, um über Tests nachzudenken. Ein guter Ansatzpunkt, um auf Basis von architekturrelevanten Anforderungen über Tests nachzudenken, ist die ANFORDERUNGSPFLEGE (→ Abschnitt 3.2). Sie können bei der Anforderungspflege Beispieltests für Szenarien erheben, die Sie für die Bearbeitung vorbereiten. Wie in Bild 6.3 gezeigt, kann die Szenariokategorisierung hier helfen: Akzeptanzkriterien und einige Qualitätsgeschichten zu Korrektheit oder Sicherheit können mit Akzeptanztests abgebildet werden, andere Qualitätsgeschichten müssen meist mit spezifischen Tools oder Setups (oder über Qualitätsindikatoren) getestet werden. Hier sind geplante Aufwände für eine grundlegende Betrachtung wichtig.

Tipps zum Scheitern

Möchten Sie mit diesem Muster scheitern und Ihrem Projekt schaden, folgen Sie diesen Empfehlungen:

- Orientieren Sie sich nicht an Zielen oder der Wertigkeit von Tests in Ihrem Kontext, sondern entscheiden sie Ihre Teststrategie rein nach Coolness-Faktor. Je gefährlicher und Produktionsnäher desto besser, je mehr Tweets desto interessanter.
- Verwenden Sie Tests als einzigen Feedbackmechanismus und verzichten Sie auf wiederkehrende Reflexion und qualitative Architekturüberprüfung. Schließlich haben Sie jetzt Zahlen, wer braucht da noch Meinungen?
- Tests von qualitativen Eigenschaften sollten für Sie auf jeden Fall wichtiger sein als funktionale Tests. Wenn für Unit-Tests die Zeit fehlt, haben Sie immerhin die Architektur getestet. Der Rest wird sich fügen.
- Machen Sie Testfälle vor allem daran fest, was Ihr Tool kann. Was ein Werkzeug nicht testen kann, wird anscheinend auch selten gebraucht.
- Beim Test von Durchsatz-, Latenzzeiten, Lastverhalten etc. brauchen Sie keine Zielwerte. Alles, was mit Performanz zu tun hat, kann nie gut genug sein.

Insgesamt ist nichtfunktionales Testen keine Trivialaufgabe. In komplexen oder sicherheitskritischen Vorhaben sollten Sie in jedem Fall Zeit für die Ermöglichung und Erarbeitung von qualitativen Tests einplanen. Basis für das Finden geeigneter Testfälle für die Architektur sind SZENARIEN ALS ARCHITEKTURANFORDERUNG (→ Abschnitt 3.3). Um die Testart und Technologie zu bestimmen (Akzeptanztests, nichtfunktionale Tests etc.) hilft es, SZENARIEN ZU KATEGORISIEREN (→ Abschnitt 3.4) oder auch zentrale Ziele aus dem INITIALEN ANFORDERUNGS-WORKSHOP (→ Abschnitt 3.1) zu kennen. Genauso wie Akzeptanzkriterien ein gutes Gegenstück zu Akzeptanztests sind, sind zentrale Architekturziele ein guter Indikator für spezialisierte Testwerkzeuge.

Haben Sie Probleme, ein Szenario mit Tests abzudecken, hilft es vielleicht, QUALITÄTSINDIKATOREN ZU NUTZEN (→ Abschnitt 6.4). Für innere Qualität sind Metriken und Indikatoren meist die bessere Wahl.

Um Tests stetig und zeitnah zur Entwicklungstätigkeit ausführen zu können, bietet es sich an, KONTINUIERLICH ZU INTEGRIEREN UND AUSZULIEFERN (→ Abschnitt 6.6). Tests aller Arten finden dabei ihren Platz in einer automatisierten Build- und Integrationswerkzeugkette.

6.4 Qualitätsindikatoren nutzen

„Es gibt drei Arten von Lügen: Lügen, verdammte Lügen und Statistiken."

– Leonard Henry Courtney

Sarah: Wir haben in der Testdiskussion von letzter Woche die Aspekte der inneren Qualität ausgespart. Heute würde ich gerne über diese Aspekte sprechen. Wir haben Szenarien, die als Prinzipienlücken kategorisiert sind, und definieren auf deren Basis z. B. Prinzipien, die bestimmte Ideen für die Entwicklung unserer Software vermitteln. Das ist schwierig zu testen, aber vielleicht anderweitig zu messen.

Axel: Genau. Ich habe zwei konkrete Beispiele mitgebracht, an denen wir heute entlang arbeiten können:

Vom letzten Treffen habe ich dieses Szenario hier: „Für Wartung und Erweiterung des Systems findet man am „freien Markt" leicht Unterstützung." Hier haben wir definiert, dass nur bekannte Frameworks und Bibliotheken genutzt werden sollten und die Komplexität im Programmcode sich in Grenzen halten soll.

Außerdem habe ich eines unserer Prinzipien mitgebracht: No shared data!": Services unserer Applikation teilen sich niemals eine Datenhaltung. Auch wenn sich Services auf eine gemeinsame Datenabbildung einigen, wird diese Abbildung redundant gehalten und eine Seite als „Master" definiert. Nur in diesem Master sind schreibende Zugriffe erlaubt.

Michael: Das Prinzip „No shared data!" haben wir doch bereits ganz gut formuliert. Abhängigkeiten und Zugriffe auf Datenbanken können protokolliert oder von Metriktools erfasst werden.

Sarah: Aber erschlichene Kopplung zwischen Services kann nicht nur über den Zugriff auf eine gemeinsame Datenabbildung erfolgen. Auch welche Seite führend ist, kann kein Tool bewerten. Das muss doch fachlich bewertet werden, oder?

Michael: Stimmt schon. Metriken verwenden Codeeigenschaften und statische Beziehungen als Anhaltspunkte. Viele eingehende Abhängigkeiten bedeuten etwa, dass ein Paket oder eine Klasse schwer anpassbar ist – es wäre schließlich aufwendig, all die abhängigen Programmteile mit zu ändern. Die Metrik schließt daraus, dass das Paket stabil sein wird. Wir würden uns zumindest genau überlegen, ob Änderungen notwendig sind, und deshalb wohl seltener wirklich Hand anlegen. Perfekt ist es nicht, aber es kann uns Hinweise geben.

Sarah: Klingt wie jede andere gefälschte Statistik.

Axel: Wir erwarten ca. 10.000 Klassen in unserer fertigen Anwendung, keine Ahnung wie viele Services. Da können wir nicht alles fachlich bewerten oder vollständig abfangen. Allerdings können uns Metriken Hinweise geben, in welche Ecken wir mal schauen sollten und wo sich die Situation eventuell gerade verschlechtert. Dass wir die Ergebnisse nicht unreflektiert verwenden, um gute von schlechten Entwicklern zu trennen, ist auch klar.

Sarah: Das wollte ich hören.

Axel: Was ist mit dem Szenario, in dem es um leicht in Anspruch zu nehmende Unterstützung durch projektfremde Personen geht? Also das Erste, das du genannt hast.

Michael: Für den Komplexitätspart des Szenarios können wir uns ein Set von Metriken zusammenstellen, die wir im Auge behalten. In Sonarqube können wir dafür auch Warnungen konfigurieren. Sonarqube markiert dann Metrikwerte, die einen gewissen Grenzwert übersteigen. Ich kann mir vorstellen, dass uns McCabe und verschiedene Kopplungsmaße schon ganz gut helfen, für den Anfang.

Axel: Das klingt doch schon ganz gut. Was ist mit der Idee, nur bekannte Frameworks und Bibliotheken zu nehmen?

Michael: Da müsste ich mir noch einmal ansehen, was die Tools so drauf haben. Eventuell können wir Architekturvorgaben direkt mit dem entwickelten Code verbinden[13].

Sarah: Ich finde testen noch immer besser. Da messen wir echte Dinge und stellen nicht so viele Vermutungen zu Codeeigenschaften an, die man eigentlich nur als Programmierer wirklich bewerten kann.

Axel: Jajajajaja. Indikatoren sind nicht perfekt. Aber sie geben Anhaltspunkte und die brauchen wir. Die Alternative wäre, gar nichts zu tun, und das ist sicher schlechter, wenn es um Architektureigenschaften geht. Wartbarkeit ist eben eine schwierige Qualitätseigenschaft.

Sie haben auf Basis von Architekturzielen und SZENARIEN (→ Abschnitt 3.3) Architekturarbeit geleistet, Entscheidungen getroffen und Prinzipien festgelegt. Einige Ziele und Szenarien betreffen innere Qualitätsfaktoren, die von Entwicklern bei der Umsetzung, Wartung oder Erweiterung der Software spürbar sind. Sie wollen prüfen, ob Sie das geforderte Qualitätslevel erreichen und auch während der Weiterentwicklung halten können.

Problemstellung:

Wie können Ziele, die die *innere* Qualität des entwickelten Systems betreffen, objektiv geprüft werden und negative Seiteneffekte späterer Entwicklungstätigkeiten aufgedeckt werden?

Für bestimmte Qualitätsaspekte ist eine direkte Prüfung durch manuelle oder automatisierte Tests schwierig. Beispielsweise wenn der Aspekt bei der Programmausführung nicht spürbar ist – bei der sogenannten inneren Qualität ist das der Fall. Sie beinhaltet vor allem die Änderbarkeit Ihrer Software und, damit zusammenhängend, Themen wie Modifizierbarkeit, Erweiterbarkeit, Wiederverwendbarkeit, Prüfbarkeit (Testbarkeit) oder Verständlichkeit. Diese Qualitätsmerkmale sind zur Entwicklungszeit spürbar und haben Auswirkungen auf die Produktivität, die Flexibilität und Anpassbarkeit Ihrer Software und in weiterer Folge auf die Time-to-Market einzelner Features und auf die Lebensdauer des Systems. Wegen der schlechten direkten Messbarkeit müssen Sie zur objektiven Prüfung dieser Aspekte auf Qualitätsindikatoren bzw. Metriken zurückgreifen.

---

[13] Siehe Abschnitt 6.5 – Code und Architektur verbinden

Für den richtigen Umgang mit Metriken gibt es seit den 1980er-Jahren Modelle und Prozesse [Bas88] [Wes05]. Die pragmatische Essenz daraus lässt sich in drei Schritten beschreiben:

1. Definieren Sie die Ziele, die Sie im Bereich der inneren Qualität haben.
2. Wählen Sie passende Indikatoren für diese Ziele aus.
3. Legen Sie die Aus- und Verwertung der Ergebnisse fest.

Diese drei Aufgaben sind durchaus architekturrelevant, da Ziele in puncto Änderbarkeit meist ganze Systemteile oder das Gesamtsystem betreffen, die entsprechenden Indikatoren allen Entwicklern bekannt sein sollten und die Auswertung transparent und stabil erfolgen muss. Sie schaffen mit Qualitätsindikatoren einen Rahmen für Design- und Entwicklungstätigkeiten, der die Wichtigkeit innerer Qualität in Ihrem System widerspiegelt und eine gemeinsame Richtung gibt. Ich bespreche die Schritte nun im Detail, Bild 6.4 gibt einen Überblick.

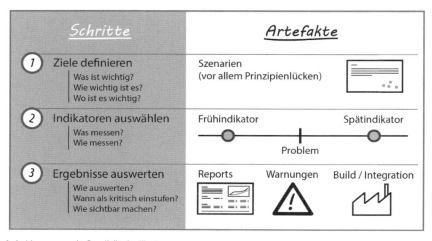

Bild 6.4 Umgang mit Qualitätsindikatoren

Schritt 1 – Qualitätsziele definieren

Aus Architektursicht sollten Sie wissen, welches Qualitätsniveau Sie im Bereich der inneren Qualität herstellen müssen – auch im Vergleich zu anderen, äußeren Qualitäten. Korrektheit, Modifizierbarkeit, Erweiterbarkeit und Verständlichkeit sind notwendige Eigenschaften Ihres Systems, aber über ein bestimmtes Qualitätsniveau hinaus übersteigen die Aufwände und Kosten den Nutzen.

Das für Ihr System nötige Qualitätsniveau lässt sich – Sie ahnen es wahrscheinlich – aus Szenarien lesen. Szenarien können für alle Qualitätsmerkmale eingesetzt werden; jene für Änderbarkeit betreffen meist ganze Systemteile oder das Gesamtsystem und sind oft als Prinzipienlücke kategorisiert. Ein Beispiel: *„Ein neuer Entwickler mit guten C#-Kenntnissen stößt zum Projekt. Er ist innerhalb von einer Woche in der Lage, die Komponenten Vorgang, Objekt und Produkt zu verstehen und selbständig anzupassen."* Mit diesem und ähnlichen Szenarien lassen sich Ziele für die innere Qualität festhalten. Es lohnt sich, diese Szenarien früh zu bearbeiten, entsprechende Entwicklungspraktiken zu etablieren[14] oder Prinzipien

---
[14] Für innere Qualität eignen sich viele Design-Praktiken. Einen Überblick finden Sie in Abschnitt 2.1.6.

zu formulieren (siehe Abschnitt 4.7) und darauf basierend Indikatoren zu definieren (siehe Schritt 2). Dabei ist nicht nur spannend, welche Indikatoren Sie wählen, sondern vor allem wie wichtig der Indikator für Sie in welchen Anwendungsteilen ist und welches Qualitätsniveau Sie sich vornehmen. Die Indikatoren für Änderbarkeit (siehe weiter unten) sind in für viele Systeme ähnlich, das Zielqualitätsniveau unterscheidet sich aber.

Schritt 2 – Indikatoren auswählen

Die objektive Prüfung der inneren Qualität ist eine schwierige Aufgabe. Sie erfolgt meist über Qualitätsindikatoren, die versuchen, den Einsatz förderlicher Praktiken oder günstige Codeeigenschaften zu messen. Statistisch gesehen klappt das auch, in der Praxis reduziert die falsche Nutzung der Indikatoren jedoch oft die Aussagekraft. Um hier gegenzusteuern, möchte ich, angelehnt an Begrifflichkeiten aus der Wirtschaft, zwischen Früh- und Spätindikatoren unterscheiden:

- **Spätindikatoren** zeigen bereits aufgetretene Probleme auf. Für die innere Qualität wären das etwa Fehlerdichte im Sourcecode oder gemessener Zeitaufwand für die Wartung der Software. Hier ist bereits etwas schief gegangen, bevor die Indikatoren es beziffern.
- **Frühindikatoren** weisen auf potenzielle Probleme hin, *bevor* sie direkt messbar sind. Die innere Qualität ist keine Grauzone, bis Sie Ihre Software an jeder wichtigen Stelle einmal angepasst haben, sondern über Frühindikatoren wie Komplexität, Abhängigkeiten, Klassen- oder Paketgröße, Kohäsion oder Testabdeckung bewertbar.

Während Spätindikatoren „das echte Ding" messen, liefern Frühindikatoren zu interpretierende Hinweise. Schritt 3 beschreibt, was der Interpretationsspielraum bei Frühindikatoren für Zielsetzungen und Vorgaben bedeutet – bei der Auswahl ist die Unterscheidung zwischen Früh- und Spätindikatoren jedoch auch schon spannend: Sie haben einen Kompromiss zwischen Rückmeldungszeitpunkt und Messgenauigkeit aufzulösen. Meist ist die verzögerte Rückmeldung von Spätindikatoren für die innere Qualität Ihrer Software ein Problem. Zum Zeitpunkt der Erkenntnis stecken Sie bereits in größeren technischen Schulden, die sich nur mehr schwer beseitigen lassen. Mit Frühindikatoren bekommen Sie ein Werkzeug an die Hand, das früheres Gegensteuern ermöglicht und für Architekturzwecke sehr interessant ist – seien Sie sich jedoch bewusst, dass Sie kein perfektes Maß auswählen! Sie können mit Tests 100 % Codeabdeckung erreichen, ohne ein einziges sinnvolles assert-Statement zu schreiben ...

An dieser Stelle ist ein genauerer Blick auf konkrete Qualitätsindikatoren angebracht. Starten wir mit **Spätindikatoren**, die für einzelne Szenarien wertvoll sein können. Tabelle 6.1 zeigt einige Indikatoren im Überblick. Die ihnen zugrunde liegenden Zahlen sind erst relativ spät im Entwicklungszyklus erhebbar und stehen in der Kritik, Bugtracking-Tools eine zu zentrale Rolle einzuräumen. Schließlich können wir nur vor dem Hintergrund der konkreten Ziele unserer Anwendung bewerten, ob Probleme und Defekte in der Software kritisch sind oder nicht. Auch sind Bugtracker-Einträge nur die halbe Miete, da automatisierte Tests für gelöste Probleme wichtiger sind als die einmalige Beseitigung eines Problems (siehe QUALITATIVE EIGENSCHAFTEN TESTEN → Abschnitt 6.3). Trotz allem sind Spätindikatoren und ihre Werte nicht uninteressant – auch um die Wirksamkeit von Frühindikatoren zu überprüfen.

Tabelle 6.1 Beispiele für Spätindikatoren der inneren Qualität

Indikator	Kurzbeschreibung
Defektdichte	Die Anzahl an Defekten, die in einem System(teil) über eine definierte Zeitspanne in Entwicklung oder Betrieb gefunden werden, in Relation zur Größe des System(teil)s.
Fix Backlog	Die Länge der Liste mit zu beseitigenden Problemen in der Software
Backlog Management Index BMI	Relation zwischen beseitigten oder geschlossenen Problemen und neu entdeckten Problemen in einem Monat
Antwortzeit für Fixes	Mittlere Zeit für Probleme von ihrer Erkennung (open) bis zu ihrer Lösung (closed)
Verspätete Features, verspätete Fixes	Die Anzahl an Fixes oder Features, die nicht in einem definierten Zeitrahmen gelöst bzw. ausgeliefert werden konnten, in Relation zu jenen, die im Zeitrahmen lagen.

Tabelle 6.2 Beispiele für Frühindikatoren der inneren Qualität

Indikator	Kurzbeschreibung
Lines of Code (LoC)/ KLoC (in Tausend)	Zeilen des Programmcodes, typischerweise ohne Leerzeilen und Kommentare
McCabe (zyklomatische Komplexität)	Anzahl der binären Verzweigungen (+1) in einer Methode. Binäre Verzweigungen sind z. B. if-Anweisungen, try-catch-Blöcke.
LCOM4-Metrik (Lack of Cohesion of Methods)	Anzahl der Verantwortlichkeiten (Gruppen) einer Klasse. Methoden, die sich aufrufen, werden in einer Gruppe definiert, genauso wie Klassenvariablen, auf denen diese Methoden operieren. Hinzu kommen Methoden, die ebenfalls auf den Attributen der Gruppe operieren.
DIT (Depth of Inheritance Tree)	Anzahl an beerbten Klassen (Klassen, die in der Vererbungshierarchie über der beobachteten Klasse stehen)
Afferente Kopplung	Anzahl anderer Klassen/Pakete, die von der betrachteten Klasse/ dem betrachteten Paket abhängen
Efferente Kopplung	Anzahl anderer Klassen/Pakete, von denen die betrachtete Klasse/ das betrachtete Paket abhängt
Instabilität	Verhältnis von efferenter Kopplung zu allen Kopplungen (efferent und afferent)
Abhängigkeitszyklen (package tangle index)	Pakete oder Klassen, die Teil einer zyklischen Abhängigkeit sind (tangle index ist ein Prozentwert für den Anteil an Abhängigkeiten des Pakets, die an Zyklen teilnehmen)
Duplizierte Blöcke	Anzahl an duplizierten Codeblöcken
Uncovered Lines	Anzahl an Codezeilen, die nicht durch Unit-Tests abgedeckt sind

Frühindikatoren sind meist statisch aus dem erstellten Programmcode lesbar und damit gut in den Entwicklungszyklus integrierbar. Tools wie SpotBugs und CheckStyle helfen uns direkt in der IDE, weiterführende Messzahlen finden Sie in zahlreichen Metriktools wie Sonarqube, Structure101, Teamscale, SonarGraph, dem Eclipse Metrics-Plug-in oder auch in der Application Lifecycle Management-Komponente von Visual Studio. Tabelle 6.2 zeigt Beispiele für Frühindikatoren.

Mit den Indikatoren aus Tabelle 6.2 lassen sich einige Aspekte von Sourcecode beziffern, die einen mehr oder weniger großen Einfluss auf die innere Qualität Ihrer Anwendung haben. Namentlich sind das:

- **Größe**: LOC/KLOC
- **Komplexität**: McCabe, DIT, Indikatoren für Kohäsion und Kopplung
- **Kohäsion**: LCOM4
- **Kopplung**: afferente Kopplung, efferente Kopplung, Instabilität, Abhängigkeitszyklen
- **Duplikation**: duplizierte Blöcke
- **Testabdeckung**: Uncovered Lines

Größe sollte keinesfalls als Produktivitätsmaß verwendet werden[15]. Vielmehr kann sie, angewandt auf Klassen und Pakete bzw. Module einige Hinweise auf die Änderbarkeit geben. Im Vergleich sehr große Klassen/Pakete sind schwerer zu verstehen und beinhalten eventuell vermischte Verantwortlichkeiten. Dieser Hinweis auf niedrige Kohäsion kann auch mit weiteren Metriken wie LCOM4 untermauert werden. Darüber hinaus ist die Größe von Systemteilen eine wichtige Rückmeldung für die Strukturierung Ihrer Software. Beim fachlichen Komponentenschnitt achtet man meist darauf, eine ähnliche Granularität zu erreichen. Über die Zeit können einzelne Bereiche aber überdurchschnittlich wachsen, weil sie in Umfang oder Komplexität unterschätzt wurden. Hier können technische Schulden entstehen, die größere Umstrukturierungen zur Folge haben.

Wenig überraschend zeigen Studien, dass mit wachsender **Komplexität** auch die Fehlerdichte in Softwaresystemen steigt. Klassen mit einem McCabe-Wert über 20 und Methoden mit Werten über 7 verdienen Ihre Aufmerksamkeit. Vor allem die Testbarkeit ist negativ von hohen Werten betroffen. Über alle Klassen gesehen, sollten Sie darauf achten, wenige komplexe und viele einfache Klassen zu haben. Manche Werkzeuge können diese Komplexitätsverteilung automatisch bewerten (z. B. Sonarqube).

Kohäsion ist schwierig automatisiert zu überprüfen. LCOM4 liefert Ihnen mit Verantwortlichkeitsgruppen zumindest einen Anhaltspunkt. Ziel ist es, nicht mehr als *eine* Gruppe pro Klasse zu finden. Verwobener Code, der logisch trennbar wäre, wird jedoch nicht erkannt.

Bei der **Kopplung** wird zwischen ein- und ausgehenden Kopplungen unterschieden. Hohe Stabilität/hohe afferente Kopplung deutet auf die Kritikalität des Pakets oder der Klasse hin. Sie sollten häufige Änderungen an diesen Teilen Ihrer Software vermeiden, den Code sauber halten und gut testen. Instabilität/hohe efferente Kopplung deutet hingegen auf ein erhöhtes Risiko durch Änderungen von außen hin. Zusätzlich sollten Sie Abhängigkeitszyklen vermeiden und den *package tangle index* bei 0 % halten. Manche Tools geben auch Hinweise, welche Abhängigkeiten „schlechter" sind als andere: Abstraktere Pakete sind die besseren Empfänger von Abhängigkeiten, Pakete weiter oben in der Aufrufhierarchie sind die besseren Auftraggeber.

---
[15] Da kommt der schlechte Ruf entsprechender Metriken jedoch oft her ...

Duplikationen sind von Werkzeugen gut aufzuspüren, wenn sie durch copy/paste entstanden sind. Solche Codeteile erfordern eventuell redundante Wartung und erhöhen den Testaufwand. Da die *Zeilenebene* oft nicht aussagekräftig ist, greift man oft auf duplizierte *Codeblöcke* als Messwert zurück.

Testüberdeckung ist mit vielen Metriken auf Codezeilen-, Ausführungszweigniveau etc. messbar. Die nichtüberdeckten *Codezeilen* sind ein sinnvolles Maß aus diesen Möglichkeiten. Zusätzlich bieten viele Werkzeuge an, Erfolgsraten für Tests anzuzeigen. Sowohl Überdeckung als auch Erfolgsraten geben Hinweise auf die Änderbarkeit der Software. Code, der von Tests abgedeckt wird, kann nach Änderungen gut auf seine (veränderte) Funktionalität und eventuelle Seiteneffekte untersucht werden.

Zusätzlich zu den genannten Aspekten von innerer Qualität können Metrikwerkzeuge auch externe Abhängigkeiten und statische Codeanalysetools[16] mit einbeziehen. **Externe Abhängigkeiten** sind Abhängigkeiten zu externen Bibliotheken, die benötigt werden, um die eigene Software zu kompilieren und in einer produktionsähnlichen Umgebung auszuführen. Neben der reinen Anzahl dieser Abhängigkeiten (die gering gehalten werden sollte), ist vor allem das Konfliktmanagement bei externen Bibliotheken spannend. Manchmal stehen Bibliotheksabhängigkeiten auf der zweiten Ebene miteinander in Konflikt oder mehrere Module desselben Systems sind direkt von unterschiedlichen Versionen der gleichen externen Bibliothek abhängig. Das kann zur Laufzeit Probleme verursachen, weil drei verschiedene Versionen der gleichen Bibliothek in der gemeinsamen JVM landen. Die Structure Dependency Matrix in Sonarqube oder die Clirr Engine, die Bibliotheken auf Abwärtskompatibilität überprüft, können hier unterstützen[17].

Für die Auswahl an Indikatoren gibt es nun eine wichtige Regel:

 Finden Sie das richtige Set an Indikatoren anhand der Ziele, die Sie verfolgen. Das richtige Set besteht **nie** aus einem oder mehr als 50 Indikatoren ...

Einen einzelnen Indikator zu verwenden, ist meist gefährlicher als überhaupt keinen Indikator zu haben. Wählen Sie nur einen spezifischen Indikator von oben aus, ist es sehr einfach, diesen zu optimieren, ohne wirkliche Qualitätsfortschritte zu erzielen. Was helfen etwa niedrige McCabe-Werte, wenn die Kopplung zwischen den auseinandergezogenen Methoden und Klassen extrem hoch ist? Vermeiden Sie auch zusammenfassende Gesamtwerte, wie sie von vielen Tools angeboten werden. Im besten Fall können Sie damit ein Bauchgefühl prüfen. Je undurchsichtiger und komplizierter die Zusammensetzung der Metrik, desto unmöglicher ist es, wirkliche Erkenntnisse zu gewinnen. Ein SQALE[18]-Rating von C sagt nichts über die Art der gefundenen Probleme aus.

Die Gegenbewegung zu einem einzelnen Indikator ist, sehr viele zu verwenden. Ich habe diese Idee vor allem bei Kunden gesehen, die zuerst an das Werkzeug gedacht haben und erst im zweiten oder dritten Schritt an den Zweck, den es zu erfüllen gilt. Führen Sie kein Tool ein, um zu sehen, „was es kann", verwenden Sie nicht alle Indikatoren des Werkzeugs und fokussieren Sie nicht einfach auf das, was das Tool rot einfärbt. Metrikwerkzeuge haben Standardwerte und Standardregeln hinterlegt, die nicht unbedingt auf Ihr System oder jeden

---

[16] PMD, Checkstyle, Spot etc.
[17] Über Standardwerkzeuge wie z.B. Maven hinaus
[18] SQUALE – **S**oftware **QUAL**ity **E**nhancement Project – *http://www.squale.org*

Teilbereich Ihres Systems zutreffen müssen. Hätten alle Systeme die gleichen Anforderungen und wären alle Aufgaben gleich komplex, wären wir alle arbeitslos.

Wählen Sie also einzelne Indikatoren aus, die sinnvoll sind, definieren Sie, wo die Indikatoren relevant sind, und fokussieren Sie auf jene Systemteile, in denen die Anforderungen rund um Änderbarkeit besonders wichtig sind. Entwickeln Sie einen architekturgetriebenen Blick auf Metriken. Ziel ist nicht, die generelle Codequalität überall auf Bestwerte zu schrauben, sondern gut genug zu sein.

Ihr Set an Qualitätsindikatoren

Für die korrekte Auswahl an Qualitätsindikatoren gibt es kein einfaches Rezept. Gerade deshalb sollten Sie Ihre Wahl regelmäßig überprüfen. Identifizieren Sie zunächst in Bezug auf Änderbarkeit kritische Anwendungsteile und wählen Sie einige Frühindikatoren, die Ihnen für die Szenarien passend vorkommen. Verwenden Sie an einigen Stellen Ihrer entstehenden Anwendung Spätindikatoren und vergleichen Sie die Ergebnisse mit Frühindikatoren, um Ihr Set an Metriken und Messungen stetig zu verbessern und weiterzuentwickeln.

Schritt 3 – Ergebnisse auswerten

Um die Indikatoren aus Schritt 2 „Indikatoren auswählen" auf Ihren Programmcode anzuwenden, benötigen Sie Metrikwerkzeuge. Alle Metrikwerkzeuge können Ergebnisse von Metriken aufbereiten und „reporten". Die meisten Werkzeuge können jedoch mehr: Sie können Reports anpassen, eigene Regeln hinterlegen, Warnungen konfigurieren oder auch in den Build eingreifen. Nutzen Sie diese Möglichkeiten! Ein Metrikwerkzeug mit Standardeinstellungen passt nur auf Standardprobleme und davon gibt es sehr wenige.

Reports sind sehr toolspezifisch. Structure101[19] bietet etwa mehrere Perspektiven, Analysen und Summary Reports, aus denen Sie sich die Rosinen picken können. Für innere Qualität wären das vor allem die strukturelle Analyse und die XS-Perspektive (XS soll auf „Excess" hindeuten und beinhaltet Komplexitätsmetriken). In Sonarqube können Sie sogenannte „Dashboards" konfigurieren, in denen Sie Ihre Metriken, Graphen und Warnungen beliebig anordnen können. Dashboards können anschließend auch über E-Mail versandt werden. Wie auch immer Ihre Konfiguration aussieht, es ist in jedem Fall sinnvoll, Ergebnisse von Metrikmessungen (genauso wie Test- und Build-Ergebnisse) transparent zu machen. Ein allgemein zugänglicher Report ist ein guter Anfang, ähnlich wie andere Informationen auch, sollten Sie sich aber um passive *Informationsverteiler* bemühen. Stellen Sie in den Projektraum bzw. die Büroräume einen Bildschirm, der den aktuellen Stand des Sonarqube-Dashboards zeigt, drucken Sie Ergebnisse einzelner Metriken aus und hängen Sie die von weitem lesbaren Zettel an die Projektwand. Kommunizieren Sie die Anzahl an Warnungen oder Problemen über einen farbigen Status an prominenter Stelle usw.

Eigene Architekturregeln aufzustellen und Sourcecode dagegen zu halten, ist Teil von CODE UND ARCHITEKTUR VERBINDEN (→ Abschnitt 6.5). Viele Metrikwerkzeuge können auch für diese Architekturumsetzungsprüfung eingesetzt werden. Achten Sie bei der Toolauswahl darauf, dass Ihre Ansprüche in beiden Bereichen erfüllt werden.

---

[19] Mehr Informationen unter *http://structure101.com/*

Warnungen sind extrem wichtig, weil sie den Fokus des Betrachters stark beeinflussen. Wird häufiger gewarnt, ohne in weiterer Folge ein wirkliches Problem zu finden, wird die gesamte Metrikauswertung wenig Beachtung finden. Und zu recht! Nehmen Sie „falsche" Warnungen als Auslöser, um noch einmal über Ihre Indikatoren nachzudenken. Sie können andere Indikatoren wählen oder an den Schwellwerten für die Warnung schrauben. Die meisten Werkzeuge bieten einstellbare Schwellwerte für Metrikergebnisse an. So können Sie etwa Warnungen erzeugen, wenn McCabe in einer Klasse über 20 steigt oder der package tangle index über 10 %. Versuchen Sie, die Schwellwerte auf Ihr System abzustimmen. Es gibt komplexere und einfachere Probleme, die mit Software gelöst werden. Es gibt Systeme, für die innere Qualität und Änderbarkeit im Vergleich zu Sicherheits- oder Performanzvorgaben ein untergeordnetes Ziel sind. Nicht alle Vorhaben können die gleichen Metrikwerte erreichen (wollen). Versuchen Sie auch, hauptsächlich Maße mit Warnungen zu versehen, die nicht durch pures Größenwachstum der Anwendung beeinflusst werden. In Sonarqube gibt es beispielsweise gewichtete Metriken, die nicht von LOC-Veränderungen betroffen sind.

Neben Schwellwerten für Metrikergebnisse können Sie in manchen Tools auch Schwellwerte für Metrikveränderungen angeben. Um Metriken zu berechnen, ziehen Metrikwerkzeuge sogenannte Snapshots. Über diese Snapshots analysieren sie Metrikveränderungen und können Trends bestimmen. Metrikveränderungen sind anerkanntermaßen die beste Quelle, um Erkenntnisse zu gewinnen. Ein einzelner Snapshot eines Systems mit einfachen Absolutwerten ist nicht so aussagekräftig wie die Informationen zu starkem Kopplungsanstieg bei moderatem Komplexitätsrückgang. Sie können auch auf Metrikveränderungen Warnungen legen.

Falls Sie Zielwerte vorgeben und Warnungen verwenden, um zu zeigen, wo diese Zielwerte nicht eingehalten werden, achten Sie auf die Art des Indikators. Zielwerte auf Frühindikatoren sind oft problematisch, weil sie leichter zu „fälschen" sind. Testabdeckung kann erreicht werden, ohne wirklich sinnvoll zu testen, hohe Testabdeckungswerte lassen sich leichter erreichen, wenn vorrangig einfache Methoden getestet werden. Abhängigkeitsmetriken lassen sich verbessern, indem nicht verwendete Interfaces in Pakete geworfen werden oder sogar unnötige Abhängigkeiten eingeführt werden. Kohäsionswerte nach LCOM4 lassen sich verbessern, indem Methoden einfach mehr Attribute der Klasse verwenden oder unnötige Methodenaufrufe eingebaut werden. Außerdem geben Frühindikatoren nur Hinweise. Hohe zyklomatische Komplexität bedeutet noch nicht, dass eine Klasse Fehler beinhalten muss. Am besten funktionieren Frühindikatoren deshalb, wenn keine strikten Ziele damit verbunden werden. Verwenden Sie Warnungen mit Bedacht und schaffen Sie ein Umfeld, in dem ehrlich und von der Entwicklung heraus mit Metriken gearbeitet wird.

Das bringt mich auch zum letzten Punkt der Ergebnisverwertung: Eingriffe in den **Build**. Viele Metrikwerkzeuge sind mit Build-Werkzeugen integrierbar (Sonarqube, Teamscale, Structure101, SonarGraph, ...) oder sind bereits in diese integriert (Visual Studio ALM). Damit ist es nicht nur möglich, Metrikauswertungen bei jedem Build anzustoßen, sondern auch Builds zu verhindern, wenn bestimmte Warnungen auftreten. Gehen Sie aus oben genannten Gründen vorsichtig mit solchen Eingriffen um. Verwenden Sie Build-Eingriffe vor allem bei starken Metrik*veränderungen* und eventuell bei schwer fälschbaren Metrikwerten (z. B. Warnungen zu Abhängigkeitszyklen). Mehr zur Build-Integration finden Sie in KONTINUIERLICH INTEGRIEREN UND AUSLIEFERN (→ Abschnitt 6.6).

Technische Schulden

Im Zusammenhang mit Metriktools wird häufig von technischen Schulden gesprochen. Werkzeuge wie Sonarqube haben sogar eigene Messwerte, die technische Schulden beziffern. Die Schulden, von denen hier gesprochen wird, sind Verletzungen von Regeln oder Zielwerten zu Metriken. Einzelne Schulden können im Minutenbereich korrigiert werden (ein Standardwert im SQALE-Plug-in von Sonarqube sind sechs Minuten). Im Sinne der Kategorisierung aus Abschnitt 3.5 handelt es sich um technische Schulden auf Codeebene. Die Werkzeuge nehmen für die Berechnung ihre eigenen Best-Practices. Im Sinne guter Entwicklungsarbeit sollten Sie darauf achten, diese Schulden nicht zu hoch werden zu lassen (vor allem in neu entwickelten Systemteilen).

Um eine Behandlung von technischen Schulden auf Architekturebene zu rechtfertigen, braucht es eine systematische Verfehlung in einem Bereich, der als architekturell wichtig eingestuft wurde. Sie haben etwa eine Reihe von Szenarien zu Verständlichkeit und kurzen Einarbeitungszeiten, die auf einen bestimmten Systemteil wirken. Auf dieser Basis haben Sie festgelegt, die Komplexität, Kopplung und Testabdeckung zu überwachen. Die Metrikwerte sind in allen drei Bereichen im Keller und zeigen, dass Sie Ihre Ziele so nicht erreichen werden. Sie definieren *eine* technische Schuld auf Architekturebene: „Komplexität und Testabdeckung in Komponente XY zu hoch" und behandeln Sie wie in Abschnitt 3.5 beschrieben. Ein guter Ausgangspunkt, um solche systematischen Verfehlungen zu finden, sind gut eingerichtete Dashboards, Warnungen mit guten Schwellwerten und ein Blick auf sogenannte Treemaps, die Größe und Regelkonformität von Teilen des Systems auf einen Blick zeigen.

Wichtig ist, dass *Metriken und Qualitätsindikatoren nur ein Input* für die Findung von technischen Schulden auf Architekturebene sind. Andere Schulden wären unter anderem falsche Technologieentscheidungen, Altkomponenten, ein zähes Arbeitsumfeld und beschädigte konzeptionelle Integrität.

Tipps zum Scheitern

Möchten Sie mit diesem Muster scheitern und Ihrem Projekt schaden, folgen Sie diesen Empfehlungen:

- Nutzen Sie auch Qualitätsindikatoren für Eigenschaften, die sich gut testen lassen. Besser zwei Meinungen zu Performanz als eine.
- Führen Sie eine Zero-Debt-Policy ein und lassen Sie keine Metrikverfehlungen irgendwelcher Art zu. Schließlich sind kleine Verfehlungen der Beginn allen Übels. Das nötige innere Qualitätslevel ist da nebensächlich.
- Setzen Sie feste Ziele mit Schwellwerten auf Frühindikatoren. Um deren Aussagekraft zu fördern, protokollieren Sie bei Verletzungen den Entwicklernamen.
- Setzen Sie feste Ziele mit Schwellwerten auf Indikatoren, die sich allein durch die Vergrößerung der Codebasis verschlechtern. Das zwingt Entwickler dazu, immer besser zu werden!
- Nachdem zu viele Indikatoren verboten wurden: Nutzen Sie möglichst aggregierte Indikatoren. Die sind zwar undurchsichtiger, aber auch umfassender. So „schlüpft Ihnen wenig durch".
- Halten Sie die Resultate von Metrikmessungen geheim und unter Verschluss. So sind sie vor Fälschung und falscher Optimierung sicher.

Basis, um die richtigen Qualitätsindikatoren zu finden, sind Szenarien als Architekturanforderung (→ Abschnitt 3.3). Besonders Prinzipienlücken im Bereich Änderbarkeit sind spannend. Metriken und entsprechende Schwellwerte können auch helfen, wenn Sie im Prinzip entscheiden.

Achten Sie immer darauf, keine Frühindikatoren zu verwenden, wenn sinnvolle Spätindikatoren oder Tests zur Verfügung stünden. Für äußere Qualität ist es meist besser, qualitative Eigenschaften zu testen (→ Abschnitt 6.3).

Um Qualitätsindikatoren stetig und zeitnah zur Entwicklungstätigkeit auswerten zu können, bietet es sich an, kontinuierlich zu integrieren und auszuliefern (→ Abschnitt 6.6). In einer automatisierten Build- und Integrationswerkzeugkette gehören Qualitätsindikatoren zu den am schnellsten analysierbaren Dingen. Ergebnisse können so rasch zum Entwickler zurückwandern.

6.5 Code und Architektur verbinden

„Wie schön auch immer die Strategie ist,
hin und wieder solltest du auf die Ergebnisse achten."[20]

– Winston Churchill

Michael: Ich habe mir jetzt angesehen, was Metriktools so leisten. Es gibt tatsächlich einige Werkzeuge, in denen man Architekturregeln hinterlegen kann.

Sarah: Es geht um das Szenario „Für Wartung und Erweiterung des Systems findet man am „freien Markt" leicht Unterstützung" und die Überprüfung, dass nur bekannte Frameworks und Bibliotheken genutzt werden, nehme ich an?

Michael: Ja, natürlich. Sorry.

Sarah: Macht ja nichts. Wir sind alle aufgeregt …

Michael: Wie auch immer. Wir könnten Abhängigkeiten zu externen Bibliotheken überwachen. Einige Werkzeuge können das direkt, andere lassen sich z. B. mit Maven verknüpfen. Alles, was wir benötigen, ist eine Whitelist mit erlaubten externen Abhängigkeiten.

Sarah: Da müssten wir uns aber schon jetzt überlegen, was wir alles erlauben wollen.

Michael: Wir könnten auch jetzt ein erlaubtes Set von externen Abhängigkeiten definieren und bei Verletzungen entscheiden, ob das gerechtfertigt ist. Die Whitelist wird also laufend erweitert. So behalten wir zumindest den Überblick.

Axel: Das ist gar nicht schlecht. Können wir diese Prüfungen von Abhängigkeiten auch breiter einsetzen?

Michael: Das habe ich mir auch schon überlegt. Tatsächlich könnten wir unsere geplante Subsystem- und Bausteinstruktur, inklusive geplanten Abhängigkeitsrichtungen, im Werkzeug hinterlegen. Der Programmcode wird dann geparst und gegen diese Vorgaben geprüft. Architekturverletzungen warnen uns, wenn einzelne Aufrufe oder Typverwendungen die Architektur verwässern würden.

Sarah: Das gefällt jetzt sogar mir.

Axel: Wobei zu bedenken ist, dass Verletzungen der Architektur im Code durchaus sinnvoll sein können. Wir planen die Struktur zwar grob voraus, aber im Code stecken die aktuellsten Erkenntnisse.

Michael: Das Charmante ist ja, dass man über die Verbindung von Code und Architektur auch Fehler oder falsche Annahmen in der Architektur erkennt. Das könnte dazu führen, dass die Leute seltener sagen „schau doch besser in den Code, die Architektur ist nicht aktuell".

---

[20] Englisches Original: *„However beautiful the strategy, you should occasionally look at the results."*

Sie haben Architekturarbeit geleistet, Entscheidungen getroffen und Prinzipien festgelegt. Es ist eine Codebasis verfügbar, auf die diese Architekturideen wirken. Diese Codebasis wird stetig weiterentwickelt und ist immer aktuell. Sie wollen Tests und Messungen auf Codeebene durchführen und Rückschlüsse auf die Architekturentscheidungen ziehen.

Problemstellung:
Wie können Architektur und Code am Auseinanderdriften gehindert werden, so dass (1) keine Verwässerung der Facharchitektur auftritt, (2) Architekturschwächen in puncto Umsetzbarkeit erkannt werden und (3) die Gültigkeit von Architekturprüfungen im Code gewährleistet bleibt?

Mit Tests und Qualitätsindikatoren (siehe Muster 6.3 und 6.4) überprüfen Sie die Erreichung bestimmter Ziele und Eigenschaften der Architektur im Sourcecode bzw. am laufenden System. In gewisser Weise handelt es sich dabei um eine Black-Box – bei fehlerhaften Tests oder schlechten Metrikwerten könnte einerseits die Architekturidee eine falsche sein, andererseits auch die Umsetzung der Architektur problematisch oder fehlerhaft sein. Um valide Rückschlüsse von Codeprüfungen auf die Architektur zu erlauben, sollten Sie Sourcecode und Architektur in Einklang bringen. Sie werden über diese Verbindung auch bessere Softwarearchitekturen entwickeln, die sich an der Umsetzbarkeit orientieren, realistisch bleiben und tatsächlich Aussagekraft haben.

Konformität oder Konsistenz als Ziel
Architekturarbeit sollte sich auf einige wichtige Aspekte der Umsetzung konzentrieren. Es wird also nicht vollständig und im Detail beschrieben, was in der Umsetzung geschieht. Außerdem denkt Architekturarbeit voraus und kann sich Themen widmen, die noch nicht implementiert sind. In den Ebenen von Architektureinhaltung [TOG11] spricht man von *Konformität* oder *Konsistenz*. Bild 6.5 zeigt die Idee.

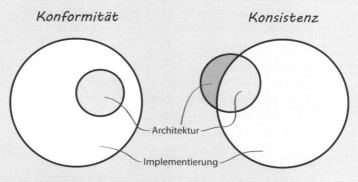

Bild 6.5 Konformität/Konsistenz von Architektur und Implementierung

Sind in den relevanten Bereichen Implementierung und Architekturvorstellungen im Einklang, spricht man von Konformität. Bei Konsistenz sind Teile der Architektur (noch) nicht umgesetzt, die implementierten Teile sind jedoch konform.

Es ist **nicht** Ziel der Verbindung zwischen Code und Architektur:

- die Architektur „vollständig" zu machen oder alle Aspekte des Codes zu beschreiben (volle Konformität).
- die Implementierung in Bereichen zu beurteilen, in denen es keine architektonischen Vorgaben gibt. Hierfür gibt es Metriken, Tests und Code-Reviews (evtl. gestützt durch Tools wie Sonarqube oder CodeCity [Cod10]).

Abweichungen erkennen

Um Abweichungen zwischen architektonischen Vorgaben und der Umsetzung zu finden, können Sie entweder manuelle Analysen vornehmen oder Regeln und Strukturen automatisiert prüfen lassen. Da Sie Abweichungen möglichst schnell erkennen sollten und auch eine gewisse Sicherheit brauchen, ist die automatisierte Prüfung zu bevorzugen. Viele Metrikwerkzeuge bieten entsprechende Funktionen und Erweiterungen an.

Grundlage für automatisierte Umsetzungsprüfungen sind Regeln, die Sie in Werkzeugen hinterlegen können. Diese Regeln werden gegen ein Modell gehalten, das sich die Tools aus dem Sourcecode konstruieren – über Parser- und Analyseschritte. Bild 6.6 zeigt einen schematischen Überblick.

Die grau markierten Teile von Bild 6.6 zeigen die für die Umsetzungsprüfung wichtigsten Elemente. Sie können entweder direkt Regeln hinterlegen (in XML oder einer DSL) oder Diagramme nutzen, um (meistens Struktur-)Regeln aufzustellen. Nach dem Parsen des Sourcecodes überprüfen Werkzeuge unter anderem die hinterlegten Regeln und generieren entsprechende Reports. Wie einzelne Tools das genau machen, ist im Absatz „Konkrete Umsetzung in Werkzeugen" weiter unten zu lesen.

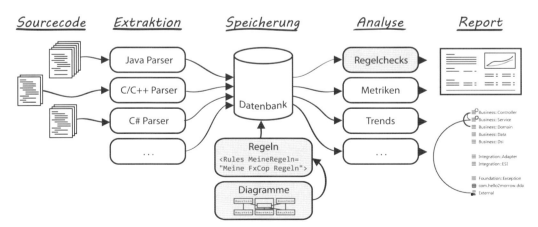

Bild 6.6 Umsetzungsprüfung im Überblick

Bleibt noch die Frage, wie Sie zu den richtigen Regeln kommen, gegen die Sie prüfen. Die zwei spannendsten Ausgangspunkte für Regeldefinitionen sind Prinzipien und die (fachliche) Strukturierung des Systems:

- **Prinzipien** (siehe IM PRINZIP ENTSCHEIDEN → Abschnitt 4.7) stellen allgemeine Leitlinien dar, an die sich alle Mitwirkenden halten sollten. Ein Teil davon lässt sich in auswertbaren Architekturregeln hinterlegen. Dazu zählen Aufrufbeschränkungen, Versionsregeln, Stilvorgaben oder andere Codierrichtlinien. Prinzipien in diesen Bereichen sollten Sie auf jeden Fall automatisiert überprüfen. Wenn Prinzipien Arbeitsweisen, Kommunikation oder nur zur Laufzeit sichtbare Eigenschaften des Systems betreffen, können Ihnen Retrospektiven oder Tests besser helfen.
- Die **fachliche Strukturierung** beschreibt die Zerlegung des Systems auf mehreren Ebenen. Auf oberster Ebene spricht man häufig von Subsystemen, darunter von Bausteinen, Komponenten, Services oder Paketen. Schichtung, Abhängigkeiten, Aufrufrichtungen und Gliederung sollten sich im Code wiederfinden lassen oder umgekehrt, sich auf Architekturebene nachvollziehen lassen. Ziel ist eine klare, verständliche und wartungsfreundliche Struktur.

Ähnlich wie Prinzipien können auch TECHNISCHE SCHULDEN (→ Abschnitt 3.5) ein guter Ausgangspunkt für Regeln sein[21]. Wollen Sie etwa eine problematische Fremdbibliothek loswerden, können Sie Aufrufe der Bibliothek in neu erstellten Codeabschnitten verhindern. Auf die gleiche Weise können Sie mit überholten Strukturen, schlecht erfüllten Qualitätsindikatoren und veralteten Versionen von Bibliotheken umgehen.

Abweichungen behandeln

Prinzipiell gibt es zwei Möglichkeiten, wenn Sie Abweichungen zwischen Architektur und Implementierung feststellen: Die Implementierung liegt falsch oder die Architektur liegt falsch (oder beide liegen falsch und Sie kennen keine gute Lösung ...). Ihr erster Schritt sollte sein, zu betrachten, warum die Abweichung auftritt bzw. die Architekturregel verletzt wurde.

Oft sind neue Erkenntnisse, übersehene Randbedingungen oder Beeinflussungen, ausgeblendete Details oder falsche Annahmen auf Architekturebene der Grund, was der Implementierung in erster Instanz recht gibt. Um ein Verwässern der Architektur zu verhindern, sollten die Entscheidungen und Vorgaben entsprechend angepasst werden. Tun Sie das nicht, wird die Architektur nutzlos, eventuell sinnvolle Diagramme für Einstieg oder Überblick werden unbrauchbar. Durch die Rückführung der Erkenntnisse auf Architekturebene haben Sie auch die Chance, die Lösung mit etwas Abstand und aus höherer Flughöhe zu betrachten – das kann zu sinnvollen Anpassungen führen oder einzelne Konzepte für andere Teilbereiche der Anwendung einsetzbar machen.

Gibt es keinen berechtigten Grund, warum die Implementierung von der Architekturidee abweicht, ist die Implementierung anzupassen. Das sorgt für konzeptionelle Integrität der Anwendung, fördert es also, dass ähnliche Probleme auf ähnliche Art und Weise implementiert werden. Betrachten Sie allerdings auch in diesem Fall noch einmal die entsprechenden Architekturentscheidungen. Auch wenn die Entscheidung „richtig" ist, ist sie vielleicht zu kompliziert formuliert, zu schwierig umzusetzen oder einfach unpraktisch. Unter Umständen ist eine nicht ganz so optimale Entscheidung, die leicht von allen eingehalten werden kann, die bessere Wahl.

---

[21] Auch wenn in diesem Fall häufig zunächst ein Prinzip von der technischen Schuld abgeleitet wird.

Wie auch immer Ihre Bewertung der Abweichung ausfällt: Stellen Sie *zeitnah* Konformität her. Je länger die Schieflage im System ist, desto schwieriger wird eine Bereinigung. Die Gründe dafür liegen u. a. darin, dass andere Entwickler sich ein (falsches) Beispiel nehmen, Abweichungen sich rasch ausweiten und die Einarbeitung von neuen Mitarbeitern schwieriger wird. Viele Werkzeuge erlauben die Integration in den Build-Prozess und damit eine direkte Rückmeldung zu Architekturregeln beim commit neuer Funktionalität (siehe KONTINUIERLICH INTEGRIEREN UND AUSLIEFERN → Abschnitt 6.6). Auf diese Weise finden die Bewertung und Bereinigung verzahnt mit der Codeerstellung statt und das erspart Ihnen aufwendige Umstrukturierungs- oder Architekturaufräumphasen.

Konkrete Umsetzung in Werkzeugen

Ein Blick auf Werkzeuge, die Aspekte der Umsetzungsprüfung umsetzen, sollte die Möglichkeiten verdeutlichen. Ich bespreche die Tools hier nicht im Detail, möchte aber einige Features von ArchUnit, Sonargraph, Structure101, Visual Studio und Sonarqube hervorheben, die sie einzigartig machen.

ArchUnit ist ein Gratiswerkzeug von TNG (*www.archunit.org*). Es ist ausschließlich für Java-Systeme gedacht und analysiert den Bytecode. In der Java-typischen Punktnotation werden erlaubte oder verbotene Abhängigkeiten definiert, gewollte Paketzugehörigkeiten benannt, Annotations-, Schichten- oder Vererbungsregeln angegeben. Es lassen sich auch eigene, neue Regelideen umsetzen. Die hinterlegten Prüfungen sind dann als Tests jederzeit ausführbar.

Sonargraph von hello2morrow gibt es in den Ausprägungen Explorer, Developer und Architect. Ist die Explorer-Variante noch gratis, verursachen die anderen Varianten Lizenzkosten. Unterstützt werden neben Java auch C/C++, C# und ABAP/ABAP Objects Code. Die Variante Sonargraph Architect erlaubt über Metrikprüfungen hinaus auch Strukturprüfungen. Statt der grafischen Aufbereitung arbeitet das Tool heutzutage mit einer eigenen DSL, in der Bausteine, Schichten und erlaubte oder verbotene Abhängigkeiten hinterlegt werden können. Bild 6.7 zeigt ein Beispiel solch einer Definition.

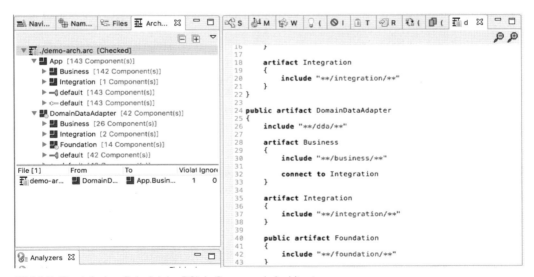

Bild 6.7 Ein einfaches Beispiel der DSL in Sonargraph Architect

Bild 6.7 zeigt auf der rechten Seite ein definiertes „Artefakt" – in diesem Fall ein Slice oder Baustein mit dem Namen *DomainDataAdapter*. Diesem Artefakt werden per regulärem Ausdruck Code-Teile hinzugefügt („include")[22]. Innerhalb des Bausteins werden nun auf die gleiche Weise Schichten definiert und erlaubte Abhängigkeiten benannt. So lassen sich beliebige Strukturen aus fachlichen Gliederungen und technischem Schnitt nachbilden.

Haben Sie die gewünschte Struktur in der DSL angegeben und den Sourcecode über reguläre Ausdrücke zugeordnet, kann das Tool arbeiten. Bild 6.8 zeigt eine Auswertung. Helle (im Tool grüne) Verbindungen zwischen Schichten entsprechen dem hinterlegten Architekturmodell, dunkle (im Tool rote) Verbindungen stellen Verletzungen des Modells dar.

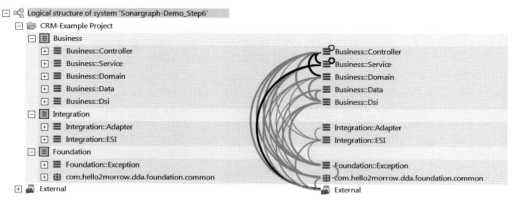

Bild 6.8 Verletzungen der hinterlegten Abhängigkeiten

Einzelne Schichten lassen sich weiter aufklappen und detaillierter untersuchen, die eingezeichneten Verbindungen sind anklickbar und so weiter analysierbar (bis in den Sourcecode hinein). Virtuelle Refactorings unterstützen bei der Problembehandlung.

Structure101 ist für Java und .NET verfügbar, hat in einer generischen Version aber auch Parser für ActionScript, Doxygen C/C++, Pascal/Delphi, PHP, Python und SQL. Structure101 generiert Architekturdiagramme – die Gliederung der Codebasis und Abhängigkeiten zwischen Strukturierungselementen werden analysiert und automatisch in eine Art Komponenten- und Schichtmodell überführt. In dem Modell wird davon ausgegangen, dass untere Schichten nicht „nach oben" greifen dürfen, und es wird versucht, die Schichten so zu definieren, dass möglichst wenige Verletzungen entstehen. Bild 6.9 zeigt ein solches Diagramm für Apache Tomcat[23].

Die Pfeile, die Sie in Bild 6.9 sehen, sind vom Tool gefundene Aufrufverletzungen. Nach unten gerichtete Abhängigkeiten sind erlaubt und im Standard ausgeblendet. In einigen Fällen führen die eingezeichneten Verletzungen auch zu Abhängigkeitszyklen – Tomcat hat in dieser Version 18 davon. Das automatisch generierte Diagramm lässt sich anpassen, indem Sie einzelne Pakete per Drag&Drop auf eine höhere Schicht ziehen, Pakete zu Bausteinen schachteln oder einzelne Aufrufverletzungen ignorieren. Structure101 gibt Ihnen also einen

---

[22] Sie hätten auch die Möglichkeit, einzelne Klassen, Pakete oder Files auszuschließen, indem Sie „exclude" verwenden.
[23] Apache Tomcat ist ein OpenSource-Webserver und Webcontainer für Java-Anwendungen. Mehr Informationen unter: *http://tomcat.apache.org/*

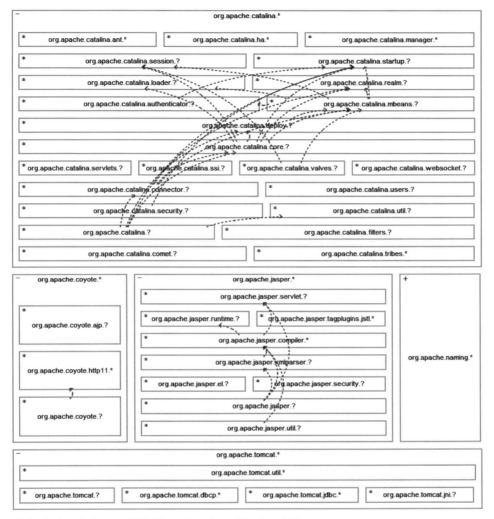

Bild 6.9 Apache Tomcat 7.0.41, analysiert von Structure101

Startpunkt, an dem Sie sich orientieren können. Allerdings braucht es dafür eine aussagekräftige Codebasis, die in frühen Phasen eines Vorhabens meist noch nicht gegeben ist.

In **Visual Studio** Premium und Ultimate können Sie ebenfalls Regeln hinterlegen, um die Standard-Codeanalyse zu erweitern oder zu verändern. Dafür ist, anders als bei Structure101 und Sonargraph, kein visueller Editor verfügbar. Sie müssen einige Klassen schreiben (die von FxCop ableiten, um die entsprechende API zu erben) und XML-Files erstellen, in denen Ressourcen definiert werden. Es lassen sich Stil, Aufrufregeln und Abhängigkeiten überwachen.

Für Auswertungen im C/C++-Bereich bietet sich die **Bauhaus Suite** von Axivion an. Während andere Werkzeuge über mitgelieferte Parser *auch* C/C++-Code analysieren, ist die Bauhaus Suite in dieser Ecke zu Hause. Auch hier sind Abhängigkeiten und Includes analysierbar, Regeln hinterlegbar und grafische Auswertungen möglich.

Auch in **Sonarqube** können Sie Architekturregeln hinterlegen. Dabei wird das Warnkonzept für Metriken (vgl. QUALITÄTSINDIKATOREN NUTZEN → Abschnitt 6.4) auch für die Überwachung des Zugriffs zwischen Dateien oder Paketen verwendet. Verletzungen werden im Metrikdashboard angezeigt und können genau wie Schwellwerte bei Metriken den erfolgreichen build der Software verhindern.

Alle genannten Werkzeuge sind entweder frei verfügbar oder können in einer freien Testversion angefragt werden. Experimentieren Sie mit den unterschiedlichen Möglichkeiten und achten Sie neben den vordergründigen Features auch auf die Möglichkeit der Versionsverwaltung von Modellen parallel zum Source-Code, Laufzeiten der Analyse bei größeren Codebasen oder Kollaborationsmöglichkeiten.

Tipps zum Scheitern

Möchten Sie mit diesem Muster scheitern und Ihrem Projekt schaden, folgen Sie diesen Empfehlungen:

- Sehen Sie bei Verletzungen der Architektur prinzipiell die Implementierung als falsch an. Tools bieten die Möglichkeit, Abhängigkeiten im Code hart zu brechen und Compile-Fehler zu erzeugen. Nutzen Sie diese Möglichkeiten. Immer.
- Lassen Sie sich die überprüften Architekturregeln vom Tool diktieren. Toolhersteller kennen viele Systeme und wissen deshalb auch automatisch, was genau Sie in Ihrem Kontext brauchen.
- Ist Ihre Architektur nur mühsam im Werkzeug abzubilden (zu viele Regeln, zu viele Elemente), ändern Sie einfach die Architekturidee. So können Sie auch die Reaktionsfähigkeit der Entwicklung prüfen. Win-Win quasi.
- Sie sollten die fachlichen Strukturierungsvorgaben in Metriktools und die Diagramme zur Dokumentation der Strukturierung getrennt pflegen. So können kommunizierte Ideen von überprüften Eigenschaften abweichen und Sie prüfen ... Ob alle Entwickler aufpassen ...

Wenn Sie QUALITATIVE EIGENSCHAFTEN TESTEN (→ Abschnitt 6.3) oder QUALITÄTSINDIKATOREN NUTZEN (→ Abschnitt 6.4), prüfen Sie im Code beobachtbare Eigenschaften gegen Architekturziele. Code und Architektur zu verbinden, ist eine wichtige Voraussetzung, um für die Architektur relevante Aussagen aus den beiden Mustern zu ziehen.

Für den Abgleich selbst gibt es vor allem Architekturentscheidungen als Basis. Insbesondere wenn Sie IM PRINZIP ENTSCHEIDEN (→ Abschnitt 4.7), sind überprüfbare Regeln und Warnungen angebracht. Auch TECHNISCHE SCHULDEN (→ Abschnitt 3.5) auf Architekturebene können ein Ausgangspunkt für die Definition (neuer) Regeln sein, die von einem Werkzeug im Code durchgesetzt werden sollen.

Ähnlich wie bei Tests und Metriken, ist auch bei der Umsetzungsprüfung eine schnelle Rückmeldung äußerst vorteilhaft. Versuchen Sie deshalb, KONTINUIERLICH ZU INTEGRIEREN UND AUSZULIEFERN (→ Abschnitt 6.6).

6.6 Kontinuierlich integrieren und ausliefern

> „Ich lerne kontinuierlich mehr und mehr über meine eigenen Grenzen, meine körperlichen Grenzen, meine geistigen Grenzen. Das ist mein Lebensstil."[24]
>
> – Ayrton Senna

In einer Kaffeepause ...

Peter: Ich habe letztens in einer Studie gelesen, dass Continuous Integration die am neunthäufigsten verwendete agile Praktik ist.

Michael: Mhm. Spannend.

Peter: Daily Stand-ups waren auf Platz eins, Test-driven Development auf Platz 15 von 26.

Michael: Das sind alles Einträge in mein Buch für unnützes Wissen. Ganz ehrlich.

Peter: Du hast ein Buch für unnützes Wissen?

Michael: Nein. Das wäre ... unnütz. Aber ich weiß, warum wir Continuous Integration einsetzen, und Statistiken haben damit wenig zu tun.

Peter: Erzähl doch mal!

Michael: Kennst du das VMS-Projekt? Dort haben wir in drei Teams entwickelt und lokale Unit-Tests geschrieben. Das Projekt lief eigentlich ganz gut, alle Managementampeln standen auf Grün. Ein Monat vor der geplanten Auslieferung wanderten wir wie geplant in einen Code-Freeze. Wir haben nichts Neues mehr entwickelt, sondern wollten lediglich die unit-getesteten Klassen der Entwickler aller drei Teams zusammenstecken. Wir haben einige Systemtests geschrieben ...

Peter: Und die sind fehlgeschlagen!

Michael: Nicht wirklich. Wir haben sie nicht einmal zum Laufen bekommen. Wir haben den einfachsten Geschäftsprozess genommen und waren erst nach einer Woche dazu in der Lage, ihn auszuführen. Dazwischen haben wir nur Fehler und Defekte beseitigt. Die Managementampel stand seltsamerweise immer noch auf Grün. Wir hatten noch drei Wochen und etwa 50 große Prozesse zu testen. Die Auslieferungsvorbereitung ist ziemlich schnell aus dem Ruder gelaufen.
Eine Woche vor der Auslieferung sprang die Ampel plötzlich auf Rot. Wir hatten zu dem Zeitpunkt nicht einmal die Hälfte der Systemtests ausgeführt. Der Code wurde mit Quick-Hacks überschwemmt.

Peter: Und dann?

Michael: Als wir Wochen später mit einem Teilsystem live gegangen sind, war das System extrem langsam und wir haben immer noch laufend Fehler gemeldet bekommen. Das war eine schreckliche Inbetriebnahme, das kann ich dir sagen.

---

[24] Englisches Original: „*I continuously go further and further learning about my own limitations, my body limitation, psychological limitations. It's a way of life for me.*"

Peter: Hört sich so an.

Michael: Seitdem versuchen wir, neu programmierte Teile immer möglichst früh in ein funktionierendes Ganzes zu überführen. Dort können wir Unit-, System- und Akzeptanztests ausführen und sehen schnell, wo etwas nicht passt. Sobald wir neuen Code entwickeln, wissen wir so auch, dass er mit den anderen Teilen des Systems zusammen funktioniert.

Peter: Und die Ampel springt nicht so überraschend auf Rot …

Michael: Genau! Die Qualitätsindikatoren, die wir letztens besprochen haben, lassen sich außerdem auch gut integrieren. Bei den nichtfunktionalen Tests müssen wir noch ein wenig lernen. Dafür bräuchten wir eine Ablaufumgebung, die möglichst ähnlich zur Produktionsumgebung ist, oder eine Idee, wie wir risikofrei die Produktionsumgebung nutzen können.

Peter: Cool. Architektur-Feedback direkt aus dem Integrations- und Deployment-Prozess. Mal sehen, wann das in der Statistik auftaucht …

Michael: Mhm, diese tolle Statistik schon wieder …

Sie sind in der Entwicklungsphase eines Systems, in dem frühe Integration prinzipiell möglich ist. Konkret heißt das, Sie haben entweder ein Umfeld, in dem es eine Vielzahl an verfügbaren Tools gibt (Applikationsentwicklung in Java/.NET, Webprojekte etc.), oder Sie haben das Wissen und die Ressourcen, sich ein entsprechendes Umfeld selber zu bauen (mit makefiles, build-scripts/-frameworks, build agents, bootloadern etc.). Die Produktivumgebung muss zumindest nachstellbar sein, alle Codeartefakte müssen in Versionskontrolle liegen und der Build muss automatisierbar sein. Sie haben darüber hinaus automatisierte Tests (QUALITATIVE EIGENSCHAFTEN TESTEN → Abschnitt 6.3), Metrikauswertungen (QUALITÄTSINDIKATOREN NUTZEN → Abschnitt 6.4) und/oder Umsetzungsprüfungen (CODE UND ARCHITEKTUR VERBINDEN → Abschnitt 6.5), die Sie ausführen können.

Problemstellung:

Wie können Ergebnisse von Metriken, Umsetzungsprüfungen oder Tests verschiedener Arten möglichst schnell zurück zum Entwickler fließen, um (1) direktes Feedback zu ermöglichen und (2) die Qualität des Systems stetig hoch zu halten?

Zwei Prinzipien des Lean Software Engineering besagen, dass Sie rasch ausliefern („deliver fast") und von Anfang an auf Qualität achten sollten („build quality in"). Voraussetzungen dafür sind kleinteiliges Arbeiten, automatisierte Qualitätsprüfungen und stetige Auslieferung. Über den stetigen Fluss von umgesetzten Anforderungen erhalten Sie rasches Feedback, Sie lernen schneller, können besser auf Erkenntnisse reagieren und Sie kennen Ihren tatsächlichen Projektfortschritt. Keine grünen Ampeln mehr, die zwei Wochen vor der Auslieferung plötzlich auf Rot springen, weil zum ersten Mal getestet und integriert wird.

In diesem Kapitel habe ich bereits die automatisierte Prüfung mit Tests und Qualitätsindikatoren behandelt (Abschnitte 6.3 und 6.4) und gezeigt, wie Sie Programmcode und Architektur abgleichen können (Abschnitt 6.5). Der Einsatz der beschriebenen Muster wird umso effektiver, je näher Sie mit der entsprechenden Rückmeldung an die Codeerstellung rücken.

Im Idealfall bekommen Sie nach jedem commit Feedback zu Architekturverletzungen sowie funktionalen und qualitativen Eigenschaften des Systems. *Continuous Integration*, auf Deutsch auch kontinuierliche oder permanente Integration genannt, ermöglicht das [Duv07].[25]

Die zwei zentralen Konzepte von Continuous Integration sind (angelehnt an [Fow06]):

- **Häufiges commit**:
  Änderungen erfolgen kleinteilig und werden häufig in die Versionsverwaltung übertragen. Als Daumenregel gilt: mindestens ein commit pro Tag.
- **Sofortiger Build**:
  Änderungen in der Versionsverwaltung lösen einen Build aus, der das Gesamtsystem neu baut, automatisierte Tests ausführt, Qualitätsindikatoren und Architekturregeln prüft und entsprechende Reports generiert.

Neben Continuous Integration hat sich auch der Begriff *Continuous Delivery* etabliert, der zusätzlich zu Integration und Test auch die Auslieferung von Software in unterschiedliche Umgebungen, inklusive der Produktivumgebung, automatisiert [Hum10]. Wenn man so möchte, denkt Continuous Delivery die Idee von Continuous Integration konsequent zu Ende. Oft bestimmt Ihre Domäne oder Basistechnologie, wie weit Sie gehen können. Im embedded-Bereich oder bei teuren und außergewöhnlichen Produktivumgebungen ist Continuous Delivery schwieriger umzusetzen als bei Webapplikationen oder Cloud-Anwendungen, wo Continuous Delivery üblich ist und von Cloud-Anbietern gut unterstützt wird. Aus Architektursicht ist die frühe Rückmeldung aus entsprechenden Prüfungen wichtig – das gelingt mit Continuous Integration oder, mit Abstrichen, sogar mit nightly builds und halbautomatisierten Verfahren recht gut. Versuchen Sie, so wenig Verzögerung wie möglich in Ihren Auslieferungsprozess einzubauen und dessen Ausführung möglichst schmerzfrei zu halten.

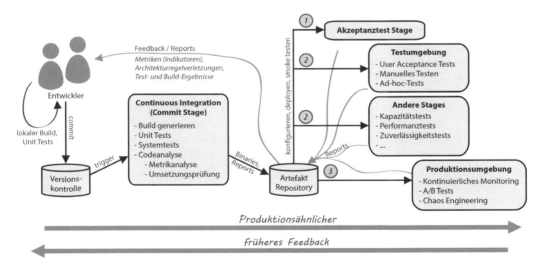

Bild 6.10 Build, Test und Auslieferung im Überblick

---

[25] Teamscale ermöglicht direktes Feedback nach jedem Commit ebenfalls und arbeitet mit inkrementellen Metriken. Innerhalb einer CI-Pipeline sind aber deutlich mehr Aspekte prüfbar als Wartbarkeit und Testbarkeit.

Bild 6.10 zeigt den Auslieferungsprozess etwas detaillierter. Im linken Bereich der Abbildung finden Sie den Kern von Continuous Integration. Continuous Delivery automatisiert alles, was Sie auf der Abbildung sehen, wodurch eine sogenannte *Deployment Pipeline* entsteht.

Der Einstieg in Bild 6.10 ist links oben. Als Entwickler schreiben Sie Programmcode und Tests. Bevor Sie einchecken, führen Sie einen lokalen Build aus und testen die Anwendung auf Unit-Ebene (und teilweise schon auf Systemebene). Sobald Sie Ihren Code in die Versionsverwaltung einchecken, beginnt ein zentraler Build- und Integrationsprozess. Continuous Integration Server übernehmen hier die Orchestrierung von Build, Tests, Analyse und Reporting. In dieser *Commit Stage* liegt der Fokus auf funktionalen Tests, übergreifenden Systemtests und statischer Analyse. Erst nach erfolgreichem Durchlaufen dieser Phase wird der commit als geglückt angesehen. Architekturell spannend sind dabei Metrikanalysen für Qualitätsindikatoren (→ Abschnitt 6.4) und die Umsetzungsprüfung (siehe Code und Architektur verbinden → Abschnitt 6.5). Beides steht schnell als Feedback zur Verfügung.

Nach dieser ersten, schnellen Phase (oder „stage") wird der weitere Prozess in Schritte unterteilt, die aufwendiger oder länger laufend sind. Aus dem Repository werden Binaries an Umgebungen ausgeliefert, die möglichst genau der späteren Produktivumgebung entsprechen (dieselben Versionen, Datenbanken, Bibliotheken, IP-Adressen, Ports, Hardware etc.). In diesen Umgebungen werden üblicherweise zunächst Akzeptanztests durchlaufen, bevor manuelle Tests und Test-Suiten für Performanz, Last, Sicherheit etc. zum Einsatz kommen (siehe Qualitative Eigenschaften testen → Abschnitt 6.3). Die Aufteilung dieser Aktivitäten in Stages ermöglicht zeitnahe Rückmeldungen, auch wenn nachfolgende Stages länger dauern, und bedeutet Kostenersparnis, wenn frühere Stages bereits fehlschlagen und damit aufwendigere Tests erspart bleiben. Moderne Continuous Integration Server machen *staged builds* relativ leicht möglich und lassen sich mit automatischen Deployment-Werkzeugen für Konfiguration und Auslieferung kombinieren. Reports werden automatisch aggregiert und machen die Verfehlung (architektonischer) Ziele analysierbar.

In Cloud-Umgebungen ändert sich an den Grundprinzipien von continuous integration und deployment nichts. Die einzelnen Konzepte aus Bild 6.10 können jedoch flexibler realisiert werden. So können Sie etwa die CI-Umgebung und/oder Testumgebung in der Cloud abbilden oder einige der genannten *Stages* direkt in die Produktionsumgebung verlagern. Das Deployment-Artefakt wird sich von JARs und Executables hin zu ganzen Server-Instanzen oder POD-Beschreibungen (bei Kubernetes Clustern) verändern. Updates dieser Server-Instanzen erfolgen dann durch vollständige Ersetzung von Instanzen statt kumulativer Updates. All das verändert den Prozess und Testansatz, allerdings nicht die beschriebene Grundidee.

Wollen Sie den Integrations- (und Auslieferungs-)Prozess mehrmals täglich durchlaufen, ist Automatisierung ein wichtiger Punkt. Tabelle 6.3 zeigt eine Übersicht zu Werkzeugen, die zum Einsatz kommen können. Dazu zählen auch Werkzeuge, die bereits in anderen Mustern zu Metriken und Tests erwähnt wurden.

Neben der technischen Umsetzung ist vor allem die Transparenz wichtig. Jeder sollte schnell sehen können, was der Zustand des Systems ist und welche Änderungen durchgeführt wurden. Architekturelle Rückmeldungen zu Qualitätsindikatoren, Architekturregelverletzungen (beides Commit Stage), Akzeptanztests und nichtfunktionale Tests müssen deutlich erkennbar sein. Gute Informationsverteiler sind farblich codierte Boards, Bildschirme mit großen Zahlen oder auch Ampeln, Lampen, Anzeigetafeln etc.

Tabelle 6.3 Werkzeuge einer Deployment Pipeline

Werkzeugart	Beispiele für Tools
Versionsverwaltung	Git, SVN, VSS, Team Foundation Server (TFS), Perforce, mercurial
Continuous Integration (CI) Server	Jenkins, Concourse, Circle CI, Travis CI, Bamboo, TeamCity, AntHill Pro, Go, TFS 2010
Build-Tools	Ant, AntContrib, NAnt, Maven, MSBuild, Visual Studio ALM, Buildr, Gant, Gradle, make, Rake, ivy
Automatisierte Tests (Unit und Integration)	xUnit, TestNG, mockito, AssertJ, Testcontainers, hamcrest, spock, dbUnit, unitils
Codeanalyse (Metriken, Umsetzungsprüfung)	Sonarqube, Structure101, Eclipse Metrics Plugin, Visual Studio ALM, Sonargraph, Bauhaus, PMD, Checkstyle, SpotBugs, Teamscale, ArchUnit
Akzeptanztests	Selenium (plus Geb), RobotFramework, Fit, Fitnesse, Cucumber, Concordion
Artefakt Repository	Artifactory, Nexus, Archiva
Automatisiertes Deployment	LiveRebel, Capistrano, Deployit, Fabric, Func, Terraform, Container-Orchestrierung: Kubernetes, Docker Swarm, Apache Mesos (inkl. Marathon), DB Management: Flyway, Liquibase, Infrastrukturmanagement: Ansible
Kontinuierliches Monitoring	ELK-Stack, Prometheus, Grafana, Graphite, InfluxDB (inkl. Kapacitor), Nagios

Die größten Vorteile der kontinuierlichen Integration für Architekturarbeit sind:

- **Weniger Risiko**:
  Architektureigenschaften sind leichter vorhersagbar und werden früher getestet. Sie müssen nicht lange mit Unsicherheiten leben.
- **Schnelles Feedback**:
  Rückmeldungen zu architekturellen Ideen sind schneller verfügbar. Dadurch sind auch Ursachen für Architekturverwässerung leichter zu bestimmen.
- **Bessere Reaktionsfähigkeit**:
  Die frühere Rückmeldung erlaubt einfachere Änderungen an der Architektur, da das System mit der Zeit zwangsläufig starrer wird.
- **Greifbare Architektureigenschaften**:
  Durch die Verbindung zu Tests und Messungen sind Architektureigenschaften für alle greifbar und Architektur rückt näher an die Umsetzung. Das stetig integrierte und getestete System ist außerdem besser für Demozwecke brauchbar und eröffnet eine Möglichkeit für FRÜHES ZEIGEN (→ Abschnitt 6.1).

Tipps zum Scheitern

Möchten Sie mit diesem Muster scheitern und Ihrem Projekt schaden, folgen Sie diesen Empfehlungen:

- Versuchen Sie, Ihre Tests nicht zu optimieren, was die Durchlaufzeit betrifft. Der Build dauert dann zwar länger, aber die Optimierung kostet Stunden, die nicht ins Endprodukt fließen – ein Lean Waste ... oder!?
- Ein fehlgeschlagener Build ist kein Problem, solange er kein Einzelfall bleibt. Sorgen Sie für eine Kultur, in der gebrochene Builds auch mal o.k. sind. Schließlich kann nicht jeder Entwickler wie ein Roboter funktionieren.
- Lassen Sie die Konfigurationen der verschiedenen Testumgebungen und der Produktionsumgebung ruhig auseinanderlaufen. Das ist einfacher und hilft, die Robustheit der Anwendung zu testen.
- Wenn Sie Aspekte Ihrer Lösung in Produktion testen, ist eine manuelle Konfiguration ok. Schließlich müssen Sie dann ja nichts in einer Testumgebung nachstellen. Wenn es in Produktion dann Probleme gibt, verlassen Sie sich auf rufbereite Experten. Die fühlen sich dadurch gewollt.

Kontinuierliche Integration ist aus Architektursicht vor allem deshalb spannend, weil bereits das entstehende System lauffähig ist und Rückmeldungen zur Architektur damit früher verfügbar sind – FRÜHES ZEIGEN (→ Abschnitt 6.1) inklusive. In einer Kette von automatisierten Schritten lassen sich direkt beim commit QUALITATIVE EIGENSCHAFTEN TESTEN (→ Abschnitt 6.3), QUALITÄTSINDIKATOREN NUTZEN (→ Abschnitt 6.4) und CODE UND ARCHITEKTUR VERGLEICHEN (→ Abschnitt 6.5). Reports aus den einzelnen Phasen werden zentral abgelegt.

6.7 Problemen auf den Grund gehen

„Um an die Quelle zu kommen, muß man gegen den Strom schwimmen."

– Stanislaw Jerzy Lec

Axel: Wir haben beim Realitätscheck der Architekturziele ein Problem erkannt, das ich jetzt gerne näher beleuchten möchte. Es geht um die Performanzvorgaben im Lese- und Forumsbereich. Konkret wird hier von Latenzzeiten unter einer halben Sekunde gesprochen, die auch beim Aufruf des isolierten Lesemodus und bei Videowiedergabe gelten sollen. Michael, du hattest Befürchtungen, dass wir das nicht erreichen.

Michael: Ich bin mir nicht sicher. Wir tappen hier völlig im Dunkeln, weil wir keine Tests haben.

Axel: O.k., also eine Ursache für die Unsicherheit ist das Fehlen von Performanztests. Noch einmal kurz nachgefragt: Wieso ist es ein Problem, wenn wir die Performanzvorgaben nicht erreichen?

Michael: Das ist eine rhetorische Frage, oder? Es handelt sich um ein zentrales Architekturziel. Ich schätze, die Benutzer und in weiterer Folge unser Kunde wären höchst unzufrieden, wenn wir so zentrale Ziele nicht erreichen.

Axel: Gut, das macht die Relevanz noch einmal für alle deutlich. Du hast eben bereits die fehlenden Performanztests angesprochen. Weshalb fehlen diese Tests?

Michael: Nun, wir haben momentan keinerlei Automatisierung an dieser Ecke.

Axel: Warum nicht?

Michael: Ohne Werkzeuge keine Automatisierung. Wir wissen nicht wirklich, welche Werkzeuge wir genau bräuchten und wie wir solche Tests mit Werkzeugen geeignet automatisieren. Wir müssen hier sicherlich Know-how aufbauen oder zukaufen.

Tommy: Ein zweites Problem für Performanztests ist, denke ich, dass uns kein lauffähiges System zur Verfügung steht, an dem wir testen könnten. Wir integrieren zwar kontinuierlich, aber auf eine produktionsähnliche Umgebung liefern wir sehr selten aus.

Axel: Könnten wir unsere Umgebung lokal nachstellen, so dass eine echte Auslieferung nicht nötig wird?

Tommy: Ich denke nicht. Momentan zumindest nicht. Realistisch wären die Testergebnisse keinesfalls. Da müssten wir zuerst in puncto Virtualisierung etwas machen.

Axel: O.k. Wenn lokale Nachstellbarkeit schwierig ist, müssten wir wohl häufiger auf das Produktionssystem ausliefern. Was hindert uns daran?

Michael: Unsere Releases sind recht selten und an das Produktionssystem gekoppelt. Intern releasen wir nicht.

Axel: Warum nicht?

Michael: Hauptsächlich, weil so ein Release im Moment sehr aufwendig zu bauen ist.

...

Diese Besprechung geht noch etwas weiter. Was Axel in diesem Gespräch angewendet hat, ist die Technik der Root-Cause-Analyse. Er erstellt während der Diskussion ein Diagramm, das Sie in Bild 6.11 *wiedergegeben finden.*

Sie haben Probleme oder Risiken erkannt. Typische Quellen sind die normale Umsetzungstätigkeit, die WIEDERKEHRENDE REFLEXION (→ Abschnitt 5.5), der REALITÄTSCHECK FÜR ARCHITEKTURZIELE (→ Abschnitt 6.2) oder eine TECHNISCHE SCHULD (→ Abschnitt 3.5). Das Problem oder Risiko ist wichtig und dringend genug, um zeitnah bearbeitet zu werden, und verdient mehr als einen temporären Ausweg. Es ist entweder keine direkte Lösung oder Bearbeitung möglich (z. B. weil Sie tiefer liegende Probleme vermuten) oder die Problemlösung ist umstritten (z. B. weil der Nutzen unklar ist, den Lösungsvarianten bringen).

Problemstellung:
Wie können für die Architektur erkannte Probleme oder Risiken analysiert werden, um Verschwendung und Ineffektivität bei deren Beseitigung zu vermeiden?

Probleme lassen sich am besten lösen, indem Sie versuchen, die Ursachen zu finden, und diese beseitigen. Durch diesen Umweg bekämpfen Sie nicht nur Symptome, die Wahrscheinlichkeit, dass das Problem weiterhin auftritt, verringert sich. Die *Fehler-Ursachen-Analyse* oder englisch *Root-Cause-Analysis* ist eine Gruppe von Problemlösungsverfahren, die genau das versucht: Ursachen aufzuspüren und zu beseitigen. In dieser Gruppe finden sich etwa Ishikawa-Diagramme (Fishbone-Diagramme), Wertstromanalysen oder Ursache-Wirkungs-Diagramme. Letztere sind meiner Erfahrung nach gut auf Architekturprobleme anwendbar.

Ursache-Wirkungs-Diagramme sind im Prinzip sehr einfach, weshalb der Erstellungsprozess recht geradlinig daherkommt:

1. Wählen Sie ein Problem, eine Behinderung oder ein Risiko (potenzielles Problem) und schreiben Sie es auf.
2. Fragen Sie „nach oben", warum das Problem relevant ist, bis der Schaden für Stakeholder nachvollziehbar wird.
3. Fragen Sie „nach unten", warum das Problem auftritt, bis die Ursachen deutlich werden.
4. Heben Sie Zyklen und Rückkopplungen hervor.

Iterieren Sie einige Male über diese vier Schritte, um das Diagramm zu verfeinern oder klarer zu gestalten. Zeichnen Sie die gefundenen Ursachen aus und entscheiden Sie, wie Sie weiter mit ihnen verfahren. Typischerweise werden in einer Gruppe Gegenmaßnahmen besprochen und kommuniziert. Es wird auch festgelegt, wann sich Besserung zeigen sollte und wie das aussehen könnte. Nach einer festgesetzten Zeit können Sie so noch einmal zu dem Problem zurückkehren und die Gegenmaßnahmen beurteilen, das Diagramm eventuell anpassen und neue Maßnahmen definieren. Sie durchlaufen also die gesamte Analyse und

Maßnahmenverfolgung iterativ. Es geht um kontinuierliche Verbesserung – ein Grund, warum die Fehler-Ursachen-Analyse in Lean (Software Development) einen hohen Stellenwert hat (vgl. [Bul09]).

Ein Beispiel

Um Ursache-Wirkungs-Diagramme etwas anschaulicher darzustellen, möchte ich ein kleines Beispiel vorstellen. In der Einführung dieses Musters wurde die Fehler-Ursachen-Analyse bereits einmal angewandt – das Ergebnis dieser Konversation finden Sie (etwas detaillierter) als Ursache-Wirkungs-Diagramm in Bild 6.11.

Ausgangspunkt war in diesem Fall die Befürchtung, dass die Performanzziele des Projekts nicht erreicht werden (Schritt 1 von oben). Es handelt sich um ein Architekturziel, weshalb das zweite Rechteck von oben mit einer Zielscheibe markiert ist.

Von diesem Ausgangspunkt (der schon relativ hoch liegt), ist zunächst nach oben gefragt worden. Umgangssprachlich kommt man mit einem einfachen „na und?" zu den eigentlichen Problemen, also Dingen, die Stakeholder schlecht finden (Schritt 2). Haben Sie Probleme identifiziert, können Sie auch kurz innehalten und sich fragen, was noch zu diesem Problem beiträgt. Gibt es noch andere Gründe für unzufriedene Benutzer? Sind diese Gründe wahrscheinlicher oder schwerwiegender als die erwartete Performanzverfehlung? Falls ja, können Sie die Analyse in diese Richtungen verbreitern. Im illustrierten Fall bleibt es zunächst bei der Analyse für das befürchtete Performanzproblem.

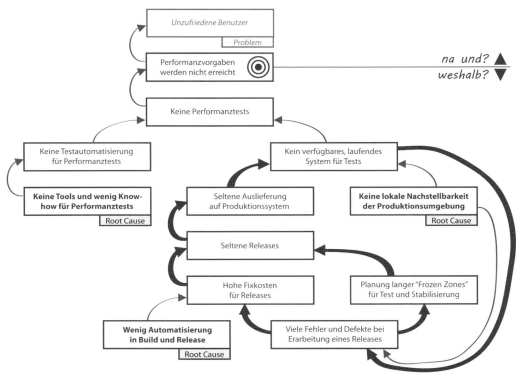

Bild 6.11 Ursache-Wirkungs-Diagramm für das einleitende Beispiel

Auf dem Weg nach unten fragen wir, weshalb das Problem auftritt (Schritt 3). Im Lean Thinking bezeichnet man dieses Vorgehen als „five whys" (oder 5W-Methode, 5W etc.) [Ser09] [Kni12]. In Bild 6.11 bescheren uns die Weshalb-Fragen drei Ursachen (als „root cause" hervorgehoben). Auch wenn Ursachen nicht immer eindeutig bestimmbar sind, können Sie als Daumenregel auf Punkte achten, die (1) nur ausgehende Pfeile besitzen, bei denen (2) weitere Weshalb-Fragen sinnlos sind oder die (3) ein direkt adressierbares Problem beschreiben. Das Performanzproblem hat demnach fehlende Tools und schwaches Know-how im Bereich des Performanztestens, schwache Build- und Release-Automatisierung und fehlende lokale Reproduzierbarkeit der Produktivumgebung als Ursachen. Um das Problem zu lösen, müssen diese Ursachen angegangen werden.

Der Zyklus ist mit dickeren Pfeilen hervorgehoben (Schritt 4). Korrekterweise handelt es sich um eine selbst verstärkende Rückkopplung, umgangssprachlich habe ich auch schon „Teufelskreis" oder „scheiss Zyklus" gehört. In diesem Fall trägt die hohe Defektanzahl zu hohen Release-Kosten und langen frozen Zones bei, beides Gründe für seltene Releases und damit seltener Produktionsreife. Da der aktuelle Stand selten auf dem Produktionssystem zu finden ist, sind Tests gegen den aktuellen Entwicklungsstrang schwierig, was wiederum die Defektdichte erhöht. Es gibt kein einfaches Rezept, um Zyklen zu brechen. Häufig funktioniert es, den/die Verursacher des eingehenden Pfeils am untersten Element anzupacken. In diesem Fall wäre das „Kein verfügbares, laufendes System für Tests". Darunter hängt glücklicherweise auch eine Ursache (Root Cause „Keine lokale Nachstellbarkeit der Produktionsumgebung"), die bei den Testaufgaben helfen könnte und den Zyklus abschwächen sollte.

Liegen die gefundenen Ursachen im Architektur- oder generell im Entwicklungsbereich, kann man sie als TECHNISCHE SCHULDEN behandeln (→ Abschnitt 3.5). Um die Schuldenlast und Schadenshöhe akkurat einschätzen zu können, sollten Sie, ausgehend von der Ursache, ein neues Ursache-Wirkungs-Diagramm aufbauen. Typischerweise können Sie so auch andere Probleme identifizieren, die auf die gleiche Ursache zurückzuführen sind. Das Gute an Ursache-Wirkungs-Diagrammen ist, dass einzelne Ursachen meistens mehrere Probleme verursachen und damit eine Bekämpfung rentabler wird.

Nicht alle Ursachen von Architekturproblemen liegen in der Entwicklung selbst. Oft gibt es Ursachen in der Projektorganisation oder an Schnittstellen zu anderen Entwicklungsvorhaben, zum Fachbereich oder zum Kunden. Manchmal ist auch auf Managementebene etwas im Argen. Es ist gut, diese Ursachen zu erkennen und die Auswirkungen veranschaulicht zu haben! Stoßen Sie Veränderungen an, indem Sie die Probleme und Kosten deutlich machen, die aus der momentanen Situation resultieren. Das Ursache-Wirkungs-Diagramm gibt Ihnen einige Argumente an die Hand.

Tipps zum Scheitern

Möchten Sie mit diesem Muster scheitern und Ihrem Projekt schaden, folgen Sie diesen Empfehlungen:

- Fragen Sie von Anfang an voll in die Breite. Beschränken Sie sich nicht auf zwei oder drei Ursachen pro Problem. Bei solch einer Trivialisierung kann nichts Vernünftiges rauskommen.
- Führen Sie redundant vorkommende Probleme nicht zusammen. Erstens werden die Probleme so schneller gefunden und zweitens sieht das Diagramm komplizierter aus – das beeindruckt das Management.
- Akzeptieren Sie keine Vereinfachungen. Modelle sollten immer vollständig und korrekt sein.
- Trennen Sie das Diagramm niemals auf. Sie verlieren sonst den Gesamtüberblick.

Um Problemen auf den Grund zu gehen, brauchen Sie erst einmal Probleme. Die finden sich in der Umsetzung, der WIEDERKEHRENDEN REFLEXION (→ Abschnitt 5.5), beim REALITÄTSCHECK FÜR ARCHITEKTURZIELE (→ Abschnitt 6.2) oder auch in TECHNISCHEN SCHULDEN (→ Abschnitt 3.5). Während die Analyse „nach oben" vor allem motiviert, warum das Problem wichtig ist, deckt die Analyse „nach unten" eventuell neue Ursachen für Probleme auf. Diese Ursachen gehören behandelt. Liegen sie im Architekturbereich, können Sie entsprechende Aktivitäten meist wiederum als TECHNISCHE SCHULDEN (→ Abschnitt 3.5) behandeln und als ARCHITEKTURARBEIT IM BACKLOG (→ Abschnitt 3.6) oder ARCHITEKTURARBEIT AUF KANBAN (→ Abschnitt 3.7) festhalten.

7 Vorgehensmuster anwenden

Die in diesem Buch beschriebenen Vorgehensmuster stellen Bruchstücke guter Architekturarbeit dar, die sich bedarfsgerecht einsetzen lassen. In diesem Kapitel möchte ich zeigen, wie Sie diesen Bedarf erkennen, Muster korrekt auswählen und ausprobieren können. Darüber hinaus beleuchtet dieser Abschnitt, wie die Vorgehensmuster mit den zentralen Fragen zeitgemäßer Softwarearchitektur zusammenhängen:

- Wie sollte iterative Architekturarbeit geleistet werden? → Abschnitt 7.2
- Wie wird die Rolle des Architekten in heutigen Entwicklungsvorhaben gelebt? → Abschnitt 7.3
- Und wie passen Architektur und Scrum zusammen? → Abschnitt 7.4

■ 7.1 Muster richtig einsetzen

Die stumpfe Übernahme von in Mustern beschriebenen Praktiken wird Ihnen und Ihrem Vorhaben nur bedingt helfen. Ich gebe hier deshalb einige Hinweise, um die Musteranwendung erfolgreicher zu machen. Bild 7.1 illustriert die grundsätzliche Idee.

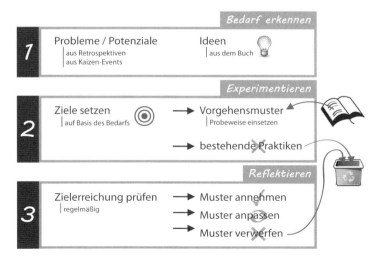

Bild 7.1 Muster richtig anwenden

Bedarf erkennen

Der erste Schritt bei der Einführung neuer Praktiken (oder der Verbesserung alter Praktiken) ist die Erkenntnis, dass Änderungen notwendig sind. Agile Vorgehensmodelle und Lean-Thinking beinhalten bereits Mechanismen, um Probleme oder Potenziale im eigenen Vorgehen zu erkennen. In regelmäßigen Retrospektiven bzw. Kaizen-Events reflektieren Sie die eigene Arbeitsweise, um sich stetig zu verbessern. Kein Prozess wird jemals als „fertig" betrachtet, sondern wiederkehrend hinterfragt.

Zusätzlich sollte dieses Buch einige für Sie spannende Ideen beinhalten. Probleme werden uns oft erst bewusst, wenn wir elegantere Wege aufgezeigt bekommen. Nutzen Sie dieses Buch deshalb auch, um aus den eingeübten Prozessen Ihres Unternehmens etwas auszubrechen und über den Tellerrand zu blicken.

 Bedarf nie „von oben" bestimmen!

Die Erkenntnis, dass der Einsatz von Vorgehensmustern sinnvoll ist, sollte immer von jenen Mitarbeitern ausgehen, die auch Architekturarbeit leisten. Sie kennen ihre Arbeit am besten und können am ehesten einschätzen, was, wo, wie verbessert werden kann. Geben Sie nicht von Managementebene vor, welche Muster einzusetzen sind! Die Adoption von Vorgehensmustern muss gut verstanden sein und die enthaltenen Praktiken müssen gelebt werden (siehe auch Kasten zu Cargo-Kult) – eine Vorgabe reicht hier nicht.

Falls Sie auf Managementebene arbeiten: Vermitteln Sie Entwicklern für Sie wichtige Ideen und sprechen Sie spannende Muster an. Die Entscheidung zur Umsetzung sollten Sie jedoch *delegieren*.

Experimentieren

Welche Muster gut funktionieren und wie ausgefeilt Ihre Methodik insgesamt sein muss, ist von Ihrem Umfeld abhängig. Kleinere Teams ohne geografische Verteilung können Vorgehenslücken sehr gut durch direkte Kommunikation und Zusammenarbeit schließen. In diesen Fällen ist ein schlankeres Architekturvorgehen mit wenigen Mustern dieses Buchs wünschenswert. Größere, komplexere Vorhaben profitieren von einem breiteren Mustereinsatz. Gehen Sie generell ergebnisoffen mit den Mustern dieses Buchs um. Kein Muster funktioniert in jedem Kontext gleich gut (oder ist gleich wichtig für dessen Erfolg). Um Craig Larman zu zitieren: „Es gibt keine Best Practices – nur angemessene Praktiken für ein bestimmtes Umfeld." [Lar10]

Setzen Sie sich zuallererst klare Ziele: Was soll besser werden? Was soll abgestellt werden? Was soll einfacher oder klarer werden? Später können Sie so besser über den Einsatz von Mustern urteilen.

Identifizieren Sie passende Vorgehensmuster und experimentieren Sie mit ihnen. Um weiterhin für schlanke Prozesse zu sorgen, sollten Sie vorzugsweise bestehende Praktiken durch Muster *ersetzen*, statt Muster immer *zusätzlich* in Ihr Vorgehen einzubauen. Grundsätzlich sind die beschriebenen Vorgehensmuster als Ergänzung zu einem sehr schlanken agilen Prozess gedacht, nicht als Zuckerguss für schwergewichtige Vorgehensmodelle. Finden Sie sich eher in letzterer Position, fragen Sie sich zunächst, was Sie weglassen können, ohne die Ergebnisqualität zu verschlechtern[1].

Vermeiden Sie „Cargo-Kult"

Cargo-Kult beschreibt die rituelle Anwendung von leeren Praktiken, ohne die Konzepte dahinter verstanden zu haben – und damit ein Anti-Pattern, wenn es um Prozesse und Methoden in der Softwareentwicklung geht.

Die bekannteste Spielart von Cargo-Kult war auf den pazifischen Inseln von Melanesien zu finden. Während des zweiten Weltkriegs warf die amerikanische Armee große Mengen an Frachtgut (Kleidung, Lebensmittel, Waffen etc.) über den Inseln ab und verbesserte damit auch die Lebensqualität der indigenen Bevölkerung drastisch. Mit Kriegsende und dem Abzug der amerikanischen Truppen waren auch die Lieferungen aus der Luft Geschichte, die Landepisten und Flughäfen im Dschungel verwaisten. Einheimische Kultanhänger nahmen sich der Sache an und versuchten, die Aktionen der Soldaten und Flieger nachzuahmen, um weiterhin an „Cargo" zu kommen. Um die vermutete Verbindung zu den mächtigen Ahnen herzustellen, wurden Kopfhörer aus Holz geschnitzt, imaginäre Flugzeuge eingewiesen, Signalfeuer entfacht, Flugzeuge und ganze Landebahnen nachgebaut. So gut die Inselbevölkerung aber auch versuchte, die Praktiken der Soldaten nachzustellen: Der Erfolg in Form von neuen Frachtlieferungen blieb aus.

Cargo-Kult bei Softwareentwicklungspraktiken hat Betriebsstörungen zur Folge, ohne wirkliche Erfolge mit sich zu bringen. Ideen werden schnell als Humbug vorverurteilt.

Die Muster dieses Buchs haben zugrunde liegende Prinzipien und einen bestimmten Zweck. Versuchen Sie bei der Anwendung von Mustern zu verstehen, (1) warum genau dieses Muster bei Ihrem Problem hilft, (2) was der eigentliche Zweck des Musters ist und (3) wie die grundlegenden Muster des Kapitels mit dem ausgewählten Muster zusammenspielen. Achten Sie bei der Anwendung von Mustern darauf, ob die erwarteten Verbesserungen auch auftreten.

Reflektieren

Die Praktiken der Muster sind erprobt und praxistauglich, aber auch kontextabhängig und nicht universell. Beobachten Sie deshalb, ob die gewünschte Verbesserung eintritt, indem Sie in regelmäßigen Abständen die Erreichung der gesetzten Ziele für den Mustereinsatz überprüfen. Auch hierfür bieten sich Retrospektiven an.

Sollte sich der gewünschte Effekt nicht einstellen, können Sie Aspekte des Musters anpassen oder es verwerfen. *Behalten Sie auf keinen Fall unnütze Praktiken!* „Patternmüll" schadet nicht nur bei konzeptionellen Architektur- und Designmustern.

---

[1] Untersuchungen zeigen, dass in der Produktentwicklung nur etwa 5–7 % der Zeit an Dingen mit Wert für den Kunden gearbeitet wird [War07], [Lar09]. Der Rest ist „Waste", also Verschwendung, die durch Veränderungen, Unterbrechungen, Überforderung, Übergaben, Wartezeiten etc. zustande kommt. Hier haben Sie riesiges Potenzial zur Verbesserung, ohne auch nur ein einziges Muster dieses Buchs anzufassen …

Ein guter Umgang mit Verbesserungsideen ist der sogenannte „Improvement-Backlog" [Coh09]. Darin werden Ideen zu Prozessverbesserungen gesammelt und auf unterschiedlichen Ebenen des Unternehmens sichtbar gemacht. Der Einsatz von Vorgehensmustern kann eine oder mehrere solcher Ideen beinhalten.

Austausch über Erfolge und Misserfolge

Es kann auch helfen, den Austausch zu eingesetzten Vorgehensmustern und den Erkenntnissen daraus projektübergreifend zu fördern. So fangen Sie nicht in jedem Vorhaben bei null an und können von den Erfahrungen aus anderen Vorhaben profitieren. Als Organisationsform bietet sich hierfür etwa eine Community of Practice an – eine Praktik, die als ARCHITEKTURCOMMUNITIES in → Abschnitt 5.7 beschrieben wird (dort für Architekturfragen innerhalb eines Vorhabens, aber die Idee ist projektübergreifend ähnlich anwendbar).

■ 7.2 Muster im Vorgehen einsortiert

Nachdem ich die Muster ganz nüchtern vorgestellt habe, wird es nun semantisch geringfügig aufregender. Bild 7.2 zeigt den prinzipiellen Ablauf eines Softwareentwicklungsvorhabens, ohne ein bestimmtes Vorgehensmodell vorauszusetzen. Auf dieser Basis lassen sich die Muster dieses Buchs sortieren und einordnen. Sie bekommen einen Eindruck, wann und wobei Ihnen bestimmte Muster helfen können.

Der generische Prozess aus Bild 7.2 wird mit Anforderungen gespeist, die priorisiert und für die jeweils nächste Iteration ausgewählt werden. Auf dieser Basis arbeiten die beiden gezeigten Zyklen: der Implementierungszyklus (rechts) und der Architekturzyklus (links). Im Implementierungszyklus wird die eigentliche Software erstellt. Sie implementieren, testen, integrieren und liefern aus. Sie wollen so viel Zeit wie möglich in diesem rechten Bereich von Bild 7.2 verbringen, weil das der produktive Teil ist. Hier entsteht auslieferbare Software, hier entsteht Wert, hier kreieren Sie Stück für Stück Ihre Applikation. Allerdings kann die direkte Umsetzung von Anforderungen risikoreich sein: Manche Anforderungen sind nur schwer in die bestehende Applikation abbildbar oder schlecht verstanden. Diese Anforderungen einfach umzusetzen, führt wahrscheinlich zu suboptimalen Lösungen. Das stellt vor allem ein Problem dar, wenn die Lösung im Nachhinein nur mehr schwer angepasst werden kann – etwa weil die Umsetzung teuer oder aufwendig ist.

7.2 Muster im Vorgehen einsortiert

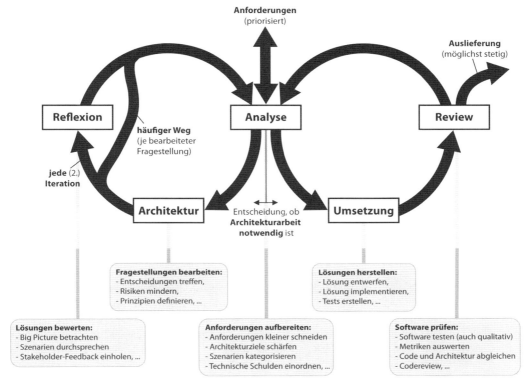

Bild 7.2 Wie Software und Softwarearchitektur entstehen[2]

Der Architekturzyklus auf der linken Seite ist als Risikominderungsmaßnahme zu verstehen. Sind grundlegende, schwer änderbare Entscheidungen zu treffen, wird hier ein Schritt zurück gemacht, um das Problem ordentlich zu verstehen und für die Implementierung vorzubereiten. Sie nehmen sich Zeit, das Problem zu analysieren, Unsicherheiten zu beseitigen und eventuelle Risiken zu mindern (zum Beispiel durch den Einsatz von Prototypen oder Durchstichen), und bereiten schließlich eine Entscheidung vor. In der Reflexion holen Sie sich noch einmal breiteres Feedback für die vorbereitete Entscheidung. Andere Entwickler oder auch Stakeholder können Risiken, Kompromisse oder weitere To-dos identifizieren. Die Ergebnisse wandern anschließend als Architekturidee auf die Umsetzungsseite (falls es sich um gute, angenommene Entscheidungen und Prinzipien handelt) oder werden in einem weiteren Architekturzyklus bearbeitet (falls Risiken, Kompromisse, offene Punkte oder Probleme aufgetreten sind).

---

[2] Einer meiner süddeutschen Kunden hat dem Prozessschaubild vor einigen Jahren den Namen „Architekturbrezel" gegeben.

Beispiel: ein Architekturzyklusdurchlauf vor der Umsetzung

Im Rahmen einer Anforderung, die hoch priorisiert wurde, sind Daten aus vorgelagerten Fremdsystemen zu übernehmen. Dies ist die erste Anforderung, die diesen technischen Aspekt berührt. Die Daten kommen aus einem zentralen ESB (Enterprise Service Bus) in XML verpackt. Das Schema ist jedoch riesig, enthält redundante Knotennamen und redundante Informationen. Sie sind sich nicht sicher, welche Daten jeweils führend sind (welche Knoten von den Fremdsystemen mit aktuellen Informationen gefüllt werden) und welche Datenfelder nachgelagerte Fremdsysteme genau auslesen werden. Das gesamte Schema kommt Ihnen ersetzungswürdig vor. Künftig werden viele Applikationsteile Daten aus dem XML-Dokument auslesen, Daten verarbeiten und zurückschreiben. Je länger Sie warten, desto schwerer wird man noch etwas an dem Schema verändern können. Sie vermuten sogar, dass sich die Redundanzen und Unklarheiten über die Zeit drastisch vermehren werden.

Anstatt diese Anforderung direkt zu implementieren und das Schema auf Ihre Weise zu interpretieren (zur Sicherheit in alle redundante Knoten schreiben? Alle redundanten Informationen einlesen, vergleichen und intern plausibilisieren?), sollten Sie eine grundsätzlichere Betrachtung durchführen. Das Thema wird später für viele Entwickler relevant und betrifft auch fremde Systeme. Erarbeiten Sie sich in einem Architekturzyklus ein Gefühl für die Variabilität des XML-Schemas und des Datenaustauschs generell. Betrachten Sie die Wahrscheinlichkeit zukünftiger Änderungen in dem Bereich und schätzen Sie ab, welche (und wie viele) zukünftige Anforderungen mit dem gleichen Berührungspunkt kämpfen werden. Vor diesem Hintergrund können Sie eventuell Änderungen am Austauschformat anstoßen und einen Adapter für Ihr System entwerfen, der mit geringem Aufwand auf Verbesserungen am XML-Schema reagieren kann.

Diesen Vorschlag können Sie in der Reflexion mit anderen Entwicklern und Vertretern der Fremdsysteme besprechen. Vielleicht haben Fremdsysteme das Problem schon elegant gelöst. Vielleicht würden Fremdsystementwickler vor deren Kontext andere Änderungen am Schema vornehmen als Sie. Ergebnis sollte eine klare Idee und Entscheidung sein. Wandern Sie mit dieser Entscheidung in den Umsetzungszyklus, sind große Risiken gemindert und die Umsetzung ist mit größerer Wahrscheinlichkeit passend. ∎

Wann und wie oft der Architekturzyklus durchlaufen wird, ist idealerweise vom Problem abhängig. Komplexere, technologisch herausfordernde und verteilte Vorhaben leisten öfter Architekturarbeit als kleine, einfachere Umsetzungen. In der Praxis haben auch Vorgehensmodelle ihren Einfluss: Wasserfallprojekte durchlaufen den Architekturzyklus einmal zu Beginn des Projekts und brauchen für diesen Durchlauf unter Umständen Monate. Scrum-Vorhaben durchlaufen den Architekturzyklus eventuell mehrmals pro Iteration – jede Anforderung, die architektonisch risikoreich ist, wird im Architekturzyklus betrachtet und kommuniziert, bevor sie umgesetzt wird. Die Reflexion wird dann nicht bei jeder Anforderung durchgeführt, sondern, je nach Menge an getroffenen Architekturentscheidungen, jede oder jede zweite Iteration als fixer Workshop geplant. Persönlich bevorzuge ich diese dynamischere Spielart gegenüber dem Wasserfall, egal ob Sie nun Scrum machen oder ein anderes, eventuell eigenes iteratives Vorgehen anwenden.

> **Wie dieses Buch hilft**
>
> In Bild 7.3 habe ich nun die Muster dieses Buchs in die „Architekturbrezel" einsortiert. In grauen Kästchen sind die jeweiligen Kapitelnummern zu finden. (Er)kennen Sie Schwächen in Teilen Ihres Architekturvorgehens, können Sie hilfreiche Muster so schneller finden. Umgekehrt können Sie Muster, die Ihnen beim Lesen spannend vorkommen, hier verorten und einfach in Ihr Vorgehen übernehmen.

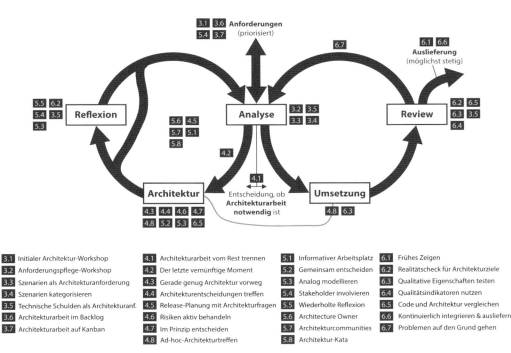

Bild 7.3 Vorgehensmuster in der „Architekturbrezel"

Die Muster sind teilweise doppelt zugeordnet, weil einige Muster verschiedene Anwendungsmöglichkeiten haben. So können technische Schulden etwa bei der Reflexion ein Thema sein oder durch Metrikeinsatz im Review offensichtlich werden. Detailliert und priorisiert werden sie schließlich in der Analyse.

In der Mitte des Architekturzyklus finden sich fünf Muster, die keine eindeutige Zuordnung zu einzelnen Aktivitäten haben. ARCHITEKTURCOMMUNITIES, oder der ARCHITECTURE OWNER, sind Muster, die im gesamten Architekturzyklus helfen, sei es bei der Erhebung oder Analyse von Architekturanforderungen, bei Architekturentscheidungen oder bei der wiederkehrenden Reflexion.

7.3 Muster und die Architektenfrage

Dieser Abschnitt beschäftigt sich mit der Frage, ob Sie einen Softwarearchitekten brauchen.

Trivialisierende Kurzantwort: nicht als getrenntes Team, vielleicht als entwicklungsnahe Person, sicher als Skillset.

Kent Beck definiert Softwarearchitektur als das, was Softwarearchitekten machen. Folgt daraus, dass Softwarearchitektur verschwindet, wenn kein Softwarearchitekt bestellt wird? Auch wenn sich das viele Projekte wünschen würden, ganz so einfach ist es nicht. Die Rolle des Architekten beinhaltet Aufgaben, Fähigkeiten und Wissen, das Sie in jedem Fall in Ihrer Entwicklungsmannschaft haben sollten. Allerdings gibt es unterschiedliche Modelle, wie Sie diese Rolle auf Personen verteilen können – Bild 7.4 gibt einen Überblick.

klassischer Architekt

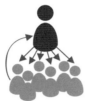

Ein oder mehrere Architekten kümmern sich um Architekturfragen und treffen alle wichtigen Entscheidungen. Entwickler folgen den Plänen und geben Feedback.

unterstützender Architekt

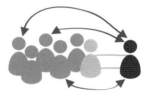

Ein oder mehrere Entwickler übernehmen die Architektenrolle als Teilzeitjob. Fokus liegt auf Unterstützung und Mentoring, nicht auf dem Treffen von Entscheidungen.

Architekturagenten

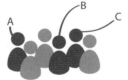

Einige Architekturthemen sind **explizit** von Entwicklern mit Spezialwissen besetzt. Sie kümmern sich um das Thema und unterstützen andere bei Entscheidungen.

Kein benannter Architekt

Entwickler stimmen sich selbstständig zu Architekturfragen ab. Jeder Entwickler trifft (und kommuniziert) potenziell auch Architekturentscheidungen.

Bild 7.4 Mögliche Interpretation der Architektenrolle

Ich habe jede der gezeigten Formen bereits funktionieren sehen. Je nach Umfeld und Rahmenbedingungen funktionieren bestimmte Interpretationen der Architektenrolle besser oder schlechter. Bevor ich jedoch zur Wahl des für Sie „richtigen" Modells komme, sei noch ein Blick auf die Eigenschaften der Architektenrolle geworfen, um die es geht. Was müssen Sie in der Entwicklungsmannschaft können, wissen und machen, um Architekturarbeit zu leisten? Bild 7.5 stellt eine Sammlung aus verschiedenen Quellen dar, die sich inhaltlich recht einig sind ([Bre02], [Kru08], [Sta17], [Bas12], [Vog09]).

Bild 7.5 Die Rolle Architekt: Aufgaben, Wissen, Eigenschaften

Wie Sie sehen, ist die Rolle des Architekten keine kleine Angelegenheit. Sie stellt hohe Anforderungen an die Eigenschaften und Fähigkeiten von Mitarbeitern, erfordert breites und aktuelles Erfahrungswissen auf vielen Ebenen und beinhaltet jede Menge Aufgaben. Unabhängig von den konkreten Rahmenbedingungen Ihres Vorhabens ist offensichtlich, dass *der Architekt* schwer durch eine einzelne Person auszufüllen ist. Selbst wenn eine Person die nötigen Eigenschaften und das geforderte Wissen mitbringt: Die aufgelisteten Aufgaben sorgen schon bei kleineren Umsetzungen für Überforderung. Einzelne Aufgaben werden vernachlässigt oder abgegeben, oft gehören Implementierungstätigkeiten und Kommunikationsaufgaben zu den ersten Opfern. Eine schlechte Wahl …

7.3.1 Die theoretisch beste Rollenverteilung

Von den Modellen aus Bild 7.4 sind Architekturagenten und der unterstützende Architekt als Mittelwege zwischen den beiden Polen des klassischen Architekten und der gleichberechtigten Aufstellung, ohne explizite und statische Aufgabenzuweisung (kein benannter Architekt), zu verstehen. Ich möchte zunächst die beiden Extreme besprechen, weil diese Modelle sehr klar sind. Deren Vor- bzw. Nachteile öffnen erst den Raum für die anderen beiden Optionen.

Keinen Architekten zu benennen und Architekturarbeit als Entwicklungsaufgabe zu verstehen, ist im Vergleich zur personifizierten Architektenrolle das neuere Modell. Lean Thinking und agile Vorgehensweisen beinhalten die Idee des *Cross-funktionalen Teams* – einer Gruppe von maximal neun Entwicklern[3], in der alle nötigen Fähigkeiten vertreten sind, um Anforderungen umzusetzen und auszuliefern. Dazu gehören neben Entwicklungsfähigkeiten auch Technologie-Know-how, Analyse-, Test-, Design- und eben Architekturfähigkeiten. Es ist explizit *nicht* gefordert, dass jedes Teammitglied alle anfallenden Aufgaben erledigen kann, sondern dass jede anfallende Aufgabe von mindestens einem Teammitglied in ausreichender Qualität geleistet werden kann. Spezialisten sind folglich nicht verboten, Skill-Überschneidungen aber wünschenswert. Außerdem sollten alle Teammitglieder am normalen Produktivitätsstrom teilnehmen, also Anforderungen umsetzen. „Falsche Teammitglieder", die sich ausschließlich um Architekturaufgaben kümmern und nicht entwickeln, sind ein Anti-Pattern [Lar08].

Was bedeutet eine solche Aufstellung für Architekturarbeit?

Im Gegensatz zum Modell des klassischen Architekten sind die Aufgaben auf mehrere Entwickler verteilt und Entscheidungen werden nicht zentral getroffen. Entwickler überlegen von Aufgabe zu Aufgabe, ob sie die nötigen Voraussetzungen für eine Bearbeitung mitbringen oder jemand anderes aus ihrem Team die bessere Wahl wäre. Die Anforderungen an einzelne Teammitglieder sind damit niedriger als jene an einen klassischen Architekten – das Team muss die Rolle ausfüllen, nicht ein einzelner Mensch.

Teams helfen auch beim Treffen informierter Entscheidungen: Nachdem jedes Mitglied eines komplexen Systems dieses nur als unvollständiges mentales Modell abbilden kann (siehe „Dunkelheitsprinzip" in [App10]), sollte Architektur nie alleine entschieden werden. Durch die Verteilung von Architekturaufgaben bekommen Sie informierte und motivierte Feedbackgeber und können auch Techniken zum gemeinsamen Entscheiden einsetzen. Auch wenn sich ein klassischer Architekt Feedback zu Architekturideen holen kann: Architekturthemen sind „sein Bier", Entwickler agieren vielleicht weniger verantwortungsvoll und wahrscheinlich mit weniger Kontextinformation als bei verteilter Architekturarbeit.

Durch den Beitrag mehrerer Entwickler wird die Arbeit an der Architektur auch dynamischer und das *Not-Invented-Here-Syndrom*[4] ist weniger wahrscheinlich als bei einem dedizierten Architekten. Entscheidungen fallen durch Entwickler, die auch für die Umsetzung zuständig sind. So ist auch sichergestellt, dass Architekturentscheidungen von Leuten aus der Programmierpraxis getroffen werden. Kein Entwickler kann durch Architekturaufgaben so vereinnahmt werden, dass er sich dauerhaft von der Umsetzung entfernt – einem Anti-Pattern, das besonders bei getrennt agierenden klassischen Architekten auftritt.

---

[3] Oft kommt auch bei der Frage der Teamgröße die 7±2-Regel zum Einsatz [Sch02]. Im Scrum-Umfeld werden häufig auch Teamgrößen zwischen drei und acht Personen empfohlen.

[4] Das Not-invented-here-Syndrom beschreibt die Schwierigkeit von Menschen, fremde Ideen (zum Beispiel Architekturentwürfe) zu akzeptieren und zu übernehmen. Mark Twain stellt sehr treffend fest: *„Wie lange es dauert, bis ein Teil der Welt die nützlichen Ideen eines anderen Teils übernimmt, nimmt einen Wunder und ist unerklärlich. Diese Form der Dummheit ist auf keine Gemeinschaft, keine Nation beschränkt; sie ist universell. Tatsache ist, dass die Menschen nicht nur sehr lange brauchen, bis sie nützliche Ideen übernehmen – manchmal beharren sie auch hartnäckig darauf, sie ganz zu verschmähen."* – aus Europe and Elsewhere, New York 1923

Der klassische Architekt – vom Definierer zum Dokumentierer

Ein Anti-Pattern illustriert

Vor kurzem bin ich zu einem Projekt bei einer großen Bank gestoßen. Als ich die Projektmitarbeiter kennenlernte, mit dem verantwortlichen (klassischen) Architekten und einigen Entwicklern sprach, wurden Probleme offensichtlich. Kurz gesagt: Der Architekt war überlastet und unzufrieden. Die Architektur verantwortete er zwar selbst, die Entscheidungen wurden aber zu oft implizit von den Umsetzern getroffen. Die Entwickler beschwerten sich über unbrauchbare Vorgaben und einen Architekten, der wenig mit der Entwicklung zu tun hat.

Wo entstehen die Probleme?

Der Architekt traf in diesem Projekt alle Architekturentscheidungen, kommunizierte sie und sorgte dafür, dass seine Entscheidungen eingehalten werden. Erkenntnisse aus der Implementierung und Auslieferung überführte er selbst in „seine" Architektur.

Hier wird ein Problem offensichtlich: Die Entwickler waren von der Architekturarbeit entkoppelt. Softwarearchitektur war nicht in ihrer Verantwortung, sie bekamen Architekturideen präsentiert und wurden befragt, wenn sie die Architektur verletzten. Beides sind passive „Aktivitäten". Entwickler müssen sich also nicht aktiv bemühen oder kümmern.

Der Architekt fällt zurück

In dem Projekt war es nun zumindest so, dass der Architekt Probleme auf Implementierungsebene noch mitbekam. Er hatte allerdings alle Hände voll zu tun, Integritätsverletzungen und Architekturabweichungen zu erkennen und zu bereinigen. Da die Implementierung meist schon stand, brauchte er gute Argumente, um noch etwas an ihr zu verändern. Diese Arbeit kostete viel Zeit, die bei der Konzeption neuer Architekturelemente fehlte.

Als der vorgegebene Architekturrahmen für neue Anforderungen dünner wurde, entstanden konzeptionelle Insellösungen. Der Architekt musste mehrfach isolierte Teillösungen zusammenführen und mit Entwicklern verhandeln, welche ihrer Ad-hoc-Lösungen zu übernehmen ist bzw. welche anzupassen ist. Dem Architekten fehlte jetzt noch mehr Zeit auf konzeptioneller Seite. Er wurde immer mehr zum nörgelnden Feuerwehrmann, der Entwicklerideen dokumentierte.

Zufällige Architektur

In dieser Situation entsteht sogenannte „zufällige Architektur". Architekturentscheidungen werden nicht mehr geordnet bearbeitet, sondern ad-hoc getroffen. Das Problem verschärft sich, wenn die Entscheider sich nicht verantwortlich für die Architektur fühlen (wie die Entwickler im skizzierten Projekt). Sie setzen oft auf die gemütlichste Lösung und haben nicht genügend Überblick und Kontext, um übergreifende Lösungen zu entwerfen.

Dieser Zustand ist gefährlich und leider häufig zu beobachten. Mehr Architekten zu bestellen, hilft dabei selten. Eher sind die Verantwortungsübernahme von Entwicklern und der Austausch untereinander zu fördern.

Die Vorteile von architekturfähigen Teams gegenüber klassischen Architekten sind theoretisch groß: effektivere iterative Arbeit, schnellere Reaktionsfähigkeit, Vermeidung des „Flaschenhalses Architekt", garantierter Praxisbezug der Entscheider und so weiter. Hier kommen jedoch die Rahmenbedingungen Ihres Vorhabens ins Spiel und die Wahl wird ein wenig schwieriger.

7.3.2 Die praktisch beste Rollenverteilung

In der Praxis funktionieren Cross-funktionale Teams ohne Architekten vor allem in kleinen Vorgaben gut. Bei der Entwicklung größerer Systeme fehlen oft Praktiken, klare Zuständigkeiten und jemand mit Überblick. Im Kern ist meist der *Kommunikationsdruck* ausschlaggebend: Um die Konsistenz im System zu gewährleisen, konzeptionelle Integrität und eine gemeinsame Vision aufrechtzuerhalten, ist ein hohes Maß an Austausch zwischen den Entwicklern notwendig. In größeren Vorhaben muss deshalb eine teamübergreifende Abstimmung erfolgen und hohe Transparenz gewährleistet sein, um gemeinsame Themen und Abhängigkeiten zu erkennen. Der Kommunikationsdruck ist aber auch außerhalb des Teams spürbar: Projekt- oder Produktverantwortliche, Kunden und andere Stakeholder haben keinen festen Ansprechpartner für Architekturfragen, sondern müssen sich je nach Thema an andere Personen wenden. Die Option, ohne Architekt zu arbeiten, wird so zunehmend uneffektiv.

Es gibt Praktiken und Arbeitsweisen, die hier helfen können, allerdings nur bis zu einem gewissen Grad. Sind die Entwickler bei Ihnen ausreichend motiviert, um sich verantwortungsvoll zu verhalten? Haben Sie genügend Entwickler mit Architekturwissen, um die Teams Ihres Vorhabens cross-funktional aufzustellen? Arbeiten die an der Entwicklung beteiligten Personen in einem gemeinsamen Projektraum? Beantworten Sie diese Fragen mit „nein", kann es passender sein, die Rolle des Architekten explizit auf Personen abzubilden. Wegen der aufgezeigten Nachteile muss es nicht immer sofort der klassische Architekt sein. Zwischen ihm und der gemeinsamen Architekturarbeit liegen die beiden Modelle der Architekturagenten und unterstützenden Architekten bzw. Kombinationen aus diesen Ansätzen. Bild 7.6 zeigt beeinflussende Faktoren, um von gemeinsamer Architekturarbeit abzuweichen, und ordnet die vier Architektenmodelle einer entsprechenden Skala zu.

Die Architektenfaktoren und die unten in Bild 7.6 angegebenen Gründe für einen Modellwechsel sind beispielhaft zu verstehen. Ergänzen Sie Faktoren, die Ihnen wichtig erscheinen, und beachten Sie bei der personellen Aufstellung Ihr Umfeld. Ich möchte hier eine Idee vermitteln und keine feste Schablone vorlegen.

Kein benannter Architekt: Wenn das Vorhaben klein und beherrschbar ist, schlagen fast alle genannten Vorteile dieses Modells zu. Durch den Einsatz von Architektur- und Abstimmungspraktiken können auch einige Architektenfaktoren handhabbar sein. In der Praxis habe ich das Modell schon in einem auf zwei Standorte verteilten 30-Mann-Projekt funktionieren sehen, das technisch anspruchsvoll war und keinen vorgegebenen Architekturrahmen hatte. Das Projekt wurde durch gute und motivierte Entwickler getragen, die sich gut kannten, und musste wenig mit dem Umfeld kämpfen (ein typisches Startup).

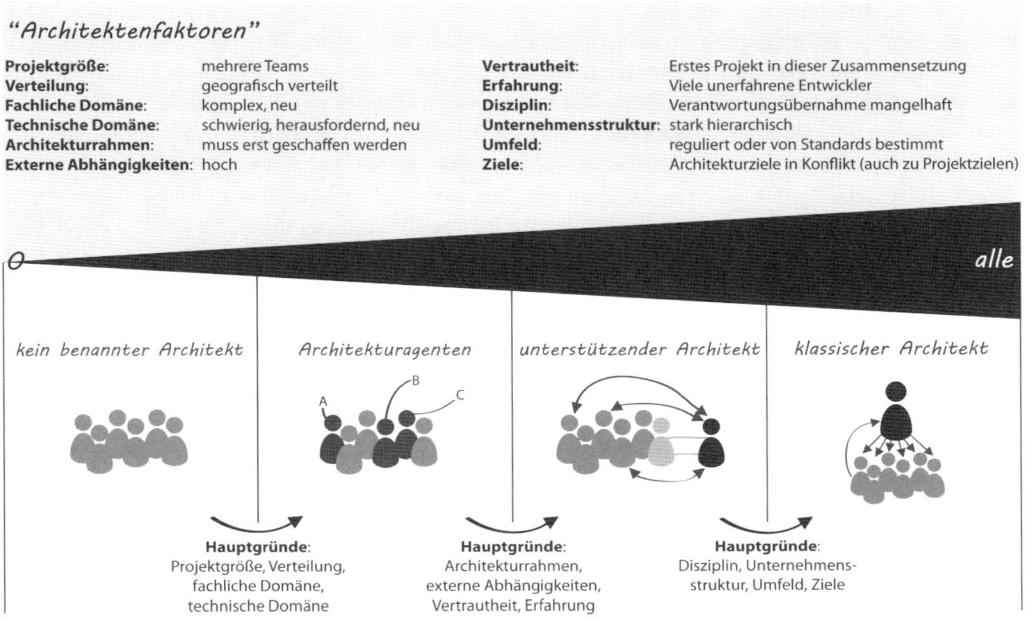

"Architektenfaktoren"

Projektgröße:	mehrere Teams	**Vertrautheit:**	Erstes Projekt in dieser Zusammensetzung
Verteilung:	geografisch verteilt	**Erfahrung:**	Viele unerfahrene Entwickler
Fachliche Domäne:	komplex, neu	**Disziplin:**	Verantwortungsübernahme mangelhaft
Technische Domäne:	schwierig, herausfordernd, neu	**Unternehmensstruktur:**	stark hierarchisch
Architekturrahmen:	muss erst geschaffen werden	**Umfeld:**	reguliert oder von Standards bestimmt
Externe Abhängigkeiten:	hoch	**Ziele:**	Architekturziele in Konflikt (auch zu Projektzielen)

alle

kein benannter Architekt | Architekturagenten | unterstützender Architekt | klassischer Architekt

Hauptgründe:
Projektgröße, Verteilung, fachliche Domäne, technische Domäne

Hauptgründe:
Architekturrahmen, externe Abhängigkeiten, Vertrautheit, Erfahrung

Hauptgründe:
Disziplin, Unternehmensstruktur, Umfeld, Ziele

Bild 7.6 „Architektenfaktoren" – Faktoren bei der Wahl des Rollenmodells

Architekturagenten: Für bestimmte Fragestellungen bilden sich in jedem Vorhaben Experten heraus. Im Modell der Architekturagenten werden diese Experten *explizit* als verantwortlich benannt. Architekturagenten haben, neben ihrer Entwicklungstätigkeit, einen Blick auf ihren Verantwortlichkeitsbereich und sind zentraler Ansprechpartner, wenn es z. B. um Skalierbarkeit, Archivierung und Backup oder Continuous Integration geht. Neben Qualitätsmerkmalen und speziellen technischen Themen sind oft auch Verantwortlichkeiten für Schichten zu finden: UI-, Backend- und Datenbankagenten. Architekturagenten treffen nicht jede Entscheidung mit Berührungspunkten, sondern achten übergeordnet auf die Erreichung der entsprechenden Ziele und stehen anderen Entwicklern unterstützend zur Seite.

Damit bekämpft dieses Modell die Probleme klarer Verantwortlichkeiten und Ansprechpartner. Der Blick auf wichtige Systemeigenschaften wird konsistenter und risikoloser. Ist zu Beginn des Vorhabens ein (minimaler) Architekturrahmen zu schaffen, kann ein kleines Team von Entwicklern für eine klare Vision sorgen, sich in Architekturagenten mit Fokus auf wichtige Aspekte dieser Vision aufspalten und schließlich auf unterschiedliche Teams verteilen, sobald die personelle Beteiligung wächst. Das erleichtert auch die teamübergreifende Kommunikation etwas – einige Mitglieder der jeweiligen Teams kennen sich bereits und bringen Kontextinformation zur Architekturvision und Projekthistorie in ihr Team ein. In [Lar10] wird dieser Ansatz als *Tiger Team* bezeichnet[5].

---

[5] Der Ansatz des Tiger-Teams ist auch in den anderen Modellen einsetzbar. Bei der Arbeit ohne benannten Architekt sorgt es für ähnliche interne Kommunikationsvorteile wie bei Architekturagenten. Aus dem Tiger-Team können auch unterstützende oder klassische Architekten wachsen.

Unterstützender Architekt: Ähnlich wie Architekturagenten sind unterstützende Architekten keine alleinigen Entscheider. Sie unterstützen andere Entwickler allerdings nicht (nur) in einem technischen Bereich, sondern vor allem im Bereich der Zusammenarbeit und Abstimmung. Unterstützende Architekten wissen, was in der Entwicklung passiert, und haben einen Blick für architektonische Probleme. Sie werfen wichtige Fragestellungen auf, beraten und unterstützen Entwickler in komplexen Themen und organisieren Möglichkeiten zu Austausch und Reflexion. Daneben sind unterstützende Architekten immer noch selbst Entwickler. Martin Fowler nennt diesen Architektentypus „Architectus Oryzus" [Fow03] und betont, wie wertvoll diese Befähigung von anderen Entwicklern und Teams im Vergleich zu einem alleinigen Entscheider der Architektur sein kann: *„Daraus lässt sich die zufriedenstellende Daumenregel ableiten, dass der Wert eines Architekten umgekehrt proportional zu der Anzahl an Entscheidungen ist, die er oder sie trifft."*[6]

Das Modell des unterstützenden Architekten hilft vor allem bei unerfahrenen Entwicklern oder noch nicht eingespielten Teams. Darüber hinaus können unterstützende Architekten in größeren Vorhaben mit mehreren geografisch getrennten Teams für den nötigen Austausch sorgen und das Gesamtbild im Auge behalten. Der Architekturrahmen kann so auch noch effektiv während der Entwicklung definiert und ausgestaltet werden. Als klarer Ansprechpartner erleichtert er auch die Kommunikation nach außen (bzw. von außen). Im Buch nenne ich den unterstützenden Architekten ARCHITECTURE OWNER, um ihn deutlicher vom klassischen Architekten abzugrenzen.

Klassische Architekten: Der klassische Architekt trifft, anders als die anderen Architektenrollen, alle Architekturentscheidungen. Er muss dafür nicht alle architektonischen Fragestellungen selbst bearbeiten, hat jedoch das letzte Wort und verantwortet als einziger die Architekturvision. Der größte Vorteil daraus ist die wahrscheinlichere konzeptionelle Integrität der Architektur. Das häufigste Problem ist die getreue Umsetzung dieser Architektur (hier bedarf es – unter anderem – vieler guter Architekteneigenschaften aus Bild 7.5).

Das Modell des klassischen Architekten hilft bei fehlender Verantwortungsübernahme oder sehr geringem Architekturwissen in den Entwicklungsteams – auch wenn es wenig an der Einstellung der Entwickler ändern wird, ist so zumindest Architekturarbeit möglich. Außerdem ist in schwierigen Umfeldern, bei groben Zielkonflikten oder bei stark hierarchisch ausgeprägten Firmen ein klassischer Architekt mit Durchsetzungsvermögen gefragt, der Stakeholdern auf Augenhöhe begegnen kann. Um der besprochenen Überforderung des Architekten entgegenzuwirken, können Sie klassische Architekten nach dem Ansatz von Architekturagenten arbeiten lassen. Anders als bei normalen Architekturagenten wird dann immer von Agenten entschieden. Noch zwei kleine Hinweise:

- Setzen Sie nach Möglichkeit *niemals* ein von der Implementierung entkoppeltes Software-Architekturteam ein. Begriffe wie Elfenbeinturm, Architekturastronauten und PowerPoint-Architekten haben ihren Ursprung in diesem Schritt. Separate, spezialisierte Architekturteams sind erst auf Programm- und Unternehmensebene gewinnbringend.

- Aufgrund der bereits genannten Nachteile gegenüber dynamischeren Modellen sollte der klassische Architekt nicht Ihre erste Wahl sein. Gravierende Schwächen auf Entwicklerseite sollten weitsichtig bekämpft werden und nicht in eine unaufhörliche Serie von Projekten mit ausgelagerter Architekturarbeit münden.

---

[6] Englisches Original: *„This leads to the satisfying rule of thumb that an architect's value is inversely proportional to the number of decisions he or she makes."*

Wie dieses Buch hilft

Die Muster dieses Buchs unterstützen alle vier Varianten der Architektenrolle. Der Fokus liegt darauf, Organisationsformen ohne benannten Architekten auch in schwierigeren Umgebungen noch anwendbar zu machen – durch transparente und klare Architekturanforderungen, Praktiken zur Zusammenarbeit und Reflexion. Als explizite Architektenrolle wird der unterstützende Architekt genauer beschrieben (ARCHITECTURE OWNER). Der klassische Architekt sollte mit Hilfe der Muster in diesem Buch zunehmend Aufgaben delegieren können und sich Richtung ARCHITECTURE OWNER entwickeln.

Folgende Muster machen die gemeinsame Architekturarbeit (ohne benannten Architekten) effektiver:

- 5.3 GEMEINSAM ENTSCHEIDEN
- 3.6 ARCHITEKTURARBEIT IM BACKLOG
- 5.1 INFORMATIVER ARBEITSPLATZ
- 5.5 WIEDERKEHRENDE REFLEXION
- 4.8 AD-HOC-ARCHITEKTUR-WORKSHOPS
- 4.7 IM PRINZIP ENTSCHEIDEN
- 6.3 QUALITATIVE EIGENSCHAFTEN TESTEN
- 6.4 QUALITÄTSINDIKATOREN NUTZEN

Was einen guten unterstützenden Architekten ausmacht, ist Thema von ARCHITECTURE OWNER (5.6). Wollen Sie Architekturfähigkeiten und -wissen bei architekturinteressierten Entwicklern fördern, sind ARCHITEKTURCOMMUNITIES (5.7) ein guter Start.

7.4 Muster und Scrum

Dieser Abschnitt beschäftigt sich mit der Frage, wie Scrum mit den beschriebenen Vorgehensmustern zusammenpasst bzw. wo sich die Vorgehensmuster dieses Buchs in das Scrum-Framework einbetten.

Trivialisierende Kurzantwort: Das Scrum-Framework „implementiert" einige Vorgehensmuster und einige Muster unterstützen direkt bei Scrum-Aktivitäten. Kein Muster steht im Widerspruch zu Scrum.

7.4.1 Scrum in der Nussschale

Scrum ist ein iteritv inkrementelles Entwicklungs-Framework, das durch Ken Schwaber und Jeff Sutherland groß gemacht wurde. Die Wurzeln des Frameworks liegen in den 1980er-Jahren, als Hirotaka Takeuchi und Ikujiro Nonaka in ihrem Artikel „New New Product Development Game" [Tak86] eine flexible, holistische Produktentwicklungsstrategie beschrieben, bei der ein Entwicklungsteam als eine Einheit zusammenarbeitet, um ein gemeinsames Ziel zu erreichen. Cross-funktionale Teams, die als eine Einheit versuchen, den gesamten Prozess zu bestreiten, waren von Anfang an zentral und schlussendlich auch namensgebend – aus dem „Rugby-Ansatz" wurde in den 1990er-Jahren „Scrum" [Sut04]. Beginnend mit der OOPSLA-Konferenz 1995 arbeiteten Schwaber und Sutherland öffentlich und gemeinsam an Scrum, mit dem agilen Manifest und dem Aufstieg agiler Methoden wurde auch Scrum immer populärer. Laut einer Studie von Version One hält Scrum heute einen Marktanteil von 72 % unter den agilen Methoden (Varianten mit eingerechnet) – Tendenz steigend [Ver13].

Scrum bezeichnet sich absichtlich nicht als Vorgehensmodell, sondern als Framework. Es werden einige Regeln und Eckpunkte definiert, die konkrete Ausgestaltung wird jedoch meist offen gelassen. Den entstandenen Gestaltungsspielraum nutzen auch einige Muster dieses Buchs.

Bestandteile von Scrum

Scrum stellt einige Regeln auf, die man als grundlegende Prinzipien verstehen kann. Darüber hinaus definiert das Framework Rollen, Ereignisse und Artefakte. Sie machen den Kern von Scrum aus[7].

Drei prominente Regeln sollen die Arbeit innerhalb von Scrum leiten:

- **Transparenz:** Es soll Einigkeit über den Entwicklungsprozess geben, Klarheit in der Prozesssprache und eine gemeinsame Sicht auf Arbeitsergebnisse – von erstellenden und akzeptierenden Rollen.
- **Überprüfung:** Scrum-Artefakte und der Entwicklungsfortschritt sollen so oft wie sinnvoll möglich auf Zielerreichung überprüft werden.
- **Anpassung:** Auf Basis der stetigen Überprüfung soll so schnell wie möglich reagiert werden, wenn Ziele nicht erreichbar erscheinen oder das erstellte Produkt nicht wie im Sinne der Transparenz definiert, akzeptabel sein wird.

---

[7] Bild 7.7 zeigt diese Elemente von Scrum im Überblick.

Das Framework beschreibt neben dem Cross-funktionalen *Entwicklungsteam*, das für die Konkretisierung, Erstellung und Auslieferung des Produkts verantwortlich ist, noch zwei weitere Rollen: den *Product Owner* – Backlog-Verantwortlicher und auf Wertmaximierung des Produkts bedacht – und den *Scrum Master* – verantwortlich für reibungslose Zusammenarbeit und Prozesshelfer. Alle drei Rollen zusammen bilden das interdisziplinäre und selbst organisierende *Scrum-Team*.

Zusammen durchleben sie fünf zentrale Ereignisse von Scrum: kurze Entwicklungsiterationen von wenigen Wochen, in Scrum *Sprint* genannt, die Aufgabenplanung für diese Iterationen im *Sprint Planning*, tägliche Abstimmungsrunden innerhalb des Sprints (*Daily Scrum*), den *Sprint Review* für die inhaltliche Prüfung des Produktinkrements und die *Sprint-Retrospektive* für Prozessprüfung und -verbesserung durch das Entwicklungsteam.

Drei Artefakte sind für die Arbeit mit Scrum zentral:

- der **Product Backlog** für die nach Priorität sortierte Ablage von (potenziellen) Produktanforderungen (nicht zwangsweise vollständig),
- der **Sprint Backlog** für die Detaillierung von Product-Backlog-Einträgen in gut schätzbare Tätigkeiten sowie
- **Inkremente**, die das kumulierte Ergebnis aus den bisherigen Sprints darstellen – im Sinne der fertiggestellten Product-Backlog-Einträge.

In der Praxis werden die genannten Ereignisse, Artefakte oder sogar Rollen oft verfeinert oder erweitert. So hat sich in manchen Vorhaben das „Backlog Grooming" etabliert, um Stories aus dem Product Backlog schon vor dem Sprint Planning zu verfeinern und die Planungsaktivität damit effektiver und einfacher zu machen. Ein anderes Beispiel wäre „Scrum of Scrums", um Scrum auf mehrere Teams zu skalieren, die am gleichen Produkt arbeiten. Ein sehr beliebtes Artefakt ist das Burndown-Chart, welches den Fortschritt bei der Erreichung des Sprint-Ziels zeigt.

Genauere Informationen zu Scrum entnehmen Sie dem Scrum Guide online (*http://www.scrumguides.org/*) oder einem der unzähligen Fachbücher zum Thema.

7.4.2 Vorgehensmuster einsortiert

Die Ideen für Muster dieses Buchs sind teilweise in Scrum-Projekten entstanden. Die Verankerung von Architekturanforderungen in Backlogs (→ Abschnitt 3.6) ist recht offensichtlich mit Scrum verknüpft, andere Muster helfen dem Entwicklungsteam bei der Bearbeitung architektonischer Themen im Sprint. Unabhängig davon, wie nah die Beziehung zu einzelnen Scrum-Konzepten ist: Die Vorgehensmuster dieses Buchs konkretisieren und erweitern Scrum für die Bearbeitung architektonischer Fragestellungen[8].

---

[8] Inwiefern diese Erweiterungen für Sie sinnvoll sind, hängt davon ab, wie architektonisch risikoreich die Entwicklung Ihres Systems ist – → Abschnitt 2.1.2.

Wie dieses Buch hilft

Bild 7.7 zeigt Scrum im Überblick. Die Rollen, Ereignisse und Artefakte des Frameworks sind grafisch in Beziehung gesetzt und mit den Vorgehensmustern für Softwarearchitektur annotiert.

Die zugeordneten Muster sollen keinesfalls suggerieren, dass Ihr Scrum-Prozess in jedem Fall um all diese Muster erweitert werden sollte. Wollen Sie jedoch einzelne Muster aus dem Buch ausprobieren und in Ihr Vorgehen integrieren, finden Sie mit Hilfe der Grafik rascher zum richtigen Ansatzpunkt. → Abschnitt 7.1 sollte dabei ebenfalls helfen.

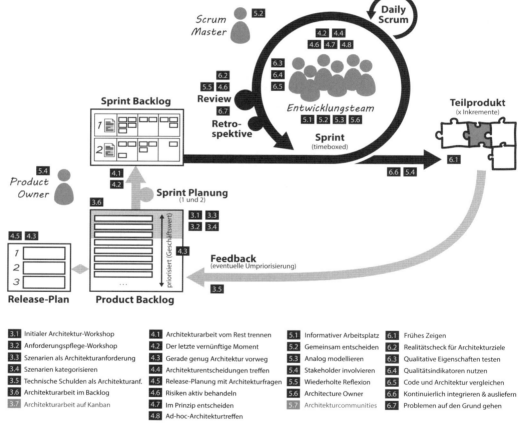

Bild 7.7 Scrum: Rollen, Ereignisse, Artefakte[9]

---

[9] Die Muster zur Architekturarbeit auf Kanban (→ Abschnitt 3.7), Architekturcommunities (→ Abschnitt 5.7) und Architektur-Kata (→ Abschnitt 5.8) sind nicht direkt zuordenbar, weil sie Konzepte unterstützen, die außerhalb von Scrum liegen.

Wenig überraschend sind die Muster aus Kapitel drei beim Product Backlog zu finden. Sie unterstützen den Aufbau oder die Verfeinerung des Backlogs sowie dessen stetige Anreicherung mit architekturrelevanten Anforderungen. Neben ARCHITEKTURARBEIT IM BACKLOG (→ Abschnitt 3.6) nimmt auch der ANFORDERUNGSPFLEGE-WORKSHOP (→ Abschnitt 3.2) direkt Bezug auf übliche Scrum-Techniken – in diesem Fall das „Backlog Grooming" bzw. „Refinement".

Architekturentscheidungen richtig zu treffen, ist Thema von Kapitel vier und beinhaltet zwei wichtige Komponenten: den passenden Zeitpunkt für Entscheidungen zu finden und die Entscheidung selbst zu treffen. Muster für die zeitliche Komponente helfen bei der Release-Planung, bei der stetigen Priorisierung des Product Backlog und bei der Verfeinerung des Product zum Sprint Backlog (→ Abschnitte 4.1, 4.2, 4.3 und 4.5). Architekturentscheidungen werden in normalen Sprints vorbereitet und getroffen. Der Rest der Vorgehensmuster aus Kapitel vier ist deshalb dem Entwicklungsteam zugeordnet und unterstützt dieses bei der täglichen Arbeit im Sprint.

Kapitel fünf hat Zusammenarbeit und Interaktion als Thema. Die meisten Muster unterstützen das Entwicklungsteam beim Austausch untereinander, während der Entwicklungstätigkeit. Architekturentscheidungen GEMEINSAM ZU TREFFEN (→ Abschnitt 5.2), kann durch den Scrum Master unterstützt werden, Stakeholder zu involvieren, wird in Scrum durch häufige Auslieferung und den stetigen Austausch mit dem Product Owner unterstützt (→ Abschnitt 5.4). Der Review bietet Zeit für ARCHITEKTURREFLEXION (→ Abschnitt 5.5), auch wenn das Scrum-Meeting häufig auf den ursprünglichen Zweck fokussiert bleibt und die Reflexion ein separater Workshop ist, der jede oder jede zweite Iteration in zeitlicher Nähe zum Review stattfindet.

Die Muster aus Kapitel sechs beschäftigen sich schließlich mit der Verbindung von Architekturkonzepten mit dem zu erstellenden System. Tests, Metriken und Umsetzungsprüfung (→ Abschnitte 6.3, 6.4 und 6.5) sind im Sprint während der Entwicklungsarbeit relevant. Die KONTINUIERLICHE AUSLIEFERUNG (→ Abschnitt 6.6) und FRÜHES ZEIGEN von Ergebnissen (→ Abschnitt 6.1) sind in Scrum sehr wichtig und am „Sprint-Ausgang" zu finden. Zielüberprüfungen (→ Abschnitt 6.2) und Problemanalysen (→ Abschnitt 6.7) sind rund um die Review-Aktivitäten angebracht.

8 Agile Skalierung und Architektur

Mit den Mustern dieses Buchs lassen sich Softwaresysteme in agilen Kontexten entwerfen und weiterentwickeln, in Zusammenarbeit mehrerer Entwickler oder auch mehrerer Teams. Arbeiten mehrere Dutzende oder sogar Hunderte Menschen an einem Projekt oder Produkt, erzählen die bisher enthaltenen Vorgehensmuster jedoch nur die halbe Geschichte[1]. In größeren Kontexten ist es schwieriger, alle Entwickler in Entscheidungen einzubeziehen. Strategische Überlegungen für das Gesamtprodukt widersprechen öfter den lokalen Zielen von Teams, Transparenz ist schwierig herstellbar und das Not-Invented-Here Syndrome schlägt unkontrollierter um sich. Die größte Herausforderung ist, für eine klare (Architektur-)vision zu sorgen und gleichzeitig eine dynamische, reaktionsfähige und motivierte Entwicklungsmannschaft zu erhalten.

Es entspricht nicht dem Fokus dieses Buchs, die agile Skalierung vollständig zu besprechen oder Unternehmensarchitektur in den Fokus zu rücken (siehe auch die Abgrenzung in Kasten auf Seite 4 dieses Buchs). Da ich in den letzten zehn Jahren jedoch zunehmend in solchen Umfeldern berate, möchte ich einen kleinen Einblick in diese Welt geben und Anknüpfungspunkte schaffen – auch weil in unseren iSAQB-AGILA-Seminaren dazu immer wieder Fragen auftauchen.

Abschnitt 8.1 wird mit einem Überblick zu agilen Skalierungsframeworks und deren Bedeutung für Architekturarbeit in großen Kontexten starten. Abschnitt 8.2 bringt anschließend die großen Denkströmungen auf den Punkt, bevor es in Abschnitt 8.3 konkret wird. Das ADES-Framework zeigt die sechs großen Zielthemen agiler Arbeitsweise auf methodischer und technischer Seite. Mit Selbsteinschätzung und stetiger Verbesserung dieser „Sektoren" ist eine Verbesserung der eigenen Organisation iterativ möglich. Techniken, Werkzeuge und Ideen aus agilen Skalierungsframeworks können so im Mix&Match-Verfahren angewandt und empirisch verwertet werden.

Abschnitt 8.4 zeigt schließlich, wie sich die besprochenen Konzepte in das Trendthema evolutionärer Architekturen fügen. Die technisch/methodische Antwort auf die Nöte großer agiler Vorhaben.

---

[1] Vielleicht auch zwei Drittel, aber lassen Sie uns nicht mathematisch werden.

8.1 Agile Skalierungsframeworks

Agile Methoden haben als leichtgewichtige Alternative zu den gängigen, großen Vorgehensmodellen der 1980er- und 1990er-Jahre Verbreitung gefunden. Sowohl Extreme Programming (XP) als auch Crystal, DSDM oder Scrum setz(t)en auf kleine Teams und fokussier(t)en eher auf die richtige Arbeit im Kleinen. Wenn heutzutage größere Organisationen auf den agilen Zug aufspringen, sind die Antworten, die agile Methoden liefern, naturgemäß beschränkt. Selbst wenn einzelne Teams effektiv und reaktionsfähig arbeiten, bleiben große Hürden für die Organisation drum herum. Neben (1.) Kommunikationsbarrieren, (2.) der Zielabweichung zwischen strategischer und ausführender Ebene, (3.) fehlender Akzeptanz von Fremdlösungen schmerzen meist (4.) Koordinationsnöte von Programmen, (5.) zeitliche Abhängigkeiten über mehrere Organisationseinheiten und (6.) der Ballast riesiger Altsysteme oder Altsystemlandschaften. Dieser Lücke wollen sich sogenannte *agile Skalierungsframeworks* annehmen.

Bekannte Vertreter agiler Skalierungsframeworks sind SAFe (Scaled Agile Framework), die auf Scrum aufbauenden Frameworks Nexus und LeSS (Large-Scale Scrum) oder DaD (Disciplined Agile Delivery). Jedes dieser Frameworks hat einen anderen Zugang zur Problemlösung und geht anders mit der Idee um, die das agile Manifest ursprünglich formuliert hat. Während SAFe die Ansicht vertritt, dass bei agilen Vorgehensmodellen für Teams einfach etwas fehlt, versuchen Nexus und LeSS die gleichen Prinzipien, die für Teams funktionieren, auch im großen Kontext anzuwenden. DaD bildet wiederum eine lose Sammlung von Konzepten und Ideen aus vielen unterschiedlichen Quellen und bietet mit seinen unterschiedlichen Lifecycles einiges an Anpassungsmöglichkeiten.

8.1.1 Verbreitung und Philosophie

Wirklich weit verbreitet ist von den genannten Frameworks nur SAFe[2]. Die Gründe dafür sind mannigfaltig, tatsächlich handelt es sich um das „unagilste" Framework der genannten. Manager klassischer Prägung erhalten ein detailliertes Zielbild, klare Übergänge von klassischen zu agilen Rollen und eine klare Hierarchie in der Zielorganisation. Dabei werden fast alle Trendbegriffe um Agilität aufgegriffen, wenn auch teilweise sinnentstellend. Die Kritik an SAFe geht vom harten Lizenzmodell, dem zu offensichtlichen Verkaufskonzept, über die falsche Interpretation agiler Konzepte bis hin zum Vorwurf, es würde ein klassisches Organisationsmodell mit Trendbegriffen „agilisiert". Lippenstift auf einem Schwein quasi.

Ich teile viele dieser Kritikpunkte, werde in Abschnitt 8.1.2 dennoch detaillierter auf Architekturarbeit im Kontext von SAFe eingehen. Schlussendlich wird nicht das Skalierungsframework, sondern dessen Anwendung den Unterschied im Transitionserfolg ausmachen. SAFe ist kein idealer Ausgangspunkt, weil es (wie einige andere Skalierungsframeworks auch) Schablonen definiert, die Unternehmen agil, lernfähig und adaptiv machen sollen. Stellen Sie sich vor, sie wollen Künstler werden und sich mit den großen Malern dieser Tage messen. Nun gehen Sie los und kaufen sich bei epic-arts.com ein Malen nach Zahlen Motiv

---

[2] siehe „State of Agile Development" Studie von VersionOne [Ver18]: SAFe hält bei 30 %, DaD hält bei 7 %, LeSS bei 3 %, Nexus bei 2 % Marktanteil

zum Sonderpreis von 19,90 €. Sind Sie nach der Fertigstellung Ihres „Affen mit Kopfhörern" wirklich ein besserer Maler? Sind Sie kreativ, wandlungsfähig, haben Sie verstanden, was die Essenz des Künstlertums ist? Können Sie Momente und Lichtstimmungen einfangen, Gefühle mit Pinselstrichen ausdrücken?

Ich übertreibe ein wenig, allerdings ist die Essenz die gleiche wie bei der stumpfen Anwendung von organisatorischen und methodischen Ideen aus Skalierungsframeworks. Die organisatorische Schablone von SAFe setzt auf eine klassische Ebenentrennung zwischen strategischer Architektursicht und lokalen Architektur- und Designentscheidungen, eine Vielzahl an Rollen, standardisierte Arbeitsmittel und vordefinierte Austauschkanäle. Der stumpfe Einsatz dieser Techniken hat noch keine Organisation agil gemacht. So wie man Kreativität nicht befehlen kann, so kann auch keine wandlungsfähige Organisation aus einer starr geplanten Transition erwachsen.

LeSS geht einen Weg, der eher mit den agilen Grundwerten übereinstimmt. Das Framework gibt nur einige organisatorische Grundregeln vor, um die Basis für eine lernende Organisation zu schaffen (*Framework*). Daneben werden agile Prinzipien beschrieben, grobe Empfehlungen für das Setup gegeben (*Guides*) und ein zentrales Motto formuliert: Experimentieren! Bild 8.1 veranschaulicht das. Die sehr empfehlenswerten Bücher von Craig Larman und Bas Vodde [1] [2] beschreiben hunderte Experimente, die eine Entwicklungsorganisation agiler machen können. Beispiele wären etwa teamübergreifende Vereinbarungen zur Zusammenarbeit (inkl. Form und Zeitpunkten für Abstimmungen) oder die Erstellung von Prototypen in einer anderen Programmiersprache als jene der finalen Lösung. Mit der Lösungsidee wird auch immer ein Zweck oder ein Problem beschrieben, das als Ausgangspunkt dient. Es wird klar, dass ein empirischer Umgang mit Organisationsveränderung notwendig ist. Größere Organisationen sollten in der Lage sein, sich kleinteilig mit Verbesserungen bei Prozessen, Technologien und Konzepten zu beschäftigen.

Bild 8.1
Das „LeSS complete picture" (*http://less.works*)

Sie können wahrscheinlich mit jedem Skalierungsframework erfolgreich sein oder scheitern. Die agilere Idee einer lernenden Organisation wird in LeSS und Nexus in den Vordergrund gerückt. Hier müssen wir in Transitionen jedoch stärker auf strukturelle Aspekte und Klarheit in den Zielen achten. SAFe und DaD sind deutlicher, was die Zielorganisation betrifft. Hier achten wir verstärkt darauf, dass agile Werte nicht völlig vergessen werden. Die Gefahr, in alten Verhaltensmustern zu verweilen und lediglich neue Namen zu verwenden, ist größer.

8.1.2 Architekturarbeit in agilen Skalierungsframeworks

Das Thema Architektur hat in agilen Skalierungsframeworks etwas mehr Platz, als man es von agilen Methoden kennt, die eher auf Teamebene ausgerichtet sind. Ein größerer Kontext macht Entscheidungen kostspieliger, Kommunikation aufwendiger, Standardisierung gewinnbringender. Darüber hinaus haben Entwickler in großen Vorhaben zunehmend Schwierigkeiten, sowohl im Detail zu Hause zu sein als auch strategisch und übergreifend zu arbeiten. Die Faktoren, die Architekturarbeit interessanter machen, finden sich bereits in Bild 2.1 auf Seite 16 dieses Buchs. Die Zielorganisationen für Skalierungsframeworks erfüllen viele der dort genannten Komplexitätsfaktoren.

In der Folge bespreche ich den Architekturaspekt in SAFe, LeSS und DaD. Nexus ist recht frei, was Architekturarbeit betrifft. Die einzigen Anknüpfungspunkte, die über Scrum hinausgehen, sind Komplementärpraktiken, von denen einige auch Architekturrelevanz besitzen. Eine Übersicht findet sich auf der Seite von scrom.org [Scr19]. In den Framework-Vergleich in Bild 8.2 habe ich Nexus dennoch aufgenommen, um einen weiteren Referenzpunkt zu geben.

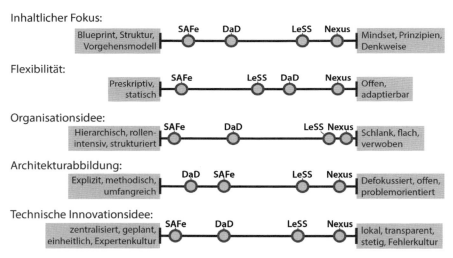

Bild 8.2 Agile Skalierungsframeworks im Vergleich

SAFe und Architektur

In SAFe (Scaled Agile Framework) wird davon gesprochen, wer Architekturarbeit machen sollte (Rollen), wann sie zu geschehen hat (organisatorische Verankerung) und mit welcher Einstellung man sich dem Thema grundsätzlich widmen sollte (Prinzipien).

Die Prinzipienseite ist im Vergleich zu anderen Frameworks dünn ausgelegt. Es wird grundsätzlich zwischen emergentem Design und bewusst geplanter Architektur („*intentional architecture*") unterschieden. Die geplante Architektur besteht hauptsächlich aus bindenden Architekturrichtlinien, die (1) das Lösungsdesign auf Umsetzungsebene leiten, (2) die Leistung und die Benutzerfreundlichkeit verbessern und (3) teamübergreifendem Design eine Richtung geben sollen. Emergenz wird nur innerhalb dieses definierten Rahmens zugelassen. Die Idee zu Architekturarbeit ist also eher klassisch geprägt.

Auf Rollenseite definiert SAFe Architekten in unterschiedlichen Schattierungen. Systemarchitekten (*system architects*) sind für einzelne Systeme zuständig, Lösungsarchitekten (*solution architects*) für systemübergreifende Lösungen und Unternehmensarchitekten (*enterprise architects*) über mehrere Wertschöpfungsketten eines Unternehmens. Es handelt sich um die etablierten Architekturebenen, die auch in sehr klassischen Architekturframeworks wie TOGAF[3] zu finden sind.

Unternehmensarchitekten arbeiten auf Portfolioebene. Sie geben die technologische Richtung vor, nutzen Governance-Mechanismen, um die Einhaltung von Standards sicherzustellen, und sind für die unternehmensweite Deployment-Strategie zuständig. Große technische Änderungen werden hier angedacht und in weiterer Folge heruntergebrochen.

Lösungsarchitekten arbeiten auf Programmebene oder für große Lösungen, in denen mehrere Systeme zusammenwirken. Auch sie haben viele koordinative Aufgaben und erarbeiten gemeinsam mit den anderen Architekturrollen Transitionsarchitekturen, um größere Weiterentwicklungssprünge in kleinere Schritte zu zerlegen. Systemarchitekten arbeiten schließlich auf Ebene einzelner Systeme und kümmern sich um den Kontext eines Systems, das Zielbild des Systems („*vision*") und die Ist-Architektur des Systems („*solution intent*").

Ein zentrales Element der Architekturarbeit auf Lösungs- und Systemebene ist der sogenannte *Architecture Runway*. Getrieben von strategischen Themen und der Portfolioidee aus der Unternehmensebene sollen hier Vorarbeiten und Grundlagen erarbeitet werden. Teams auf unterster Ebene sollen dadurch „ohne Redesign-Nöte oder Verzögerung" an ihren Features arbeiten können.

In der Praxis ergeben sich einige Probleme mit diesem Modell der Architekturarbeit. Keines der Probleme ist neu, da auch die Ideen nicht wirklich neu (oder agil) sind. Durch die explizite Rollentrennung und die zusätzliche Entkopplung über eigene Kanban-Boards sind strategische Architekturüberlegungen weit weg von der Umsetzung und der Designebene. Häufig sind sogenannte Program Increment (PI) Plannings der einzige Kontaktpunkt von Entwicklern mit der Architektur – Meetings, die als zentrales Planungsvehikel bereits recht überladen sind.

Hinzu kommt, dass technische Innovation sehr zentralisiert aufgestellt ist, es wenig Verantwortung für Architektur in Umsetzungsteams gibt, die Architektenrolle in frühen Phasen oft mit der Product-Owner-Rolle vermischt wird und sich die gesamte Architekturorganisation teilweise an selbst definierten Zielen orientiert (als hätte Architektur keine kundenrelevanten Anforderungen).

Die Herausforderung für agile Architekturarbeit im SAFe-Kontext ist folglich die Vernetzung der unterschiedlichen technischen Rollen und die Schaffung von Freiheiten auf Umsetzungsebene. Wenn ich in Abschnitt 8.3 das ADES-Framework (**A**gile **D**elivery und **E**volutionary **S**ystems) einführe, sind die Sektoren für *Transparenz & Feedback*, *Verantwortung* und *Anti-Zähigkeit* besonders interessant.

LeSS und Architektur

LeSS (Large-Scale Scrum) gibt im Architekturbereich vor allem eine starke Denkweise vor, legt den Schwerpunkt auf einzelne Methoden und die Prinzipienseite. Die zentrale Sichtweise ist, dass Architektur leben muss und von jedem Entwickler weitergetrieben wird.

---

[3] TOGAF – The Open Group Architecture Framework [TOG11]

Die real gelebte Architektur wird jeden Tag durch die Tätigkeiten von *„Master Programmers"* weiterentwickelt. Jeder Entwickler ist eine Art Architekt – ob gewünscht oder nicht. Jeder Akt der Programmierung ist eine Art architektonischer Akt – gut oder schlecht, klein oder groß, beabsichtigt oder nicht. LeSS verschreibt sich damit der Idee, Architekturverantwortung komplett auf Entwicklerseite zu verlagern.

Auch die Rollenseite ist sehr schmal aufgestellt. Architektenrollen werden nicht besprochen und nicht empfohlen. Abgehobene *„Architecture Astronauts"*, die nicht mit dem Quellcode des Produkts in Berührung kommen, werden explizit als Anti-Pattern geführt. Darüber hinaus sollen sogenannte *„Undone Departments"* vermieden werden. Der Begriff bezeichnet Abteilungen, die eine andere *„Definition of Done"* für ihre Arbeit finden müssten als „potenziell auslieferbar". Test-, Analyse-, Qualitäts- oder eben auch Architekturabteilungen ohne eigene Entwicklung werden als schädlich empfunden und sollten in Entwicklungsteams integriert werden.

Um auf technischer Seite nicht völlig strukturlos dazustehen, werden einige Entwicklungsrollen als Option beschrieben. Sogenannte *„Technical Leaders"* sind Entwickler, die in ihrem Spezialgebiet andere Entwickler ausbilden und coachen. Sie organisieren Design-Workshops und sorgen über Teamgrenzen hinweg für architektonische Integrität. Die Arbeit an einem Architektur- und Kommunikationsaspekt mit technisch übergreifendem Charakter erinnert an *Architekturagenten* (siehe Abschnitt 7.3 – Muster und die Architektenfrage).

Neben technischen Führungspersonen schlägt LeSS *„Component Mentors"* und *„Travelling Experts"* vor. Diese beiden Rollenkonzepte sollen nur im Problemfall gezielt eingesetzt werden, um Missständen entgegenzuwirken. *Component Mentors* kümmern sich um risikoreiche oder fragile Komponenten eines Systems, indem sie andere Entwickler schulen, Änderungen reviewen und dabei helfen, die Brüchigkeit zu reduzieren. Sie sind dabei als Unterstützer, weniger als Eigentümer oder Gatekeeper ausgeprägt. *Travelling Experts* haben Spezialwissen, das querschnittlich ist (beispielsweise im Bereich Security), aber nicht crossfunktional ausgeprägt werden kann. Es gibt also nicht genügend Entwickler mit entsprechendem Know-how, um jedes Team handlungsfähig aufzustellen. Ein *Travelling Expert* verbringt nun einige Sprints in schlecht aufgestellten Teams und sorgt für Handlungsfähigkeit und Entscheidungsfähigkeit. Er löst nicht einfach alle Probleme selbst, sondern befähigt andere.

Methodisch arbeitet LeSS im Architekturbereich mit Design Workshops in Teams oder auch übergreifend, mit Dokumentationsworkshops, der Walking-Skeleton-Idee (siehe Abschnitt 4.3), Durchstichen und einem zu etablierenden, gemeinsamen Vokabular. Insgesamt entsteht ein sehr agiles Bild von Entwicklungsarbeit, das vorrangig Entwickler ermutigen möchte, Architekturarbeit zu leisten.

In der Praxis entsteht beim Einsatz von LeSS hoher Kommunikationsdruck, der in einer ersten Reaktion zu isolierten, lokal optimierenden Teams führt. Das sehr agile Zielbild überfordert klassische Organisationen manchmal und der Weg zu diesem Bild wird zwar als notwendig und eventuell schmerzvoll beschrieben, er wird aber auch nicht näher beschrieben oder begleitet. Die Experimente sollen reichen, um auch große Organisationen aus ihrem Sumpf zu heben. Voraussetzung ist allerdings, dass empirische Fähigkeiten innerhalb der Organisation etabliert sind und eine gesunde Feedbackkultur vorhanden ist. Architektur wird als Thema öfter vernachlässigt, bis die Organisation wieder „funktioniert". Generell erfordert LeSS die Zusammenarbeit mit guten agilen Coaches und einen festen Glauben an das, was die Veränderung leisten kann – in der Entwicklung und im Management.

Die Herausforderung für agile Architekturarbeit im LeSS-Kontext ist folglich die Etablierung der sehr breit gelebten Verantwortung für Architektur. Der Übergang in die sehr gute und agile Organisationsidee für Architekturarbeit ist individuell und kann überfordern. Gefühlte Strukturlosigkeit und ein Vakuum für Architekturziele müssen ausgeglichen werden. Wenn ich in Abschnitt 8.3 das ADES-Framework (**A**gile **D**elivery und **E**volutionary **S**ystems) einführe, sind die Sektoren für *Empirische Prozesssteuerung*, *Feedback & Transparenz* und *Vertikalität* sehr interessant, um diese Lücke zu schließen. Unterstützende Architektenrollen (wie in Abschnitt 7.3 beschrieben) sind zumindest in Übergangsphasen oft hilfreich.

DaD und Architektur

Zu den zentralen Figuren von DaD (Disciplined Agile Delivery) zählt Scott Ambler, der in seiner Vergangenheit mit UML-Modellierung und agilen Ideen dazu auffiel. Er ist auch deshalb zentral bei der Erklärung von DaD, weil er bei IBM arbeitet und damit eine natürliche Nähe zum Rational Unified Process (RUP) entsteht. Das Skalierungsframework ist eine breite Sammlung von Ideen aus dem agilen Bereich vermengt mit eher klassischen Ideen aus dem RUP. Damit findet auch Architekturarbeit eine prominente Heimat.

Betrachtet man die Architekturrollen von DaD, haben wir als wichtigste Gestalt den „*Architecture Owner*". Diese Rolle ist als unterstützende Rolle für Entwickler gedacht und stellt einen Mittelweg zwischen den zentralen, harten Rollen von SAFe und der absichtlichen Defokussierung in LeSS dar. Architecture Owner sind auch mit Entwicklungsaufgaben betraut und haben ein Heimatteam. Sie können ein übergreifendes, virtuelles Architekturteam bilden. Der ARCHITECTURE OWNER (→ Abschnitt 5.6) ist sehr nah an der in DaD beschriebenen Rolle (nicht nur namentlich). Allerdings verfügt sie in DaD über mehr Entscheidungshoheit, kann sich im Zweifel über das Team hinwegsetzen und ist auch für Integrationsthemen verantwortlich.

Über den Architecture Ownern arbeitet in DaD ein Enterprise Architecture Team, inklusive Chief Enterprise Architect. In diesen Kreis der Unternehmensarchitekten sind Architecture Owner auch eingebunden, um Teaminteressen zu vertreten. Anders als bei SAFe bleibt es bei diesen beiden Ebenen und die Abstimmung zwischen den Rollen ist etwas klarer.

Methodisch beschreibt DaD drei „*Lifecycles*". Der *Basic Lifecycle* stellt die Standardausprägung dar und ist recht nah am Rational-Unified-Prozess. Es gibt eine reichhaltige (architektonische) Planung und ein klassisches Phasenmodell. Erst im *Continuous Lifecycle* erlebt man tatsächlich inkrementelle Arbeit, die auch stetige Weiterentwicklung der Architektur ermöglicht und auf kontinuierliche Auslieferung setzt. Positiv gesprochen könnte man sagen, DaD gibt uns mehrere Optionen für einen Startpunkt und ein agiles Zielbild. Böse gedacht könnte der Mut gefehlt haben, ein wirklich agiles Vorgehen ohne Alternative vorzugeben. Was bleibt, ist eine Sammlung von Möglichkeiten, die schnell die Behauptung erlaubt: „Wir haben DaD eingeführt und arbeiten agil." – ohne tatsächlich über ein relativ starres iteratives Phasenmodell hinauszugehen.

Die Sammlung von Möglichkeiten setzt sich auch bei den Prinzipien fort. Sie sind nicht ganz so klassisch wie in SAFe, in der Praxis fehlt allerdings oft die methodische Grundlage für Empfehlungen. So soll ein Architecture Owner sein Team möglichst in Entscheidungen einbeziehen, sie nicht übergehen. Als einziges Entscheidungsmodell steht jedoch die Konsultation des Teams und anschließend die alleinige Entscheidung des Architecture Owners im Raum. Hier würde ein Verweis auf die sieben Delegation Levels aus [App10] oder Techniken wie GEMEINSAM ENTSCHEIDEN (→ Abschnitt 5.2) helfen. Auch die vom RUP abgeleiteten Ideen des frühen Architektur-„*Envisioning*" inkl. Stakeholder-Kommunikation können problematisch werden. Es soll recht früh eine „*proven Architecture*" entstehen, die auch kommuniziert ist. Allerdings entsteht damit ein harter Zeitpunkt, an dem Änderungen zäher werden, große Umwürfe erscheinen nach einer expliziten Kommunikationsinitiative unprofessionell. Auch der frühe Fokus auf Validierung der definierten Idee ist nicht ganz agil. Eher würde ich anstreben, die beste momentane Idee so schnell wie möglich zu *widerlegen*.

Die Herausforderung für agile Architekturarbeit im DaD-Kontext ist weniger die organisatorische Aufstellung, als vielmehr die konkrete Arbeitsweise zu ändern. Es kann bei DaD sehr gut bei Cargo-Cult-Anwendungen bleiben, in denen zwar Rollennamen und die Organisationsstrukturen geändert werden, aber die Arbeitsweise die alte bleibt. Auch verzetteln sich einige Organisationen in den Möglichkeiten des recht offenen Frameworks – auch, aber nicht ausschließlich im Architekturbereich. Wenn ich in Abschnitt 8.3 das ADES-Framework (**A**gile **D**elivery und **E**volutionary **S**ystems) einführe, ist der Sektor für *Empirische Prozesssteuerung* besonders interessant, um aus der Menge an Möglichkeiten tatsächlich ein Vorgehen herauszubilden, das schlank und zielführend ist.

Wobei helfen agile Skalierungsframeworks?

Skalierungsframeworks geben uns einen organisatorischen Startpunkt und eine (unterschiedlich gute) Idee, wie wir diesen Punkt erreichen und weiterentwickeln können. In der Praxis steht oft im Vordergrund, „das Rad nicht neu erfinden" zu wollen und Anhaltspunkte zu haben, worüber man nachdenken sollte. Sicherlich sinnvolle Motive, die auch die Popularität der Frameworks erklären. Um das Thema allerdings von der unreflektierten Übernahme von Framework-Ideen zu lösen (siehe Kasten zu *Cargo Cult* in Abschnitt 7.1), möchte ich über die Ebene einfacher Datenblätter hinausgehen und einen wahrhaftig inhaltlichen Einstieg wagen. Im Folgenden erarbeite ich ein leitendes Bild zu agilen Organisationen – der Weg führt über die Herausforderungen, denen wir uns stellen müssen, und die Ziele, die wir im Auge behalten sollten.

■ 8.2 Über Kräfte und Kompromisse

In großen, nach Agilität strebenden Organisationen finden wir oft zwei gegensätzliche Kräfte am Werk. Einerseits gibt es den Ruf nach einer strategischen Sicht, Vereinheitlichung, Redundanzvermeidung, zentralen Gruppen mit Überblick und einem effizienten Vorgehen. Rollen und Fähigkeiten der Beteiligten sollten wie Zahnräder ineinandergreifen ohne beobachtbaren Verschleiß oder Lücken. Hinter dieser Kraft steht die *Optimierung für hohe Effizienz*. Andererseits gibt es die Idee von Business Agility und einem adaptiven Unternehmen, das sich mit dem Markt wandelt, innovativ arbeitet und schnell auf Probleme reagiert. Hinter dieser Kraft steht die *Optimierung für schnelle Veränderung*. Beide Sichten widersprechen sich in mehr Aspekten, als oft angenommen wird.

In der klassischeren Effizienzoptimierung (Kraft eins) geht man davon aus, es bräuchte zentralen Überblick und Expertise, um Prozesse und Systeme zu optimieren. Koordination, zentrale Entscheidungen und zentrale Verantwortung sind die Folge.

Optimieren wir hingegen für schnelle Veränderung (Kraft zwei), sind vor allem Unabhängigkeit und Motivation von Entwicklergruppen wichtig. Unkomplizierter Austausch zwischen Teams, hohe Transparenz, (Peer-)Feedback, große gestalterische und technologische Freiheit. Konzepte wie vorgeschriebene Wiederverwendung von Lösungen und hohe konzeptionelle Integrität stehen auf dem Prüfstand und sind oft im Weg. Flaschenhälse bei Entscheidungen und Wissensmonopole müssen aktiv bekämpft werden. Kondensiert lässt sich ein großer Kompromiss herausarbeiten:

Technologische und methodische Standardisierung, Wiederverwendung und zentrale Koordination stemmen sich gegen die Innovationskraft eines Vorhabens, gegen Reaktionsfähigkeit und gegen die Motivation von Entwicklern.

Viele aktuelle Trends und auch agile Grundsätze stellen sich auf die Seite der Veränderungsoptimierung. Microservices isolieren Services und gewähren Entwicklern Freiheiten in der Ausgestaltung, evolutionäre Architekturen verfolgen die Idee der stetigen Veränderung, agile Transitionen versuchen Verantwortung dezentraler zu leben und die DevOps-Bewegung zielt Richtung direkter Rückmeldung und lokaler, vollumfänglicher Reaktionsmöglichkeit.

Müssen wir deshalb vollständig auf die Vorteile der Optimierung für Effizienz verzichten? Darf es keine zentralen Gruppen mehr geben? Keinen Überblick, keine strategische Planung? Sind breite Synergien im agilen Kontext unmöglich?

Natürlich ist die Antwort auf all diese Fragen „nein". Viele Unternehmen versuchen hier einen Kompromiss zu finden und schaffen das auch. Allerdings müssen Sie sich dezidiert um diesen Kompromiss bemühen und ihn je nach Kontext anders ausprägen. Die Schablone eines Skalierungsframeworks kann hier ein Startpunkt sein, stellt jedoch selten die letztendliche Lösung dar. Haben Sie bereits ein agiles Organisationsmodell im Einsatz, geht es darum, es zu optimieren und zum Leben zu erwecken. Das gelingt durch eine klare Richtungsentscheidung zu den beiden genannten Optimierungsmöglichkeiten Effizienz bzw. Veränderung, und in weiterer Folge eine schrittweise Entwicklung der eigenen Organisation im technischen, methodischen und kulturellen Bereich.

■ 8.3 Das ADES-Framework

Ein Weg, zielgerichtet und inkrementell an Organisationsveränderung zu arbeiten, ist, das Thema aufzuspalten, wiederholt zu betrachten und den Weg transparent zu machen. Das ADES-Framework (Agile Delivery and Evolutionary Systems – *www.ades-framework.org*) versucht das. Es benennt zentrale Eigenschaften und Fähigkeiten moderner agiler Organisationen und gliedert sie in sechs *Lernsektoren*. Jeder der definierten Sektoren kann separat eingeschätzt werden und Fortschritt bildet sich in der zentralen Spinnennetzgrafik ab. Egal, welches Organisationsmodell Sie momentan haben oder welches Skalierungsmodell bei Ihnen im Einsatz ist, hilft das ADES-Framework dabei, wichtige Themen am Weg zur *wirklich* agilen Organisation zu identifizieren. Bild 8.3 zeigt das Framework und die enthaltenen Lernsektoren im Überblick.

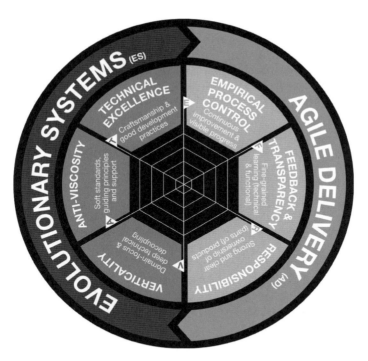

Bild 8.3
Das ADES-Framework

ADES kombiniert die technologische und prozessuale Sichtweise auf Innovation. Prinzipien der agilen Produktentwicklung (*Agile-Delivery*-Seite) werden erst wirklich effektiv, wenn sie durch flexible technische Lösungen unterstützt werden, die sich an das Organisationsschema anpassen (*Evolutionary-Systems*-Seite). Andersrum zahlen sich technologische Trends wie Microservices, Containerisierung und hybride agile/technische Konzepte wie DevOps nur aus, wenn Prozess, Kultur und Motivation sie auch tragen.

ADES trägt diesen Abhängigkeiten Rechnung, indem es von isolierten Optimierungen in einzelnen Sektoren abrät. Eine rein technisch getriebene Microservices-Initiative stärkt den Bereich Vertikalität (*Verticality*), allerdings wird der Erfolg ohne Verantwortungsübernahme von Entwicklergruppen (*Responsibility*) und ohne starke, feinmaschige Feedbackmechanismen zu technischen Systemeigenschaften (*Feedback & Transparency*) wahrscheinlich scheitern. In die andere Richtung gedacht höre ich oft von sehr originalgetreuen Umsetzungen des *Spotify-Modells*, das viele Ideen der *Agile-Delivery*-Seite umsetzt. Das inspiriert viele gute Zitate[4], Henrik Kniberg sagte dazu einmal, dass die technische Architektur sehr wichtig für die Organisationsstruktur und Arbeitsweise ist. Viele Firmen könnten die Art, wie Spotify arbeitet, nicht effektiv nutzen, weil deren Architektur das nicht erlauben würde.[5] Die Wahl und angepasste Umsetzung eines agilen Vorgehensmodells ist ohne Betrachtung der gebauten Systeme folglich risikoreich.

---

[4] Beispiel von Erwin Verweij: „*The only Spotify way of working that actually works is turning on the Spotify volume really loud and dance.*"

[5] Englisches Originalzitat: „*The technical architecture is hugely important for the way we are organized. The organizational structure must play in harmony with the technical architecture. Many companies can't use our way of working because their architecture won't allow it.*"

Die beiden Seiten des ADES-Frameworks brauchen sich, bei konsequenter Optimierung verstärken sie ihre Wirkung sogar gegenseitig. Das gilt insbesondere für größere Produktentwicklungsanstrengungen oder ganze IT-Organisationen, die sich mit Agile Transformation, Digitalisierung, Microservices oder einem anderen Schlagworttrend der letzten Jahre beschäftigen.

8.3.1 Lernsektoren und Kernkonzepte

Die beiden Seiten des ADES-Frameworks (Agile Delivery – AD und Evolutionary Systems – ES) enthalten jeweils drei Lernsektoren:

- **Empirical Process Control (AD-E):** Verwenden Sie **empirische Werkzeuge**, um die Auslieferung von Lösungen, die Architektur, die Entwicklungsmethodik und alles andere stetig zu verbessern. Entwickeln Sie die Fähigkeit, kleinteilig und oft zu experimentieren.
- **Feedback & Transparency (AD-F):** Schaffen Sie eine Umgebung, in der **Feedback und Transparenz** auf geschäftlicher, technischer und architektonischer Ebene gelebt wird. Probleme werden als eine gute Lernmöglichkeit gesehen und der professionelle Umgang damit ist ein möglicher Marktvorteil.
- **Responsibility (AD-R):** Lassen Sie Teams und Einzelpersonen **Verantwortung** übernehmen, indem Sie ihnen (Teil-)Produkte übertragen. Es hilft, wenn Entwickler Freiheit im Designraum haben (siehe *ES-A Anti-Zähigkeit*) und ihre Abhängigkeiten zu anderen Teams reduzieren (siehe *ES-V Vertikalität*).
- **Verticality (ES-V):** Strukturieren Sie Lösungen und Landschaften **vertikal**, isolieren Sie Domänen und abgegrenzte Kontexte technisch so tief wie möglich, um sie flexibel und überschaubar zu halten. Etablieren Sie eine domänenorientierte Sichtweise.
- **Anti-Viscosity (ES-A):** Arbeiten Sie auf eine gemeinsame Architekturvision hin, indem Sie **Anti-Zähigkeit** propagieren – so wenig harte Regeln wie möglich und Anreize für die Verwendung bekannt guter Praktiken. Basis ist eine gründliche Testbasis, die auf wichtige Qualitätsziele ausgerichtet ist (siehe *AD-F Feedback und Transparenz*).
- **Technical Excellence (ES-T):** Erreichen Sie **technische Exzellenz** durch reflektierte und professionelle Lösungsentwicklung. Etablieren Sie *Craftsmenship* auf allen Ebenen und schaffen Sie ein Umfeld, in dem technische Innovation und professioneller Umgang mit Problemen der Normalzustand sind.

Alle diese Bereiche beziehen sich aufeinander und müssen harmonisch zusammenarbeiten, um reaktionsfähige, agile IT-Organisationen zu schaffen. Die Kreuztabelle in Bild 8.4 beschreibt die wichtigsten Zusammenhänge in einer Übersicht. In der Praxis ergeben sich aus dem eigenen Kontext heraus sicher noch weitere Beziehungen, die in ihrer Komplexität ein iteratives und reflektiertes Vorgehen notwendig machen. ADES schlägt deshalb einen agilen Transitionsprozess vor, in dem wiederholte Selbsteinschätzung und Evaluation im Vordergrund stehen. Diese Idee beschreibe ich in der Folge, kurz bevor ich detaillierter in die Sektoren einsteige.

	AD-E Empirische Prozesssteuerung	AD-F Transparenz & Feedback	AD-R Verantwortung	ES-V Vertikalität	ES-A Antizähigkeit	ES-T Technische Exzellenz
AD-E Empirische Prozesssteuerung		Feedback ist der Treiber für empirische Prozesssteuerung, Transparenz ist die Voraussetzung	Um Experimente zu erkennen, durchzuführen und auf den Ergebnissen sinnvoll aufzusetzen braucht es verantwortungsvolle Teams	Die technische Entkopplung von Teams beschleunigt und vereinfacht Experimente, macht lokale Erkenntnisse möglich	Weniger Reglementierung öffnet den Raum dafür in Problembereichen zu experimentieren, gute Defaults helfen zu fokussieren	
AD-F Transparenz & Feedback	Empirische Prozesse fordern regelmäßigen und kleinteiligen Umgang mit Feedback und Transparenz		Ergebnisse aus Tests und Feedback finden bei Personen mit Verantwortung am ehesten interessierte Ohren			Für Feedback-Automatisierung und Regressionstests ist Reife bei Bau und Auslieferung von Software nötig
AD-R Verantwortung		Ohne feingranulares Feedback (möglichst nah an Entwicklung, und Betrieb) gibt es keine Verantwortungsübernahme		Ohne technisch entkoppelte, abgegrenzte Bereiche und Freiheiten in deren Gestaltung, gibt es keine Verantwortungsübernahme	Durch Vorschläge bleibt die Verantwortung im Team. Harte Regeln würden hingegen Fingerpointing möglich machen und können demotivieren	Gute Fähigkeiten im Entwicklungs- und Architekturbereich machen die Übertragung von Produktverantwortung auf Teams risikoärmer
AD-V		Feedback verdeutlicht die strategischen/architektonischen Ziele, ohne inhaltlich einzuschränken, Tranparenz sorgt für die Verbreitung von guten Ideen	Verwantwortung sorgt für Qualitätsbewusstsein und Problemverständnis in den Vertikalen		Vorschläge und deren Incentivierung geben Teams eine Default-Option und machen „unreglementierte" Architekturthemen weniger kritisch	Technische Exzellenz ist eine Voraussetzung für die Funktionsfähigkeit von Teams mit hohen Freiheitsgraden und erleichtert die techn. Integration
AD-A	Empirisches Vorgehen ermöglicht das Innovieren in Freiräumen und „challengen" von Vorschlägen	Ohne Feedback zur Güte der erarbeiteten Lösung klappt die Incentivierung von Vorschlägen nur bedingt	Ohne Verantwortung wird evtl. nicht sinnvoll von Vorschlägen abgewichen, Freiraum wird mit zu einfachen Lösungen ausgenutzt			
AD-T	Experimentierräume können Know-How stärken	Transparenz, Austausch und Feedback geben die nötigen Impulse um technische Exzellenz zu steigern und zu verbreitern	Verantwortung steigert die Motivation sich zu verbessern und fördert zielgerichtete Weiterbildung	Technische Unabhängigkeit ermöglicht Spezialisierung und fördert Interesse an Technologien	Vorschläge und einfach anwendbare Standard-Lösungen verringern das nötige Wissen im Team (Breite und Tiefe)	

Bild 8.4 ADES-Sektoren und deren Zusammenhänge

Kernkonzept Selbsteinschätzung

Die Verwendung des ADES-Frameworks basiert auf Selbstevaluation und kontinuierlicher Verbesserung. Das Spinnennetz in der Mitte des ADES-Bilds ist hier das zentrale Element. Es hat sechs Achsen, die den sechs Sektoren von ADES zugeordnet sind. Auf jeder Achse befinden sich vier Schnittpunkte mit dem „Netz" – hier lässt sich die aktuelle *Sektorbewertung* eintragen bzw. ablesen. Um zu einer geeigneten Sektorbewertung zu kommen, betrachten Sie die *Aspekte* eines Sektors (zugeordnete Techniken, Methoden, Muster oder Praktiken) und führen Sie eine Selbsteinschätzung durch.

ADES ordnet wichtige Aspekte eines Sektors dem bekannten Innovations-Lebenszyklus zu, um die eigene Einschätzung zu unterstützen. Bild 8.5 zeigt die berühmte Grafik in einer einfachen Variante.

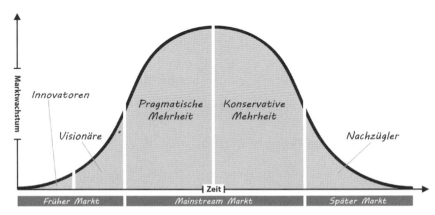

Bild 8.5 Der Innovations-Lebenszyklus

Die Werte, die Sie in Ihrer Selbsteinschätzung auf den Spinnennetzachsen auftragen, sind frei wählbar. Es handelt sich um keinen Report, kein Assessment und kein Reifemodell. Es geht lediglich darum, ein Gefühl für den momentanen Status eines Lernsektors zu bekommen und – über alle Sektoren gesehen – Fokusthemen zu bestimmen. Um das „Gefühl" zu unterstützen und die Werte unterschiedlicher Lernsektoren zumindest grob miteinander vergleichen zu können, gibt ADES eine Hilfestellung. Die folgenden Beschreibungen charakterisieren die Achsenwerte der Spinnennetzgrafik:

- 0 – (Zentrum) Techniken, Methoden, Praktiken und Muster dieses Sektors sind nicht etabliert. Selbst die konservativen Aspekte des Sektors werden nicht umfassend genutzt.
- 1 – Sie verwenden einige Aspekte des Sektors, allerdings eher zufällig.
- 2 – Sie verwenden zumindest die konservativen Aspekte und haben einen konsequenten, wenn auch langsamen Verbesserungsprozess im Hintergrund.
- 3 – Sie sind gut aufgestellt, verwenden fast alles, was als Mainstream gilt (konservative und pragmatische Aspekte), und sind an visionären Aspekten interessiert.
- 4 – Sie sind Vorreiter in diesem Bereich und nutzen neben etablierten Aspekten auch Trend- und Innovationsaspekte.

Um diese Selbsteinschätzung zu illustrieren, sehen wir uns wichtige Aspekte des Lernsektors *AD-F – Feedback und Transparenz* an:

Tabelle 8.1 Beispielaspekte von Lernsektors F – Feedback und Transparenz

Aspekt	Innovations-Lebenszyklus
Informativer Arbeitsplatz (für Prozess und Technologie)	Konservative Mehrheit
Kontinuierliche Lieferpraktiken inkl. Deployment-Pipelines	Konservative Mehrheit
Qualitätsbezogene Tests (Performanz-, Last- und Stresstests)	Konservative Mehrheit
Community of Practice (Gilden, Brownbag-Sessions, Meetups …)	Pragmatische Mehrheit
Diversität in der Entwicklungsmannschaft und offene Kommunikationskultur	Pragmatische Mehrheit
Feedback aus qualitativen Tests und Fitness-Functions für wichtige Qualitätsaspekte (Chaos Engineering, Sicherheitstests …)	Visionäre & Innovatoren

Eine gute Umsetzung der konservativen Aspekte wird Sie bestenfalls zu einer Sektorbewertung von *2* tragen. Wenn Sie bereits viele pragmatische Mehrheitsaspekte nutzen, ist eine *3* angebracht – alles darüber hinaus ist den Vorreitern der Branche bzw. ihrer Domäne vorbehalten. Weitere Tabellen, die Sektoraspekte im Detail zeigen, sind auf *www.ades-framework.org* zu finden.

8.3.2 AD-E – Empirical Process Control

Starten wir die detaillierte Sektorbetrachtung von ADES oben rechts in Bild 8.3. Empirische Methoden und Experimente sind die Grundlage für agile Vorhaben und das Rückgrat agiler Organisationen. Sie sind auch der Motor von ADES und sorgen für kontinuierliche Verbesserung. Sind Sie in diesem Sektor schwach aufgestellt, sind Änderungen risikoreich und teuer, eine agile Transition wird sich eng an bekannte Vorgehen oder Skalierungsframeworks klammern. Versuchen Sie deshalb, hier früh anzusetzen, ohne die Abhängigkeiten zu anderen Sektoren außer Acht zu lassen (siehe Bild 8.4). Bild 8.6 illustriert, wie eine schwache bzw. starke Ausprägung dieses Sektors aussieht.

niedriger Sektorwert	hoher Sektorwert
− Projektziele und der Entwicklungsprozess sind festgelegt und unverrückbar	+ Erkenntnisse aus Retrospektiven führen teamübergreifend zu technischen, methodischen und organisatorischen Verbesserungen. Wiederholt und häufig.
− Technische Fragen werden meist ad hoc oder im Feuerlöschmodus entschieden	+ Technische und fachliche Annahmen werden durch Experimente bestätigt
− Es gibt keinen Raum für Experimente, der Hauptfokus des Managements liegt auf der Ressourcenauslastung	+ Entscheidungen werden risikoorientiert bearbeitet, erkennen den Wert von Optionen und nutzen Lernfenster (siehe 4.2 - Der letzte vernünftige Moment)
− Der Kunde ist nicht direkt und kontinuierlich involviert, ein Pflichtenheft und/oder Proxy-Rollen stehen an seiner Stelle	+ Geschäfts- und kundenorientierte Ziele sind bekannt und werden direkt von Stakeholdern vertreten

Bild 8.6 Selbsteinschätzung zu „Empirical Process Control"

Empirische Prozesssteuerung baut auf vielen Techniken und Methoden auf und hat auch kulturelle Komponenten. Fortschritt, Architektur und Arbeitspakete sichtbar zu machen, sind wichtige Grundlagen. Wenn ich mir drei Kernaspekte aussuchen dürfte, wären es die folgenden:

- Kennen Sie Ihre **geschäfts- und kundenorientierten Ziele**: Bevor Sie empirisch arbeiten können, müssen Sie wissen, wie Erfolg und Misserfolg aussehen würden. Das bedeutet, dass Sie Ihre Ziele kennen müssen. Es bietet sich an, mit der Gesamtsicht auf das Produkt aus Geschäfts- und Kundensicht zu beginnen: Was brauchen und schätzen unsere Kunden? Welche Qualitätskriterien sind für sie wichtig? Hier hilft der INITIALE ANFORDERUNGSWORKSHOP (→ Abschnitt 3.1) oder die Verwendung von SZENARIEN ALS ARCHITEKTURANFORDERUNG (→ Abschnitt 3.3).

- Validieren Sie Annahmen mit **Experimenten**: Formulieren Sie Annahmen zu den gefundenen Zielen und leiten Sie Ideen ab, wie man diese Ziele erreicht. Experimente sollen Verbesserungsideen validieren oder widerlegen. So entstehen empirische Daten, die uns bei der Entscheidung unterstützen, ob wir Techniken, Praktiken und Konzepte in die Breite tragen oder verwerfen. Später durchgeführte Experimente können auf diese Erfahrungen ebenfalls zurückgreifen.

    Mit dem Vorgehen zu experimentieren, ist Thema des gesamten Buchs, sich Kennzahlen zu suchen, um konkrete Verbesserungen einzuschätzen, ist nicht separat in Mustern herausgehoben. Bei Interesse können Objective Key Results (OKRs) ein erster Anknüpfungspunkt sein [Doe18].

- Nutzen Sie den **letzten vernünftigen Moment**: Jedes Experiment kann neue Erkenntnisse generieren, benötigt allerdings auch Zeit, bevor wir uns final auf eine Lösung festlegen. DER LETZTE VERNÜNFTIGE MOMENT (→ Abschnitt 4.2) schafft also Raum für Experimente und macht uns reaktionsfähig, sollten sich Ziele ändern.

Es ist offensichtlich, dass ein agiles Skalierungsframework wie LeSS eine bessere Ausgangslage bietet als eher klassische Skalierungsframeworks. Experimentieren, arbeiten mit Vorschlägen und die Anpassung des Frameworks sind Grundsätze von LeSS, die auch hier helfen. Bei der Anwendung von SAFe wird man mehr investieren müssen, um eine entsprechende Kultur zu schaffen. Es ist aber keinesfalls unmöglich, gute Werte für empirische Prozesskontrolle zu erreichen. Unabhängig vom konkreten Framework profitieren Sie davon, Prozesse und Lösungen iterativ zu hinterfragen und zu verbessern.

8.3.3 AD-F – Feedback & Transparency

Weder im Kleinen noch im Großen funktionieren Prozesse, wenn nicht klar ist, welche Themen bearbeitet werden, und Ergebnisse ohne Rückmeldung bleiben. In kleinen Kontexten ist es noch leichter, für die nötige Transparenz zu sorgen und Feedback einzufordern. Eventuell gelingt das beim Mittagessen, falls sonst kein Ankerpunkt dafür existiert. In größeren Vorhaben sind diese Aushilfsmechanismen unzureichend. Explizite Sichtbarkeit von Prozessdaten und technischen Abweichungen ist notwendig, Feedback – automatisiert oder persönlich – muss kleinteilig und häufig zu jedem Entwickler und Architekten gelangen. Nur so können wir auf jeder Ebene gute von schlechten Entscheidungen unterscheiden und das Verantwortungsgefühl stärken. Bild 8.7 zeigt, wie eine schwache bzw. starke Ausprägung dieses Sektors aussieht.

niedriger Sektorwert	hoher Sektorwert
− Entwickler sind vom Deployment des Produkts entkoppelt. Zwischen der Entwicklung und Auslieferung ist eine zeitliche/organisatorsche Lücke	+ Entwicklungsprozess und momentaner Status sind sichtbar, das Lösungsdesign und dessen Evolution liegen offen
− Teams beschützen ihren Lösungsraum stark vor äußeren Einflüssen	+ Es gibt aktive Communities oder Gilden, in denen Trends, Lösungen und Vorschläge offen diskutiert werden
− Politik und persönliche Agenden behindern offene Diskussionen und Kritik	+ Peer Reviews werden aktiv genutzt und decken mehrere Abstraktionsebenen ab
− Compiler und Unit-Tests sind die einzigen Quellen für direktes technisches Feedback	+ Teams erhalten automatisiertes und zeitnahes Feedback zu Qualitätsaspekten ihres Produkts, z.B. durch die Verwendung von *Fitness-Functions*
− Die Motivation oder Herleitung von wichtigen Entscheidungen bleibt oft undokumentiert oder -kommuniziert	+ Die Unternehmenskultur ist auf direktes und ehrliches Feedback ausgerichtet

Bild 8.7 Selbsteinschätzung zu „Feedback & Transparency"

Die Kernaspekte dieses Sektors sind wenig überraschend, die Ausgestaltung und Veränderung kosten in der Praxis allerdings einiges an Zeit. Der Lernsektor entwickelt sich erfahrungsgemäß langsam, ist aber eine wichtige Voraussetzung für andere Sektoren:

- Machen Sie Ihren **Prozess und** Ihre **Lösung sichtbar**: Fortschritt, Statusinformationen und Lösungszustand müssen sichtbar sein. Die Information aller ist der erste Schritt zu einer gesunden Feedback- und Verbesserungskultur. Dazu gehören klassische Informationsstrahler wie Kanban-Tafeln, Burndown-Charts oder Build Status Screens. Weitere wichtige Ideen sind ein physisches Gesamtbild der Architektur, eine Architekturwand (→ Abschnitt 5.1) oder Prinzipien (→ Abschnitt 4.7) auf Postern.

- Nutzen Sie **Kommunikation als Feedback**-Treiber: Feedback zu Experimenten oder Lösungsideen zu erhalten, sollte motivierend und einfach sein. Anstelle von Governance-Ansätzen oder Vorstandssitzungen bevorzugen wir partizipative Kommunikationsansätze. Community-Events oder Meetups helfen (siehe Abschnitt 5.7), Ideen zu verbreiten, aber auch, Ideen zu schärfen und herauszufinden, was für viele funktioniert. Blogs laden Menschen zu Kommentaren ein und auch dezentrale Peer-to-Peer-Reflexionsworkshops (→ Abschnitt 5.5) können helfen.

- Stärken Sie das **Feedback zu qualitativen Eigenschaften** des Systems: Über das weiche Feedback von Kommunikationsmechanismen hinaus streben wir ein fokussiertes (möglicherweise quantifizierbares) Feedback für die Produktqualität an. Der Begriff *Fitness-Funktion* stammt aus dem evolutionären Computing und versucht, alle Arten von Qualitätsattribut-Feedback zusammenzufassen. Explorative Tests zur Benutzerfreundlichkeit sowie Metriken zur Wartbarkeit, Überwachungsfunktionen zur Zuverlässigkeit, Lasttests zur Skalierbarkeit und so weiter. Chaos Engineering und das ständige Testen der tatsächlichen Eigenschaften des gesamten Systems waren der große Hype, das Thema der Fitness-Funktionen ist größer als das. Qualitative Eigenschaften testen (→ Abschnitt 6.3) und Qualitätsindikatoren nutzen (→ Abschnitt 6.4) gehen hier ins Detail.

8.3.4 AD-R – Responsibility

Verantwortung ist ein interessantes Thema. Verantwortung ist angeblich übertragbar, kann angeblich nicht geteilt werden und hat angeblich etwas mit Rechenschaft zu tun. Je nach Verwendung des Worts steckt in diesen Behauptungen etwas Wahres. Im agilen Kontext geht es weniger darum, Schuldige für Fehler zu finden, als motivierte Personen zu beschäftigen, die bei Problemen aus Eigenantrieb reagieren. Es geht um *Verantwortungsbewusstsein*. Das gewinnen Entwickler, wenn sie sich mit dem gebauten Produkt identifizieren können und wenn es eine „Eigentümerschaft" für Prozesse, Werkzeuge und die Lösung selbst gibt. Dadurch wird die Motivation gefördert und die Reaktionsfähigkeit bei Problemen steigt genauso wie die Innovationskraft der Organisation.

Die Aspekte dieses ADES-Sektors haben folglich nur teilweise eine organisatorische Komponente. Mit jeder Rolle und jedem „Undone Department" (um es in LeSS-Sprache zu formulieren) weisen Sie Aufgaben und Verantwortlich explizit jemandem zu. Entwickler, die nicht in dieser Rolle stecken, können annehmen, dieser Aspekt sei nicht ihr Problem. Und schon verlieren Sie viele Augen und Ohren, die auf einen zentralen Aspekt achten könnten, oder Hände, die Missstände angehen könnten – würde die Eigentümerschaft bei ihnen liegen.

Neben dem Weglassen von organisatorischen Sonderlocken dreht sich viel um die Kultur und die gelebten Prinzipien der Entwicklungsorganisation. Hier helfen die Aspekte dieses Sektors. Bild 8.8 zeigt gute und schlechte Ausprägungen des Sektors, danach greife ich wieder drei Kernaspekte heraus.

niedriger Sektorwert	hoher Sektorwert
− Die Definition, das Design und die Implementierung einer einzelnen Anforderung binden mehrere Teams oder Abteilungen aneinander	+ Entwickler und Teams haben den gesamten Lebenszyklus des Produkts im Fokus, von der Entwicklung bis hin zur Bereitstellung und Wartung
− Entwickler sprechen von "dem System", statt es als ihr eigenes zu bezeichnen	+ Teams identifizieren sich mit der Qualität und Wirtschaftlichkeit ihres Produkt(teil)s. Es gibt wenig andere Erfolgsfaktoren
− Teams müssen dazu gedrängt werden, akzeptable Ergebnisse zu erzielen. Ohne die ausdrückliche Benennung von Verantwortlichen werden Probleme nicht aktiv bekämpft	+ Abhängigkeiten zwischen Teams werden stetig identifiziert und explizit behandelt
	+ Teams arbeiten gezielt an strategischen und architektonischen Aspekten der Lösung (z.B. mit Qualitätsszenarien)
− Product Owner haben einen stark funktionalen Fokus. Die unterschiedlichen Bedürfnisse diverser Stakeholdergruppen sind unzureichend repräsentiert	+ Teams kennen Schwachstellen und Innovationspotenziale ihres Produkts

Bild 8.8 Selbsteinschätzung zu „Responsibility"

Die folgenden Aspekte sind in der Praxis oft die relevantesten:
- **Entwickeln** Sie an vollständigen (Teil-)**Produkten**: Statt unser Produkt in technische Aspekte oder kleine Unternehmensfunktionen zu segmentieren, definieren wir sinnvolle Produkt(teile), die einen abgrenzbaren Wert haben und direkt mit Kundenzielen verbunden sind. Entwickler sollten organisatorisch eindeutig für (Sub-)Domänen zuständig sein. Fachliche Änderung, Problembehebung und Innovation liegen in ihrer Zuständigkeit. Im Fehlerfall gibt es möglichst wenig Koordinationsaufwand und kein Finger-Pointing.

- Stärken Sie die **Freiheiten von Entwicklern** explizit: Die Schaffung neuer Produkte oder deren technische Weiterentwicklung ist kreative Arbeit. Harte Regeln und Barrieren schränken kreative Arbeit ein. Darüber hinaus fühlt sich kein Mensch für etwas verantwortlich, was er nicht beeinflussen kann. Je mehr Freiheitsgrade Entwickler haben, desto eher nehmen sie Verantwortung wahr. Neben der Ausgestaltung der Lösung sollten auch die Wahl von Werkzeugen und Praktiken in ihrer Hoheit liegen.
- **Reduzieren Sie Abhängigkeiten** und notwendige Gemeinsamkeiten: Zeitliche, technische oder inhaltliche Abhängigkeiten zwischen Entwicklergruppen schwächen das eigene Verantwortungsgefühl. Um das zu verhindern, hilft es, sowohl vollständige Domänenaspekte in Teams zu verantworten (Punkt 1) als auch Freiheiten im eigenen Ausgestaltungsbereich zu haben (Punkt 2). Wenn wir Abhängigkeiten weiter reduzieren wollen, muss auch technische Standardisierung hinterfragt werden und zentrale Gruppen sollten eher Angebote machen als Vorgaben. Datenmodelle aufzubrechen und verwendungsspezifisch auszuprägen, gehört ebenso hierzu, wie die *Self-Service-Infrastructure*-Idee von Spotify, die zeitliche Abhängigkeiten auflöst. Ziel sind kleine Teams, die in der Lage sind, selbstständig Werte zu schaffen.

8.3.5 ES-V – Verticality

Mit Vertikalität tauchen wir in den *Evolutionary-Systems*-Teil von ADES ein, der technischere Aspekte beherbergt als die *Agile-Delivery*-Seite. Vertikale Architekturen sind seit einigen Jahren als Alternative zum klassischen Schichtenmodell im Gespräch. Dabei ist die primäre Strukturierungsidee die fachliche Segmentierung. Während Schichtenarchitekturen Präsentation oder Datenablage als technische Aspekte in den Vordergrund stellen und technisch standardisieren, gliedert Vertikalität unser System in kohärente Domänenaspekte (Vertikalen) und macht die Domäne zum Haupttreiber für das High-Level-Design. Technologien, Frameworks und architektonische Konzepte dürfen von Vertikalen gemeinsam genutzt werden, Teams sind aber nicht daran gebunden. Vertikalität ermöglicht Spezialisierung bei der Ablage von Daten, der Abbildung von fachlichen Aspekten oder auch auf Anzeigeseite. Ebenso sind lokale Experimente in den architektonisch unabhängigen Systemteilen möglich. Immer vorausgesetzt, die Vertikalen sind technisch tief entkoppelt.

Es war schwierig genug, einen Absatz zu schreiben, ohne Microservices als Schlagwort zu verwenden. Da es nun aber passiert ist, sei erwähnt, dass Microservices den berühmtesten vertikalen Architekturstil darstellen. Self-Contained-Systems (SCS) als grobgranulare Spielart von Microservices, Domain Driven Design (DDD) als Basis für die Findung von Vertikalen und Containerization zur Isolierung technischer Variabilität von Deployment und Betrieb sind weitere zuordenbare Trendthemen. ADES nimmt diese Themen als Beispiele für die Erreichung von Vertikalität wahr, beschreibt sie aber nicht inhaltlich in der Tiefe. Wichtig ist aus Framework-Sicht, was wir mit diesen Themen erreichen wollen. Schließlich lassen sich auch Microservices als Cargo-Cult einführen[6].

Bild 8.9 zeigt die schwache und starke Ausprägung des Lernsektors Vertikalität.

---

[6] Etwa durch unzureichende Domänenorientierung, Flaschenhals-Services, intelligentes Service-Routing, datenzentrierte Gott-Services oder zentrale Datenhaltung trotz dezentraler Anforderungen an Daten. Wie Microservices im Sinne von Vertikalisierung richtig gebaut werden können, beschreibt etwa [Ric19]

niedriger Sektorwert	hoher Sektorwert
− Mehrere Teams arbeiten gemeinsam an einem monolithischen Softwareblock. Abhängigkeiten machen die Lösung spröde und die Entwicklung riskant	+ Das System bildet die fachliche Domäne getreu und pragmatisch ab. Sowohl in der Strukturierung, als auch in Konzepten
− Domänenaspekte sind miteinander verwoben und/oder im Programmcode nicht deutlich erkennbar	+ Systemteile (Komponenten / Services) werden durch Schnittstellen und ggf. durch Prozessgrenzen isoliert
− Falls es überhaupt abgegrenzte Komponenten gibt, sind sie durch erschlichene Kopplung integriert (z.B. durch direkten Zugriff auf fremde Datenbanktabellen)	+ Teams sind durch übergreifende Technologieaspekte nur geringfügig eingeschränkt. Viele Entscheidungen können lokal und ohne Seiteneffekte getroffen werden
− Frameworks und Technologien sind nur übergreifend ablösbar bzw. update-bar. Teams können das nicht alleine planen	+ Die Integrationsbemühungen folgen modernen Prinzipien wie „dumb pipes, smart endpoints" oder „tolerant reader"

Bild 8.9 Selbsteinschätzung zu „Verticality"

Werfen wir einen Blick hinter die Nebelwand an Trendbegriffen und hin zum Grund, warum es diese Trends eigentlich gibt. Die zentralen Konzepte sind in ADES als Kernaspekte finden:

- Strukturieren Sie Ihr System in **unabhängige Domänen**: Die Verwendung von Domänenkonzepten und -begriffen in der technischen Umsetzung trägt zur Wartbarkeit Ihrer Lösung bei. Bilden Sie darüber hinaus (Sub-)Domänen in autarken Services (oder Vertikalen) ab, können Sie große Vorhaben sehr gut aufbrechen. Da Änderungen meist domänenorientiert sind – fachliche Änderungen entspringen einer Domäne, technische Änderungen sind oft für einzelne Domänen besonders wichtig – macht die Abgrenzung von (Sub-)Domänen in *Bounded Contexts* Änderungen gezielter, schneller und kleinteiliger möglich.

- Achten Sie auf eine **schlanke Makroarchitektur**: Ist die Gesamtlösung nach domänengetriebener Idee in Vertikalen aufgetrennt, stellt sich die Frage der übergreifenden Standardisierung. Welche technologischen und konzeptionellen Aspekte müssen geklärt und vorgegeben werden, um eine brauchbare Gesamtlösung zu gewährleisten? Diese übergreifenden Aspekte, die nicht in Team-Hoheit stehen, werden unter dem Begriff „Makroarchitektur" zusammengefasst. Um die Team-Verantwortung (siehe Abschnitt 8.3.4) möglichst hoch zu halten, sollte die Makro-Architektur schlank gehalten werden. Üblicherweise gewährleisten entsprechende Regeln lediglich die grundsätzliche Betreibbarkeit der Lösung, die wichtigsten Sicherheitsaspekte oder die Kompatibilität der Einzellösungen zueinander. ARCHITEKTURARBEIT VOM REST TRENNEN (→ Abschnitt 4.1) und GERADE GENUG ARCHITEKTUR VORWEG (→ Abschnitt 4.3) gehen darauf ein, wie man Architekturthemen auf Makroebene identifiziert.

- Sorgen Sie für **tiefe technische Entkopplung**: Um den Handlungsspielraum für Teams zu maximieren, sollten Abstimmungen mit anderen Teams so selten wie möglich notwendig sein[7]. Die Domänenorientierung aus Punkt eins gibt uns eine gute Chance auf fachliche Unabhängigkeit, technische Entkopplung ist der zweite wichtige Schritt. Eine schlanke Makroarchitektur macht wenige übergreifende Vorgaben. Damit Teams den Freiraum auch

---
[7] Möglich und erwünscht sind Abstimmungen – siehe auch Transparenz & Feedback in Abschnitt 8.3.3. Es geht hier eher darum, Synchronisierungspunkte und Entscheidungen in Großgruppen zu vermeiden.

effizient bespielen können, müssen Technologien, Frameworks und Konzepte möglichst lokal adaptierbar sein. Die Freiheit der Teams wird bei tiefer technischer Entkopplung bis auf Plattform- oder Containerniveau gezogen. Die Arbeit mit asynchronen Integrationsmechanismen, Eventing-Plattformen und isolierten Datenansichten trägt dazu bei, dass die technische Standardisierung eine Option und keine Notwendigkeit ist.

8.3.6 ES-A – Anti-Viscosity

Robert C. Martin etablierte den Begriff *Zähigkeit* (engl. viscosity) als ein Symptom von „verrottetem Design". Entwickler, die eine Änderung am System vornehmen, können immer entweder architekturkonform arbeiten oder einen nicht mit den aktuellen Designideen konformen „Hack" umsetzen. Ist es einfacher, den Hack zu implementieren, als das Design zu erhalten, spricht Robert C. Martin von zähem Design. Mit anderen Worten: Es ist einfach, das Falsche zu tun, aber schwer, das Richtige zu tun.

Anti-Zähigkeit setzt auf diesem Konzept auf. Es wird verlangt, dass die Einhaltung der Architektur der einfachste gangbare Weg bei der Lösungserstellung ist.

In der Vergangenheit wurde oft versucht, Architektur durchzusetzen, indem man Abweichungen verboten hat. Konzeptionelle oder technische Ideen wurden mit harter Governance und Architekturboards durchgesetzt. Architektur sollte vor allem schwer zu umgehen sein. Der Weg von Anti-Zähigkeit ist ein anderer. Hohe Integrität wird nicht durchgesetzt, sondern vorgeschlagen. Ist die Verwendung eines bevorzugten Architekturansatzes oder Frameworks einfach, wird Integrität auch ohne Governance-Mechanismen gefördert.

In einer Anti-zähen Umgebung treten Abweichungen vom Standard aus besseren Gründen auf, als aus Faulheit. Gute Entwickler und Teams mit speziellen (Qualitäts-)anforderungen können selbstständig innovativ sein, Anfänger können einem Vorschlag fast kostenlos folgen. Nehmen wir als Beispiel die in Bild 8.10 gezeigte Beispielanwendung für Microservices – den RSS Reader Service von Netflix[8]. In diesem Diagramm sehen Sie Netflix-Open-Source-Komponenten in einem Blueprint eingeordnet – Teile, die Service-Entwickler nicht selbst bauen müssen, sondern die sie einfach verwenden können. Eureka kümmert sich um die Registrierung von Services, Hystrix um Schutz vor Latenzzeiten, Astyanax um einfache Kommunikation mit der Cassandra Datenbank und Blitz4j um skalierbares Logging – um nur einige Elemente zu nennen. Dieser Blueprint ist nicht verbindlich, aber er macht das Leben von Entwicklern einfacher. Er ist sofort einsetzbar und liefert Antworten auf die üblichen Probleme verteilter, hochskalierbarer Systeme. Somit müssen sich Entwickler beim Einsatz dieser Services weniger Sorgen wegen Infrastrukturfehlern machen und überstehen Netflix, berühmte Laufzeittests (Stichwort *Simian Army*).

Interessant ist nun: Mit der Verwendung dieses Blueprints folgen Entwickler (zufällig) auch zentralen Architekturideen. Dazu gehört die Aufteilung in Edge und Mid-Tier Services, die Einhaltung von Protokollierungsstandards, die Datenablage in Cassandra, die Verwendung von REST und der Java-Plattform usw. Netflix hat keine strengen Regeln, um eine gemeinsame technische Ausrichtung zu gewährleisten, Integrität ist in weiten Teilen der Lösung trotzdem vorhanden. Sogar in einem Ausmaß, dass Gegenmaßnahmen ergriffen wurden, um die Diversität und damit Innovationsfähigkeit der Entwicklung zu erhalten.

---

[8] Der RSS-Reader ist ein Beispiel-Service aus dem Jahr 2012. Zur Illustration des Anti-Zähigkeit-Konzepts ist das Alter nicht hinderlich, gerade weil sehr bekannte Open-Source-Komponenten verbaut sind.

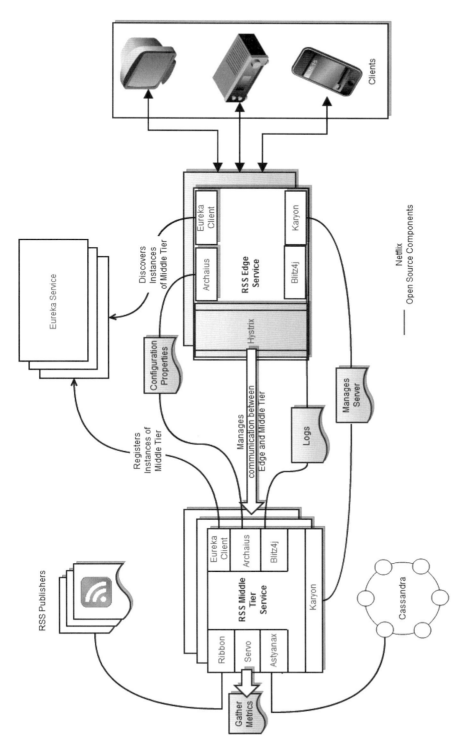

Bild 8.10 RSS Reader Service von Netflix als Service-Blueprint

niedriger Sektorwert	hoher Sektorwert
− Es gibt eine Vielzahl von Regeln, die einen verbindlichen und detaillierten "architektonischen Standard" bilden	+ Es gibt „weiche Standards" - bestehend aus Vorschlägen und zugehörigen Zielen. Es ist erlaubt, von Vorschlägen abzuweichen, die Ziele aber sind verbindlich
− Unterschiedliche technische Lösungen für ähnliche Zwecke werden immer als Problem oder "Inkonsistenz" gesehen	+ Bei der Entwicklung einer Lösung ist es einfach, sich an die kommunizierten architektonischen Ideen zu halten. Blueprints, Vorlagen, Bibliotheken und/oder zentrale Rollen wirken unterstützend
− Innovation wird von wenigen, an zentralen Stellen sitzenden Vordenkern bestimmt	
− Architekturkommunikation richtet sich meist von außen an Teams und fokussiert darauf, wie man die Dinge richtig macht	+ Architektonische Prinzipien und Leitwerte sind etabliert. Sie werden offen diskutiert und finden aktiv Anwendung
− Probleme in der Umsetzung werden als vermeidbare Rückschläge angesehen. Die Ursache wird in unprofessionellem Verhalten und persönlichen Fehlern gesucht	+ Innovation wird von allen getrieben und stellt laufend den Status quo in Frage

Bild 8.11 Selbsteinschätzung zu „Anti-Viscosity"

Bild 8.11 illustriert die gute und weniger gute Ausprägung von Anti-Zähigkeit in einer Organisation.

Die bereits angesprochenen Mechanismen lassen sich auf einige Kernaspekte zurückführen:

- Arbeiten Sie mit **weichen Standards** und Vorschlägen: Als Softwareentwickler versuchen wir, Probleme zu lösen. Gute Architekturkonzepte, hilfreiche Bibliotheken oder fertig konfigurierte Artefakte machen uns die Arbeit einfacher. Allerdings kann sich das Bild schnell wenden, wenn man ein spezifisches Problem im eigenen Kontext hat, wo etablierte Ideen nicht helfen, sondern behindern. Auch wenn lokale Ziele dafür sprächen, ein neues Framework einzusetzen, kann der Status quo behindern, vor allem, wenn er hart definiert und durchgesetzt wird. Mit weichen Standards sorgen wir deshalb dafür, dass der Default-Weg bekannt ist, erlauben allerdings Abweichungen, um lokale Reaktion und Verbesserung zu fördern.

- Bieten Sie **organisatorische Unterstützung** an: Häufig wird Softwarearchitektur langwierig diskutiert, definiert und dokumentiert, nur um dann anzunehmen, die Hauptarbeit sei getan. Die Einhaltung der dokumentierten Architektur wird höchstens kontrolliert, nicht aber unterstützt. Als Entwicklungsorganisation müssen wir allerdings Fragen und Herausforderungen, die in der Umsetzung der aktuellen Architekturidee aufkommen, behandeln, sei es als Klärungsaufgabe in der Entwicklergruppe oder als Anpassungsaufgabe für die momentane Architekturidee. Versuchen Sie, den als weichen Standard definierten Weg mit Unterstützungsangeboten zu versehen. Ist es einfacher, einen unterstützten Technologiepfad zu gehen, als einen neuen zu erfinden, ist ein wichtiger Schritt Richtung Anti-Zähigkeit getan.

- Etablieren Sie **Prinzipien und Leitwerte**: Harte Regeln definieren genau, was in verschiedenen Situationen zu tun ist. Sie bestehen meist aus einfachen Wenn-dann-Entscheidungsbäumen, was ihre Definition und Überprüfung sehr einfach macht. Wir sollten jedoch versuchen, mit zentralen Entscheidungen und Regeln nicht den gesamten Spielraum der Entwicklung einzugrenzen, und gleichzeitig die Motivation hinter der Regel formulieren.

Geben wir spezifische Muster und Technologien vor („Baue ausschließlich REST-Endpunkte"), geben wir Lösungen weiter, für die sich im Zweifel niemand anderes verantwortlich fühlen kann als die definierende, zentrale Instanz. Noch schlimmer: Selbst wenn wir Abweichungen erlauben, ist keine Richtschnur für die Auswahl an Alternativen da (wir wissen nur, dass wir *nicht* REST verwenden). Interessant ist es deshalb, Prinzipien zu definieren, die beschreiben, was uns bei Service-Kommunikation wichtig ist oder auch was nicht passieren darf. Weicht man als Team von der Standardlösung ab, sind die Prinzipien trotzdem nicht außer Kraft gesetzt. In diesem Buch finden Sie weitere Informationen zu PRINZIPIEN (→ Abschnitt 4.7) und die Definition von Entscheidungen (→ Abschnitt 4.4).

Anti-Zähigkeit geht davon aus, dass weiche Vorgaben motivierender sind, weil mehr Gestaltungsspielraum vorhanden ist. Ich habe weiter vorne bereits über Zusammenhänge zwischen ADES-Sektoren gesprochen, allerdings sei an dieser Stelle betont, dass dieser Motivationsschub nur dann hilfreich ist, wenn gute von schlechten Abweichungen unterschieden werden können. Das Thema Feedback & Transparenz (Abschnitt 8.3.3) ist deshalb sehr zentral für eine erfolgreiche Anwendung von Anti-Zähigkeit.

8.3.7 ES-T – Technical Excellence

Kompetente und leistungsfähige Teams sind ein zentraler Aspekt für evolutionäre Systeme. In der dezentralen Welt der inkrementellen Innovation müssen gute Entwickler Probleme identifizieren, Optionen bewerten, Ideen umsetzen, sie ausliefern und mit dem erhaltenen Feedback arbeiten. Zur technischen Exzellenz gehören gute Entwicklungspraktiken, Software Craftsmanship, eine professionelle Einstellung zum Umgang mit Fehlern, generell eine gute Fehlerkultur und der Fokus auf Wertschöpfung und Testbarkeit. Änderungen am System werden damit risikoloser und zielgerichteter, empirisches Vorgehen wird effektiv ermöglicht. Technische Exzellenz ist ein wesentlicher Bestandteil des ADES-Rahmens, der alle anderen Sektoren unterstützt. Bild 8.12 zeigt die schwache und starke Ausprägung im Überblick.

niedriger Sektorwert	hoher Sektorwert
— Die Teams werden stark von zentralen "Master Minds" geleitet, um technische Innovationen voranzutreiben	+ Teams sind wirklich crossfunktional aufgestellt, einschließlich Entwicklungs-, Test-, Architektur- und Betriebsexpertise
— Fehler, Bugs und Ausfälle sind häufig und werden oft durch Missverständnisse oder mangelndes Verständnis der technischen Plattform, der Kernpraktiken oder allgemeiner IT-Konzepte verursacht	+ Entwickler verstehen sich als Craftsmen, die immer auf der Suche nach Möglichkeiten sind, ihre Fähigkeiten oder das System zu verbessern
— Verwendete Technologien, Frameworks, Entwicklungspraktiken und -muster sind veraltet. Es ist schwer, neues Personal zu finden, viele triviale und redundante Aufgaben werden manuell ausgeführt	+ Technische Trends werden geordnet diskutiert und bewertet. Sie beeinflussen das Produktdesign ständig, aber gezielt
— Es gibt viele Systemteile, die nur ein einziger "Experte"/"Spezialist" versteht	+ Automatisierung ist ein hohes Gut und wird in allen Teilen des Systemlebenszyklus umfassend genutzt

Bild 8.12 Selbsteinschätzung zu „Technical Excellence"

Die Kernaspekte von technischer Exzellenz sind aus vielen bekannten Werken rund um Entwicklungspraktiken zusammengetragen. Dazu gehören prominent [Hun99], [Mar08], [Adz11] oder [Hen11]:

- Setzen Sie auf **Crossfunktionalität**: Teams zu schaffen, die möglichst selbstständig arbeiten können, ist nicht einfach. In der crossfunktionalen Idee kann ein Team typische Aufgaben der Produktentwicklung selbstständig lösen. Jedes Individuum hat dabei Spezialfähigkeiten und genug Einblick in andere Expertisen, um sich effektiv mit Kollegen auszutauschen. Grundregel in Entwicklungsteams ist, dass jedes Teammitglied *auch* entwickelt. Andere Spezialfähigkeiten sind jedoch wünschenswert und sollen sich innerhalb des Teams ergänzen. Insgesamt entstehen starke Einheiten, die widerstandsfähig gegen Misserfolge sind. Mehr Einblick in starke Teams erhalten Sie beim Blick auf die Architektenrolle in Abschnitt 7.3.

- Fördern Sie den Austausch rund um gute **Entwicklungspraktiken**: Technische Exzellenz hat nicht nur mit der tiefen technischen Expertise einzelner Entwickler zu tun. Softwareentwickler müssen sich mit Entwicklungspraktiken wie Pair Programming, Clean Code, Test-First-Ansätzen, Review-, Commit- und Deploymentstrategien oder auch dem sauberen Umgang mit Bugs und Support-Tickets vertraut machen. Sie sollten Konferenzen besuchen, Bücher und Artikel lesen und ihre Entwicklungspraktiken im Team und in der Organisation diskutieren. Meetings wie technische Vorträge von Kollegen, Besuche von Meetups und Usergroups oder COMMUNITIES OF PRACTICE (→ Abschnitt 5.7) unterstützen diesen Aspekt.

- **Automatisieren** Sie alles: Ein bekanntes Sprichwort in der Softwareindustrie ist: „Wenn du es zum zweiten Mal manuell machst, hast du eine Gelegenheit zur Automatisierung verpasst." Die Automatisierung beseitigt den menschlichen Risikofaktor, der bei manuellen Tätigkeiten immer mitschwingt. Außerdem wird das Wissen über Prozesse und Tools aus dem Kopf der Entwickler in Skripte überführt. Ist der menschliche Faktor aus Test-, Build-, Deployment- und Update-Prozessen herausgelöst, treten Fehler einmal auf, führen zu Korrekturen oder Verbesserungen in Skripten, Konfigurationen oder Tests und werden das nächste Mal abgefangen. Die Disziplin, Fehler nicht überhastet manuell zu beheben, sondern erst „done" zu sein, wenn der Fehler nachgestellt und in Zukunft ausgeschlossen werden kann, treibt die Qualität und das Vertrauen in die Entwicklung in die Höhe. Experimente sind sicherer, Vertrauen wird eher geschenkt, harte Vorschriften können in weiche Vorgaben überführt werden. Nicht zuletzt sind automatisierte Prozesse auch schneller auszuführen als manuelle und schenken uns so schnelles und direktes Feedback. Die Automatisierung von Test-, Metrik- und Deployment-Aspekten wird auch in den Abschnitten 6.3, 6.4 und 6.5 diskutiert.

8.4 Evolutionäre Architektur

Evolutionäre Architektur[9] ist als Metapher dem Evolutionary Computing entlehnt und eine Idee zur Architekturausgestaltung, stark verknüpft mit agilen Werten und Prinzipien. Zentrales Paradigma ist, dass sich Architektur für größere Systeme stetig weiterentwickeln muss. Sei es aufgrund von Innovationsdruck (steht man im direkten Wettbewerb um Benutzer, ist Qualität und damit auch Architekturarbeit ein sehr wichtiges Thema) oder weil man sich in einem „dynamischen Gleichgewicht" befindet.

 Als **dynamisches Gleichgewicht** bezeichnet man den Gleichgewichtszustand in offenen Systemen, bei dem kontinuierliche Anpassungen notwendig sind, um einen stabilen Zustand aufrechtzuerhalten.

Um es etwas weniger offiziell zu beschreiben: Wenn Sie eine Badewanne mit Wasser füllen und dann den Abfluss öffnen, wird der Wasserspiegel wahrscheinlich sinken. Es sei denn, Sie führen über den Wasserhahn die gleiche Menge Wasser zu, die auch abfließt. Dann bleibt der Wasserstand stabil, Sie haben ein dynamisches Gleichgewicht (oder auch Fließgleichgewicht) erreicht.

Übertragen auf die Softwareentwicklung spricht man gerade im agilen Kontext häufig davon, dass eine konstant gute Lösung stetige Anpassung braucht. Weil sich die Disziplin der Softwareentwicklung und generell der IT so schnell weiterentwickelt, ist jeder Stillstand auf Lösungs- und Architekturseite schädlich.

Je größer das System oder die Entwicklungsorganisation, desto schwieriger ist stetige Anpassung. Wie sorgen Sie trotzdem für stetige Weiterentwicklung der Architektur? Die momentan breit diskutierten Antworten nehmen sich Anleihen an der Natur und konkret an Evolutionsprozessen. Die sind deshalb interessant, weil sie dezentral funktionieren und sehr gut skalieren. Nähern wir uns dem Thema über die sogenannten Evolutionsfaktoren, bevor wir die Umsetzung in IT-Organisationen betrachten.

8.4.1 Evolutionsfaktoren

Evolutionsfaktoren sind grob beschrieben jene Prozesse, die Evolution vorantreiben. In der Biologie gehören dazu zumindest:

- **Mutation:** spontane Veränderungen der DNA, die laufend für neue Erbanlagen sorgen
- **Rekombination:** Erhöhung der Variabilität der Individuen durch Vererbung
- **Gendrift:** durch äußere Umstände bedingte Änderungen des Genpools
- **Selektion:** die natürliche Auslese der Umwelt, Förderung von günstigen Merkmalsausprägungen

---

[9] Evolutionäre Systementwicklung bildet die rechte Hälfte des ADES-Frameworks und zeigt dort zentrale Aspekte von evolutionärer Architektur. Evolutionäre Architektur ist jedoch ein Trendthema für sich und vereinigt viele Dinge, die ich in Vorgehensmustern (oder auch in ADES-Kapiteln) beschrieben habe.

Weitere wichtige Aspekte wären **Isolation** oder auch **Migration**. Bei oberflächlicher Betrachtung sind viele dieser Faktoren dafür zuständig, den Genpool zu durchmischen oder zu verändern (*Mutation, Rekombination, Gendrift, Migration*). Die *Selektion* ist schließlich dafür zuständig, gute von schlechten Veränderungen zu trennen.

Diese Metapher funktioniert sehr gut, um moderne Entwicklungsorganisationen zu beschreiben. Wir legen in der technischen Arbeit großen Wert darauf, neue Ideen zu entwickeln und in Entwicklergruppen zu experimentieren. Das geht auch mit Freiheiten für die Umsetzung einher und versucht, *Variation* zu fördern. Auf der anderen Seite ist *Selektion* notwendig, um gute von schlechten Ideen zu unterscheiden. Ein Teil der Selektion hat mit kommunizierten Zielen und der Einschätzung durch Entwicklergruppen selbst zu tun (siehe Kapitel 3 und WIEDERKEHRENDE REFLEXION (→ Abschnitt 5.5)). Ein zweiter Teil besteht aus unbestreitbarem Feedback und qualitativen Tests (siehe QUALITATIVE EIGENSCHAFTEN TESTEN (→ Abschnitt 6.3) und QUALITÄTSINDIKATOREN NUTZEN (→ Abschnitt 6.4) bzw. Sektor F des ADES-Frameworks – Feedback & Transparency).

8.4.2 Variation in technischen Lösungen

Variation innerhalb der Architekturdisziplin bedeutet, den Status quo zu hinterfragen und weiterzuentwickeln. Damit das kleinteilig und häufig (und damit risikofreier) gelingt, müssen Veränderungen, die potenziell die gesamte Architektur betreffen, zunächst lokal erfolgen. Erst auf Basis dieser Erfahrung werden gute Ansätze in die Breite getragen. Die Basiselemente sind folglich (1) Freiheiten auf Entwicklerseite, (2) technische Abgrenzung von Systemteilen für einfachere lokale Experimente und (3) Transparenz von neuen Ideen.

Freiheiten auf Entwicklerseite

Ein berühmtes Credo von Netflix lautet „Freedom and Responsibility". Entwickler haben die Freiheit, alles zu machen, was sie wollen, gleichzeitig tragen sie aber auch eine hohe Verantwortung. Grenzenlos ist die Freiheit bei Netflix auch nicht, allerdings ist die Grundidee sehr gut: Ohne die Freiheit, eigene Entscheidungen zu treffen, wird niemand Verantwortung übernehmen. Verantwortungsvolle Entwickler können nur durch gegebene Freiräume wachsen. Bei dem Thema PRINZIPIEN (→ Abschnitt 4.7) habe ich bereits darüber gesprochen, Entscheidungsspielraum zu bewahren und gleichzeitig eine positive Richtung zu formulieren. Allein über den Umgang mit Architekturvorgaben lässt sich allerdings schon viel erreichen. Bild 8.13 zeigt, wie sich klassische Architekturvorgaben von evolutionären Architekturvorgaben unterscheiden.

Die klassische Sichtweise auf Architektur (oben in Bild 8.13) kennt oft nur die *harte Regel* als Vorgabe. Dabei wird eine Architekturregel formuliert (z. B. „Wir verwenden Angular 8") und danach mit Governance-Mechanismen auf deren Einhaltung geachtet. Andere Bereiche im Lösungsdesign werden komplett offengelassen. Entwickler(gruppen) müssen sich im offengelassenen Bereich selbst um gute Lösungen bemühen. Probleme erwachsen nun daraus, dass nicht alle Entwickler-Teams über ein gleich hohes Maß an Erfahrung und Wissen verfügen. Lassen wir Dinge offen, könnten schwächere Teams schlechte Entscheidungen treffen oder zumindest ineffektiv arbeiten. Aus dieser Angst heraus („Nicht alle Entwickler/Teams sind gut genug") werden mehr harte Regeln definiert als nötig. Man orientiert sich an den

Klassische Architekturvorgaben

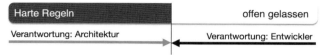

Evolutionäre Architekturvorgaben

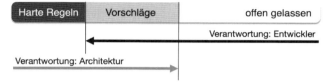

Bild 8.13
Umgang mit Architekturvorgaben

schwächsten Leuten und behindert so die mögliche Innovation durch gute Leute. Variation (und in weiterer Folge Innovation) wird gebremst.

Das zweite große Problem des oberen Ansatzes in Bild 8.13 betrifft die gelebte Verantwortung für die Lösung. Mit vielen harten Regeln, an denen nicht gerüttelt werden darf, ist bei Produktionsproblemen oder qualitativen Schwächen schwer herauszufinden, wer reagieren muss. Entwickler können auf einengende Regeln verweisen und die Schuld von sich weisen. Die Klärung, wer Schuld hat, steht im Vordergrund, weniger die Lösung des momentanen Problems.

Unten in Bild 8.13 sehen wir die evolutionäre Sichtweise auf Architekturvorgaben. Dabei wird die Idee der *Vorschläge* stärker aufgegriffen. Vorschläge sollen eine gute Default-Lösung für übliche Probleme bieten und so schwächere Entwickler und unsichere Teams effektiver machen. Gleichzeitig gibt es kein Verbot, von Vorschlägen abzuweichen. Wenn eine gültige (oder bessere) Lösung nur durch die Abweichung von einem Vorschlag möglich ist, ist es sogar erwünscht abzuweichen. Bei Problemen kann die Befolgung von Vorschlägen deshalb nicht als Ausrede dienen. Die Verantwortung für die Lösung verbleibt im Entwicklungsteam. Wenn ich Ihnen und Ihren Kollegen z. B. vorschlage, zweimal die Woche laufen zu gehen, um das Risiko von Herzkreislauferkrankungen zu senken, kann trotzdem jeder Einzelne frei entscheiden, ob Laufen das Mittel der Wahl ist. Laufen ist ein Breitensport und überall ausführbar, weshalb der Vorschlag wohl auf viele Situationen passen wird. Allerdings spreche ich niemandem die Kompetenz ab, die eigene Situation im Zweifel besser einschätzen zu können. Haben Sie Gelenksbeschwerden? Gibt es eine andere gut geeignete Sportart, die Sie ohnehin schon regelmäßig ausführen? Sind Sie ambitionierter Hobbysportler und gehen viel öfter laufen? All das kann ich nicht wissen oder müsste es aufwendig in Erfahrung bringen. Die Expertise für eine gute Entscheidung liegt beim Empfänger des Vorschlags. Mit der Lösung („gehen Sie laufen") habe ich nun auch ein Ziel mit kommuniziert: Laufen soll das Risiko von Herzkreislauferkrankungen senken. Selbst bei der Abweichung vom Vorschlag bleibt das Ziel somit klar. Der Vorschlag könnte auch so formuliert werden: „Senken Sie das Risiko von Herzkreislauferkrankungen, indem Sie sich regelmäßig körperlich betätigen. Ich empfehle, zwei Mal die Woche laufen zu gehen." Ich formuliere also ein Ziel und eine mögliche Lösung. Treten Probleme auf (es werden etwa Gelenksbeschwerden akut), können wir gemeinsam nach Lösungen suchen, aber letztendlich sind Sie in der Verantwortung und Führung dieses Prozesses.

In der evolutionären Idee von Softwareentwicklung kommunizieren wir vorgeschlagene Technologien, Konzepte oder Muster folglich immer gemeinsam mit den damit verbundenen *Zielen* – Kundenziele oder Qualitätsziele und Szenarien, die bindend zu erreichen sind. *Harte Regeln* sind bei evolutionären Architekturansätzen sehr stark zurückgedrängt. Es sollen lediglich die Lauffähigkeit und Betreibbarkeit der Lösung sichergestellt werden. Dazu braucht es oft Regeln zu zentralen Security- oder Monitoring-Aspekten. Klar ist, dass alle Aspekte, die hart geregelt werden (also ohne gültigen Lösungsausweg), nicht dezentral innoviert und gut variiert werden können.

Technische Abgrenzung von Systemteilen

Freiheiten nützen wenig, wenn jede Idee eines Entwicklungsteams mit allen anderen Entwicklern besprochen und abgestimmt werden muss. Abhängigkeiten, notwendige Besprechungen, technische Risiken für die Gesamtlösung und der Ruf nach Koordination sind ein Hemmschuh für Variation. Es muss folglich möglich sein, technische Ideen lokal umzusetzen, ohne zu große Auswirkungen auf andere Teams oder die Gesamtlösung befürchten zu müssen. Der aktuelle Trend zu Microservices findet hier einen guten Nährboden, auch wenn technische Isolation von fachlichen Systemteilen in jedem Umfeld möglich ist. Allgemeiner spricht man deshalb oft von *vertikalen Architekturstilen*.

Im Grunde geht es darum, größere Systeme rund um fachlich eigenständige Teilgebiete (nach Domain Driven Design die *Domänen*) zu strukturieren und anschließend technologische Barrieren zwischen diesen Teilgebieten hochzuziehen. Ein fachliches Teilgebiet enthält sowohl die Fachlogik (die in eigenen Prozessen läuft), die Datenhaltung (die nur einer fachlichen Domäne dienen darf), als auch UI-Artefakte (die nur Aspekte der Heimatdomäne abbilden). Die entstandene „Säule" oder „Vertikale" reicht von UI bis Datenhaltung, ist unabhängig von anderen Vertikalen auslieferbar und auch zur Laufzeit unabhängig. Dadurch ist gewährleistet, dass Teams, die einer Vertikalen zugeordnet sind, diese auch frei ausgestalten können. Selbst bei Qualitätsproblemen sind nicht sofort andere Säulen und Teams betroffen, solange Abweichungen bei der Framework-Auswahl, Datenhaltung und Logikabbildung erlaubt sind.

Die reine Möglichkeit der Variation, die durch die technische Abgrenzung von Vertikalen entsteht, muss dabei nicht genutzt werden. Hier sollten sinnvolle Vorschläge die Entwicklung leiten und gute Lösungen weite Verbreitung finden. Dafür sind neben guten Vorschlägen und Defaults die Selektionsmechanismen zuständig. Allein die Möglichkeit der lokalen Abweichung schafft jedoch Innovationspotenzial und ermöglicht die schrittweise Migration von Technologien. Vertikale Architekturansätze sind deshalb gerade in der Entwicklung langlebiger Produkte (die innerhalb ihrer Lebenszeit mehrere technologische Innovationen erleben werden) sehr beliebt.

Transparenz von neuen Ideen

Die Sichtbarkeit von neuen Ideen ist zentral für effektives Lernen. Neue Ideen oder die geplante Abweichung von architektonischen Vorschlägen (Defaults) müssen in die Breite getragen werden. So können gute Ideen „ansteckend" wirken, weiterführende Ideen anderer Entwicklungsteams können enormen Wert schaffen, oder zwei individuelle Ideen können zu etwas Neuem verschmelzen. Dieses Potenzial sollten Sie nutzen! Ganz nebenbei erwachsen daraus auch Möglichkeiten des Peer-Feedbacks, das wir auch als Selektionsmechanismus verwenden können.

Transparenzmechanismen reichen von Blogs, über (interne) Meetups und COMMUNITIES OF PRACTICE (→ Abschnitt 5.7) bis hin zu internen Konferenzen und Hackathons. All diese Mechanismen haben gemeinsam, dass sie kurzfristige Kommunikation unterstützen, ohne viel Ballast mitzuschleppen. Während Dokumente immer in ihrer Gesamtheit auf dem aktuellen Stand gehalten werden müssen, werden Blogs nur nach der neuesten Information bewertet, die darin sichtbar ist. Widersprüche müssen nicht sofort beseitigt werden. Das schafft Austauschmöglichkeiten ohne Hürden und damit ein lebendigeres Kommunikationsumfeld.

Wichtiges Detail bei der Etablierung von Kommunikationsstrukturen im evolutionären Kontext ist, dass die etwaig vorhandene Organisationsstruktur dabei ausgeblendet wird. Muss eine Abweichung von der Standardarchitektur vor einem Board von erfahrenen Architekten mit herausgehobener Position erfolgen, riecht das eher nach Kontrolle. Sitzen in einem Saal voll gleichgesinnter Entwickler auch ein paar benannte Architekten der Organisation, stört das weniger, vor allem wenn alle Anwesenden die gleichen Rechte haben. Genauso wichtig ist es, dass Erfolge über diese Plattformen gefeiert werden. Positive Veränderungen, die durch Teams angestoßen wurden, verdienen eine Bühne, positives Feedback und vielleicht auch mal ein Bier oder zwei.

8.4.3 Selektionsmechanismen für technische Lösungen

Als Selektionsmechanismen bezeichnet die evolutionäre Architekturgemeinde Feedbackmechanismen für technische Lösungen. Grundsätzlich können wir zwischen weichen und harten Selektionsmechanismen unterscheiden.

Zu den **weichen Feedback**-Mechanismen gehören partizipative Kommunikationsansätze. Community-Events (Abschnitt 5.7), Meetups, Blogs oder REFLEXIONSWORKSHOPS (→ Abschnitt 5.5) laden gleichgestellte Entwickler dazu ein, zu kommentieren und zu hinterfragen. Dieses Feedback ist oft wertvoller als Feedback aus der Hierarchie eines Unternehmens, da es eher angenommen und eher gesucht wird.

Zu den **harten Feedback**-Mechanismen zählen direkte und indirekte Tests der Produktqualität und damit z. B. Qualitätsattribut-Feedback, explorative Tests zur Benutzbarkeit, Metrikprüfungen für Wartbarkeit, Überwachungsfunktionen zur Zuverlässigkeit, Lasttests zur Skalierbarkeit und das Trendthema rund um Chaos Engineering und Fitness-Funktionen (siehe auch Abschnitte 6.3 und 6.4). Ziel ist es, möglichst neutrales und automatisiertes Feedback zur Lösung bereitzustellen. Sagt ein Tool, die Lösung ist schlechter als zuvor, akzeptiert man das als Entwickler eher als abwertende Kommentare der (falschen) Kollegen. Sind die momentan erreichten Test-Levels für die wichtigsten Qualitätsaspekte bekannt, können Änderungen an der Lösung schnell und ganzheitlich eingeschätzt werden.

Zusammen genommen sind Selektionsmechanismen extrem wichtig, um ein gemeinsames Zielbild einer dezentral organisierten Architekturentwicklung zu schaffen. Die Verantwortung wird sehr viel deutlicher und unmittelbarer. Irrwege sind schneller als solche einschätzbar. Ohne Selektionsmechanismen können die oben geforderten Freiheiten und Variationsmöglichkeiten unwirksam oder sogar schädlich sein.

8.4.4 Zentrale Aspekte für den Erfolg

Das Thema der evolutionären Architekturentwicklung erscheint recht umfangreich und greift tief in die Entwicklungsorganisation ein. Evolutionsfaktoren machen die Denkweise klarer und schaffen oft ein einendes Verständnis. Das ADES-Framework liefert konkretere Ideen, wie evolutionäre Architekturentwicklung erfolgen sollte und wie sie organisatorisch und methodisch unterstützt werden kann. Zum Abschluss versuche ich einen kleinen Überblick zu geben, was die zentralen Aspekte sind, die Sie auf jeden Fall mitnehmen sollten.

Übergeordnet wichtig für evolutionäre Architekturentwicklung ist der Gedanke der unterstützenden Architektur: Arbeit an der Architektur erfolgt vorrangig, um die Entwicklung effektiver und den Austausch zwischen Entwicklern zielgerichteter zu machen. Die Einengung oder Kompetenzbündelung ist *kein* Motivator. Unterstützende Architektur passt gut in die Rolle des ARCHITECTURE OWNERS, wie ich sie in Abschnitt 5.6 beschrieben habe.

Weitere zentrale Aspekte evolutionärer Architekturentwicklung sind in Tabelle 8.2 aufgelistet und mit unterstützenden Konzepten versehen.

Tabelle 8.2 Zentrale Aspekte evolutionärer Architektur

Aspekt	Kurzbeschreibung	Konzepte & Trends
Geringe Standardisierungstiefe	Mehr evolutionäre Dimensionen durch gewährte Freiheiten in Technologiefragen und möglichst hohe Unabhängigkeit in deren Entscheidung	Microservices, Self Contained Systems (SCSs), Strategic Design (Teil von Domain Driven Design – DDD), Vorschläge statt Regeln
Klare Verantwortung	Unmittelbares und spürbares Feedback für Entwickler, was eigene Designentscheidungen für die Gesamtlösung bedeuten bzw. wie gut Qualitätsziele erreicht werden	Continuous Delivery, Fitness Functions, Chaos Engineering, qualitative Tests, DevOps, generell: Selektionsmechanismen
Anti-Zähigkeit	Vereinfachte Anwendung von bevorzugten Architekturansätzen und Lösungen schafft „weiche Standards", Marketing für gesamtarchitektonisch förderliche Ansätze	Blue-Prints, Bundling, zentraler Support, geschenkte Dokumentation, vorgefertigte Testansätze, Integration in die IDE
Hohe Transparenz	Partizipative Ansätze und Peer-Austausch fördern, geringe Hürden in der Dokumentation von Neuem, keine Entscheidungen mit der Kommunikation verknüpfen	Communities, Meetups, Blogs, Architekturwand (siehe Abschnitt 5.1), „Solution-Märkte", interne Konferenzen, Praktikantenmodelle

Das vorliegende Buch sollte Ihnen in all den Mustern viele Grundlagen gezeigt haben, die Ihnen den Weg Richtung evolutionärer, stetiger Architekturentwicklung ebnen. Das Thema ist allerdings ganz klar auf große Entwicklungsvorhaben und -organisationen ausgerichtet, während die beschriebenen Vorgehensmuster im Rest des Buchs in allen Umfeldern einsetzbar sind. Ganz egal, in welchem Umfeld Sie sich bewegen, wünsche ich Ihnen viel Spaß bei der Anwendung einzelner Ideen und dem Experimentieren mit Neuem.

Sollten Sie zu jenen Menschen gehören, die bei einem Buch zuerst die letzte Seite lesen: Lesen Sie dieses Buch nicht. Legen Sie es weg. Jetzt. ;-)

Ich freue mich über jegliches Feedback und fachliche Fragen. Senden Sie einfach eine E-Mail an Stefan.Toth@embarc.de.

Literaturverzeichnis

[Adz09]   G. Adzic, Bridging the Communication Gap: Specification by Example and Agile Acceptance Testing, Neuri Limited, 2009.

[Adz11]   G. Adzic, Specification by Example: How Successful Teams Deliver the Right Software, Manning, 2011.

[agi01]   „agilemanifesto.org", 2001. [Online].
Link: http://agilemanifesto.org/iso/de/principles.html.

[Ale78]   C. Alexander, A Pattern Language: Towns, Buildings, Construction, Oxford University Press, 1978.

[Amb09]   S. Ambler, „ambysoft.com", Ambysoft Inc., 2009. [Online].
Link: http://www.ambysoft.com/surveys/projectInitiation2009.html.

[Amb091] S. Ambler, „agilemodeling.com", 2009. [Online].
Link: http://www.agilemodeling.com/essays/barelyGoodEnough.html.

[And10]   D. Anderson, Kanban: Successful Evolutionary Change for Your Technology Business, Blue Hole Press, 2010.

[App09]   J. Appelo, „Choosing Authority Levels for Team Members", 12 November 2009. [Online].
Link: http://www.noop.nl/2009/11/choosing-authority-levels-for-team-members.html.

[App10]   J. Appelo, Management 3.0: Leading Agile Developers, Developing Agile Leaders, Amsterdam: Addison-Wesley Longman, 2010.

[Aut07]   „Automated Testing and the Test Pyramid", 2007. [Online].
Link: http://jamescrisp.org/2011/05/30/automated-testing-and-the-test-pyramid/.

[bal13]   Balsamiq Studios, LLC, 2013. [Online].
Link: http://www.balsamiq.com/.

[Bar06]   L. Barnett, „And the agile survey says", *Agile Journal*, no. 1, 2006.

[Bas12]   L. Bass, P. Clements and R. Kazman, Software Architecture in Practice, Amsterdam: Addison-Wesley Longman, 2012.

[Bas88]   V. R. Basili and H. D. Rombach, „The TAME Project: Towards ImprovementOriented Software Environments", *IEEE Transactions in Software Engineering*, vol. 14, November, 1988.

[Bec04]   K. Beck, eXtreme Programming explained: Embrace Change, Reading, Massachusetts: Addison-Wesley, 2004.

[Bel13]   S. Bellomo, „An Emerging Set of Integrated Architecture and Agile Practices That Speed Up Delivery", Minneapolis, 2013.

[Bel131] S. Bellomo, I. Ozkaya and R. Nord, „Elaboration on an Integrated Architecture and Requirement Practice", 2013.

[Ber13]   S. Berkun, The Year Without Pants: WordPress.com and the Future of Work, Jossey-Bass, 2013.

[Boe03]   B. Boehm and R. Turner, Balancing Agility and Discipline: A Guide for the Perplexed, Addison-Wesley/Pearson Education, 2003.

[Boo06]   G. Booch, „The Accidental Architecture", vol. 23, no. 3, 2006.

[Bre02]   D. Bredemeyer and R. Malan, „bredemeyer.com", Bredemeyer Consulting, 2002. [Online]. Link: http://www.bredemeyer.com/pdf_files/ArchitectCompetencyFramework.PDF.

[Bro13]   S. Brown, Software Architecture for Developers – Software architecture, technical leadership and the balance with agility, Leanpub, 2013.

[Bul09]   K. G. Bulsuk, „Toyota Way Articles", Karn G. Bulsuk, 02 01 2009. [Online]. Link: http://www.bulsuk.com/2009/07/toyota-way-articles.html.

[Bus11]   F. Buschmann, „To Pay or Not to Pay Technical Debt", *IEEE Software*, 2011.

[Bus96]   F. Buschmann, R. Meunier, H. Rohnert and P. Sommerlad, A System of Patterns: Pattern-Oriented Software Architecture, John Wiley & Sons, 1996.

[Cle01]   P. Clements, R. Kazman and M. Klein, Evaluating Software Architectures: Methods and Case Studies, Addison-Wesley Longman, 2001.

[Cod10]   „CodeCity", 2010. [Online]. Link: http://www.inf.usi.ch/phd/wettel/codecity.html.

[Coh09]   M. Cohn, Succeeding with Agile: Software Development Using Scrum, Addison-Wesley Longman, 2009.

[Cri08]   L. Crispin and J. Gregory, Agile Testing: A Practical Guide for Testers and Agile Teams, Addison-Wesley Longman, 2008.

[Cun92]   W. Cunningham, „The WyCash Portfolio Management System", in *OOPSLA '92 Addendum to the proceedings on Object-oriented programming systems, languages, and applications*, New York, 1992.

[DeM01]   T. DeMarco, Slack: Getting Past Burn-out, Busywork, and the Myth of Total Efficiency, Computer Bookshops, 2001.

[Doe18]   J. Doerr, L. Page: Measure What Matters: How Google, Bono, and the Gates Foundation Rock the World with OKRs, Portfolio, 2018

[Duv07]   P. Duvall, S. Matyas and A. Glover, Continuous Integration – Improving Software Quality and Reducing Risk, Addison-Wesley Professional, 2007.

[Els08]   A. Elssamadisy, Agile Adoption Patterns: A Roadmap to Organizational Success, Addison-Wesley Longman, 2008.

[Eva03]   E. J. Evans, Domain-Driven Design: Tackling Complexity in the Heart of Software, Addison-Wesley Longman, 2003.

[Fai10]   G. Fairbanks, Just Enough Software Architecture: A Risk-Driven Approach, Marshall & Brainerd, 2010.

[Fow02]   M. Fowler, Patterns of Enterprise Application Architecture, Amsterdam: Addison-Wesley Longman, 2002.

[Fow03]   M. Fowler, „Who Needs an Architect?", *IEEE SOFTWARE*, no. 04, 2003.

[Fow04]   M. Fowler, „http://martinfowler.com/", 05 2004. [Online]. Link: http://martinfowler.com/articles/designDead.html.

[Fow06]   M. Fowler, „Continuous Integration", 01 05 2006. [Online]. Link: http://martinfowler.com/articles/continuousIntegration.html.

[Fow09]   M. Fowler, „TechnicalDebtQuadrant", 14 10 2009. [Online]. Link: http://martinfowler.com/bliki/TechnicalDebtQuadrant.html.

[Gam94]   E. Gamma, R. Helm, R. Johnson and J. Vlissides, Design Patterns. Elements of Reusable Object-Oriented Software, Amsterdam: Addison-Wesley Longman, 1994.

[Gli00]   J. Glicken, „Getting stakeholder participation ‚right': a discussion of the participatory processes and possible pitfalls", *Environmental Science and Policy*, no. 3, pp. 305–310, 2000.

[Gra11]   D. Gray, S. Brown and J. Macanufo, Gamestorming: Ein Praxisbuch für Querdenker, Moderatoren und Innovatoren, O'Reilly, 2011.

[Hen11]   E. Hendrickson, „Driving Development with Tests: ATDD and TDD", Quality Tree Software, Inc, 04 2011. [Online].
Link: http://testobsessed.com/wp-content/uploads/2011/04/atddexample.pdf.

[Hen111] E. Hendrickson, „Exploratory Testing in an Agile Context", Quality Tree Software, Inc., 2011. [Online].
Link: http://www.agilistry.com/downloads/ETinAgile-agile2011-final.pdf.

[Hoh03]   G. Hohpe and B. Woolf, Enterprise Integration Patterns: Designing, Building, and Deploying Messaging Solutions, Amsterdam: Addison-Wesley Longman, 2003.

[Hoh06]   L. Hohmann, Innovation Games: Creating Breakthrough Products Through Collaborative Play, Addison-Wesley Longman, 2006.

[Hub10]   D. W. Hubbard, How to Measure Anything: Finding the Value of Intangibles in Business, John Wiley & Sons, 2010.

[Hum10]   J. Humble and D. Farley, Continuous Delivery: Reliable Software Releases Through Build, Test, and Deployment Automation, Amsterdam: Addison-Wesley Longman, 2010.

[Hun99]   A. Hunt and D. Thomas, The Pragmatic Programmer. From Journeyman to Master, Addison-Wesley Longman, 1999.

[Kan03]   S. H. Kan, Metrics and Models in Software Quality Engineering, Addison-Wesley Professional, 2003.

[Kni12]   H. Kniberg, Lean from the Trenches: Managing Large-Scale Projects with Kanban, Pragmatic Programmers, 2012.

[Kon13]   „Konsens", 03 04 2013. [Online].
Link: http://de.wikipedia.org/wiki/Konsens.

[Kru08]   P. Kruchten, „What do software architects really do?", *The Journal of Systems and Software*, no. 81, 2008.

[Kru12]   P. Kruchten, „pkruchten.files", Kruchten Engineering Services Ltd., 21 08 2012. [Online].
Link: http://pkruchten.files.wordpress.com/2012/08/kruchten-120821-techdebt.pdf.

[Kua17]   P. Kua, R. Parsons, N. Ford, Building Evolutionary Architectures, O'Reilly, 2017

[Lar08]   C. Larman and B. Vodde, Scaling Lean and Agile Development: Thinking and Organizational Tools for Large-Scale Scrum, Addison-Wesley Longman, 2008.

[Lar09]   C. Larman and B. Vodde, „leanprimer.com", 2009. [Online].
Link: http://www.leanprimer.com/downloads/lean_primer.pdf.

[Lar10]   C. Larman and B. Vodde, Practices for Scaling Lean and Agile Development: Large, Multisite, and Offshore Product Development with Large-Scale Scrum, Addison-Wesley Longman, 2010.

[Lef10]   D. Leffingwell, Agile Software Requirements: Lean Requirements Practices for Teams, Programs, and the Enterprise, Addison Wesley, 2010.

[Leo12]   K. Leopold, S. Kaltenecker, D. Anderson and B. Heitger, Kanban in der IT: Eine Kultur der kontinuierlichen Verbesserung schaffen, Carl Hanser Verlag GmbH & Co. KG, 2012.

[Lik96]   J. K. Liker, D. K. Sobek, A. C. Ward and J. J. Cristiano, „Involving Suppliers in Product Development in the United States and Japan: Evidence for Set-Based Concurrent Engineering", *IEEE Transactions on Engineering Management*, vol. 43, pp. 165–178, 1996.

[Lit61]   J. D. C. Little, „A Proof for the Queuing Formula: $L = \lambda W$", *Operations Research*, vol. 9, no. 3, pp. 383–387, 1961.

[Maa10] O. Maassen, „REAL OPTIONS AND BLACK SCHOLES", 20 Februar 2010. [Online].
Link: http://decision-coach.com/real-options-and-black-scholes/.

[Mar03] B. Marick, „My Agile Testing Project", 2003. [Online].
Link: http://www.exampler.com/old-blog/2003/08/21/.

[Mar08] R. C. Martin, Clean Code: A Handbook of Agile Software Craftsmanship, Prentice Hall International, 2008.

[Mat07] C. Matts and O. Maassen, „Real Options" Underlie Agile Practices", C4Media Inc., 08 06 2007. [Online].
Link: http://www.infoq.com/articles/real-options-enhance-agility.

[Mat10] C. Matts and O. Maassen, „LEAN AND REAL OPTIONS", 7 Januar 2010. [Online].
Link: http://decision-coach.com/lean-and-real-options/.

[McC07] S. McConnell, „Technical Debt", Construx Software Builders, 01 11 2007. [Online].
Link: http://www.construx.com/10x_Software_Development/Technical_Debt/.

[McC10] J. A. M. McCarthy, 2010. [Online].
Link: http://liveingreatness.com/core-protocols/decider/.

[McC11] S. McConnel, „Managing Technical Debt", Construx Software Builders, 2011. [Online].
Link: http://www.youtube.com/watch?v=lEKvzEyNtbk.

[Mul13] F. Müller und E. Wolff, „Qualitätsinvestitionen statt technischer Schulden", 2013. [Online].
Link: *http://www.heise.de/developer/artikel/Qualitaetsinvestitionen-statt-technischer-Schulden-2063864.html.*

[Nus01] B. Nuseibeh, „Weaving Together Requirements and Architectures", *IEEE Computer*, no. 34, pp. 115–117, 03 2001.

[Nyg07] M. T. Nygard, Release It!: Design and Deploy Production-Ready Software, Pragmatic Programmers, 2007.

[Pat08] J. Patton, „The new user story backlog is a map", 2008. [Online].
Link: http://www.agileproductdesign.com/blog/the_new_backlog.html.

[Pau09] G. Paulus, S. Schrotta and E. Visotschnig, Systemisches KONSENSIEREN: Der Schlüssel zum gemeinsamen Erfolg, DANKE – Verlag, 2009.

[Paw04] R. Pawson, „Naked objects", 06 2004. [Online].
Link: http://isis.apache.org/intro/learning-more/Pawson-Naked-Objects-thesis.pdf.

[Pop03] M. Poppendieck and T. Poppendieck, Lean Software Development: An Agile Toolkit for Software Development Managers, Addison-Wesley Longman, 2003.

[Pop06] M. Poppendieck and T. Poppendieck, Implementing Lean Software Development: From Concept to Cash, Amsterdam: Addison-Wesley Longman, 2006.

[Rep04] T. Reppert, „Don't Just Break Software, Make Software: How storytest-driven development is changing the way QA, customers, and developers work", *Better Software Magazine*, 2004.

[Ric07] D. F. Rico, H. H. Sayani, J. J. Stewart and R. F. Field, „A model for measuring agile methods and website quality", *TickIT International*, no. 3, 2007.

[Roo11] S. Roock and R. Pichler, „Die Architekturvision in Scrum: Vorausplanung und emergentes Design balancieren", no. 4, 2011.

[Ros04] M. B. Rosenberg and G. Seils, Konflikte lösen durch Gewaltfreie Kommunikation: Ein Gespräch mit Gabriele Seils, Herder Verlag, 2004.

[Roz11] N. Rozanski and E. Woods, Software Systems Architecture, Addison-Wesley, 2011.

[Sch02] K. Schwaber and M. Beedle, Agile Software Development with Scrum, Prentice Hall, 2002.

[Scr19] Scrum.org, „Scaled Professional Scrum with Nexus Practices", 2019 [Online]
Link: *http://www.scrum.org/scaled-professional-scrum-nexus-practices.*

[SEI13]   „SEI – Software Engineering Intitute Carnegie Mellon", Carnegie Mellon University, 2013. [Online].
Link: http://www.sei.cmu.edu/architecture/start/glossary/community.cfm.

[Ser09]   O. Serrat, „The Five Whys Technique", Asian Development Bank, 02 2009. [Online].
Link: http://www.adb.org/sites/default/files/pub/2009/the-five-whys-technique.pdf.

[Sha96]   M. Shaw and D. Garlan, Software Architecture: Perspectives on an Emerging Discipline, Prentice Hall, 1996.

[Sho07]   J. Shore, The Art of Agile Development, O'Reilly Media, 2007.

[Smi07]   P. Smith, „Flexible Development: Building Agility for Changing Markets", 2007.

[Sob99]   D. K. Sobek, A. C. Ward and J. K. Liker, „Toyota's Principles of Set-based Concurrent Engineering", *Sloan Management Review*, vol. 2, Winter, 1999.

[Sta17]   G. Starke, Effektive Softwarearchitekturen: Ein praktischer Leitfaden, Carl Hanser Verlag GmbH, 8. Auflage, 2017.

[Sut04]   J. Sutherland, „Agile Development: Lessons Learned from the First Scrum", 2004. [Online].
Link: https://www.scrumalliance.org/resource_download/35.

[Tak86]   H. Takeuchi, I. Nonaka, „New New Product Development Game", Harvard Business Review 86116, S. 137–146, 1986

[TOG11]   „TOGAF 9.1", The Open Group, 1999–2011. [Online].
Link: http://pubs.opengroup.org/architecture/togaf9-doc/arch/chap48.html.

[Tot09]   S. Toth, „Architekturbewertung – keine Noten, aber mehr Durchblick", *JavaMagazin*, no. 12, 2009.

[UML13]   „UML Resource Page", Object Management Group, Inc, 2013. [Online].
Link: http://www.uml.org/.

[Ver18]   „Version One Agile Survey", VersionOne, Inc., 2018. [Online].
Link: *http://www.stateofagile.com*.

[Vig09]   U. Vigentschow, S. Toth und M. Wittwer, „Projekt ist nicht gleich Projekt – Ergebnisse einer aktuellen Projektmanagement-Studie", *ObjektSpektrum*, no. 6, 2009.

[Vig10]   U. Vigenschow, B. Schneider and I. Meyrose, Soft Skills für Softwareentwickler: Fragetechniken, Konfliktmanagement, Kommunikationstypen und -modelle, Dpunkt Verlag, 2010.

[Vig11]   U. Vigenschow, B. Schneider and I. Meyrose, Soft Skills für IT-Führungskräfte und Projektleiter: Softwareentwickler führen und coachen, Hochleistungsteams aufbauen, Dpunkt, 2011.

[Vog09]   O. Vogel, I. Arnold, A. Chughtai, E. Ihler, T. Kehrer, U. Mehlig and U. Zdun, Software-Architektur, Heidelberg: Spektrum Aademischer Verlag, 2009.

[War07]   A. C. Ward, Lean Product and Process Development, Lean Enterprise Institute, 2007.

[Wen02]   E. Wenger, R. McDermott and W. Snyder, Cultivating Communities of Practice: From Idea to Execution: A Guide to Managing Knowledge, Harvard Business Review Press, 2002.

[Wen06]   E. Wenger, „Communities of practice. A brief introduction", June 2006. [Online].
Link: http://www.ewenger.com/theory/.

[Wes05]   L. Westfall, „12 Steps to Useful Software Metrics", The Westfall Team, 2005. [Online].
Link: http://www.scribd.com/fullscreen/35320814?access_key=key-bey7u4snnrpitwlk26w&allow_share=true.

[Whi06]   E. Whitworth, „ewhitworth.com", Department of Psychology Carleton University, 09 2006. [Online].
Link: http://www.ewhitworth.com/documents/thesis/ewhitworth_thesis_final.pdf.

[Wit11] M. Wittwer, „Entscheiden im Konsens Teil 4 – Soziokratische Wahl", 14 November 2011. [Online].
Link: http://www.oose.de/blogpost/entscheiden-im-konsens-teil-4-soziokratische-wahl/.

[Wol08] H. Wolf, A. Roock, „Agile becomes mainstream: Results of an Online Survey", *Object Spektrum*, no. 3, 2008.

[Woo08] E. Woods, „Putting Software Architecture in its Place", Barclays Global Investors, 14 04 2008. [Online].
Link: http://www.sei.cmu.edu/library/assets/woods_keynote_saturn08.pdf.

[Wyn12] M. Wynne and A. Hellesoy, The Cucumber Book: Behaviour-Driven Development for Testers and Developers, Pragmatic Programmers, 2012.

[Zör15] S. Zörner, Softwarearchitekturen dokumentieren und kommunizieren: Entwürfe, Entscheidungen und Lösungen nachvollziehbar und wirkungsvoll festhalten, Carl Hanser Verlag, 2. Auflage, 2015.

Stichwortverzeichnis

A

Abhängigkeiten 210
Abhängigkeitszyklen 208, 209, 220
Acceptance Test-Driven Development 44, 199
ADES Framework 263
ADES-Framework 262
Ad-hoc Architekturtreffen 120
- Tipps 123
agil 4, 16, 19, 21
- Prinzipien 5
Agile Skalierung 255
agiles Skalierungsframework
    siehe Skalierungsframework
Akzeptanzkriterien 37, 40, 50, 62, 67, 200, 203
Akzeptanztests 44, 67, 200, 226, 227
Anforderungspflege 39
Anforderungs-Workshops 34, 46, 90
Anti-Zähigkeit 274
Architecture Owner 122, 159, 261
- Aufgaben 162
- Fähigkeiten, Wissen 162
Architekt 242
- Architektenfaktoren 247
- Architekturagenten 247
- Eigenschaften 242
- klassischer ... 245
Architektenrolle 160
Architektur 19
- Definition 3
- Dokumentation 76
- Entscheidungen 27, 72, 88, 95, 103, 116, 133, 155
- Entscheidungsebenen 72
- Entscheidungskategorien 74
- Entscheidungsprozess 96, 136
- Entscheidungsstrategie 99
- Stil 91
- Treiber 75, 153
- Überblick 127
- vom Rest trennen 73
- Vorabplanung 88
- zeitgemäße 14
- Ziele 128, 190
- zufällige 21
Architekturagenten 163
Architekturanforderungen
    siehe Qualitätsanforderungen
Architekturbewertung siehe Reflexion
Architekturbrezel 239, 241
Architekturcommunities 166
- Phasen 168
- Tipps 169
- Vorteile 168
Architektur-Kata 172
- Ablauf 175
- Beispiel 175
- Regeln 177
Architekturprinzipien siehe Prinzipien
Architekturrisiko siehe Risiko
Architekturvision 36, 90
- Inhalte 91
Architekturwand 129, 140
Architekturzyklus 17, 18, 238
ATAM 152, 156
ATDD siehe Acceptance Test-Driven Development

B

Backlog 49, 59, 61, 103, 128
Backlog-Pflege siehe Anforderungspflege
BDD siehe Behaviour Driven Development
Behaviour Driven Development 44, 199
Bewertungs-Workshop siehe Reflexion
Big-Picture 127, 129, 154
Big Up-Front Design 88
Brainwriting 36
Build 212, 219, 225
- staged 226
build quality in 224

C

Cargo-Kult 237
Chaos Engineering 198
Clean Code 22
Codierrichtlinien 218

Community of Practice
  siehe Architekturcomunities
Continuous Delivery   225
Continuous Integration *siehe* kontinuierlich integrieren
Craftsmanship   277
Cross-funktional   243

D
DaD (Disciplined Agile Delivery)   256, 261
Deployment Pipeline   186, 226
– Werkzeuge   227
Design   20, 117
– emergentes   21
– Praktiken   21
– Prinzipien   22
Dunkelheitsprinzip   160
Durchstich   112

E
Entscheidungskompetenz   134
Entwicklungsprozess   17
Evolutionäre Architektur   279
Evolutionsfaktoren   279

F
Feedback   18, 121, 148, 156
Feedback-Geräte   130
Fehler-Ursachen-Analyse   230
Fitness-Funktion   270
five whys   232
Frühindikatoren   208

G
Grooming *siehe* Anforderungspflege

I
Imitation *siehe* Prototypen
Impediment Backlog   193
Implementierungszyklus   238
Informationsverteiler   128, 211
informativer Arbeitsplatz   127, 172
– Elemente   128
informiertes Entscheiden   133
ISO/IEC 25010   32
Iteration   40, 100, 105, 106, 154, 169
Iterations-Backlog   62
Iterationsplanung   100, 103

K
Kaizen   2
Kanban   20, 49, 59, 64, 65, 128
– Tafel   67

Kata   174
– Kategorien   174
Kohäsion   209
Komplexität   209
Komplexitätstreiber   15
Kompromisse   22, 146, 149, 163
Konformität   216
Konsistenz   216
Konsens   134
kontinuierlich integrieren   223
Kopplung   18, 209

L
Launch-Announcement   36
Lean   4, 16, 65, 83, 224, 231
LeSS (Large-Scale Scrum)   256, 259
letzter vernünftiger Moment   78, 95, 98, 269
– Indikatoren   81
– Lernfenster   81, 99
Littles Law   65
LRM *siehe* letzter vernünftiger Moment

M
Makroarchitektur   273
Mentoring   163, 169
Metriken *siehe* Qualitätsindikatoren
Minderungsmaßnahmen   109, 110, 112
Minderungspraktiken
  siehe Minderungsmaßnahmen
minimal marktfähiges Feature   104
MMF *siehe* minimal marktfähiges Feature
Modellierung   122
– analog   138
– Notation   122, 141
– Scoping   122
– Skizzen   122, 140
– Werkzeug   139

N
Naked Objects   187
nichtfunktionale Anforderungen
  siehe Qualitätsanforderungen
Not-Invented-Here Syndrom   244

O
Organisationstheorie   16

P
Pre-Mortem-Meetings   109
Prinzipien   21, 75, 91, 92, 98, 115, 116, 129, 168, 218
– Anwendung   117
– Arten   116

- Kriterien für gute 117
Prinzipienlücken 50, 62, 67, 202, 206
Product Owner 145, 149
Produkt-Canvas 36
Produktkarton 35, 128
Projektziele 15
Prototypen 15, 112, 187
Pull-Ansatz 65

Q

qualitative Anforderungen
 siehe Qualitätsanforderungen
Qualitätsanforderungen 14, 15, 22, 32, 92, 97, 105, 122, 147, 197
- testen 195
Qualitätsbaum 46
Qualitätseigenschaften 197
Qualitätsfaktoren
- äußere 196
- innere 205
Qualitätsgeschichten 50, 62, 67, 203
Qualitätsindikatoren 130, 204, 218, 224
- auswerten 211
- Frühindikatoren 207
- Reports 211
- Spätindikatoren 207
Qualitätsmerkmale 14, 21, 32, 44, 46, 56
Qualitätsmodell 32
Qualitätsszenarien siehe Szenarien
Qualitätsziele siehe Architekturziele
Quantifizieren 133

R

Rahmenbedingungen 75, 81, 91, 92, 98, 109
Realitätscheck 190
- Ablauf 192
Real Options Theorie 79, 80
Reflexion 152, 239
- Ablauf 155
- Teilnehmer 155
Release 103
Release-Planung 96, 102, 106
Retrospektiven 218
Risiken 15, 108, 110, 129
- Arten 109
- Bewertung 112
- Identifizierung 109
Risk-Storming 109, 112
Root-Cause-Analysis siehe Fehler-Ursachen-Analyse
Rückmeldung siehe Feedback

S

SAFe (Scaled Agile Framework) 256, 258
Scrum 5, 20, 21, 62, 145, 250
Sequential Question and Insight Diagram 110
Set-Based Design 81, 83, 97, 134
Simplified UML 141
Skalierungsframework 256
Softwarearchitekt siehe Architekt
Softwarearchitektur siehe Architektur
Software Craftsmenship 21
Specification by Example 199
Spikes siehe Durchstiche
Sprint Backlog siehe Iterationsbacklog
Sprint Planning 41
SQUID siehe Sequential Question and Insight Diagram
Stakeholder 144, 154, 162, 188, 230
- Beteiligung 148
Standups 121
statische Codeanalyse
 siehe Qualitätsindikatoren
Stop and Fix 65
Story 50, 104
Story-Map 36
Strategic Design 58
Systemkontext 91, 128
Szenarien 43, 49, 105, 117, 128, 153, 197, 206
- Arten 46
- Erhebung 45
- kategorisieren 48
- Teile 45
- Tipps 45

T

technische Schulden 52, 62, 105, 117, 153, 213
- Architekturebene 56
- Arten 55
- Behandlung 58
- Definition 54
- Umgang 56
Tests 197
- Akzeptanztests 198
- Automatisierung 197
- für Qualitätsmerkmale 200
- nichtfunktionale Tests 198
- Regressionstest 197
- Systemtests 198
- Testüberdeckung 210
- Unit-Tests 200
Thumb-Voting siehe Konsens

U

UML 141
Umsetzungsprüfung 217
– Abweichungen 218
– Werkzeuge 219
Umsetzungszyklus 17
unterstützender Architekt *siehe* Architecture Owner
Ursache-Wirkungs-Diagramme 230

V

Versionsverwaltung 226, 227
vertikale Architekturstile 282
Vision 14
Vorgehensmodell 238

W

Wartbarkeitstaktiken 112
Warteschlangentheorie 65
WIP *siehe* work in progress
work in progress 66

Behalten Sie den Überblick!

Zoerner
Softwarearchitekturen dokumentieren und kommunizieren
Entwürfe, Entscheidungen und Lösungen nachvollziehbar und wirkungsvoll festhalten
291 Seiten. E-Book-inside
€ 34,99. ISBN 978-3-446-44348-6

Auch einzeln als E-Book erhältlich
€ 27,99. E-Book-ISBN 978-3-446-44442-3

Dokumentation wird oft als lästige Pflicht angesehen und in vielen Softwareprojekten stark vernachlässigt. Dabei ermöglicht sie die Kommunikation von Konzepten im Team und dem Auftraggeber gegenüber oft überhaupt erst.

Dieses Buch zeigt, was von einer Architektur in jedem Falle festgehalten werden sollte, und warum. Hauptziel ist eine nachvollziehbare Softwarearchitektur. Daher gliedert sich das Buch in einen Anforderungsteil und einen Lösungsteil. Neben dem Festhalten von Architekturentscheidungen geht es vor allem um die Sicht auf Softwarearchitekturen, also um graphische Techniken, z. B. UML-Diagramme.

Mehr Informationen finden Sie unter **www.hanser-fachbuch.de**

Das Geheimnis langlebiger Softwarearchitektur

Dowalil
Grundlagen des modularen Softwareentwurfs
Der Bau langlebiger Mikro- und Makro-Architekturen wie Microservices und SOA 2.0
224 Seiten. Inklusive E-Book
€ 34,–. ISBN 978-3-446-45509-2

Auch einzeln als E-Book erhältlich

Die klassischen Muster der Softwarearchitektur versagen, wenn die IT-Landschaft zu komplex wird. Zurzeit werden neue Prinzipien und Muster entwickelt, welche genau diese Komplexität in geordnete Bahnen lenken sollen.
Dieses Buch handelt exakt davon!

Erfahren Sie Grundlegendes zu Softwarearchitekturen, und wie diese in Wechselwirkung zur Organisation eines Unternehmens stehen. Lernen Sie die Prinzipien kennen, welche langlebige Softwaredesigns auszeichnen. Lesen Sie, wie sich die Muster gut strukturierten Codes auch auf die Strukturen einer Makro-Architektur anwenden lassen.

Mehr Informationen finden Sie unter **www.hanser-fachbuch.de**

Mit Struktur geht's besser

Starke
Effektive Softwarearchitekturen
Ein praktischer Leitfaden
8., überarbeitete Auflage
453 Seiten. Inklusive E-Book
€ 48,–. ISBN 978-3-446-45207-7

Auch einzeln als E-Book erhältlich
€ 37,99. E-Book-ISBN 978-3-446-45420-0

Software-Architekten müssen komplexe fachliche und technische Anforderungen an IT-Systeme umsetzen und diese Systeme durch nachvollziehbare Strukturen flexibel und erweiterbar gestalten.

Dieser Praxisleitfaden zeigt Ihnen, wie Software-Architekturen effektiv und systematisch entwickelt werden. Der bekannte Software-Architekt Gernot Starke unterstützt Sie mit praktischen Tipps, Architekturmustern und seinen Erfahrungen. Drei ausführlich dokumentierte Beispielarchitekturen geben Ihnen ganz konkrete Hilfestellung bei der Konzeption der Software-Architektur in Ihren Projekten.

Mehr Informationen finden Sie unter **www.hanser-fachbuch.de**

HANSER

Softwaredokumentation – aber richtig!

Starke, Hruschka
arc42 in Aktion
Praktische Tipps zur Architekturdokumentation
198 Seiten. Inklusive E-Book
€ 20,–. ISBN 978-3-446-44801-8

Auch einzeln als E-Book erhältlich
€ 15,99. E-Book-ISBN 978-3-446-44938-1

Dieses Buch zeigt Ihnen den Praxiseinsatz von arc42 – dem Template für Softwarearchitekturen. Hier finden Sie konkrete Maßnahmen und Praktiken, um arc42 sowohl zur effektiven Kommunikation und Dokumentation wie auch zur Konstruktion und Entwicklung von Systemen anzuwenden.

Softwarearchitekten und -entwickler ziehen daraus unmittelbaren Nutzen für ihre tägliche Arbeit.

Mehr Informationen finden Sie unter **www.hanser-fachbuch.de**

Agile Professionalität

Baumgartner, Klonk, Pichler, Seidl, Tanczos
Agile Testing
Der agile Weg zur Qualität
2., überarbeitete und erweiterte Auflage
271 Seiten. Inklusive E-Book
€ 42,–. ISBN 978-3-446-45292-3
Auch einzeln als E-Book erhältlich
€ 33,99. E-Book-ISBN 978-3-446-45626-6

Der Trend zu agilem Vorgehen ist ungebrochen. Nachdem die Bedeutung des Tests in agilen Projekten unumstritten ist, treten jetzt vor allem die Professionalisierung und die Integration der einzelnen Mitarbeiter in den rollenübergreifenden Tätigkeiten des agilen Vorgehens in den Vordergrund.

- Verschaffen Sie sich einen Überblick, wie sich agile Vorgehensweisen auf den Softwaretest auswirken
- Lernen Sie Methoden, Techniken und Werkzeuge des Agilen Softwaretests kennen
- Profitieren Sie von Lösungen, die in der Praxis erprobt sind

Mehr Informationen finden Sie unter **www.hanser-fachbuch.de**

HANSER

Professionell mit Anforderungen umgehen

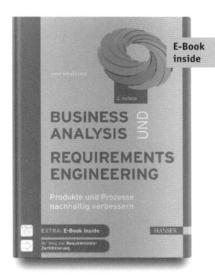

Hruschka

Business Analysis und Requirements Engineering
Produkte und Prozesse nachhaltig verbessern
2., aktualisierte Auflage
361 Seiten. Inklusive E-Book
€ 36,–. ISBN 978-3-446-45589-4

Auch einzeln als E-Book erhältlich

Wir alle wollen schlanke Geschäftsprozesse und optimale IT-Unterstützung. Wir finden für jedes Problem eine Lösung – wenn wir uns nur genau darauf einigen könnten, was unser Problem ist. Das Verstehen von Problemen und Formulieren von Anforderungen, was wir gerne anders hätten, ist Thema dieses Buches.

Es zeigt einen integrierten Ansatz zum Umgang mit Anforderungen. Es stellt Ihnen Methoden, Notationen und viele pragmatische Tipps (Best Practices) zur Verfügung, mit denen Anforderungen effektiv zwischen Auftraggebern und Auftragnehmern behandelt werden können – von Entdeckungstechniken über Dokumentationstechniken, Prüftechniken bis hin zu Verwaltungstechniken.

Mehr Informationen finden Sie unter **www.hanser-fachbuch.de**